제6판

세계화 4.0 시대의

무역개론

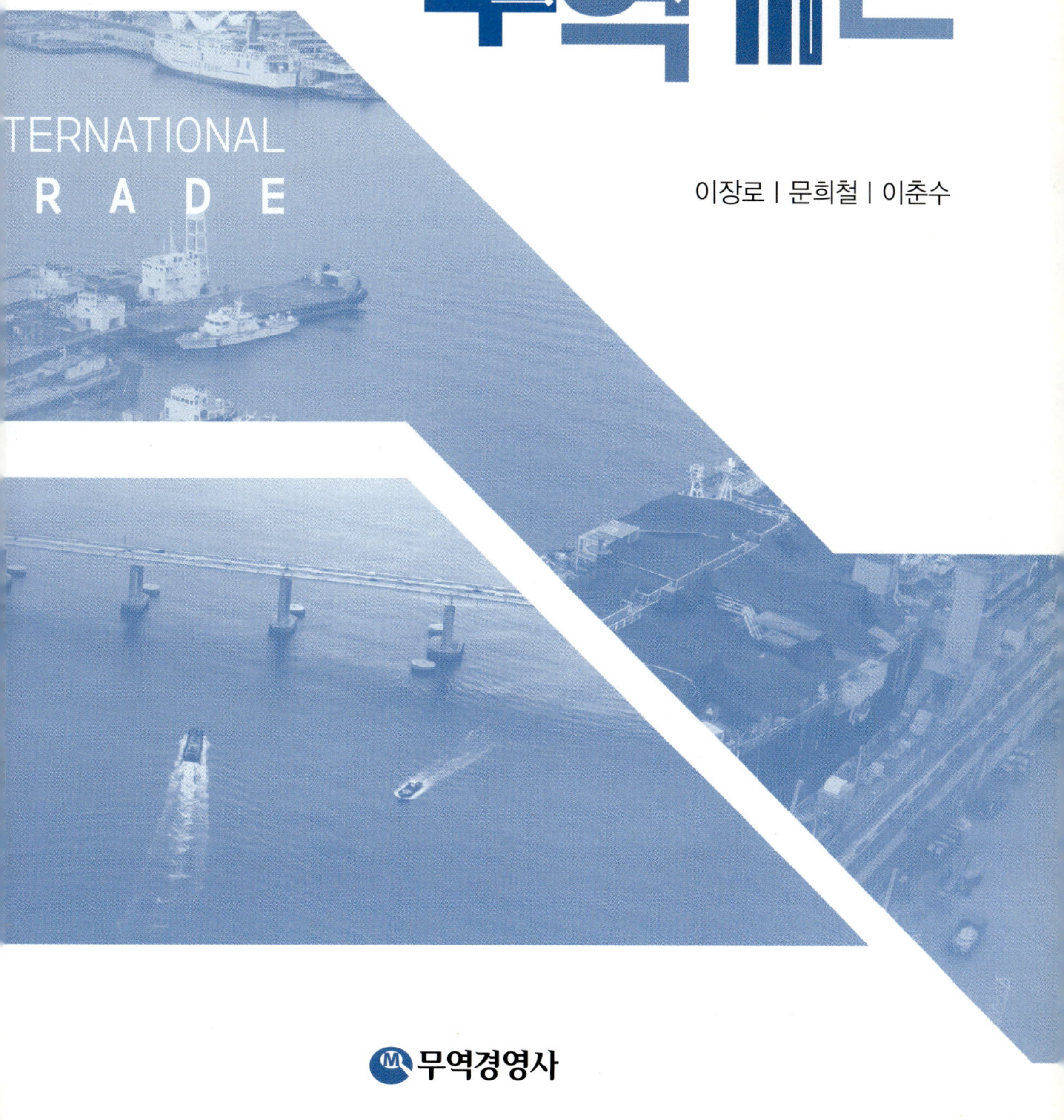

이장로 | 문희철 | 이춘수

무역경영사

제5개정판 머리말

이 책의 제4개정판이 나온 후 벌써 또 5년의 시간이 흘렀다. 변함없는 사랑과 성원을 보내주신 독자들에 대해 무한히 감사하는 마음으로 다시 한번 개정작업에 착수하게 되었다. 주요 개정 내용을 살펴보면 다음과 같다.

첫째, 각 장의 도입 부분에 독자들의 최신 무역환경과 이슈에 대한 이해를 도모하기 위하여 삽입한 무역 관련 기사와 사례를 최신의 것들로 대체하였으며, 무역통계와 표도 최근 자료로 수정 · 보완하였다. 둘째, 무역이론 부분에 새로운 무역이론으로까지 평가받고 있는 글로벌 가치사슬(Global Value Chain)에 대한 설명을 추가하였다. 셋째, 2020년 1월 1일부터 새롭게 적용될 예정인 Incoterms 2020의 주요 변경내용에 대한 설명을 보완하였다. 마지막으로 각 장의 마지막 부분의 주요 용어와 연습문제를 수정 · 보완하고, 제3부 무역실무 각 장의 마지막에 있는 웹사이트를 하나하나 검토하여 독자들이 항상 최신의 자료를 인터넷에서 찾아 자율적으로 학습할 수 있도록 하였다.

비교적 짧은 시간에 이번 개정작업을 마칠 수 있었던 것은 여러 분들의 헌신적인 노력이 있었기 때문이다. 무엇보다 갈수록 어려워만 가는 출판업계의 사정에도 불구하고 항상 헌신적으로 편집과 출판을 맡아주신 무역경영사 채규호 사장님과 임직원분들에게 깊은 감사를 드린다. 또한 어느덧 학위를 마치고 이제는 교수자의 입장에서 개정작업을 도와준 충남대학교 강사 정재은 박사와 다른 모든 일들에 우선하여 개정작업의 마무리를 도와준 충남대학교 경영경제연구소 연구원 최기몽 씨와 오혜진 양에게도 고마움을 전한다.

끝으로 어느덧 대표 저자는 명예롭게 정년을 맞아 정든 학교를 떠나게 되었고, 공저자들도 무역학자로서 어느 정도 자리를 잡을 수 있게 되기까지에는 아내와 가족들의 무한애정이 있었기 때문임을 알기에 이 기회를 빌어 다시 한번 감사의 마음을 전한다. 하지만 늘 그렇듯이 이번 개정판 출간의 가장 큰 영광과 기쁨은 저자들에게 생명과 지혜와 건강, 이 모두를 허락해 주신 우리 주 하나님께 돌리는 바이다.

2019년 1월

저자 씀

제4개정판 머리말

이 책의 제3개정판이 나온 후 어언 9년의 세월이 흘렀다. 그동안 전국의 독자들로부터 언제 또 다른 개정판이 나오느냐는 관심과 질책을 무수히 받으면서도 개정작업을 미룰 수밖에 없었던 것은 학내 · 외 여러 보직으로 도무지 시간을 낼 수가 없었기 때문이다. 이 자리를 빌려 끊임없는 사랑과 격려를 보내주신 독자 여러분에게 진심으로 감사를 드린다. 이번 개정작업에는 신진학자인 부경대학교의 이춘수 교수가 공저자로 추가로 참여하게 되었으며, 오랜만의 개정작업인 만큼 여러 부분에서 최근의 국제무역환경과 무역상관습의 변화를 수용하여 대대적인 수정보완을 단행하였다. 특히 주요한 변경내용을 살펴보면 다음과 같다.

첫째, 각 장의 이해를 돕기 위하여 도입 부분에 반영한 무역 관련 기사와 사례를 최신의 것들로 대체하였으며, 각장의 무역통계와 표도 최근 자료로 수정하였다. 둘째, 제6장 국제경제환경에서는 WTO-DDA의 최근까지의 주요 협상결과와 TPP와 FTA의 확산 등 갈수록 고조되어가는 세계경제의 블록화 현상을 보완 · 설명하였다. 셋째, 무역계약과 결제 부분에 있어서는 Incoterms 2010과 2007년에 개정된 UCP 600 등 최근의 국제무역 규칙의 개정내용을 적극 반영하였다. 넷째, 수출보험을 무역보험으로 확대하여 수입에 활용되는 보험제도도 함께 설명하였다. 마지막으로 전자무역의 최신 동향과 추진현황을 반영하여 전자무역의 확산에 대비할 수 있도록 하였다.

늘 그렇듯이 이번 개정작업에도 많은 분들의 도움을 받았다. 제일 먼저 출판업계의 어려운 사정에도 불구하고 정성을 다해 이 책을 출간해 주신 무역경영사 채규호 사장님을 비롯한 임직원들에게 진심으로 감사를 드린다. 또한 최신의 자료수집과 함께 무역 관련 사이트를 하나하나 확인해가며 정리해 준 충남대학교 대학원의 황종택 조교에게 고마운 마음을 전한다. 끝으로 학내 · 외 보직 등으로 최우선해야 할 가정을 오히려 등한시할 수밖에 없는 저자들을 항상 따뜻하게 보살펴 주는 아내와 가족들에게는 이 책으로 용서를 구한다. 하지만 가장 큰 영광과 기쁨은 이번 개정작업을 마무리할 수 있도록 저자들에게 생명과 지혜와 건강을 주신 우리 주 하나님께 드리는 바이다.

2014년 1월

저자 씀

제3개정판 머리말

이 책의 초판이 나온 1995년 이후 꼭 10년의 세월이 흘렀다. 우선 그동안 전국의 독자들로부터 받은 끊임없는 사랑과 격려에 깊은 감사를 드린다.

10년이면 강산도 변한다는 말이 무색하게 인터넷혁명에 따른 전자무역의 확산 및 세계화와 지역주의의 심화를 비롯하여 우리를 둘러싼 국제무역환경은 하루가 다르게 급변하고 있다. 이에 따라 그동안 독자들과 출판사로부터 여러 차례에 걸쳐 개정작업을 요청받았지만 학내·외 보직 등 바쁜 일정 때문에 좀처럼 시간을 내지 못하다가 더 이상 독자들을 실망시킬 수 없다는 절박한 마음으로 이번 개정 작업에 착수하게 되었다.

이번 개정판의 특징적인 변화는 다음과 같다. 첫째로 각 장의 이해를 돕기 위하여 마련된 무역 관련 기사와 사례를 무역환경 변화에 맞추어 최근의 것으로 전면 교체하여 독자들에게 흥미와 현장감을 높일 수 있도록 노력하였다. 둘째로 전자무역의 확산에 발맞추어 마지막 장의 전자무역 관련 내용을 대폭 보완하였다. 셋째로 최근의 세계화와 지역주의의 심화에 따라 DDA(도하개발아젠다)와 FTA(자유무역협정) 등 관련 내용을 새롭게 반영하였다.

늘 그렇지만 이번 개정판도 많은 분들의 도움이 없었다면 또 한해를 미루어야 했을지도 모른다. 먼저 자료수집과 교정을 헌신적으로 도와준 충남대학교의 임성범 강사에게 고마움을 전한다. 그리고 출판업계의 어려운 여건과 촉박한 출판일정에도 불구하고 이렇게 열과 성을 다해 출간해 주신 무역경영사의 채규호, 김재휘 두 공동대표님을 비롯한 전 편집진에게도 감사를 드린다.

끝으로 학교 보직 등으로 가정을 잘 돌보지 못한 가운데에도 한마디 불평 없이 사랑으로 지켜준 사랑하는 아내와 가족들에게도 감사드린다. 하지만 이번 개정판 출간 역시 가장 큰 영광과 기쁨은 저자들에게 생명과 지혜와 건강을 주시고 오늘 여기까지 인도해 주신 하나님께 돌리며, 저자의 온 마음을 다하여 감사드린다.

2005년 8월 20일

저자 씀

제2개정판 머리말

개정판을 낸지도 벌써 2년이 흘렀다. 여러모로 부족한 점이 많음에도 불구하고 전국의 독자들이 끊임없이 보내 주신 뜨거운 사랑과 격려에 거듭 감사를 드린다.

지난 2년 동안에도 국제무역환경에는 상당한 변화가 있었다. 그 중에서 특히 이번 제2개정판에 반영된 내용들을 중심으로 기술하면 다음과 같다.

우선 국제무역환경의 변화에 대한 이해를 돕기 위해서 각 장의 첫 부분의 세계경제, 세계경영, 세계무역 이야기들을 전면적으로 최신의 기사와 사례들로 대체하였다.

다음으로 외국환거래법의 개정과 함께 시장평균환율제도에서 자유변동환율제도로 바뀐 우리나라의 환율제도와 내용을 수정 · 보완하였다.

이와 함께 전자상거래의 확산과 관련된 국제적 논의와 사이버무역에 관한 내용을 추가적으로 반영하였다.

마지막으로 최근 개정된 정형무역조건 Incoterms 2000 및 현재 논의 중인 대외무역법의 개정으로 달라진 내용에 대해서도 충분한 지면을 할애하여 설명하였다.

늘 많은 분들의 도움을 받고 있으나, 이번 개정작업에는 특히 충남대학교의 이진석, 조교와 조원희 조교의 수고가 많았기에 고마움을 전한다. 그리고 항상 촉박한 시간에도 불구하고 정성을 다해준 무역경영사의 이근춘 사장님, 채규호 상무, 김재휘 상무를 비롯한 편집진 여러분께 깊은 감사를 드린다.

끝으로 항상 저자를 위해서 기도하고 있는 사랑하는 아내에게도 감사드린다.

무엇보다도 저자에게 생명과 지혜와 건강을 주시고 오늘 여기까지 인도하여 주신 하나님의 은혜에 온 마음을 다하여 감사드린다.

2000년 8월 10일

저자 씀

개정판 머리말

이 책의 초판이 나온 이래 전국의 독자들로부터 받은 많은 사랑과 격려에 감사드린다. 지난 3년 동안에 국제무역환경에 많은 변화가 일어났고 이에 따라 한국기업의 국제무역도 크게 영향을 받고 있다. 무엇보다도 1997년부터 시작된 아시아 경제위기를 들 수 있다. 외환위기에서 비롯된 태국, 인도네시아, 한국에 대한 IMF 긴급구제금융과 그에 따른 관리체계 그리고 일본 엔화의 평가절하 및 중국 위안화의 평가절하 압력 등 아시아 경제가 크게 흔들리고 있어 국제경쟁력이 약한 기업들은 생존 자체가 불투명한 크나큰 위협에 처하고 있다.

또한 WTO체제의 출범으로 국제무역 및 투자가 보다 자유롭게 되고 각국의 시장과 산업이 외국기업들에게 전면적으로 개방됨으로써 무국경시대가 급속도로 다가오고 있다. 뿐만 아니라 환경라운드, 노동라운드, 공개경쟁라운드 등 국제통상협상들이 진행되고 있다. 이제 한국기업들은 세계 일류의 기업들과 국내시장에서는 물론 세계 어느 시장에서나 경쟁해야만 하는 글로벌경쟁시대에 직면하고 있는 것이다. 그리고 유럽연합(EU), 북미자유무역협정(NAFTA) 등 지역경제통합이 진전되면서 이들 지역에 대한 기업들의 투자진출과 현지화 및 무역활동이 매우 중요한 전략으로 대두되었다. 마지막으로 정보통신기술의 발달 및 컴퓨터의 보급, 그리고 인터넷의 활용으로 전자상거래 등 국제무역에 혁신이 일어나고 있다는 것이다.

본 개정판은 위와 같은 국제무역환경의 변화를 고려하여 한국기업의 현실에 보다 적합하도록 초판을 개정한 것이다. 개정판에서 달라진 것은 다음과 같다.

첫째로, 내용을 보완하고 수정하였다. 가장 많이 보완된 부분은 무역자동화와 전자상거래에 관한 것이다. 종래 한 절로 다루었던 것을 개정판에서는 제15장 전체를 할애하여 상술하고 있다. 그리고 제5장 국제수지에서는 IMF의 권고에 따라 변경된 국제수지표 작성에 대해서 설명하였다. 그리고 제6장 국제무역환경에서는 '신라운드'에 관해서 한 절을 추가하였다.

둘째로, 위와 같은 조정에 따라서 제3부 무역상무 분야가 종래의 5개장에서 6개장으로 늘어나는 반면에, 제2부 무역전략(국제경영) 분야의 장 수를 3개장으로 축소하여 전체적으로 15장으로 분량에는 큰 차이가 없이 교과서의 구조를 조정했다는 것이다. 초판 제8장 '국제경영전략'의 내용이 축소되어 개정판에서는 제2부의 관련되는 장들에서 적절히 다루어지고 있다.

셋째로, 현실이해를 돕기 위해서 마련한 무역 관련 기사들을 가급적 우리나라 기업들에 관한 최신 기사들로 변경하였다.

마지막으로, 제3부 무역상무에서는 매 장의 끝에 관련 인터넷을 활용한 무역거래에 도움을 주려고 하였다.

이 책을 대학에서 강의교재로 사용할 때에는 한 학기에 이 책의 전부를 다루기에는 내용 및 분량이 약간 많은 편이라고 생각한다. 그러므로 무역학에 대한 교수님들의 학문적 접근 방법, 학생들의 관심, 그리고 대학의 교과 과정 등 특수한 상황들을 고려하여 이 책의 어떤 부분, 예들 들어 제1부 혹은 제3부를 보다 중점적으로 강의하고 다른 부분은 다음 학기 또는 다른 교과목에서 강의할 수도 있을 것이다.

저자의 오늘이 있기까지와 마찬가지로 개정판도 많은 분들의 도움이 있었기에 그 내용이 더욱 풍성해졌다고 생각하고 감사를 드린다. 무엇보다도 무역상무 분야, 특히 EDI 및 전자상거래에 관해서 많은 연구를 축적한 충남대학교의 문희철 교수와 공저할 수 있게 되어 기쁘다. 그리고, 최근의 자료를 수집하고 정리해준 고려대학교 김용식 박사에게 감사를 드린다. 또한 오랫동안 저자의 책들을 정성을 다해 출판하고 있는 무역경영사의 이근춘 사장, 채규호 상무, 김재휘 상무를 비롯한 전 편집진에게도 감사를 드린다.

끝으로 저자를 위해 항상 기도하시는 어머님과 사랑하는 아내에게도 감사드린다. 무엇보다도 저자에게 생명과 지혜와 건강을 주시고 오늘 여기까지 인도하여 주신 하나님의 은혜에 나의 온 마음을 다하여 감사드린다.

1998년 8월 10일

저자 씀

머리말

세계의 무역환경이 급변하고 있다. WTO체제의 출범과 함께 무국경세계(borderless world)가 도래하고 있다. 각국 정부의 무역규제완화로 자유무역이 확대되는 동시에 외국인투자의 자유화로 각국의 시장 및 산업이 외국기업들에 전면적으로 개방되고 있다.

그리고 시장의 세계화(globalization of markets)가 진전되고 있다. 각국 소비자의 생활 패턴과 소비자기호가 동질화 되는 경향을 보이고 있으며, 경제발전으로 세계 어느 곳에나 상품의 소비자가 존재하게 되었다, 커뮤니케이션 수단의 발달로 상품과 시장정보가 세계 곳곳으로 신속하게 전파되고, 상품이 세계 여러 나라에서 동시에 생산 · 판매됨으로써 세계가 하나의 시장으로 변하고 있다.

기업들의 경쟁환경도 변하고 있다. 개별국가시장에서의 경쟁을 넘어 전세계시장을 대상으로 사업영토를 확대하려는 세계적 경쟁(global competition)이 벌어지고 있다. 또한 신흥공업국들, ASEAN제국 및 중국의 추격 그리고 인도차이나와 서남아시아의 경제개발과 외국인투자의 확대에서 보는 바와 같이 많은 국가들이 새로운 경쟁자로 나타나고 있다.

이러한 환경 변화에 부응하여 최근 한국기업의 국제화가 급속도로 진전되고 있다. 전세계 시장에 한국의 각종 상품이 수출될 뿐만 아니라 많은 국가에 직접투자가 이루어져 현지에서 상품을 제조 · 판매하는가 하면 라이슨싱을 통하여 현지기업에게 우리의 기술을 제공하는 단계에까지 이르고 있다. 기업의 부가가치활동들이 세계 각지에 배치되고 해외사업과 시장이 세계적으로 확대되는 한편 시장참여 방식들도 날로 다양화되어 가고 이에 따라 국제사업 및 활동들을 전세계적인 관점에서 통합하고 조정하려는 노력이 증대되고 있다.

그러므로 무역은 이제 기업들의 세계활동의 일환으로 인식되어야 한다. 기업은 한 국가에 묶여 있는 것이 아니라 가장 효율적인 생산국에 투자하고, 필요한 원자재를 타국으로부터 수입 · 조달하며, 세계 소비자에 맞는 상품을 개발하고, 이를 생산하여 전세계 시장에 수출하고 판매하는 자유로운 활동주체이다. 무역은 이러한 기업의 세계적 가치활동이라는 체계 안에서 이루어지는 주요 활동이다. 본국중심적(ethnocentric) 무역의 이해로부터 세계중심적(geocentric) 무역의 이해로 관심의 폭을 넓혀야 할 때가 온 것이다. 무역학의 대상으로서의 무역은, 본국으로부터 외국으로의 무역은 물론 외국으로부터 본국으로의 무역, 그리고 외국과 외국 간의 무역 등 모든 무역을 포함하여야 하며, 무역활동의 주체에 있어서도 반드시 한국의 국내기업을 전제로 할 필요가 없다. 국내기업뿐만 아니라 한국의 해외투자기업 그리고 다국적기업을 포함한 외국기업들을 염두에 두고 무역학을 연구하여야 한다고 본다.

이 책은 위와 같은 생각에서 세계화시대 무역활동의 주체인 기업에 초점을 맞추어 무역학의 입문서로서 기존의 연구들을 정리한 것이다. 기업의 활동에 방향성을 제시하고 영향을 미치는 무역이론 및 환경, 이에 대응하는 기업의 무역전략, 그리고 무역거래 실무자들을 위한 효과적인 무역관리라는 세 가지 측면에서 무역을 다루고 있다. 본서는 입문서이므로 학생들이 쉽게 이해할 수 있고 또한 체계적으로 학습하기에 편리하도록 서술하느라고 노력하였다. 무역학의 학문적 체계를 정립하려는 무역학계의 소망에 조금이나마 도움이 되었으면 하는 마음으로 집필을 시작하였지만 저자는 많은 부족함을 느낀다. 앞으로 여러 교수님들의 지도와 고견을 바라마지 않는다.

저자가 오늘이 있기까지와 마찬가지로 이 책도 많은 분들의 도움이 없었다면 출판되지 못했을 것이다. 먼저 이 책의 초안에서부터 교정까지 함께 일하고 제3부를 집필한 충남대학교 문희철 교수에게 깊이 감사드린다. 또한 그동안 저자가 집필한 다른 책들을 참고하여 몇 개 장의 초고를 작성하여 준 우석대학교 윤동진 교수에게도 감사드린다. 그리고 자료수집에서부터 원고를 정리하고 교정하기까지 함께한 고려대학교 대학원의 김용식, 진교문, 장진영 군의 헌신적인 수고를 참으로 고맙게 생각한다. 이 책이 출판되기까지 오래 기다리며 격려해주신 무역경영사의 이근춘 사장님, 채규호 상무님, 김재휘 상무님을 비롯한 전 편집인에게도 감사를 드린다.

끝으로 저자를 위하여 항상 기도하시는 어머님과 사랑하는 아내에게도 감사드린다. 무엇보다도 저자에게 생명과 지혜와 건강을 주시고 오늘 여기까지 인도하여 주신 하나님의 은혜에 나의 온 마음을 다하여 감사드린다.

1998년 8월 10일

저자 씀

차 례

1부 무역이론 및 환경

2부 무역전략

3부 무역관리

1부 무역이론 및 환경

1장

무역의 개념과 무역학의 성격

학습목표

무역이란 무엇인가, 그리고 무역의 형태는 어떤 것이 있는가를 살펴본다. 그리고 무역을 통하여 어떤 효과를 가져올 수 있는가를 알아본다. 마지막으로 무역학의 연구과제와 접근 방법을 이해하고 무역학에서 무엇을 배울 것인가를 생각해 본다.

1절 무역의 개념

2절 무역학의 성격

세계경제이야기

‘무역협회가 뽑은 2020-2021 통상이슈 TOP 7’

코로나19가 지속되는 상황에서 통상의 축이 시장개방 중심의 전통 통상 어젠다에서 내년에는 환경, 디지털, 노동 분야로 이동할 것이라는 전망이 나왔다. 한국무역협회(회장 김영주)는 23일 발표한 ‘무역협회가 뽑은 2020-2021 통상이슈 TOP 7’에서 ▲그린 뉴 트레이드(Green New Trade) 등장 ▲디지털 무역전쟁 본격화 ▲안보 · 노동 · 인권의 통상쟁점화 등 통상의 3대 축을 필두로 ▲미니 딜(Mini Deal) 부상 ▲미 · 중 분쟁 지속 ▲코로나19로 인한 보호무역조치의 강화 ▲불투명한 세계무역기구(WTO)의 미래 등을 2021년 7대 통상 이슈로 선정했다.

보고서는 “코로나19 확산과 환경을 중시하는 바이든 행정부의 출범으로 이전부터 진행된 글로벌 통상환경의 변화가 더욱 빨라질 것”이라며 “전염병 확산으로 기후변화의 심각성과 환경보호의 중요성이 부각되면서 환경과 통상이 연계되고 디지털 산업 발전의 가속화에 따라 디지털 통상규범 정립이 시급해졌다”고 주장했다. 이어 “코로나19 이후 골이 깊어진 미중 갈등은 안보 영역에서 노동, 인권분야까지 확대되고 유럽연합(EU)도 무역협정 체결 시 노동, 인권조항을 강조하는 추세”라고 설명했다.

실제로 2019년 말 그린딜 정책을 발표한 EU는 2021년 상반기 탄소국경조정제도 입법을 계획하고 있으며, 미국 바이든 당선자는 2021년 1월 대통령 취임과 함께 파리기후협약을 재가입하고 본격적으로 환경정책을 수립할 것으로 예상된다. EU와 미국이 추진하는 환경정책이 무역에 영향을 미치게 될 경우 선진국과 개도국 간 통상갈등이 불거질 가능성도 배제할 수 없다. 또한 디지털 통상규범 수립과정에서 미국, EU, 중국 간 주도권 경쟁이 본격화되고 디지털 산업분야에 국한된 미니딜 형태의 디지털 통상협정 체결이 증가할 전망이다. 현재 한국은 싱가포르와 디지털동반자협정 체결을 위해 협상을 진행하고 있다.

보고서는 이어 “미국 바이든 신 행정부에서도 대중국 301조 관세조치, 수출 통제를 포함한 강경한 대중 정책이 계속될 것"이라며, "특히 미중 1단계 합의 이행과 중국의 구조개혁을 포함한 2단계 협상 개시, 환경 및 인권 이슈 등을 둘러싼 갈등이 심화될 전망"이라고 밝혔다. 또한 "규범 중심의(rule-based) 국제 통상질서를 회복하기 위한 바이든 행정부의 통상정책이 WTO 신임 사무총장 선임, 상소기구 재건 등 WTO 개혁에 영향을 미칠 것"으로 전망했다.

이와 같이 환경, 디지털, 노동 분야가 통상 쟁점으로 본격화할 것으로 전망됨에 따라 예상되는 사안을 미리 점검하고 정부와 업계가 머리를 맞대 우리의 입장을 정립해야 할 필요가 있다. 또한 우리 기업들은 장기화될 미중 분쟁에 대응하기 위해 공급망 점검과 리스크 관리 체계를 구축해야 하고, 중국의 대체지로 떠오르는 신남방 지역도 최근 수입규제가 강화되는 추세를 보이고 있어 시장 진출 시 관련 동향을 철저히 살펴야 한다.

〈무역경제신문(http://www.tradetimes.co.kr) 2020/11/23 참조〉

1절 무역의 개념

1. 무역의 의미

무역이란 무엇인가? 그 주체와 대상에 따라 여러 가지 관점에서 다양하게 정의할 수 있을 것이지만 일반적으로 무역(international trade; 貿易)이란 국제간에 이루어지는 상품의 매매거래(賣買去來)라 할 수 있다. 이 정의에 따르면 무역은 다음과 같은 의미를 가진다.

첫째로 무역은 기본적으로 '매매거래'라는 것이다. 다시 말하면 무역은 무엇을 사거나 혹은 팔고 그 대가(對價)로 서로 금품을 주고 받는 행위를 의미한다. 물론 난민구호와 같이 인도적 차원에서 아무 대가없이 이루어지는 국제간의 무상거래(無償去來)도 있을 수 있으나 이것은 특수한 경우이고, 일반적인 무역은 유상거래(有償去來)이다. 사거나 혹은 파는 행위는 각각 수입과 수출로 구별된다. 수입은 무엇을 사고 그대가로 금품을 주는 행위가 국제간에 이루어지는 것을 말하고, 수출은 무엇을 팔고 그 대가로 금품을 받는 행위가 국제간에 이루어지는 것을 말한다. 수입 혹은 수출의 대가는 주로 화폐로 지급되지만 때로는 물품으로 교환되는 물물교환도 있을 수 있다.

둘째로 무역의 대상은 상품이라는 것이다. 여기서 상품은 재화(goods), 서비스(service), 증권(securities) 및 화폐(currency)를 포함하며, 넓게는 이들을 생산하는데 소요되는 자본, 기술, 노동 및 토지 등을 포괄적으로 지칭하는 말이다. 재화에는 예를 들어 자동차와 같은 소비재는 물론 기계, 부품 및 원료 등 산업생산에 소요되는 산업재도 있다. 서비스는 소비자서비스와 산업서비스를 포함하며 운송, 보험, 금융, 통신, 관광, 교육, 컨설팅 등을 예로 들 수 있다. 이와 같이 오늘날은 사람들이 가치 있다고 생각하는 모든 것들, 즉 지구에 존재하는 모든 것들이 무역의 대상으로 확대되어 가고 있는 시대라 할 수 있다.

셋째로 무역은 국제간에 이루어진다는 것이다. 무역이 일반적인 매매거래와 다른점은 바로 여기에 있으며, 이 말 속에는 여러 가지 의미가 내포되어 있다. 우선 '국제간에'라는 말은 무역에는 두 나라 이상이 매매거래에 개입된다는 것을 의미한다. 자기 나라와 외국 사이의 무역은 물론 외국과 외국 사이의 무역 그리고 여러 국가들 사이의 무역을 모두 포함한다. 또한 '국제간에'라는 말은 국가 사이의 이해가 상충되는 경우가 있을 수 있다는 의미를 내포한다.

마지막으로 '이루어지는'이라는 말은 무역이 어떤 경제주체에 의한 의도적인 행위라는 것을 의미한다. 무역행위의 주체는 대부분의 경우 기업이지만 정부 혹은 개인일 수도 있다. 주지하는 바와 같이 국가가 기업 혹은 개인의 경제행위를 통제하고 무역을 관장하였던 시대도 있었다. 그러나 과학의 발달과 자유시장경제체제의 세계적 확산은 기업이 전세계 어느 나라에서나 비교적 자유롭게 무역을 수행할 수 있게 하였다. 이에 따라 무역의 주체로서 기업의 역할이 날로 증대되어 가고 있다.

2. 무역의 유형

1) 재화무역과 서비스무역

무역의 유형은 우선 무역의 대상인 상품의 특성에 따라 크게 분류할 경우 재화무역과 서비스무역으로 나눌 수 있다.

재화무역은 주로 유형의 재화로서 일차산품, 공산품, 경공업, 중화학제품 등의 무역을 말한다. 일차산품은 농수산물과 광산물 등 가공 과정을 거치지 않은 재화를 말한다. 경공업제품은 섬유류, 신발, 완구, 인형 등의 노동집약적 상품으로 구성되어 있다. 중화학제품은 산업용 전자제품, 전자부품, 반도체 등을 포함한다. 참고로 우리나라의 주요 품목별 수출입현황을 2018년 기준으로 살펴보면 [표 1-1]과 같다.

[표 1-1]을 보면 2020년 우리나라의 10대 수출품목이 전체 수출에서 차지하는 비중은 54.5% 정도인 것으로 나타났다. 2019년에 1위를 기록한 반도체 부문은 코로나19로 수출이 전반적으로 부진한 가운데에도 5.6%의 증가율을 보여 2020년에도 1위를 기록하였으며, 반면에 자동차와 석유제품의 경우에는 각각 13.1%, 40.6% 감소하여 전년도와 같은 2,3위를 기록하였다. 반면에 선박해양구조물 및 부품은 2% 감소하는 수준으로 서서히 회복세를 보이고 있으며, 컴퓨터의 경우 57.2% 성장하여 10대 수출품목중 하나로 복귀하였다.

[표 1-1] 한국의 주요 품목별 수출입실적

(단위: 백만 달러, %)

순위	2020년 10대 수출품목			2020년 10대 수입품목		
	품목	금액	증감률	품목	금액	증감률
1	반도체	99,177	5.6	반도체	50,283	6.9
2	자동차	37,399	-13.1	원유	44,456	-36.7
3	석유제품	24,168	-40.6	반도체 제조용 장비	17,039	62.1
4	선박해양구조물 및 부품	19,749	-2.0	천연가스	15,716	-23.6
5	합성수지	19,202	-5.2	컴퓨터	13,210	16.4
6	자동차부품	18,640	-17.3	자동차	13,074	9.1
7	평판디스플레이 및 센서	18,151	-12.1	석유제품	12,952	-26.2
8	철강판	15,997	-14.0	무선통신기기	12,951	-4.9
9	컴퓨터	13,426	57.2	정밀 화학원료	10,642	-6.1
10	무선통신기기	13,181	-6.4	석탄	9,596	-32.5
소계		279,090			199,919	
총수출입액 대비 비중		54.5			42.8	

수입의 경우 10대 품목이 전체 수입의 42.8%를 차지한 가운데 36.7% 감소한 원유가 6.9% 증가한 반도체에 1위 자리를 내주었으며, 반도체 제조용 장비의 수입이 62.1% 급증하여 23.6% 감소한 천연가스를 누르고 3대 수입품목으로 부상하였다. 그러나 이는 원유 등 원자재가격 하락에 따른 일시적 현상으로 대체연료를 개발하지 않는 한 높은 원자재 수입의존도는 지속될 것으로 예상된다.

서비스무역은 1980년대 반에 이르기까지는 비중이 미미하였으나, 그동안의 정보기술의 혁신, 상품의 특화 및 차별화 추세, 그리고 무역과 투자에 있어서의 규제완화 및 시장개방의 가속화로 인하여 서비스무역은 지난 20여년간 재화무역의 증가세를 앞질러 왔다.

서비스무역에 포함되는 산업(UN의 국제표준산업분류기준)들은 다음과 같다. 도소매업, 음식숙박업, 운수창고보관업, 통신, 금융 · 보험 · 부동산업, 사업서비스, 기계 및 장비대여업, 공공서비스 및 국방, 오락 및 문화서비스 등으로 분류하고 있다. 경우에 따라서는 위에 열거된 산업에 건설 및 전기, 수도, 가스업을 더하여 광의의 서비스산업으로 분류하기도 한다. 우리나라의 경우 서비스무역은 국제수지표에서 서비스수지로 집계되고 있으며, 서비스수지 항목으로는 운수, 여행, 기타서비스 항목 등이 기록된다(자세한 내용은 제5장을 참고할 것).

2) 직접무역과 간접무역

무역은 무역행위의 주체에 따라 직접무역과 간접무역으로 구분할 수 있다. 직접무역이란 거래 당사자가 제3자를 통하지 않고 직접 무역거래를 수행하는 경우로 대부분의 무역이 이에 해당된다. 이와는 달리 간접무역이란 제3자를 통하여 무역거래가 이루어지는 경우로 중개인이 개입된 무역거래를 말한다.

그리고 간접무역의 일반적 용어로 중개무역(仲介貿易)의 형태가 있다. 중개무역이란 수출입 거래 당사자 사이에 제3의 중개인이 개입하여 무역이 이루어지는 형태이다. 중개무역에서는 상품은 양 당사자 간에 직접적으로 이전되지만 매매계약은 제3국의 중개상인을 통해서 발생하게 된다는 특징이 있다. 이러한 중개무역은 국내의 부동산 중개시 중개인을 통한 거래가 발생되는 것과 유사하다. 중개무역의 발생은 주로 거래 상대방들이 거래의 의사는 가지고 있으나 상대방에 대한 정보부족과 해외시장경험의 미숙 등으로 적합한 거래 상대방을 찾지 못하는 경우 활용할 수 있는 형태이다.

비슷한 용어로 중계무역(中繼貿易)이란 것이 있다. 중계무역이란 물품을 외국에서 수입하여 원형 그대로 제3국에 재수출하는 형태의 무역으로 매매차액을 주수입원으로 한다. 이 형태의 무역에서는 특정 재화를 수입한 다음 아무런 가공도 하지 않고 다른 국가에 재수출하기 때문에 동일 상품의 수입과 수출이 거의 동시에 발생하게 된다.

3) 물물교환과 구상무역

무역상품의 대가는 주로 화폐로 지급되지만 때로는 상품으로 교환되는 경우가 있다. 화폐의 개입 여부에 따라 아래와 같은 무역 형태가 있다.

(1) 물물교환(barter)

화폐의 이전이 없이 상품과 상품을 직접 교환하는 형태를 말한다. 이러한 물물교환은

화폐가 발달하기 전인 고대무역에서 성행하였으며, 오늘날에는 외화가 부족한 구공산권 국가들 사이에서 많이 이루어진다.

(2) 대응구매(counter purchase)

어떤 상품을 수출하는 경우 일정한 기간 안에 그에 상응하는 수입이 반드시 이루어지는 무역 형태를 말한다. 물물교환과는 달리 수출과 수입이 동시적으로 이루어질 필요가 없고 수출계약서와 수입계약서가 별개로 작성된다.

(3) 구상무역(compensation trade)

대응구매의 형태를 수정한 것으로 대응의무를 제3국에 전가할 수 있고 상품대금의 지급도 반드시 상품만이 아니라 외환으로도 지급하는 형태의 무역이다.

3. 무역의 중요성

최근의 세계경제는 WTO의 출범에 따른 무국경의 경제세계와 자유무역이 한층 강화되고 있는 추세에 있다. 이제는 로빈슨 크루소에 나오는 자급자족체제나 대원군시대의 폐쇄경제로는 나라의 발전이 불가능함을 최근 북한의 사례에서도 볼 수 있다. 특히 우리나라와 같이 부존자원이 부족하고 국내시장규모가 협소한 나라들의 경우 세계시장을 대상으로 하는 경제성장은 필수적이라 할 수 있다. 무역의 중요성에 대해 경제적 측면에서 몇 가지를 열거하면 다음과 같다.

첫째로 수출은 판매시장을 확대하는 효과를 가져온다. 이러한 시장확대는 규모의 경제효과를 통하여 기업들에게 생산원가의 감소나 상품의 품질향상을 가져온다. 또한 수출은 상품의 생산을 증대시키고 다른 산업에도 파급효과를 가져옴으로써 국내경제를 활성화시키는 원동력으로 작용한다. 수출은 국내의 고용을 증대시키고 국민소득을 증대시켜 생활수준의 향상을 가져올 수 있다.

둘째로 수입은 기업 간의 경쟁을 유발시킴으로써 효율성을 증가시킬 수 있다. 그리고 기업들은 국내에서 생산할 수 없는 부품이나 원료의 수입을 통하여 국내생산을 증가시킬 수 있다. 수입은 또한 부족한 소비재를 안정적으로 확보하고 보다 값싼 상품을 소비자들에게 공급함으로써 국내소비자들의 후생수준을 증가시킬 수 있다.

그러나 무역은 다음과 같이 국내경제에 부정적인 효과를 가져올 수도 있다. 즉, 한나라의 경제가 지나치게 수출에 의존할 경우 외국의 경제에 영향을 받기 쉽고 균형적인 산업발전이 저해될 위험성도 있다. 또한 지나친 수입증가는 국내생산업체의 도산과 실업문제를 야기할 수 있다는 부정적인 측면도 있다. 그리고 증시(證市)에 외국자본이 지나치게 증가하게 되면 국내기업에 대한 외국자본의 지배를 가져와 국내기업의 경영에 큰 영향을 미칠 수 있다.

[표 1-2]는 우리나라의 무역의존도를 나타내고 있다. 무역의존도란 한 나라 경제가 어느 정도 무역에 의존하고 있는가의 정도를 나타내는 지표로서 일반적으로 국내총생산(GDP) 또는 국민총생산(GNP)에서 무역액, 즉 수출입총액이 차지하는 비중으로 계산한다. 무역액을 수출과 수입으로 구분하여 수출의존도와 수입의존도를 구하기도 한다.

[표 1-2] 우리나라의 무역의존도

(단위: %)

연도	수출의존도	수입의존도	무역의존도
2011	44.3	41.8	86.1
2013	40.8	37.6	78.4
2015	35.9	29.8	65.7
2017	35.3	29.5	64.8
2018	35.2	31.1	66.3
2019	33.0	30.7	63.7

자료: 통계청 국가통계포털(KOSIS, www.kosis.kr), 한국무역협회(stat.kita.net)

2019년의 경우 우리나라의 무역의존도는 63.7%로 전년도의 66.3%에 비해 약간 낮아졌는데, 수출의존도가 33.0%, 수입의존도가 30.7%로써 여전히 대외의존적인 경제구조를 지니고 있다. 이를 주요 교역상대국과 비교하여 보면 미국 19.3%, 일본 28.1%, 중국 33.7% 등에 비해 훨씬 높은 수준이다, OECD 37개국 회원국 중에서는 15위로 중상위권에 속한다.

2절 무역학의 성격

1. 무역학의 연구과제

무역학은 무역을 체계적으로 연구하는 학문이다. 무역은 '국제간에 이루어지는 상품의 매매거래'이기 때문에 일반 거래와는 다른 독특한 성격을 가지게 된다. 무역학도 이와 같은 무역의 특성에 기반을 두고 발전하여 왔다.

1) 무역참여자의 이익

무역은 기본적으로 '매매거래'이므로 상품을 매매하고 그 대가로 금품을 주고 받는다. 그리고 무역참여자들, 즉 세계의 기업들, 정부들, 그리고 소비자들은 무역으로부터 이익을 추구한다.

기업은 무역을 통하여 시장확대로 인한 규모의 경제효과를 얻을 수 있고, 판매수입을 증대시키며, 원자재를 안정적으로 조달하며, 여러 해외시장에 위험을 분산하는 등 많은 이익을 얻을 수 있다. 그리고 국가는 최근 사회주의 국가들의 개방정책에서 보는 바와 같이 무역을 통하여 산업을 발전시키고 경제성장을 이룩하며 국민의 삶의 질을 높일 수 있다. 무역은 한 나라에서 생산된 상품이 국경을 통과하여 다른 나라에서 소비될 수 있도록 함으로써 세계 소비자들의 후생증대에 기여한다.

그러나 무역참여자들의 이익은 서로 상충되는 경우가 대부분이다. 예를 들면, 일본이 미국에 자동차를 수출하고 미국으로부터 쌀을 수입한다고 하자. 이 경우 미국과 일본의 국민들과 양국 정부 사이에 국제적으로 이해가 상충된다. 미국의 자동차 생산자와 일본의 쌀 생산자들은 수입품 때문에 손해를 볼 수 있으나, 반면에 소비자들은 값싸게 살 수 있으므로 이익이다. 양국의 정부들이 만일 이들 산업을 수입품으로부터 보호하려고 한다면 무역을 규제하게 된다. 이 경우 양국의 무역기업들은 무역액이 줄어들어 손해를 볼 수 있으며, 때로는 정부 사이에 통상마찰이 발생하기도 한다.

무역학은 이와 같이 다양한 무역참여자들의 무역이익에 관련한 문제들을 다룬다. 예를 들면, 무역참여자들이 어떻게 무역을 통하여 이익을 극대화할 것인가, 무역의 이익은 여러 나라의 참여자들 간에 어떻게 분배되는가, 그리고 무역으로 인한 참여자들 간의 이해상충 및 마찰을 어떻게 조정할 것인가 등 많은 국제적인 문제들을 연구한다.

2) 국제무역환경의 이해

무역은 국제환경의 차이 때문에 발생하고 또한 국제환경은 무역에 영향을 미치므로 국제환경을 이해하지 않고는 무역거래를 효과적으로 수행할 수 없다. 그러므로 무역학은 국제무역환경과 무역의 관계를 다룬다.

무역 발생의 원인을 국제환경의 다양성에서 찾으려는 것은 무역학의 전통적인 연구과제라 할 수 있다. 예를 들어, 국제간의 기후의 차이는 무역을 일으키는 하나의 원인이 된다. 바나나를 생산하기에 적합한 기후의 나라가 있는가 하면 사과를 생산하기에 적합한 기후의 나라가 있다. 이때 두 나라가 바나나와 사과를 모두 값싸게 소비하는 길은 무역을 하는 것이다. 그리고 천연자원, 국토의 크기 및 인구, 생산기술, 국민소득, 소비자들의 수요, 국가의 문화 등의 국제적 차이는 모두 무역을 일으키는 요인으로 밝혀지고 있다.

또한 효과적인 무역경영을 위해서는 국제환경의 차이를 이해하는 것이 대단히 중요하다. 예를 들어, 정부의 정책과 제도는 기업들의 무역거래에 영향을 미치므로 이를 이해하지 않고는 무역거래를 수행할 수 없다. 어느 정부는 때로 어떤 상품의 수입을 제한하기도 하며 세금을 갑자기 높이기 때문이다. 또한 각국의 외환제도와 환율변화, 그리고 국제수지를 이해하는 것이 무역거래에 필수적이다. 효과적인 무역거래를 위해서는 이외에도 각국의 정치 · 경제 · 사회 · 문화 · 지리적 환경들을 분석하고 나아가 국제경제기구, 국제경제법, 세계경제환경 등을 이해하는 것이 필요하다.

3) 상품의 국제이전

무역은 상품을 한 나라에서 다른 나라로 이전시킨다는 특성을 가진다. 무역학은 상품의 국제이전에 관한 것을 다룬다. 무역학은 상품에 관한 문제들을 연구한다. 예를 들면, 어떤 상품을 수출하고 어떤 상품은 수입할 것인가, 그 상품의 수요와 공급상황은 어떠한가, 그 상품은 어느 국가에서 생산 · 수출 · 수입하는가, 그 상품의 주요 소비자와 공급자는 누구인가, 그 상품은 언제부터 무역이 시작되고 어느 때까지 가능할 것인가 등 상품에 관한 무역학의 연구과제는 대단히 광범위하다.

무역학은 또한 국제이전의 문제를 다룬다. 국제이전은 전략적 문제들을 포함한다. 예를 들면, 국제거래의 목표, 국제이전의 대상과 상대방을 결정하고 거래조건, 장소 및 시기 등을 결정하는 일이다. 한 번의 거래로 끝나는 것이 아니고 세계 여러 나라의 고객들을 상대하여야 하고 기업의 자원은 한정되어 있으며, 무역환경은 급변하고 있으므로 최적의 결정을 내리는 일은 경영전략적 연구를 필요로 한다.

그리고 국제이전은 국제매매계약, 상품의 통관과 국제운송의 문제, 대금지급, 소유권 및 사용권의 국제이전 등을 포괄한다. 따라서 무역학은 무역계약, 통관제도 및 절차, 국제운송, 무역대금의 결제, 외환 및 환율, 무역분쟁의 해결 등에 관한 상무적 연구를 필요로 한다.

2. 무역학의 접근 방법

지금까지 무역학의 연구는 다학문적인(multidisciplinary) 접근 방법을 채택하여 왔다는 것이 특징이라 할 것이다. 무역학은 접근 방법에 따라 크게 세 분야로 나누는 것이 일반화되어 있다고 할 수 있다. 즉, 국제경제 분야, 국제경영 분야, 그리고 무역상무 분야가 그것이다.

국제경제 분야는 무역학을 경제학적으로 접근한다. 연구의 과제는 주로 국가경제의 관점에서 무역현상에 대한 설명과 무역에 영향을 미치는 환경에 초점을 맞춘다. 구체적으로 이 분야는 무역이론, 무역정책, 외환 및 국제수지, 국제경제기구, 지역경제 등의 연구를 포함한다.

국제경영 분야는 무역학을 경영학적으로 접근한다. 기업의 관점에서 무역을 설명하려는 것이다. 다시 말하면, 기업의 국제사업의 하나로서 무역을 이해하고 기업의 전체 국제사업과 관련시켜서 무역의 전략적 측면을 연구하려는 것이다. 구체적으로 이 분야는 기업국제화전략, 국제경영전략, 해외시장진출전략, 수출마케팅전략 등을 무역과 연계시켜 다루고 있다. 국제경영의 연구들을 무역전략적 관점에서 연계시키는 시도가 지금까지는 미흡하다 하겠다.

무역상무 분야는 무역거래에 초점을 맞추어 실무적으로 접근한다. 기업의 무역담당자의 입장에서 무역거래를 어떻게 수행할 것인가에 관한 구체적인 방법을 연구하는 것이다. 무역제도 및 절차의 이해, 무역계약, 해상운송과 보험, 무역대금의 결제, 무역분쟁의 해결 등이 이 분야에 포함된다.

이와 같은 무역학의 접근방법상의 특성은 다양한 관점에서 무역을 이해할 수 있다는 장점이 있음에도 불구하고 무역학의 독특한 영역을 구축하는 일에는 오히려 장애 요인이 되어 왔다고도 볼 수 있다. 무역학의 당면 과제는 다양한 관점과 연구들을 체계적으로 통합함으로써 독특한 연구 영역을 확보하는 것이라 할 것이다.

이 책은 위에서 언급한 일반적인 무역학의 접근 방법에 따라 크게 세 분야로 구성되어 있다. [그림 1-1]은 이 책의 전체 내용을 개략적으로 나타낸 것이다. 국제경제 분야는 국가 혹은 정부의 관점에서 무역이론 및 환경을 연구하는 것이라 할 수 있고, 국제경영 분야는 기업의 관점에서 무역전략을 다루며, 무역상무 분야는 매매거래의 관점에서 무역관리를 연구한다고 할 수 있다.

그림 1-1 무역학의 구성

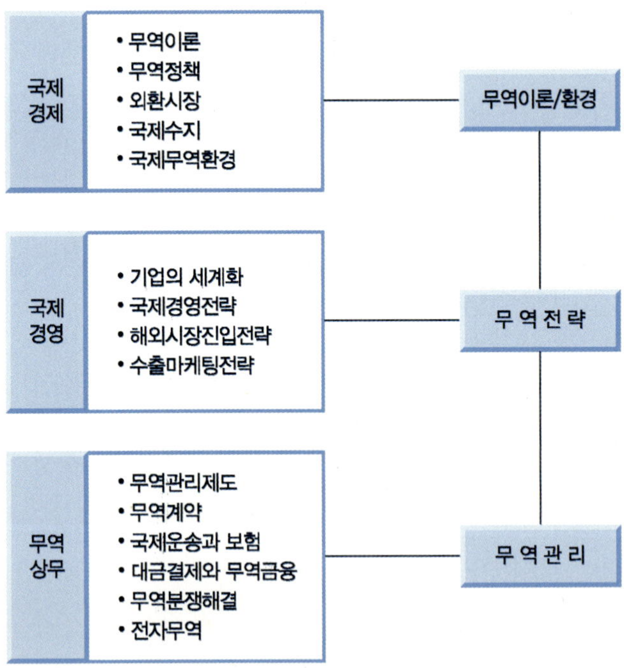

주요용어

무역, 매매거래, 재화무역, 서비스무역, 직접무역, 간접무역, 중개무역, 중계무역, 물물교환, 대응구매, 구상무역, 무역의 중요성, 무역의존도, 무역참여자, 국제무역환경, 상품의 국제이전, 무역학의 연구과제, 무역학의 접근 방법

연습문제

1. 무역을 정의하고 그 의미를 구체적으로 논술하시오.
2. 무역의 대상과 주체에 관하여 논술하시오.
3. 직접무역과 간접무역의 차이점을 설명하시오. 그리고 중개무역과 중계무역을 설명하시오.
4. 물물교환, 대응구매, 구상무역을 비교 · 설명하시오.
5. 무역의 대상과 주체에 관하여 논술하시오.
6. 무역학의 연구과제에 관하여 논술하시오.
7. 무역학의 접근 방법 및 구성에 관하여 논술하시오.
8. 국가경제와 글로벌경제의 관계에 대하여 무역의존도를 통해 설명하시오.

2장 무역이론

학습목표

무역은 왜 발생하며 어느 나라가 수출하고 수입하는가를 이해한다. 그리고 무역이 왜 유익한 것인가를 살펴보고 그 이익이 무역참가국들에 어떻게 배분되는가를 알아본다. 이러한 것들을 설명하는 무역이론들에는 어떤 것들이 있으며, 이론들의 발전 과정과 특징을 이해한다. 또한 무역이론을 기업경영과 연관시켜 생각해본다.

1절 고전적 무역이론

2절 근대 무역이론

3절 현대의 무역이론

세계경제이야기

4차 산업혁명 시대, 제조업 기술혁신과 리쇼어링

4차 산업혁명을 선도한 국가들을 중심으로 오프쇼어링이 축소된 반면 리쇼어링은 확대되는 움직임이 나타나고 있다. 리쇼어링은 선진국을 중심으로 해외 생산시설을 본국으로 이전하거나 자국 내 생산기반 투자를 확대하는 형태로 나타난다. 이는 글로벌 가치사슬이 둔화되기 시작한 2011년 이후부터 점차적으로 나타나기 시작했으며, 특히 코로나 사태로 글로벌 공급망이 붕괴되면서 심화되었다.

이러한 현상은 4차 산업혁명 기술이 제조업의 혁신으로 연결되면서 리쇼어링이 확대될 수 있는 환경의 조성에 기여한 것으로 추정된다. 과거 글로벌 기업들은 비교우위이론에 입각하여 인건비가 더 저렴한 지역으로 생산기지를 이전하였으나, 제조 혁신으로 생산비용 절감이 가능해짐에 따라 생산거점이 다시 본국으로 이전되는 움직임이 나타나기 시작한 것이다.

우리나라의 제조업 혁신 정도는 R&D 총지출 비중이 주요국 대비 2위, 고위기술 제조 수출 비중은 6위, 고위기술 특허 비중은 3위, ICT 발전지수는 2위를 각각 차지하여 주요국 대비 높은 수준이다. 그럼에도 불구하고 해외 진출 기업의 본국 회귀는 미국, 일본, 독일 대비 낮은 수준이다.

이에 제조 혁신이 리쇼어링의 밑거름이 되도록 다각화된 시각에서의 정부 및 기업 차원의 지원이 필요하다. 특히, 유턴 기업들에 대한 세금감면, 고용보조금 지원 외에도, ICT 기술을 활용한 기업의 제조공정 혁신에 대한 지원이 필요하다. 뿐만 아니라, 성공적인 제조공정 스마트화를 위해서는 전반적인 제조업 생태계 고부가가치화를 통한 패러다임 전환도 수반되어야 한다. 이 외에도 정부 및 기업 차원의 연구개발 투자 확대 및 고급인력 양성, 그리고 산 · 학 · 연 합동을 통한 중소기업들의 기술개발 지원 등이 중요하다.

〈한국무역협회 국제무역통상연구원, 트레이드 포커스, 2021년 5호 참조〉

1절 고전적 무역이론

일반적으로 이론이란 어떤 현상을 체계적으로 설명하고 예측하는 것이라 할 수 있다. 이같은 견해를 따른다면, 무역이론은 무역이라는 현상을 체계적으로 설명하고 예측하는 것이다. 무역이라는 현상과 관련하여 오래 전부터 많은 질문들과 이에 대한 설명들이 있었다. 그 중에서 가장 기본적이고도 오래된 질문들은 다음과 같다.

- 무역은 왜 발생하는가?
- 무역의 방향은 어떠한가, 즉 어느 나라가 무엇을 수출하고 수입하는가?
- 무역의 결과 얻어지는 이득은 무엇인가?
- 그리고 그 이득은 누가 얼마 만큼 차지할 것인가?

'고전적 무역이론'이란 위와 같은 질문들에 대하여 체계적으로 설명하려는 전통적인 견해를 가르킨다. 구체적으로 아담 스미스(Adam Smith)의 절대우위론, 데이빗 리카도(David Ricardo)의 비교우위론, 그리고 존 스튜어트 밀(John Stuart Mill)의 상호수요설 등이 이에 속한다.

1. 절대우위론(絕對優位論)

아담 스미스(Adam Smith)는 그의 저서 『국부론』(1776년)에서 무역발생의 원인, 무역의 형태, 그리고 무역으로 인한 이득에 관하여 설명하고 있다. 그에 의하면 한 나라가 다른 나라보다 생산에 있어서 절대우위에 있는 경우에 국제분업에 의한 무역은 무역참가국들에 이익을 가져온다는 것이다. 그의 무역이론은 '절대우위'라는 개념에 근거하고 있다.

1) 절대우위의 개념

절대우위(absolute advantage)란 두 나라에 있어 생산비의 절대적 차이를 의미한다. 즉, 어느 국가가 다른 나라보다 상품을 값싸게 생산할 경우 그 상품에 절대우위가 있다고 말한다.

아담 스미스의 절대우위를 예를 들어 설명하기로 한다. 먼저 세계에 A국과 B국의 두 나라가 있고 두 나라에서 각각 포도주와 모직물을 생산하는 경우를 가정한다. 또한 아담 스미스는 노동가치설을 근간으로 하여 상품의 가치는 인간의 노동에 의하여 결정된다는 점에 착안하여 노동이 유일한 생산 요소라고 가정한다. 이 경우 생산비는 그 상품을 생산하기 위해 투입된 노동량으로 측정되며, 이는 노동자의 수로 표시할 수 있다. 이때 양국의 생산비는 [표 2-1]과 같다.

이 경우 포도주 1단위를 생산하는 데 필요한 노동량이 A국에서는 7명이고 B국에서는 14명이므로 A국은 포도주를 B국보다 값싸게 생산한다는 것을 알 수 있다. 다시 말하면 A국은 포도주의 생산에 절대우위가 있다. 한편 모직물의 경우에는 B국이 A국보다 값싸게 생산한다. 즉, B국은 모직물의 생산에 절대우위가 있다.

[표 2-1] 재화 1단위를 생산하는 데 필요한 노동량

	A국	B국
포도주 1단위	7명	14명
모직물 1단위	10명	8명

2) 국제분업과 무역

무역은 왜 발생하는가? 아담 스미스는 양국의 생산비에 절대적 차이가 있을 경우 각 나라는 절대우위 상품의 생산에만 전문화한다면 분업에 의한 이익을 누릴 수 있다고 주장한다. 두 나라 사이에 존재하는 생산비의 절대적 차이가 있을 경우 무역이 발생한다는 것이다. 바꾸어 말하면, 양국 간에 생산비 차이가 없을 경우 무역은 발생하지 않는다는 것이다.

위의 예를 보면, A국은 포도주에 절대우위가 있고 B국은 모직물에 절대우위가 있다. 따라서 A국은 포도주 생산에 특화하고, B국은 모직물 생산에 특화하여 국제적 분업을 한다. 그 후 무역의 방향을 보면 A국은 포도주를 B국에 수출하고 그 대가로 모직물을 수입한다. 반면에 B국은 모직물을 A국에 수출하고 포도주를 수입한다.

무역으로 인한 이득을 살펴보자. 무역 전 두 나라에서 생산되는 것을 모두 합하면 포도주 2단위와 모직물 2단위이다. 무역이 이루어져 A, B 양국이 각각 포도주와 모직물 생산에 특화한다고 가정한다. 무역 후 A국은 17명의 노동을 전부 포도주 생산에만 투입한다면 포도주 1단위 생산에 7명의 노동이 필요하므로 17/7단위의 포도주를 생산하게 된다. 그리고 B국은 22명의 노동을 전부 모직물 생산에만 투입한다면 모직물 1단위 생산에 8명의 노동이 소요되므로 22/8단위의 모직물을 생산할 수 있게 된다. 그러므로 무역은 두 나라의 포도주 생산을 3/7단위 증가시키고 모직물 생산을3/4단위 만큼 증대시킬 것이다. 이러한 생산의 증가분이 무역참가국들의 무역이득(gains from trade)이라 할 수 있다.

3) 절대우위론의 한계

절대우위론은 무역발생의 원인을 절대생산비의 차이로 설명하고 있다는 것을 살펴보았다. 그리고 한 나라가 하나의 상품만 절대우위를 가진다고 묵시적으로 가정하고 있다. 그러나 만일 한 나라가 두 상품생산에 모두 절대우위를 가지는 경우에도 무역은 발생하는가?

만일 A국이 포도주와 모직물 생산 모두에 있어 절대우위를 가질 경우, 절대우위론에 따르면 A국은 포도주와 모직물 두 상품 모두를 생산 및 수출하고 B국은 수출할 상품이 없으므로 두 나라 사이에 무역은 발생할 수 없다는 결론에 도달한다. 아담 스미스의 절대우위론은 어느 한 나라가 두 상품 모두에 절대우위를 가지고 있을 경우 무역을 설명하지 못한다는 한계를 가지고 있다.

2. 비교우위론(比較優位論)

1) 비교우위의 개념

데이빗 리카도(D. Ricardo)는 아담 스미스의 절대우위론의 한계를 보완하여 비교우위(comparative advantage)의 개념을 가지고 무역을 설명하였다.[1] 그는 한 국가가 두 교역상품에 있어 모두 절대우위를 갖는 경우에도 두 상품 사이에 비교우위가 있다면 무역이 발생할 수 있음을 밝혔다. 비교우위란 두 상품의 우위의 차이를 비교하여 그 우위가 상대적으로 큰 것을 가르킨다.

리카도의 비교우위의 개념을 예를 들어 설명하여 본다. A국과 B국 두 나라가 존재하고, 포도주와 모직물의 두 교역상품이 존재한다고 가정한다. 이때 두 교역상품의 생산비는 다음과 같다고 한다.

A국은 두 상품 모두 B국보다 값싸게 생산할 수 있지만 두 상품의 우위의 정도를 비교하여 보자. A국은 포도주 생산에는 B국 생산비의 2/3가 드는데 비하여 모직물 생산에는 B국 생산비의 9/10가 든다. 다시 말하면 A국은 두 상품 모두 절대우위를 가지고 있지만 모직물 생산보다는 포도주 생산에 그 우위가 더욱 크다. 그러므로 A국은 포도주 생산에 비교우위가 있다.

2) 비교우위와 무역

리카도는 두 나라가 비교우위가 있는 상품에 각자 특화하여 생산한 후에 서로 두 상품을 교환하는 것이 무역참가국인 두 나라 모두에 유익하다고 주장하였다. 위의 예에서 A국은 비교우위가 있는 포도주의 생산에 전문화하여 B국에 수출하고 생산을 포기한 모직물은 B국으로부터 수입하는 것이 경제적으로 유익하다는 것이다.

무역의 이익을 살펴보자. 무역 전 A국은 17명의 노동으로 포도주와 모직물 각 1단위씩을 생산하였다. B국은 22명의 노동으로 역시 포도주와 모직물 각 1단위씩을 생산하였다. 이제 무역이 발생하여 A국이 포도주 생산에 17명의 노동을 전부 투입한다면, 포도주 1단위 생산에 8명이 소요되므로 A국은 17/8단위의 포도주를 생산할 수 있게 된다.

1) David Ricardo, *Principles of Political Economy and Taxation* (1817).

그리고 B국이 모직물 생산에 22명의 노동을 전부 투입한다면, 모직물 1단위 생산에 10명이 소요되므로 B국은 22/10 단위의 모직물을 생산하게 된다. 전세계적으로 무역 전에는 두 교역상품의 생산은 각 2단위였지만, 무역개시 후에는 포도주 17/8단위와 모직물 22/10단위로, 두 교역상품의 생산량이 각각 1/8단위, 2/10단위 만큼 증가하여 이익이 된다는 것을 알 수 있다.

한편 두 나라의 무역이익은 노동의 절약이라는 측면에서도 살펴볼 수 있다. 포도주와 모직물이 1 : 1의 교환비율로 교환된다고 가정하자. A국은 8명의 노동으로 생산한 포도주 1단위를 수출하고 그 대가로 9명의 노동으로 국내생산하였던 모직물 1단위를 수입하게 되므로 1명의 노동을 절약할 수 있다. B국의 경우에도 10명의 노동으로 생산한 모직물 1단위를 수출하고 12명의 노동으로 국내생산하였던 포도주 1단위를 수입하게 되므로 2명의 노동을 절약할 수 있게 된 것이다.

[표 2-2] 재화 1단위를 생산하기 위해 필요한 노동량

	A국	B국	A/B
포도주 1단위	8명	12명	2/3
모직물 1단위	9명	10명	9/10

3) 비교우위론의 한계

비교우위론은 절대생산비설을 보완하여 자유무역에 대한 이론적 토대를 확고히 하였다는 것과 국제무역의 발생원리를 규명하였다는 점에서 의의를 갖는다고 하겠다. 그러나 리카도의 비교우위론은 아래와 같은 한계점을 지니고 있다.

우선 비교우위론은 일국이 비교우위가 있는 한 상품에 완전특화한다고 가정하고 있으나 일반적인 경우 완전특화보다는 부분특화가 발생하는 것이 보통이다. 즉, 자국의 비교우위가 있는 상품의 생산에만 모든 노동을 투입하기보다는 비교열위의 상품도 생산하는 것이 현실에 가깝다는 것이다. 또한 비교우위론은 무역의 이익을 교역 당사국에 어떻게 배분할 것인가하는 문제에 있어서도 명확한 답을 제시하고 있지 못하다.

3. 상호수요설(相互需要說)

1) 교환비율의 중요성

밀(J.S. Mill)은 두 상품의 국내교환비율과 국제교환비율을 가지고 무역을 설명하고 있다. 즉, 두 상품의 국내교환비율이 양국 사이의 교역의 가능성을 결정하고, 국제교환비율에 따라 교역 당사국 사이에 무역이익이 배분된다는 것이다.[2)]

먼저 국내교환비율이 무역의 가능성에 미치는 영향에 관하여 예를 들어 설명하려고 한다. 양국이 똑같이 1명의 노동을 투입하여 A국에서는 포도주(X) 2병과 모직물(Y) 3단위를 생산할 수 있고, B국에서는 포도주 2병과 모직물 4단위를 생산할 수 있다고 하자.

생산비를 노동투입량으로 본다면 양국이 다같이 1명의 노동을 투입하였으므로 생산비는 생산량의 역수로 표시된다. A국의 포도주 생산비는 1/2, 모직물 생산비는 1/3이다. B국의 경우 포도주 생산비는 1/2, 모직물 생산비는 1/4이다.

비교우위론에 따르면 B국은 모직물 생산에 비교우위가 있으므로 모직물 생산에 특화하여 생산하고, A국은 포도주 생산에 특화한 후에 서로 생산물을 교환하는 경우에 양국 모두가 이익을 얻을 수 있다.

비교우위가 존재한다면 아무 조건 없이 교역은 가능한가? 두 상품의 국내교환비율의 차이가 교역의 가능범위를 결정한다. 위의 예에서 A국의 국내교환비는 2X : 3Y이며 B국의 국내교환비는 2X : 4Y이다. 이 경우 양국의 교역은 국내교환비율이 2X : 3Y와 2X : 4Y 내의 범위에서만 가능하다. 왜냐하면 A국의 입장에서 만약 국내교환비율보다 작은 2X : 2Y의 비율로 무역이 이루어진다면 A국이 국내에서 교환할 때보다 오히려 1Y를 손해보게 되므로 무역에 응하지 않을 것이기 때문이다. 반면에 만일 A국이 2X : 5Y의 비율로 무역을 요구한다면 B국은 국내교환보다 1Y의 손해를 입게되므로 무역거래에 응하지

[표 2-3] 노동 한 단위로 생산해 낼 수 있는 재화의 양

	A국	B국
포도주 (X)	2	2
모직물 (Y)	3	4

---

2) John Stuart Mill, *Principles of Political Economy* (London: 1848).

않을 것이다. 그러므로 양국의 거래가 이루어지기 위한 교역 가능범위는 [그림 2-1]에서 볼 수 있듯이 양국의 국내교환비율의 범위인 2X :3Y~4Y(A영역) 사이로 표시된다.

그림 2-1 가능한 교환비율

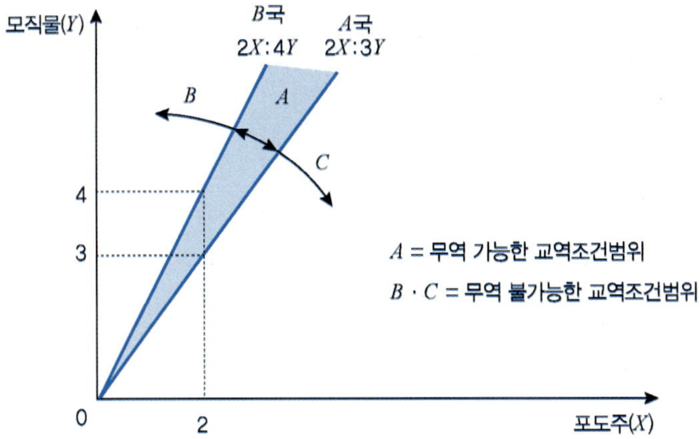

2) 상호수요와 교역조건의 결정

밀(J.S. Mill)은 위와 같은 교역 가능범위 안에서 두 상품의 교역조건은 교역상품에 대한 상대국의 수요, 즉 상호수요에 의하여 결정된다고 주장하였다. 교역조건은 일국의 수출상품과 수입상품의 장기적인 국제교환비율을 말한다. 교역조건은 상호수요가 일치하는 점에서 결정되며 상호수요의 탄력성이 균형조건을 변동시키는 힘으로 작용한다고 하였다. 즉, 외국의 수입상품에 대한 자국의 수요탄력성이 크면 자국의 교역조건이 불리해지고, 반면에 자국의 수출상품에 대한 외국의 수요탄력성이 큰 경우에는 자국의 교역조건이 유리해진다는 것을 밝혔다.

이와 같이 결정되는 교역조건은 양국 사이에 무역이익이 어떻게 배분될 것인가를 결정한다. 교역이 가능한 범위 안에서 교역조건이 자국의 국내교환비율과 괴리될수록 그 국가의 무역이익은 커진다. 예를 들어, 교역조건이 2X : 3Y로부터 2X : 4Y로 움직일수록 A국의 무역이익은 증가한다.

밀의 상호수요설은 그 이전의 무역이론이 간과하였던 수요 측면을 고려했고 교역조건의 결정 요인을 밝힘으로써 무역이익의 분배문제를 다루고 있다는 점에서 기여했다고 볼 수 있다. 그러나 그는 교역조건의 결정에 있어 수요 측면을 너무 강조한 나머지 공급 측면을 무시했다는 비판을 동시에 받고 있다.

2절 근대 무역이론

1. 기회비용설(機會費用說)

1) 기회비용설의 개념

1936년 하벌러(G. Haberler)는 기회비용(opportunity cost)이라는 개념을 도입하여 비교생산비를 이해하고 이에 따라 무역을 설명하였다.[3)]

앞에서 이미 살펴본 바와 같이 고전적 무역이론에서는 한 상품의 생산비는 그 상품의 생산에 투입된 노동량에 의하여 결정된다고 가정하고 있다. 이 가정은 노동가치설을 반영한 것으로 노동만이 유일한 생산 요소이며, 투입된 노동은 동질적이라는 것을 의미한다. 그러나 이 가정은 비현실적이라는 비판을 면할 수 없다. 하벌러는 비교생산비 측정에서 이러한 문제의 해결을 시도하면서 기회비용이라는 새로운 생산비의 개념을 도입한 것이다.

기회비용이란 하나의 상품을 추가적으로 한 단위 더 생산하기 위하여 포기해야 되는 다른 상품의 양을 말한다. 기회비용을 예를 들어 설명하면 다음과 같다. 이제 전세계에는 영국과 미국 2개 국가만이 존재하며, 밀과 직물만을 생산한다고 가정하자. 영국은 모든 생산 요소를 투입하여 직물 생산에만 특화한다면 24단위의 직물을 생산할 수 있고, 밀 생산에만 특화한다면 12단위의 밀을 생산할 수 있다고 하자. 한편, 미국은 모든 생산 요소를 투입하여 직물 생산에만 특화한다면 24단위를 생산할 수 있고, 밀 생산에만 특화한다면 36단위를 생산할 수 있다고 하자. 이러한 상황을 생산가능곡선으로 나타내면 [그림 2-2]와 같다. 무역이 개시되기 전 미국에서 한 단위의 밀을 추가적으로 생산하기

3) G. Haberler, *The Theory of International Trade* (London : W. Hadge and Company, 1936).

그림 2-2 기회비용 하의 생산가능곡선

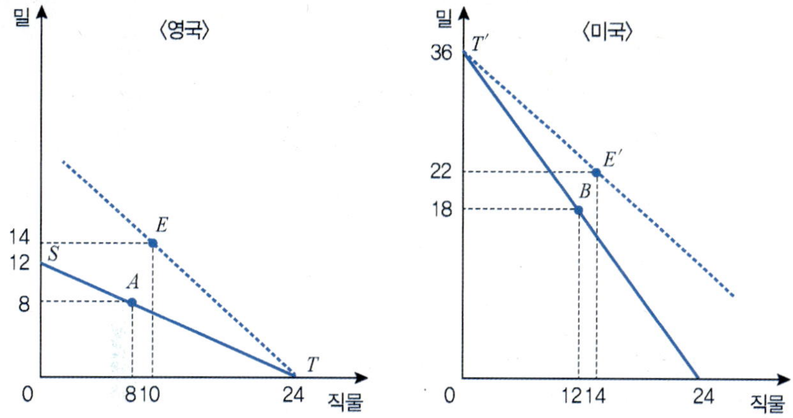

위하여 필요한 자원을 직물의 생산에서 빼어 낸다면 직물 2/3단위만큼 생산량이 줄어든다고 하자. 이 경우 미국에서의 밀(W)의 기회비용은 직물(C) 2/3 단위와 같고 국내교환비율은 1W=2/3C가 될 것이다. 만일 영국에서의 밀의 기회비용은 직물 2단위이고 국내교환비율은 1W=2C라 하자. 그러면 기회비용으로 파악한 밀의 비교생산비는 미국이 영국보다 싸기 때문에 미국은 영국에 대하여 밀의 생산에 비교우위를 갖는다고 말할 수 있다.

2) 기회비용설에 따른 무역

기회비용설에 의하면 한 재화의 비교생산비는 그 재화의 기회비용으로 측정할 수 있으며, 교역 상대국에 비하여 상대적으로 기회비용이 낮은 재화를 수출하게 된다.

기회비용설의 관점에서 무역을 설명하기로 한다. 기회비용은 생산가능곡선의 기울기로 표시될 수 있다. 영국에서 직물의 기회비용은 밀 0.5단위인 반면, 미국에서 직물의 기회비용은 밀 1.5단위가 된다. 이 경우 영국은 직물의 기회비용이 미국보다 낮으므로 직물의 생산에 비교우위를 가지며, 미국은 반대로 밀의 생산에 비교우위를 갖는다.

무역개시 이전에 양국은 국내에서 생산되는 상품만을 소비하게 될 것이다. 예를 들어 [그림 2-2]에서 영국과 미국은 각각 A, B점에서 생산 · 소비한다고 가정하여 보자. 무역이 개시되면 영국은 비교우위 상품인 직물의 생산에 완전특화하여 T점에서 생산할 것이고, 미국은 밀의 생산에 완전특화하여 T' 점에서 생산할 것이다. 이때 양국 간의 교역조건이 1 : 1로 설정되어 영국이 14단위의 직물을 미국에 수출하고 그 대가로 미국에서 14단위의 밀을 수입한다고 가정하자.

이렇게 되면 영국은 무역 이전 A점에서의 소비에서 E점으로 이동함으로써 직물 2단위와 밀 6단위를 더 많이 소비할 수 있게 된다. 미국도 무역 후에는 소비점이 B점에서 E' 점으로 이동하게 되어 직물 2단위와 밀 4단위를 더 소비하게 된다. 양국의 소비수준의 향상에서 보는 바와 같이 결과적으로 양국은 무역을 통하여 이익을 얻을 수 있게 된다.

이와 같이 하벌러의 기회비용설은 종래 고전적 무역이론에서 주장하는 단일의 생산요소, 동질의 생산 요소, 그리고 불변생산비라고 하는 비현실적인 가정에서 벗어나 현실에 적합한 생산 요소를 전제로 무역이론을 전개하였고, 가변비용 하에서도 비교우위의 결정을 일반화시켰다는 데 그 특징이 있다.

2. 헥셔-오린정리

비교우위론이 비록 무역의 발생원인이 생산비의 상대적 차이에 기인한다는 것을 밝히기는 했지만, 그러한 비교생산비의 차이가 존재하는 이유를 설명한 것은 아니다. 이에 대해 헥셔(E.F. Heckscher)와 오린(B.G. Ohlin)은 국가 사이에 비교생산비의 차이가 발생하는 원천은 요소부존도의 차이에 있다는 것을 밝힘으로써 무역이론에 있어 획기적인 발전을 이룩하였다.[4] 헥셔-오린정리는 두 가지 명제로 구성되어 있다.

헥셔-오린의 이론은 국가 간에 생산 요소의 부존도가 다르고, 각 재화에 투입되는 생산 요소의 비율이 다르기 때문에 비교생산비의 차이가 존재하게 된다는 것을 설명하였다(헥셔-오린의 제1명제).

또한 이러한 국가 간의 비교생산비의 차이 때문에 무역이 발생하고, 이러한 무역의 전개에 따라 요소의 이동이 아닌 재화의 이동에 따라 국가 간에 요소의 상대적 가격이

---

4) E.F. Heckscher, "The Effect of Foreign Trade on the Distribution of Income," *Ekonomisk Tidskriff*, vol. 21(1919), pp.1~32; B.G. Ohlin, *Interregional and International Trade* (Cambridge Mass.: Harvard University Press, 1933).

균등화된다는 것을 설명하였다(헥셔-오린의 제2명제). 이를 아래에서 자세히 살펴보기로 한다.

1) 요소부존이론

요소비율이론이라고도 불리는 이 이론은 한 나라가 다른 나라에 비하여 상대적으로 보다 풍부하게 부존된 생산 요소를 보다 집약적으로 사용하여 생산한 상품에 비교우위를 갖는 경향이 있다는 것이다. 이 이론의 주요 주장을 요약하면 다음과 같다.

첫째, 국가별 생산 요소의 부존량에 상대적 차이가 존재한다. 즉, 어떤 나라는 노동이 풍부하여 임금이 저렴하고 또 어떤 나라는 자본이 풍부하여 이자율이 낮다.

둘째, 재화에 따라 1단위의 생산에 필요한 요소비율, 즉 노동/자본의 투입비율이 각기 다르다. 어떤 재화는 노동집약적(labor intensive)이며, 다른 재화는 자본집약적(capital intensive)이다.

셋째, 그 결과 노동이 풍부한 국가에서는 노동집약적 상품의 생산에 비교우위가 있고, 자본이 풍부한 국가에서는 자본집약적인 상품의 생산에 비교우위가 있게 된다. 다시 말하면 어느 나라든 그 나라에서 풍부한 생산 요소를 많이 사용하는 제품을 수출하고 희소한 생산 요소를 많이 사용하는 상품은 수입한다.

2) 요소가격균등화정리

이 정리는 국가 간의 생산 요소의 이동이 불가능하더라도 자유무역을 하게 되면 국가 간에 생산 요소의 가격이 같아진다는 것이다.[5] 이 이론은 상품무역이 국내생산구조의 변화를 가져오고 이러한 변화는 국가 간의 생산 요소의 이동과 같은 효과를 가져와 결국 생산 요소의 가격에까지 영향을 미친다는 것을 밝혔다는 점에서 의미가 있다.

예를 들어, 한국이 노동풍부국이며 미국이 자본풍부국이라 하자. 이 경우 한국은 미국과의 교역에서 노동집약적인 재화의 생산에 특화하여 수출을 하게 된다. 한국에서의 노동집약재의 수출증가는 노동량의 증가를 필요로 하게 되고 국내에서 생산 요소가 제

---

5) P.A. Samuelson, "International Trade and the Equalization of Factor Prices," *Economic Journal*, vol. 58(1948), pp.165~184.

약되어 있는 상황에서는 자본집약재의 생산에 사용되는 자원의 감소를 통해서만 가능하게 된다. 이러한 상황은 국내에서의 노동의 부족과 자본의 과다라는 상황을 가져와 노동의 가격이 상승하고 자본의 가격이 하락하는 현상을 가져오게 된다.

한편 미국에서는 같은 이치로 자본의 가격은 상승하고 노동의 가격은 하락하게 된다. 결국 상품무역을 통하여 양국 간 생산 요소 가격이 같아지는 결과를 가져온다는 것이다.

3. 스톨퍼-사뮤엘슨정리

스톨퍼-사뮤엘슨은 요소가격균등화 현상을 생산 요소의 수급과 가격 변화라는 측면에서 정리하였다. 스톨퍼-사뮤엘슨정리는 "특정 재화의 상대가격이 오르면, 그 재화를 생산하는 데 집약적으로 사용되는 생산 요소의 실질가격은 오르고, 다른 생산 요소의 실질가격은 하락한다"는 것이다.[6)]

이와 같은 그들의 주장은 다음의 예에서 찾을 수 있다. 고임금국가와 저임금국가 사이에 교역을 할 경우 고임금국가는 자본집약재의 재화에 집중하게 됨으로써 자본의 수요는 증가하고 노동의 수요는 줄어들게 된다. 반대로 저임금국가에서는 노동집약적인 재화의 생산이 증가하는 반면, 자본집약적인 재화의 생산은 줄어들어 결국은 양국의 노동의 가격이 균형상태에 이른다고 주장하였다.

이러한 경우 고임금국가에서는 노동자의 임금을 유지하기 위한 정책으로서 노동집약재에 대한 보호주의정책을 실시한다면 노동자의 임금을 그대로 유지할 수 있으며, 이러한 그들의 주장은 보호무역주의의 근거가 되기도 한다.

4. 레온티에프 역설

앞에서 살펴본 요소부존이론을 레온티에프(Leontief)가 미국의 산업연관표와 무역데이터(1947년의 자료를 통한 일차 검증과, 1956년도에 다시 한 번 1951년도의 자료를 이

---

6) W.F. Stolper, and P.A. Samuelson, "Protection and Real Wages," *Review of Economic Studies*, vol. 9(1941) pp.58~73.

용 검증)를 통하여 실증적으로 검증하는 과정에서 나타난 결과가 헥셔-오린정리의 내용과 상반되게 나타났다 하여 역설이라고 부르고 있다.[7)]

요소투입비율, 즉 노동/자본의 비율로서 측정한 결과 미국이 자본풍부국이라 할 수 있는 데도 불구하고 오히려 미국이 노동집약적인 재화를 수출하고 자본집약적인 재화를 수입하고 있는 것으로 나타나 이론과 현실 사이의 괴리에 대한 많은 논란과 학문적 연구의 필요성을 가중시키게 되었다.

레온티에프 역설에 대한 많은 학자들의 지속적인 연구결과 다음과 같은 제반 요소들을 고려시 헥셔-오린정리로서 설명될 수 있다 하였다.

먼저 미국의 수요 편향성 때문에 레온티에프 역설이 생겨났다는 것이다. 즉, 두 나라의 수요 패턴의 차이를 가정한다면 미국의 수요가 자본집약재에 편중되어 있기 때문에 자본이 풍부함에도 불구하고 자본집약재를 수입한다는 것이다.

둘째는 미국노동자의 특성 때문이라는 것이다. 즉, 미국 노동자들에 대한 교육비나 자본체화율 등을 고려할 경우 미국 노동자의 생산성이 타국에 비하여 약 3배 정도 높아 오히려 미국이 노동풍부국이 되므로 노동집약적 상품을 수출한다는 것이다.

셋째는 미국의 수입상품 구조 때문이라는 것이다. 예를 들면, 천연자원은 자본집약적 생산 방식을 택하고 있는데 미국의 수입에서 천연자원의 수입이 차지하는 비율이 높기 때문에 레온티에프 역설과 같은 결과가 나왔다는 것이다.

3절 현대의 무역이론

레온티에프 역설 이후 실제로 일어나고 있는 무역형태를 설명하려는 움직임이 활발히 전개되기 시작하였다. 특히 기존의 이론들로 설명하기 어려운 무역현상에 대한 관심이 고조되면서 새로운 무역이론의 개발필요성이 강하게 대두되었다. 이하에서는 1960년대 이후 자주 거론되는 주요 이론들을 간략하게 살펴보기로 한다.

---

7) Wassily Leontief, "Domestic Production and Foreign Trade," in Bhagwati (ed.), *International Trade* (Baltimore: Penguin, 1969).

1. 대표수요이론(代表需要理論)

린더(S.B. Linder)에 의해 주장된 이론으로서 지금까지의 이론들과는 달리 수요 측면에서 무역을 설명하려 하고 있는 것이 특징이다.[8)]

그는 특정 재화가 수출이 가능하기 위해서는 우선적으로 국내에서 상당한 정도의 수요, 즉 대표수요(representative demand)가 있어야 한다고 주장한다. 이는 국내에서의 수요가 큰 제품일수록 국내시장의 생산규모 증대로 인한 규모의 경제효과나 기술습득효과로 인하여 생산비를 절감함으로써 비교우위를 가질 수 있다는 데에 그 근거를 두고 있다.

린더의 대표수요이론은 기존 이론이 설명하지 못하는 소득수준이 비슷한 국가나 공업국끼리의 교역 형태를 설명할 수 있다는 장점이 있다. 즉, 소득수준이 비슷한 국가들 간에는 수요조건이 비슷하여 서로가 필요로 하는 제품의 수출가능성이 높은 반면에 소득수준의 차이가 큰 경우에는 수출가능성이 낮기 때문에 소득수준이 비슷한 국가들 간의 교역가능성이 커진다고 하겠다.

또한 이 이론은 자국의 소득수준의 변화에 따른 동태적인 무역 형태를 설명할 수 있다. 즉, 소득수준이 낮은 국가에서 소득수준이 상승하게 되면 자국의 소비여력이 증가되며, 그 전에 존재하지 않던 재화에의 수요가 존재하게 되어 재화의 수출입이 가능하게 된다는 것이다.

이와 같은 대표수요이론은 현대에 들어와서 제품이나 기술우위에 바탕을 둔 선진산업국가들 간의 무역 형태를 설명하기 위한 국가유사성이론(country similarity theory)으로 확대 해석할 수 있다. 이 이론에 따르면 선진산업국 사이에는 소득수준이 비슷하고 소비자들의 기호도 비슷하기 때문에 선진국 간에 무역이 발생하게 된다는 것이다.

이러한 이론을 바탕으로 기업의 입장에서는 주 수출대상국의 선정 시 자국과 소득수준이 비슷한 국가나 사회문화적 배경이 비슷한 국가로 우선 진출하는 방법을 선택할 수 있을 것이다.

---

8) S.B. Linder, *An Essay on Trade and Transformation* (New York: Wiley, 1961).

2. 기술격차이론(技術隔差理論)

기술격차이론은 주로 포스너(M.V. Posner)와 하프바우어(G.C. Haufbauer)에 의하여 주장된 것으로서 양국 간에는 기술수준의 차이가 존재하며 이러한 기술수준의 차이는 기술후진국이 기술을 모방하기 위한 일정 기간이 필요하기에 선진국은 후진국이 모방할 수 있는 시점까지 비교우위를 가지고 이를 수출할 수 있다는 것이다.

이러한 형태를 그림으로 살펴보면 [그림 2-3]과 같다. 우선 기술선진국을 A국이라 하고 기술후진국(모방국)을 B국이라고 하자.

그림 2-3 기술격차이론의 기초적 패턴

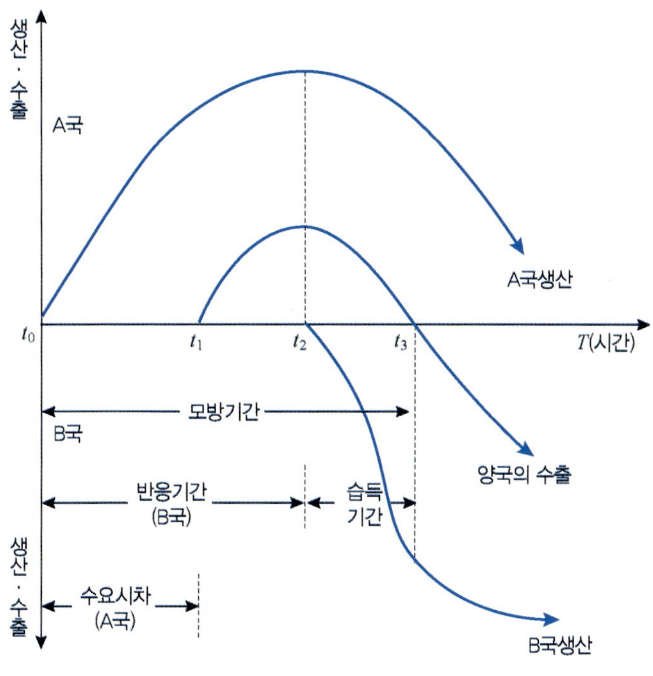

[그림 2-3]에 의하면 기술선진국인 A국에서 우선적으로 제품생산이 시작되게 된다. 원점(t_0)의 위는 A국의 생산 · 수출량을 아래는 B국의 생산 · 수출량을 나타낸다.

기술선진국(A국)에서 모방국(B국)으로 수출이 시작되는 시기는 t_1 시점으로서 기술선진국에서 생산량이 증가하여 국내수요를 충당한 시점이라고 할 수 있다. 이러한 시간의 차이를 포스너는 수요시차(demand lag: t_0와 t_1 사이)라고 설명한다. 그리고 t_2 점에서는 신제품이 B국에서도 모방생산되는 시기로서 기술후진국이 기술선진국의 생산·수출에 반응하는 시간(t_0에서 t_2까지의 시간)이다. 이 시기를 지나게 되면(t_3점부터), A국은 수출을 중단하고 오히려 B국에서 수입하게 된다. 즉 t_1에서 t_3까지는 A국의 기술혁신으로 인한 격차로 수출패턴이 형성되지만 t_2에서 B국이 기술을 모방하기 시작하여 t_3에서 그 격차를 완전히 없애고 t_3 이후 저임금에 의한 모방기술의 터득으로 수출이 역전되는 것이다.

기술격차이론의 의의는 기술혁신과 그에 대한 모방을 동태적인 과정으로 설명하고 있다는 것과, 저임금에 의하여 무역구조가 역전될 가능성을 시사한다는 것에서 찾을 수 있다. 그리고 또한 헥셔-오린의 요소부존이론에 의해서는 설명할 수 없는 무역패턴의 설명을 가능하게 한다는 점에서 의의가 있다.

3. 제품수명주기이론(製品壽命週期理論)

제품수명주기이론은 마케팅에서 개발·발전된 이론으로서, 하나의 새로운 제품이 시장에 도입되어, 처음 시장에 알려져 판매되기 시작한 후 시간이 경과함에 따라 매출액 및 침투율이 변화되어 최종적으로 쇠퇴되어 사라져 가는 과정을 나타낸 것이다.

이러한 제품수명주기이론에 대하여 버논(R. Vernon)은 제품수명주기를 국제적인 차원으로 확대발전시켜, 각국의 기술 및 소득수준의 차이와 제품의 시장국별 도입시기의 차이에 근거하여 특정 제품의 국제무역패턴과 해외생산입지의 변화 과정을 설명하고 있는데 이를 국제제품수명주기이론이라 한다. 버논의 연구 관점은 국제무역 및 직접투자의 발생, 성장, 쇠퇴의 과정을 전통적인 비교우위론적 관점이라기보다는 기술혁신의 시간성, 규모의 경제, 시장의 불확실성 및 경쟁변수의 변화 등에 초점을 맞추고 있다.

국제제품수명주기이론의 이론 구성은 크게 다음과 같이 세 가지로 구분할 수 있다.

첫째, 국내시장에서의 상품수명주기이론과 마찬가지로 기업의 제품활동은 일반적으로 국제시장 내에서도 도입기, 성장기, 성숙기, 쇠퇴기 등의 활동단계를 거친다.

둘째, 선진국과 후진국 사이에는 소득·기술 수준·노동 등 생산요소비용 면에서 차이가 나며, 선진국과 후진국 사이에는 소비·생산 면에서 시차(time lag)가 존재한다.

셋째, 상품수명주기와 선 · 후진국 간 소비수준, 생산능력 격차로 선진국과 후진국 사이의 무역 및 투자패턴은 수명주기단계별로 다르게 나타나는데, 초기에는 기술주도의 무역 및 투자패턴이 나타나고 후기로 갈수록 생산요소비용이 무역 및 투자패턴 결정의 주요 변수가 된다.

학자들마다 수명주기단계와 단계별 주장 내용이 차이가 날 수 있지만 일반적으로 제품수명주기단계는 도입기, 성장기, 성숙기, 쇠퇴기로 구분할 수 있다. 이를 그림으로 나타내면 [그림 2-4]와 같다.

그림 2-4 제품수명주기단계

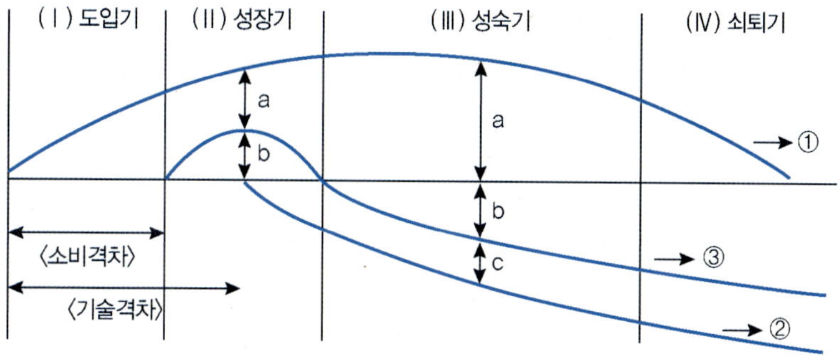

①은 선진국 생산곡선, ②는 후진국 생산곡선, ③은 수요기준곡선(선/후진국)
1) a+b: 선진국 생산, a: 선진국 소비, b: 선진국 수출/후진국 수입
2) a: 선진국 생산, b: 선진국 수입/후진국 수출, a+b: 선진국 소비
b+c: 후진국 생산, c: 후진국 소비

1) 도입기

도입기에서는 기업활동의 우위가 다른 기업들보다 먼저 신제품을 시장에 성공적으로 도입하는가에 달려있다. 따라서 이 단계에서는 제품기술개발을 위한 R&D활동이 중점이 되며, 따라서 기술개발력과 가격이 높은 신제품에 대한 소비가 가능한 고소득국가가 우선적인 신제품개발국이 될 잠재성이 높다.

일단 제품이 시장에 도입된 이후에도 생산기술과 제품의 모델이 아직 불안정한 상태에 있기 때문에 엔지니어링의 역할이 점차 커지게 되는 단계이다. 일단 제품이 시장도입에 성공하면 공급기업은 독점적 입장에서 사업을 운영할 수 있게 되며, 동 제품에 대한 수요층이 초기 혁신그룹으로 구성되어 가격탄력성이 낮게 나타난다. 따라서, 초기제품가격은 기업의 독점가격전략에 의하여 고가격대에 설정되기 때문에 소득수준이 높은 대형 선진국 시장을 중심으로 열리게 된다. 따라서 생산과 소비가 도입기 초기 과정에는 대체로 선진국에서만 나타나게 되고 국제무역이나 해외투자는 발생하지 않게 된다.

2) 성장기

제품의 시장진입으로 제품에 대한 수요가 늘어나면, 동 제품에 대한 높은 수익성에 자극받아 후발 진입기업이 나타나게 되고 이에 따라 가격도 과점가격전략에 의거 약간 낮아지게 된다. 이러한 단계에서는 동 제품에 대한 정보가 외국 소비자들에게도 확산되게 되고, 소비자들을 중심으로 가격도 약간 낮아졌기 때문에 외국시장에서도 혁신적 성향을 갖는 소비자층을 중심으로 동 제품에 대한 수요가 발생하게 된다.

기술선진국의 입장에서는 외국시장의 초기 수요가 규모의 경제를 달성하기에는 미약한 수준이라는 판단 아래 해외생산은 이루어지지 않고, 수출증대에 노력하게 된다.

외국시장에서는 국내생산의 가능성을 모색하게 되고, 나아가서는 관세 · 비관세장벽을 강화하여 수입대체를 시작하는 단계이다.

3) 성숙기

성숙기에 접어들게 되면, 제품의 수요확대와 더불어 생산기술의 안정화가 진행되며 시장진입기업들의 수가 점점 확대되게 되고 기술이 표준화되어 기술상의 우위보다는 대량생산에 의한 공급능력경쟁에 접어들게 된다. 기업들 간의 경쟁은 제품차별화를 중심으로 진행되며, 가격경쟁의 격화와 더불어 제품가격도 점차 떨어져 국내시장에서의 사업기회는 점차 사라지게 된다. 한편 이 시기는 외국시장에서 본격적인 수입대체단계에 접어들고, 시장규모는 급격히 성장하게 된다.

따라서 이 시기의 해외생산기지는 주로 선진국과 비슷한 수요패턴을 가지고 있으며, 규모의 경제를 달성할 수 있는 나라가 된다. 선진국의 기업들은 해외시장의 수입규제와 수요 증대 그리고 본국에서의 가격경쟁 심화로 외국에서의 생산을 시작하게 되며, 초기에는 현지 기술수준 등을 감안하여 주로 저급제품의 생산에 주력하게 된다. 이러한 국가 간 생산체계의 차이는 선진국은 후진국에 고급품을, 후진국은 선진국에 저급제품을 수출하는 교차무역의 형태로 나타나기 쉽다

4) 쇠퇴기

제품의 표준화가 완전히 이루어지는 시기로 가격경쟁이 더욱 치열해지며, 생산입지는 선진국보다 노동비용이 싼 개발도상국이 더 유리하게 된다. 선진국이 생산입지로 임금이 싼 개발도상국을 선택하게 되는 이유는 국제시장에서 가격경쟁력이 있는 제품을 생산 · 공급하기 위한 것과 보호무역장벽을 회피하고 수출시장을 유지하기 위한 것과 우회수출 등 전략적인 목적을 들 수 있다.

선진국 시장에서는 동 제품이 사양화되면서, 더 이상 기술개발이나 마케팅 투자가 나타나지 않게 되고 후진국의 외국생산기지로 공장시설이 이전됨으로써 선진국 생산기지의 공동화 현상이 나타나게 된다. 이 시기는 생산원가가 싼 후진국 생산기지에서 선진국 시장으로의 역수출이 나타나게 되며, 관련 기술과 자본은 선진국에서 후진국으로 이전하게 된다.

[표 2-4] 국제수명주기이론의 단계별 특성

	도 입 기	성 장 기	성 숙 기	쇠 퇴 기
기술요소	제품혁신	모방에 의한 습득	R&D	No R&D
경쟁양상	독과점 양상	신규진입: 경쟁	경쟁↑ →제품 차별성이 중요	완전경쟁
가 격	고가격	가격인하	가격인하	원가수준
경 쟁 력	엔지니어링	대규모 생산체제 마케팅노력 증대	마케팅노력 증대	
소 비 지	미국 등 선진국 에서만 소비	외국 및 선진국 에서 소비	외국의 소비규모 ↑	선진국: 신규수요 ↓
생 산 지	최초 개발국	기타 선진국 확대	외국의 생산 ↑	후발개도국
무역방향	무역발생 없음	기술격차무역	무역: 쌍방무역 후 → 선(저급품) 선 → 후(고급품)	무역: 후 → 선

따라서 후진국 기업들은 선진국으로 역수출을 하게 되며, 수출경쟁력은 어느 나라의 기업이 싸고 효율적인 생산능력을 갖추고 있는가에 달려 있기 때문에 비교우위가 주요 결정변수가 된다.

이상에서 살펴본 제품의 각 수명주기별 생산 · 소비 · 무역 관계를 도표로 요약하면 [표 2-4]와 같다.

4. 산업내 무역이론

산업내 무역이란 동종산업 내에서의 서로 다른 제품들이 수출입되는 현상으로서 자동차산업에서 독일의 벤츠와 미국의 캐딜락이 서로 수출입되는 것과 같은 현상을 말한다.

이러한 산업내 무역이 발생하는 필요조건으로는 ① 제품의 차별성이 존재하여야하며, ② 교역국 간의 소비구조나 소득수준이 유사한 경제국일수록 교역량이 증가한다는 것이다.

그리고 산업내 무역이 발생하는 이유로는 ① 제품차별성에 의해 소비자의 기호나 수요 등의 차이가 존재하는 경우나, ② 생산에 있어서 규모의 경제가 존재하여야 하는 경우 두 제품을 양국에서 동시에 생산하는 것보다는 양국에서 서로 규모의 경제가 있는 제품의 생산에 특화하여 교환하는 것이 유리한 경우 등이라 할 수 있다.

5. 신무역이론

신무역이론(New Trade Theory)은 2008년 노벨경제학상 수상자인 폴 크루그먼(Paul Robin Krugman)이 주장한 이론이다. 신무역이론에서는 산업조직이론과 국제무역이론을 결합하여 산업의 특성이 국제무역패턴을 일으킨다고 설명한다. 그의 이론은 2개의 경제원리 위에 정립되어 있는데, 그 이론은 다음과 같다. ① 현대의 대부분 상품은 대량생산을 통하여 생산비용을 낮추고 있고 어느 나라에서든지 별다른 차이가 없다(규모경제원리). ② 그럼에도 같은 종류 상품의 국제교역이 이루어지는 이유는 소비자의 다양한 기호가 수요를 지배하기 때문에 대량생산자가 같은 상품이라 할지라도 다른 대량생산자와 경쟁하기 위하여 다른 디자인과 브랜드의 상품을 생산하기 때문이다(독점적 경쟁원리). 예를 들어, 시장이 독점적 경쟁이고 기업이 생산을 늘릴수록 평균비용이 떨어지게 된다면 기업은 제품차별화 등으로 경쟁하게 될 것이다. 이 경우 국제무역이 이루어져 시장이 확대되면, 규모의 수익이 발생하여 비용과 가격이 떨어질 수 있고, 이는 동일한 산업 내에서 더욱 뚜렷하다는 것이다.

6. 신신무역이론으로서 글로벌 가치사슬(GVC)

글로벌 가치사슬(Global Value Chain: GVC)이란 연구개발(R&D), 제품의 설계, 부품과 원재료의 조달, 생산, 유통, 판매에 이르기까지 각 과정이 다수의 국가 및 지역에 걸쳐 형성된 글로벌 분업체계를 말한다. GVC 관점에서 보면 다국적기업들이 비용절감 및 해외시장 개척을 위해 생산의 글로벌 분업화를 주도하고 있는 최근의 무역패턴을 매우 이해하기 쉽다. 이에 따라 오늘날 GVC는 신신무역이론(New New Trade Theory)으로 평가받고 있다.

[그림 2-5]는 GVC에서 생산단계별 부가가치를 보여준다. 1992년 에이서 컴퓨터 창립자인 대만 출신의 스탠 시(Stan Shih)가 처음 소개한 이 그림은 스마일커브(smiling curve)로 알려져 있다. 그는 PC 생산의 가치사슬에서 양쪽 끝 부분의 연구·개발(R&D)과 마케팅이 가장 수익성이 높은 영역이라고 분석했다. 또한 2000년대 들어서면서 제조부문과 연구·개발(R&D)과 마케팅부문 등 양극단의 부가가치 차이가 심화되면서 스마일커브는 더욱 깊어지는 형태를 보이고 있다.

최근 국제통화기금(IMF)이 40여 개국을 대상으로 한 투입산출 데이터를 제공하는 WIOD를 토대로 분석한 자료에 따르면, 1995~2013년 세계적으로 GVC 현상에 따른 중간재 무역은 6배로 늘어났으나 최종재의 경우 4배 증가에 그치고 있다. 또한 GVC를 통한 무역은 글로벌경제가 대침체에 들어선 2011년 정체됐으나, 여전히 부가가치 기준으로 전 세계무역의 60~67%를 차지하는 것으로 추정된다. 즉, GVC 무역이 21세기 무역패턴으로 자리잡은 것이다. 특히 동아시아지역, 특히 한·중·일과 인도, 동남아국가연합(ASEAN)에서 초국경 생산분화 현상이 두드러지게 나타나고 있다.

그림 2-5 GVC와 스마일커브

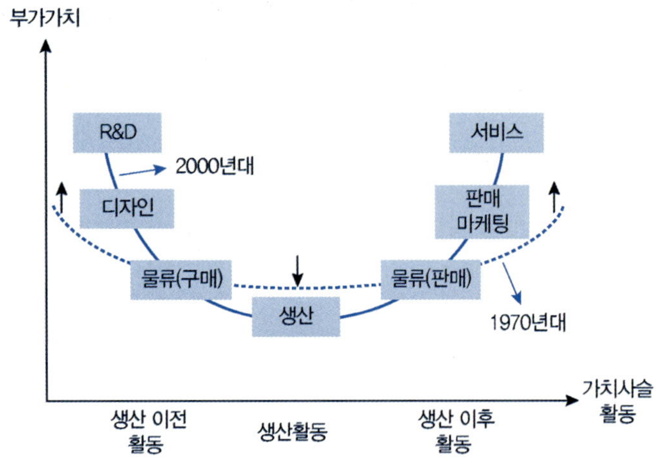

자료: OECD, Interconnected Economies: Benefiting from GVCs, May 28, 2013.

신신무역이론으로서 GVC가 국제무역에 시사하는 바는 다음과 같다.

첫째, GVC를 활용한 국가 간 생산분업을 통해 전 세계 교역규모가 확대된다. 실제로 글로벌교역 증가율은 GVC 참여도 증가율과 높은 상관관계를 가진다.

둘째, 국가 간 기술전파를 통해 노동생산성이 제고된다. 시장선도적인 다국적기업이 생산분업 노하우를 다른 나라에 전파할 수 있게 된다. 이에 따라 GVC 참여도가 높아질수록 생산성도 그에 비례하여 높아진다는 것이 최근의 많은 실증연구에 의해 입증되고 있다.

셋째, 고용에 미치는 영향은 정(+)과 부(−)의 효과가 혼재한다. 신흥국의 경우 제조업 및 서비스업에 GVC 관련 취업자 수가 늘었지만 선진국은 서비스업에서 더 크게 증가했다.

이는 GVC 확산이 신규 고용을 창출하는 반면, 이로 인해 대외경쟁력이 하락한 산업의 고용이 감소될 수 있기 때문이다.

넷째, 기업들은 GVC 참여 확대와 더 높은 부가가치를 창출할 수 있는 가치활동으로의 이전 또는 GVC 고도화를 통해 지속적인 성장을 기대할 수 있다.

한편, GVC는 10여년 전 글로벌 금융위기 이전까지는 급속히 확산되었지만, 금융위기 이후 약화되는 모습을 보인다. 이는 전 세계적으로 GVC 참여도가 진정세를 보이고 있는 것을 뜻한다. 특히 신흥국을 중심으로 점차 약화되었으며, 베트남, 한국, 중국 등 아시아지역이 큰 폭으로 하락한 것으로 나타났으며, 국가 간 분업 정도가 높은 복합 GVC 참여가 약화되기도 했다. 산업별로 보면 전기전자, 금속제품, 섬유가죽 등 제조업의 후방참여도가 약화되었다. 반면 부가가치가 높은 서비스업 예를 들어, 전문 과학기술, 정보통신서비스 등은 소폭 상승하기도 했다.

GVC의 약화 배경에는 주로 경제구조 변화, 생산비용 격차 감소 등이 구조적 요인으로 작용하고 있어 예전과 같은 확장세를 회복하기는 힘들 것으로 보인다. 또한 최근의 미 · 중 무역분쟁과 같은 전 세계적인 보호무역 추세는 GVC 무역을 더욱 위축시키고 있다. 이는 무역의존도가 높은 우리나라 경제엔 결코 반가운 일이 아니다. 따라서 우리나라의 입장에서는 일본 주도의 점진적이고 포괄적인 자유무역협정(CCTPP)과 중국 주도의 포괄적 지역동반자 협정(RCEP) 등에 주도적으로 참여할 필요가 있으며, 보다 많은 나라들을 대상으로 GVC 참여 확대와 고도화를 통해 경제의 효율을 높이고 무역을 통한 더 많은 부가가치를 창출할 수 있도록 노력해야 한다.

주요용어

절대생산비, 비교생산비, 상호수요설, 기회비용, 헥셔-오린정리, 요소부존이론, 요소가격균등화정리, 스톨퍼-사뮤엘슨정리, 레온티에프 역설, 대표수요이론, 국가유사성이론, 기술격차이론, 제품수명주기이론, 산업내 무역이론, 신무역이론, 글로벌 가치사슬(GVC)

연습문제

1. 아담 스미스의 절대생산비설은 무엇이며, 국가 간 무역발생의 원인은 무엇인지 논술하시오.
2. 리카도의 비교생산비설은 무엇이며, 국가 간 무역발생의 원인은 무엇인지 설명하시오.
3. 상호수요설의 개념을 설명하시오.
4. 요소가격균등화정리를 설명하시오.
5. 요소부존이론은 무엇이며, 요소부존에 따른 무역방향을 설명하시오.
6. 레온티에프의 역설이란 무엇이며, 이러한 역설을 반증할 수 있는 근거를 설명하시오.
7. 기회비용설이란 무엇인지 논술하시오.
8. 산업내 무역이론을 설명하시오.
9. 제품수명주기이론을 설명하시오.
10. 폴 크루그먼의 신무역이론을 설명하시오.
11. 신신무역이론으로서 GVC의 개념을 설명하시오.

3장

무역정책

학습목표

무역정책이란 무엇이며 역사적으로 어떻게 발전하여왔는가를 이해한다. 보호무역정책을 주장하는 이론적 근거와 성립배경을 알아본다. 보호무역정책의 수단들을 알아보고 그 효과에 대하여 살펴본다. 구체적으로 관세의 경제적 효과, 쿼터(quota)의 효과를 비교하여 본다. 그리고 최근에 강화되고 있는 비관세장벽의 특징과 사용되는 이유, 그리고 한국기업들의 경영활동에 어떠한 영향을 미칠지를 생각해 본다.

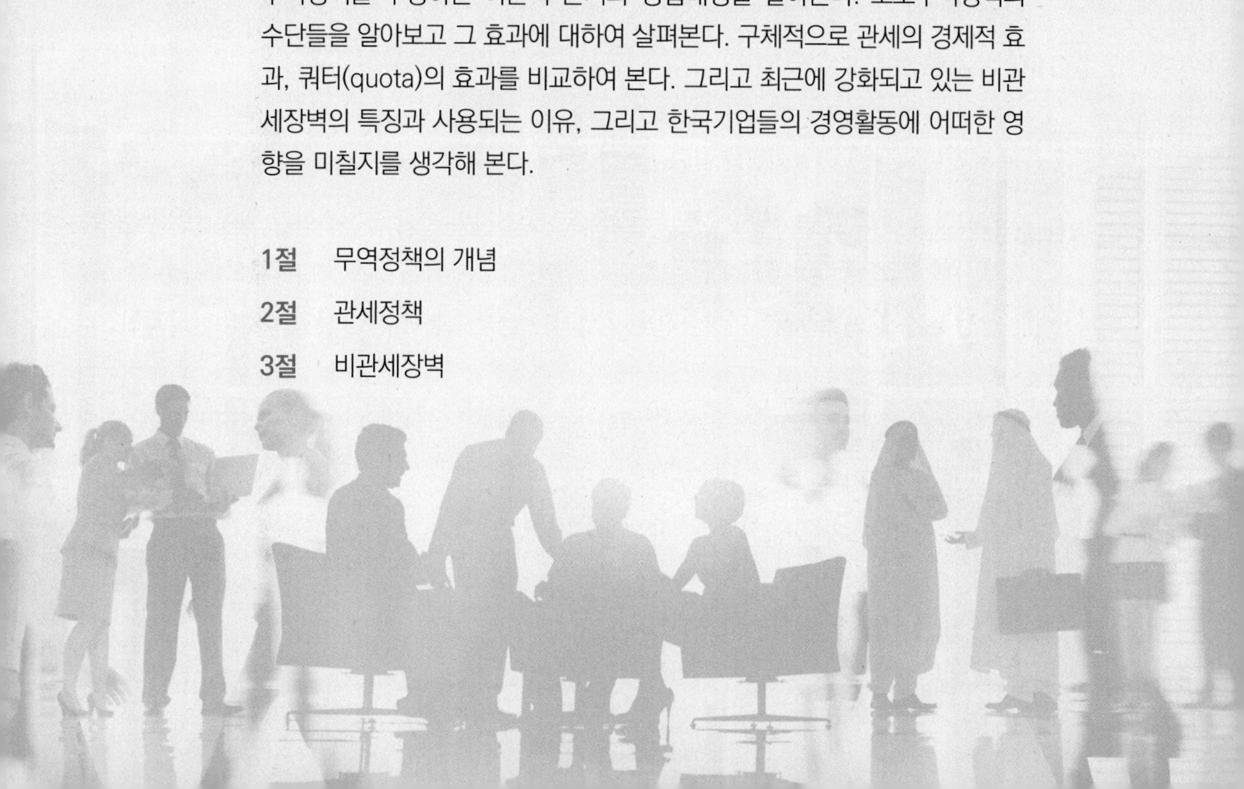

세계경제이야기

무역기술장벽 3년 연속 3천건 이상 … "매년 최대치 경신중"

대한상공회의소는 2021년 3월 '무역기술장벽 동향과 대응과제' 보고서를 통해 최근 무역기술규제의 동향을 분석하고 대응 방안을 제시했다. 무역기술장벽은 국가 간 다른 기술 규정, 시험인증절차 등으로 인해 무역에 발생하는 장애를 일컫는 용어로 대표적인 비관세장벽 중 하나다. 보고서에 따르면 무역기술장벽은 1995년 세계무역기구(WTO)가 출범한 이후 연평균 11%씩 증가하고 있다. 특히 2018년부터는 3년 연속 3000건 이상 발생해 매년 최대치를 경신하고 있다.

최근 15년 사이 전세계 TBT 통보 건수는 3.7배 증가(2005년 897건에서 2020년 3354건)했고, 그 중 우리의 10대 수출국 규제는 이보다 많은 5.2배(2005년 164건에서 2020년 849건) 늘었다. WTO에 보고된 신규 TBT 통보문(누적기준)은 유해물질 사용제한 등 건강·안전 관련 사항이 1만 3,638건으로 가장 많았다. 이어 기술규격 등 품질 관련 사항이 4,575건, 허위표시 등 소비자 보호 관련 건이 4,401건, 환경보호 3,444건 순이었다.

국가별로는 미국이 1,847건으로 가장 많았다. 이어 중국(1,460건), EU(1,360건), 이스라엘(1,230건), 우간다(1,227건) 순이었고 한국은 9위(1,014건)를 차지했다. 우리의 수출 다변화 대상인 신남방지역(인도+ASEAN, 11개국)의 경우 1,866건으로 미국, 중국, 유럽연합(EU)를 앞섰다.

최근 주요 수출국뿐 아니라 개발도상국에서도 수출 장벽이 높아지자 정부도 무역기술규제 대응 지원에 더 적극적으로 나서야 한다는 목소리가 높아지고 있다. 이에 정부는 최근 무여기술장벽 관련 업무 역량을 강화하고 중소·중견기업 수출을 지원하기 위해 산업통상자원부 내에 'TBT 종합지원센터'를 설치했다. 한편 업계는 최근 디지털이나 바이오, 에너지 등 신산업 분야에서 새로운 무역기술장벽이 생기는 만큼 정부에 관련 산업에서의 적극적인 지원을 요청하고 있다.

〈이데일리, 2021/3/21〉

1절 무역정책의 개념

1. 무역정책의 의의

무역정책이란 일국의 정부가 자국의 특정 경제적 목적을 추구하기 위하여 수출·수입 등의 대외적 경제활동에 개입하는 행위를 의미한다.

제2장에서 살펴본 전통적 무역이론에서는 재화시장과 요소시장에서의 완전경쟁을 기본 전제로 하고 있다. 이러한 전제 하에서 전세계의 후생 및 자국의 경제적 이익을 극대화하기 위한 수단으로 비교우위에 입각한 자유무역을 강조하고 있다.

그러나 현실 경제에서는 시장기능의 실패나 시장의 왜곡이 존재하게 된다. 이와 같은 경우 자유무역은 더 이상 최선의 방안이 아니며 적절한 무역정책이 요구된다. 즉, 정부의 정책개입이 시장기능의 실패나 왜곡된 방향을 수정함으로써 자원의 최적배분을 가져올 수 있다면 이와 같은 자원배분의 효율성 증가가 무역정책의 타당성을 제시한다 하겠다.

무역정책의 목표는 크게 대내적 목표와 대외적 목표로 구분할 수 있다.

첫째, 대내적 목표란 정부가 직·간접적으로 무역활동을 규제하거나 촉진함으로써 국내적 안정을 꾀함과 동시에 산업 간의 균형적 발전을 도모하고자 하는 것이다. 국내적 안정이란, 예를 들어 완전고용의 추구, 물가의 안정, 국민복지의 향상, 자원의 효율적 배분, 경제성장의 촉진 등 여러 가지의 목표가 있을 수 있겠다. 또한 외국상품의 수입으로부터 자국의 유치산업을 보호함으로써 산업을 발전시키고 국제경쟁력을 높일 수 있다.

둘째, 대외적 목표란 세계적 경제환경의 변화에 대한 적절한 대응을 함으로써 국제간의 무역에서 균형을 달성하려는 것이다. 국제수지의 균형을 위하여 적절한 무역정책이 요구되기도 하며, 자국의 교역조건을 개선함으로써 경제적 이익을 높이려고 무역정책을 실시하기도 한다.

2. 무역정책의 유형

무역정책은 세계무역의 발전에 따라 다양하게 발전하여 왔다. 기본적으로는 자유무역주의와 보호무역주의 정책의 흐름이 반복되는 추세라 할 수 있다. 세계경제가 활황기이며, 경제발전이 지속되는 시기에는 자유무역주의가 우세하였으며, 세계경제가 불황이거나 경쟁이 격화될수록 보호무역주의가 강화된다고 할 수 있다. 이와 같은 무역정책의 유형을 시기별로 구분하여 살펴보기로 한다.

1) 중상주의

15세기 말부터 18세기 중엽까지는 금이나 은 등 화폐의 국내저축 증가가 곧 국부와 동일하다는 인식 하에서 국가 전체가 금 · 은 · 화폐의 축적에 집중한 시기라 할 수 있다.

중상주의 사상은 금 · 은의 확보가 국가의 이익이며, 이의 유출이 국가의 손실이라는 강력한 믿음 하에 금 · 은의 수출을 직접 금지하고 그 수입을 장려하는 정책을 강조하였다. 중상주의 사상은 수출은 귀금속(화폐)의 획득이고 수입은 귀금속(화폐)의 유출이라는 인식 하에 수출확대와 수입억제라는 강력한 보호무역정책을 가져오게 하였다.

2) 자유무역주의

자유무역주의는 영국의 산업혁명을 바탕으로 세계경제가 활성화되는 시기에 중상주의정책에 대한 비판으로 대두되었다. 아담 스미스(Adam Smith)는 화폐 자체를 국부로 인정하지 않고 화폐로서 구입할 수 있는 재화를 국부로 인정하였다. 그리고 재화를 국부로 인정하는 경우 국가 간의 자유무역을 통하여 자국이 외국보다 싸게 생산할 수 있는 상품을 수출하고 외국보다 비싸게 생산할 수밖에 없는 상품은 국내에서 생산하지 말고 이를 외국으로부터 수입하는 것이 세계경제 전체에서 국부를 증대시킬 수 있다 하였다.

자유무역을 처음으로 제창한 아담 스미스는 그러나 완전한 자유무역과 더불어 다음과 같은 부문에서는 다소의 보호무역정책을 용인하였다. 즉, 자유무역의 예외적인 조치로서 군수산업, 해운 등 국방상 필요한 산업은 국가가 보호하여야 하며, 재정수입을 확보하기 위한 재정관세, 외국의 부당한 보호무역정책을 견제하기 위한 보복관세, 국내의 대규모 실업을 방지하기 위한 실업방지관세의 부과는 부분적으로 인정한 것이었다.

밀(J.S. Mill)은 비교생산비의 원칙 하에 국가 간 비교우위를 지니는 제품을 생산하여 상호 교환하는 것이 경제적 이익을 극대화할 수 있다 하였다. 그의 주장은 국가의 정책적 간섭보다는 국가 간 비교우위에 입각한 자유로운 무역활동이 경제활동의 효과를 극대화할 수 있다는 것이다. 즉, 자유무역이 세계 전체뿐만 아니라 자국의 부를 증대시킬 수 있으며 국가가 개입하는 경우보다 시장기능에 맡기는 경우가 더 효과적이라는 것이다.

3) 보호무역주의

보호무역주의는 19세기 들어 산업발전과 교통발달에 따른 국가 간의 산업 및 무역전쟁이 격화됨에 따라 자국의 산업보호를 위하여 등장한 것이다. 선진국의 입장에서는 자국 산업의 발전을 촉진시키기 위하여 그리고 후진국은 자국의 유치산업을 육성하기 위하여 보호무역정책을 실시하게 되었다.

보호무역주의가 제기된 배경은 영국보다 산업혁명이 늦은 독일과 미국이 그들 산업보호의 필요성을 강조하면서부터이다. 주된 주창자들은 독일의 리스트(Friedrich List)와 미국의 해밀튼(Alexander Hamilton)을 들 수 있다. 해밀튼은 미국의 공업이 유럽제국에 비하여 아직 유치한 단계에 있으므로 보호하여야 한다고 주장하였으며, 리스트는 독일은 영국과는 달리 농공시대에 속해 있으므로 농공상시대의 산업발전을 이룩하고 있는 영국과 자유무역을 하게 되면, 국내산업이 피해를 입게 되기에 보호하여야 한다고 주장한다.

4) 신보호무역주의

신보호무역주의란 1970년 중반 이래로 증가하고 있는 각종의 무역제한조치를 말하는 것으로 과거의 보호무역정책과는 그 보호목적이나 주된 보호수단에서 차이가 존재하기 때문에 신보호무역주의라 말한다.

이와 같은 신보호무역주의의 대두 배경을 살펴보면 다음과 같다.

첫째, 세계경제의 불경기 지속을 들 수 있다. 1970년대의 1, 2차 석유파동을 통한 세계경제의 불황과 선진국의 실업률 증가는 그동안 후진국에서 자주 사용되던 보호무역정책을 선진국에서도 사용하게 하였다.

둘째, 1960년대 중반 이후부터 급성장해온 일본 및 일부 신흥공업국의 발전과 수출증대는 선진국들로 하여금 상당한 산업구조 조정의 압력으로 작용하였다. 즉, 선진국의 사양사업 부문에 대한 신흥공업국으로의 이전 과정에서 파생하는 선진국의 실업문제나 산업구조 조정에 따르는 비용 및 기간문제는 산업보호효과가 큰 보호정책으로 전환하게 하였다.

신보호무역정책이 기존의 보호무역정책과 구별되는 몇 가지 특징들을 살펴보면 다음과 같다.

첫째, 과거의 보호무역주의가 주로 후진국의 유치산업이나 수입대체산업인 데 비하여 최근의 보호무역주의는 주로 선진국의 사양산업보호(주로 농업 부문의 고용유지목적)에 초점이 맞추어진다. 그리고 보호대상산업이 첨단기술산업과 기술집약산업 등 전략적인 목적으로 보호하는 경우도 증가되고 있다.

둘째, 과거의 보호무역주의가 주로 무차별적인 보호효과를 갖는 관세를 주로 사용하였으나 최근에는 비관세장벽을 많이 사용하고 있다는 것이다. 이러한 추세는 관세에 의한 보호효과는 그동안의 GATT 체제에서 실행된 관세인하협상에 의하여 그 보호효과가 미약하기에 비관세장벽을 사용한다는 데 기인한 것이다. 비관세장벽은 산업별 혹은 국가별로 선별적이거나 차별적으로 적용이 가능하며, GATT의 규제를 피할 수 있고 실행이 용이하기 때문에 선진국에서 선호된다.

셋째, 과거의 보호무역정책의 협상 과정이 주로 GATT 원칙에 입각한 다자간협상이었는데 비하여 최근의 보호무역정책은 주로 쌍무적 혹은 일방적 협상 과정을 띠고 있다. 이와 같은 쌍무적 협상은 차별적 혹은 보복적 색채가 있는 것으로서 무역제한 효과가 크게 나타난다 하겠다.

3. 보호무역정책의 이론적 근거

1) 유치산업보호론(幼稚産業保護論)

유치산업보호론이란 자국의 유치한 산업을 보호하기 위하여 자국에서 생산되는 제품과 경쟁관계에 있는 외국수입품에 대하여 일정 기간 보호하여야 한다는 것이다. 여기서 유치산업이란 개발기에는 생산비용이 너무 높기에 국제경쟁력이 없으나, 일정한 보호기간이 지난 다음에는 국제경쟁력을 확보할 수 있는 산업을 말한다.

유치산업보호의 근거는 다음과 같은 것에서 찾을 수 있다. 우선적으로는 일정 기간의 보호를 통한 생산의 증가는 규모의 경제효과(economies of scale)를 달성할 수 있다는 것이다. 둘째는 생산경험의 축적을 통한 비용의 감소나 원가의 감소를 가져와 국제경쟁력을 향상시킬 수 있다. 셋째, 산업보호 과정에서 후발기업 혹은 타산업에 외부경제효과를 발생시키기에 이들 산업을 보호할 필요성이 증가하게 된다.

이와 같은 근거로 유치산업을 일정 기간 보호하게 되면 이 산업은 국제시장에서 가격경쟁력을 확보할 수 있으며, 일단 가격경쟁력이 확보되면 유치산업을 보호하는 과정에서 발생할 수 있는 보호비용은 국내산업발전과 무역을 통한 경제적 이익으로 보상할 수 있게 된다는 것이다.

그러나 한편으로는 다음과 같은 문제점도 존재한다. 첫째, 과연 어떤 산업을 유치산업으로 선정할 것인가의 문제이다. 즉, 국내에 있는 수많은 산업 중에서 과연 일정 기간의 보호 후에 국제경쟁력을 확보할 수 있는 산업을 어떻게 판정할 수 있는가 하는 것이다. 둘째, 일단 유치산업을 선정하였다고 하더라도 과연 어느 기간 동안 보호하여야 하는가라는 보호기간의 선택문제이다. 일단 선정된 산업을 보호한 이후 몇 년간 지원하여야 하며, 언제 보호를 중단할 것인가를 결정하는 것이 어려우며, 잘못 판단한다면 이러한 보호기간이 장기화될 수 있다는 부정적인 효과가 존재한다. 셋째, 산업보호를 위하여 어떤 정책을 활용할 것인가가 중요하다. 예를 들어, 관세를 통하여 보호하기로 하였다면 이는 국내소비가격의 상승을 통한 소비 측면의 왜곡을 가져옴으로써 오히려 경제적 손실을 가중시킬 수가 있다. 따라서 국내경제에 미치는 효과를 최소화하는 정책수단의 선택이 필요하다.

2) 외부경제효과

특정 재화의 생산에 외부경제효과가 존재하는 경우에는 이들 산업 부문을 보호하기 위한 무역정책이 필요하다. 외부경제효과란 특정 산업 부문(A산업)에서 발전된 지식이나 생산기술이 다른 산업 분야(B산업)의 생산성 증가나 경제적 효율을 증가시키는 데 기여할 수 있는 경우를 말하며, 이때 A산업이 B산업에 대하여 외부경제효과가 있다고 한다.

예를 들어, 공산품 생산에서 얻은 지식과 기술개발이 농업기계화의 발달을 통한 농업 생산성의 증가를 유도한다면 공업 부문이 외부경제효과가 있다는 것이며, 이들 외부경제 유발산업에 대해서는 국가적인 차원에서 지원해 주는 정책수립이 필요하다는 것이다. 왜냐하면 이들 공업 부문의 발전 과정에 투입된 비용이 농업 부문의 산업발전에 기여한 부문에 대해서는 농업 부문이 공업 부문에 보상을 해 주어야 하지만 현실경제에서는 이것이 불가능하기에 정부 차원에서 이들 외부경제 유발산업에 대해서 지원해 주는 것이 바람직하다는 것이다.

3) 전략적 무역정책

세계 전체적인 측면에서 소수의 독과점적 구조를 갖는 산업 분야는 어느 기업이 독과점적인 위치를 차지하느냐에 따라 과점적 이윤을 통한 막대한 이윤을 얻을 수 있는 기회가 존재하게 된다. 이들 산업 분야는 규모의 경제를 실현하기 위해 필요한 생산설비가 대규모이며, 기술개발의 위험이 높으며, 산업발전에 따른 외부경제효과가 큰 산업으로서 주로 특수한 군수장비나 항공기, 전기통신, 인공위성과 관련된 산업이라 할 수 있다. 이들 산업 분야에 있어서는 각국 정부들이 가능하다면 정부의 직접적인 개입을 통하여 이러한 과점적 이윤을 자국 기업에게 돌아오도록 노력하게 된다는 것이다.

즉, 각국 정부들은 전략적 무역정책수단[1]들을 활용함으로써 자국기업이 타국기업과의 경쟁에서 우위에 설 수 있는 기반을 마련해준다는 점에서 기존 무역정책들과는 달리 전략적 무역정책이라 말을 한다. 정부의 개입수단은 수출보조금 지급이나 수입규제정책, 그리고 정부와 산업 간의 협동계획 등이 있다.

이와 같은 전략적 무역정책들의 문제점은 다음과 같은 것들이 있다. 첫째, 일국이 이러한 정책을 효과적으로 수행하기 위해서는 방대한 정보를 필요로 하며, 이를 위해서는 많은 비용과 시간이 소요된다. 둘째, 일국이 무역정책을 실시하였다면 이 산업과 연관된 다른 국가에서의 보복위험성이 있다. 셋째, WTO 규정에 따른다면 특정 산업에 전략적으로 지급되는 모든 생산보조금과 수출보조금은 전면적으로 금지되어 있다는 것이다.

1) 남종현, 국제무역론, 경문사, 1994, pp. 211~213, 269~273.

4) 기타 요인

기타 보호무역의 이론적 근거로는 자국의 국방상의 문제나 문화적 · 사회적 가치유지 문제 등을 들고 있다.

(1) 국방상의 원인

한 나라의 군사력을 유지하기 위하여 꼭 필요한 산업, 특히 국가안보와 관련된 방위산업 등을 보호해야 한다는 것이다.

(2) 사회 · 문화적 가치

자국의 전통적인 가치관이나 생활양식을 보호하기 위한 해외문물의 무분별한 유입을 반대하는 것을 말한다.

2절 관세정책

1. 관세의 개념

1) 관세의 특징

관세(tariff)란 국경을 통과하는 재화나 서비스에 대하여 부과하는 세금이나 징수금을 말한다.

재화나 서비스의 이동에 부과되는 관세의 특징을 간단히 살펴보면 다음과 같다.

첫째, 관세는 국경을 통과하는 수출입화물에 대하여 부과되며, 국가가 직접 징수(법률 또는 조약에 의거 강제성을 띰)하고, 관세의 부담은 직접적으로 소비자에게 전가된다.

둘째, 관세는 물품세이며 수시세의 성격을 가지고 있고, 관세의 부과대상이나 부과목적에 따라 여러 가지 형태로 구분된다.

셋째, 관세는 가격기능을 통하여 국내산업을 보호할 수 있는 경제적 효과를 지니고 있다.

2) 관세의 유형

관세는 관세부과의 목적이나 부과대상에 따라 다음과 같이 구분할 수 있다.

첫째, 관세부과의 목적에 따라 재정관세와 보호관세로 나눌 수 있다.

재정관세는 국가가 조세수입을 얻을 것을 주요 목적으로 하여 부과하는 관세를 말한다. 이에 비해 보호관세는 수입국이 자국의 산업을 보호할 목적으로 부과하는 관세로서 주로 유치산업에 대한 보호를 목적으로 행해진다. 최근의 관세부과는 대부분이 자국의 산업을 보호할 목적으로 부과된다. 재정수입의 목적으로 부과되는 경우는 개도국이나 후진국 등의 일부 국가에서만 찾아볼 수 있다.

둘째, 관세부과대상에 따라 수출세, 수입세로 구분할 수 있다.

수출세는 수출품에 대하여 부과하는 관세로서 주로 일차상품 수출국이 부과한다.

수출품에 대하여 관세를 부과하는 주요 이유는 자국 수출품에 대한 수출을 제한함으로써 국제적인 경쟁력을 강화하거나 혹은 가격인상을 통하여 수출이익을 꾀하거나, 수출세를 통한 재정수입을 목적으로 부과하게 된다. 그리고 자국의 산업을 발전시키는 데 꼭 필요한 원료 및 상품의 수출에 대해 부과하는 보호적 수출세도 있다.

수입세는 수입상품에 대해서 부과하는 관세로서 일반적으로 관세라 하면 수입세를 지칭한다. 이와 같은 수입세의 부과목적은 국내산업의 보호나, 소비억제, 국제수지개선 등이라 할 수 있다.

셋째, 관세율의 결정 방법에 따라서는 종가세, 종량세, 복합관세, 선택관세 등으로 분류할 수 있다.

종가세는 수출입상품의 가격을 기준으로 관세율을 정하는 방법이며, 종량세는 수출입상품의 수량을 기준으로 하여 관세율을 결정하는 방법이다. 선택관세는 어느 한 가지 수입품에 대한 관세율을 종가세와 종량세의 두 가지 세율로 책정하여 놓고 이 두 가지 세율 중에 어느 한 가지 세율을 선택적으로 적용하는 것이다. 복합관세는 종가세와 종량세를 혼합하여 관세를 부과하는 것으로 국내산업을 특별히 보호하려고 할 때 이용된다.

2. 관세의 경제적 효과

1) 관세효과의 분석

일국이 특정 제품의 수입에 대하여 관세를 부과하였을 경우 자국의 경제에 미치는 효과를 그림을 통하여 살펴보면 [그림 3-1]과 같다.

(1) 가격효과

수입물품에 대한 관세부과로 인하여 소비자는 관세부과 전의 가격보다 더 높은 가격을 지급하고 수입물품을 구매해야만 한다. 관세부과 전에는 OP의 가격에서 소비할 수 있었으나 관세부과 후 OP_t의 가격으로 국내소비가격이 상승하게 된다.

(2) 소비효과

수입품에 관세가 부과되면 국내소비자의 입장에서는 부과된 관세액만큼 비싸게 구입해야 하므로 소비는 관세부과 전보다 줄어든다. 소비량은 관세부과전 OQ_4에서 OQ_3로 감소하여 Q_3Q_4만큼의 소비감소를 가져오게 된다.

그림 3-1 관세의 경제적 효과

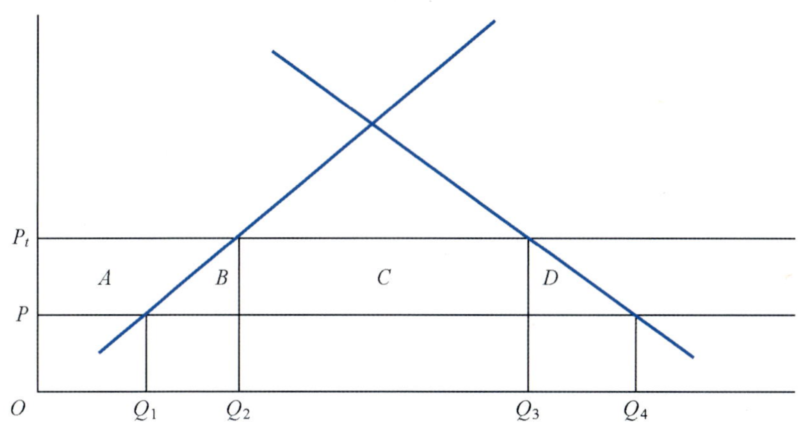

(3) 산업보호효과

수입관세는 수입재의 가격인상을 통한 수입재의 국내수입억제와 국내생산을 증가시키게 된다. 수입재의 국내가격상승은 국내생산자로 하여금 생산수량을 OQ_1에서 OQ_2로 증가하게 만든다. 이것은 결국 외국으로부터의 수입이 국내생산으로 대체되는 것을 의미한다.

(4) 재정수입효과

수입품에 관세를 부과하게 되면 정부는 재정수입을 확보할 수 있게 된다. 재정수입액은 종량세를 전제로 했을 때 수입량에 단위당 관세부과액을 곱한 것이다. [그림 3-1]에서는 [(Q_2Q_3)×관세율]만큼의 재정수입(C에 해당)을 얻을 수 있다.

(5) 국제수지효과

수입품에 관세를 부과하면 수입은 감소하고 자국의 수출에는 아무런 영향이 없으므로 국제수지는 개선된다. 단, 이 경우 상대국의 보복관세나 반작용이 없어야만 한다.

(6) 소득분배효과

관세의 부과는 소비자의 소비가격상승에 따른 소비자 실질소득의 감소와 생산자의 소득증가로 나타나게 된다. 즉, 이러한 효과는 소비자가 부담하게 되는 소비자효용의 감소가 생산자효용의 증가로 전가되는 것을 말하며 소비자소득이 생산자소득으로 이전하게 되는 효과와 같게 된다. 위 그림에서는 소비자후생이 $ABCD$ 만큼 감소[2]되며, 이 중 A 부분이 생산자 후생으로 전가된다.

(7) 고용효과

관세의 부과로 수입상품의 가격이 상승하므로 소비자는 수입품 대신에 국산품이나 수입경쟁품을 구입하려고 할 것이다. 따라서 수입감소를 초래하고 이에 따라 당해 상품

2) 소비자후생의 감소분 $ABCD$ 중 A는 생산자잉여로 전가되며, C는 정부의 재정수입으로 들어가게 된다. BD는 관세부과로 인하여 발생되는 소비자잉여의 손실 혹은 국가경제 전체의 손실을 나타내게 된다. 이 중 B는 생산 부문의 왜곡을 나타내며, D는 소비자잉여의 손실을 나타낸다. 결국 관세수입을 정부가 소비자에게 돌려준다는 전제 하에서는 관세부과로 인한 순손실은 BD의 부분으로 나타난다.

의 국내기업은 생산을 증대시킬 것이며, 그렇게 되면 고용은 증대될 것이다. 고용증대는 결국 수입이 감소한 부분의 승수배만큼 소득증대를 가져온다. 다만 이 경우에는 무역상대국의 보복조치가 없어야 한다는 것이 전제되어야 한다. 일국의 보호효과에서 파생된 고용 및 소득효과는 무역상대국의 수출감소와 이로 인한 고용 및 소득의 감소가 뒤따를 수 있기 때문이다.

(8) 교역조건효과

수입품에 대한 관세부과는 수입국의 국내가격을 상승시키는 반면에 상대국의 수출가격을 인하시키는 경우도 있다. 예를 들어, 어느 상품의 최대 수입국에서 관세를 부과하고 수출국은 다른 수출시장을 개발하지 못할 경우 수출가격을 인하하게 된다. 이렇게 관세부과의 일부분을 수출국이 부담한다면 수입국 측으로는 그만큼 유리한 거래가 되어 교역조건은 개선될 것이다.

2) 관세의 실효보호율

수입품에 대한 관세의 보호효과는 크게 명목보호율과 실효보호율로 측정할 수 있다.

명목보호율이란 관세부과에 의해서 특정 산업이 받고 있는 보호 정도를 측정하는 것으로서 최종재에 대한 관세보호효과를 측정하는 것이다. 즉, 명목보호율은 어떤 상품에 대한 국내가격과 국제가격의 차이를 국제가격으로 나눈 비율을 말한다. 여기서 국내가격은 관세부과 후의 가격이며, 국제가격은 자유무역 하의 가격을 나타낸다.

$$\text{명목보호율} = \frac{\text{국내가격} - \text{국제가격}}{\text{국제가격}}$$

이와는 달리 관세의 실효보호율은 최종재에 대한 관세효과뿐만 아니라 최종재 생산에 투입되는 중간재에 대한 관세효과까지도 감안한 것으로서 관세부과 전 · 후의 부가가치 변화율로 나타낸다.

$$\text{실효보호율} = \frac{\text{관세부과 후의 부가가치} - \text{관세부과 전의 부가가치}}{\text{관세부과 전의 부가가치}}$$

다음의 예를 통하여 관세의 보호효과를 설명하면 다음과 같다.

자유무역 하에서의 자동차의 국제가격이 1,000만 원이며, 국내에서 자동차 1대를 생산하기 위해서 500만 원 어치의 자동차부품을 수입하고 있다고 하자. 이러한 상황에서 이 나라는 자동차의 수입에 대해서는 30%의 관세를 부과하고 있으며, 자동차부품의 수입에는 10%의 관세를 부과하고 있다고 가정한다.

이러한 경우 관세의 명목보호율은 (1,300－1,000)/1,000만 원이 되어 30%임을 알 수 있다. 즉, 관세의 명목보호율은 실제적으로 그 국가가 발표하고 있는 완제품의 관세율과 동일함을 알 수 있다.

다음으로 관세의 실효보호율을 계산해 보자. 실효보호율은 부가가치기준으로 계산한다. 중간재에 대한 관세부과가 없는 경우를 먼저 살펴보면 [(1,300－500)－500]/500이 되어 60%의 실효보호효과가 있음을 알 수 있다. 그리고 중간재에 대한 10% 관세부과의 경우를 살펴보면, 실효보호율은 (750－500)/500으로 계산한 결과 50%로 나타난다.

중간재에 대한 관세를 부과하는 경우에는 중간재에 대한 관세를 부과하지 않는 경우보다 실효보호율이 하락함을 알 수 있다. 따라서 관세부과에 의한 국내산업의 보호효과를 높이기 위해서는 최종재에 대한 관세율은 높이고 중간재에 대한 관세율은 낮추는 것이 효과적인 보호정책이 됨을 알 수 있다.

3) 최적관세

일반적으로 일국이 관세를 부과하게 되면, 수입물량의 감소에 따른 사회후생의 감소와 교역조건의 개선에 의한 후생증가라는 두 가지 방향의 결과를 가져오게 된다.

이와 같은 두 가지 결과를 고려할 경우 최적관세(optimal tariff)는 교역량의 감소에 따르는 사회적 손실을 극소화 시킬 수 있는 동시에 교역조건의 개선에 따르는 이익을 극대화할 수 있는 관세율을 지칭한다.

이러한 주장의 전개는 일국의 관세부과에 따른 상대국의 관세보복이 없다는 전제 하에 가능하다 하겠다. 즉, 일국이 관세를 부과하여 자국의 교역조건을 개선시키려 하는 경우 상대국은 자국의 교역조건 악화에 따른 사회후생의 감소를 경험하게 된다.

이 경우 상대국이 자국의 후생감소에 대한 보복으로 최적관세를 부과할 경우 관세부과의 혜택은 상대국에 귀속되는 결과를 낳을 수 있다. 이와 같은 보복적인 관세부과는 양국 간의 통상마찰과 무역의 축소를 가져온다.

결국 최적관세는 상대국의 관세보복이 없다는 가정 하에 자국의 사회적 이익을 극대화할 수 있는 관세라 할 수 있다. 그러나 만일 부품산업을 우선적으로 보호 · 육성하는 것이 정책목표라면 중간재의 관세율을 낮추는 것은 목표와 부합하지 않는다.

3절 비관세장벽

1. 비관세장벽의 개념

1) 비관세장벽의 유형

비관세장벽(non-tariff barriers: NTB)이란 국제무역을 저해하는 관세 이외의 모든 무역정책의 수단을 의미한다. 비관세장벽에는 무역을 직접적으로 제한하는 것을 목적으로 하는 비관세장벽, 예를 들어 수량제한, 수입허가제, 각종 수입과징금 및 외환할당 등과 간접적으로 무역제한효과를 갖는 비관세장벽 예를 들어, 보건위생규정 또는 내국세제도 등으로 크게 구분할 수 있다.

GATT는 [표 3-1]에서 보는 바와 같이 비관세장벽을 수입규제 방법에 따라 정부관여, 세관 및 행정상의 수입절차, 수입품 및 국제품에 대한 기준, 수입 및 수출에 관한 특정제한, 가격메커니즘에 의한 수출입규제, 기타 유형으로 가격 이외의 규제로 구분하여 분류하고 있다.

2) 비관세장벽의 특성

(1) 효과측정의 곤란성

비관세장벽은 유형에 따라 그 영향이 미치는 품목범위가 각각 다르고 어떤 유형은 시간에 따라 극히 유동적이어서 관계당국의 판단에 따라 실시되거나 혹은 외부에는 모습을 나타내지 않고 은밀히 적용되는 유형도 있다. 대부분의 경우 자료의 이용가능성이

[표 3-1] GATT의 비관세장벽 분류표

1. 정부관여	① 정부원조 ③ 정부조달	② 국가무역 ④ 정부독점업무
2. 세관 및 행정상의 수입절차	① 상계관세 ③ 관세평가 ⑤ 영사수속 ⑦ 자의적 관세품목분류 ⑨ 재수입 및 재수출에 대한 관세환급	② 덤핑방지관세 ④ 관세분류 및 주석(註釋)상의 통일 ⑥ 원산지증명 ⑧ 견본요구 ⑩ 구비서류 요구
3. 수입품 및 국제품에 관한 기준	① 제조기준 ③ 계량표준에 따른 규정 ⑤ 함량규정 ⑦ 가공규정 ⑨ 포장에 관한 규정	② 보건 및 안전규정 ④ 제약기준에 따른 규정 ⑥ 상품 및 용기규정 ⑧ 원산지표시에 관한 규정
4. 수입 및 수출에 관한 특정 제한	① 수량제한 ③ 수입허가제도 ⑤ 양국간 협정에 의한 차별규제 ⑦ 수출규제 ⑨ 관세할당제	② 수입금지 ④ 외환관리제도 ⑥ 반출지에 따른 규정 ⑧ 최저가격규제 ⑩ 최저 · 최고가격규제
5. 가격메커니즘에 의한 수출입규제	① 수입담보 ② 과징금 · 항만세 · 통계세 등 ③ 차별적 내국소비세, 정부규제를 받는 보험요율, 사용세 ④ 차별적 차관규제 ⑤ 영사수수료 ⑥ 인지세 ⑦ 가변과징금 ⑧ 국경세조정	
6. 기타 가격 이외 면에서의 규제	① 광고선전 및 운송규제 ③ 지방관서에 의한 함량규제	② 상영시간규제 ④ 제한적 영업관행

현실적으로 제한되어 있기 때문에 비관세장벽의 무역제한적 효과를 종합적으로 또는 개별품목별로 계량화하여 측정하는 것은 어렵다.

(2) 복잡성

일반적으로 선진국에 있어서 비관세장벽의 적용 및 운영은 매우 복잡하다. 어떤 유형은 처음부터 법률로서 제정되기도 하지만 어떤 유형의 것은 통일적이고 체계적인 조정을 통하지 않고 여러 행정기관의 정책에서 파생되므로 각 유형은 성질이 다양하다. 이러한 측면 때문에 선진제국은 보호목적을 위해 관세보다는 비관세장벽을 채택하는 경향이 있는데, 그 이유는 최소한 공공연한 논란과 엄격한 조사를 회피할 수 있기 때문이다.

(3) 불확실성

비관세장벽의 또 하나의 특성으로서는 정보부족 및 변칙적인 제도의 운영으로 인한 그 실효효과의 불확실성을 들 수 있다. 즉, 수출업자는 활용할 수 있는 관련 정보가 부족한 상태에서 자신들의 수출에 미치는 영향이나 정도를 정확하게 판단하는 것이 어렵다는 것이다. 또한 수입국의 무역정책은 수출국에 아무런 통고 없이 수시로 변경될 가능성을 항시 내포하기 때문에 수출업자로서는 상당한 무역장벽으로 작용할 수 있다.

(4) 차별적 적용

비관세장벽이 무역에 미치는 영향은 선진국이나 개도국에 대해 명목상으로는 무차별적인 것처럼 보이지만 실제로는 개발도상국에 상당히 불리하게 작용함으로써 비관세장벽문제는 선진국의 경우보다는 개도국에 더 불리한 영향을 미친다.

(5) 협상곤란성

비관세장벽은 앞에서 설명한 제반 특성 때문에 상호 간의 양허 정도를 비교하여 이를 균일화시킬 수 있는 지표의 설정이 불가능하고, 또한 비관세장벽에 대한 일정한 기준이 없으므로 설사 정부 간에 협상이 되더라도 그것이 곧 비관세장벽의 철폐를 보장해 줄 수 없기 때문에 비관세장벽의 완화 또는 제거를 위한 협상을 하는 데 있어 많은 문제점이 있다.

2. 수입할당제

1) 수입할당제의 개념

수입할당제(또는 수입쿼터, import quota)란 상품의 수입을 원칙적으로 인정하되 다만 이를 양적으로 또는 금액상으로 일정한도로 수입을 제한하는 조치를 말한다.

이와 같은 수입수량의 제한기준은 크게 수량기준과 금액기준으로 나눌 수 있다.

먼저 수량기준은 정책당국이 어떤 상품의 수입량을 미리 정하여 놓고 그 범위 내에서만 수입을 허용(예를 들어, 운동화 500,000본)하는 것이다. 그리고 금액기준은 그 상품의 수입총액을 정하여 놓고 금액 범위 내에서만 수입을 허용(운동화의 수입총액을 5,000,000미달러로 제한)하는 것을 말한다.

이와 같은 수입할당의 부과 방법을 살펴보면 자주적 할당과 협정할당으로 구분할 수 있다. 자주적 할당[3]이란 수입국이 교역상대국과 일체의 협의 없이 일방적으로 수입을 제한하는 할당제를 말한다. 그리고 협정할당이란 수입국이 교역상대국과 사전에 협의하여 사전에 할당량을 결정하는 방법을 말한다.

이러한 수입할당제를 실시하는 이유로는 해외로부터 수입되는 상품에 대한 수입억제를 통하여 국내산업을 보호하고 국제수지를 개선함과 동시에 소득재분배와 교역조건의 개선 등의 여러 가지 정책적 목적을 달성하기 위한 것이다.

2) 관세와 수입할당제의 비교

이와 같은 수입할당제의 효과를 관세정책과 비교하여 살펴보면 [그림 3-2]와 같다.

첫째, 국내생산 및 소비에 미치는 효과를 살펴보면 자유무역 하의 수입량은 Q_1Q_4로 나타나 있다. 이러한 상황 하에서 자국 정부가 수입물량을 Q_2Q_3로 한정하는 수입할당제를 실시하였다고 하자. 이 경우 국내경제에 미치는 효과는 수입물량의 감소(Q_3Q_4)와 더불어 국내에의 공급부족에 따른 가격상승(t%의 관세부과효과와 동일)과 국내에서의 생산증가(OQ_1에서 OQ_2)로 나타나게 된다. 이와 같이 국내생산과 수입감소에 미치는 효과는 관세나 수입쿼터가 동일함을 알 수 있다.

둘째, 소비자잉여의 감소효과를 살펴보자. 관세부과나 수입할당의 경우 국내소비자에게 미치는 효과는 수입품의 가격상승에 따른 소비자효용의 감소로 나타나게 되어 소비자잉여의 감소는 같게 나타나게 된다. 즉, 소비자잉여의 감소는 $ABCD$의 크기로 동일하다.

셋째, 관세의 경우에는 관세수입으로 확보된 재정수입을 정부가 국민에게 재분배한

3) 자주적 할당에는 수입할당수량만을 정하고 수출상대국은 지정하지 않는 일괄할당제와 수입허가 총량을 특정한 수출상대국에 미리 배정하는 배정할당제가 있다.

그림 3-2 관세와 수입쿼터의 비교

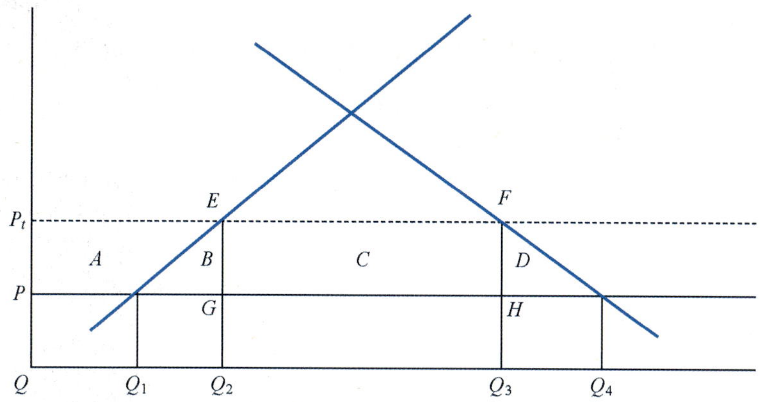

다는 가정 하에서는 소비자의 가처분소득이 증가하게 되어 소비자잉여의 감소분 중에서 사각형 C의 크기는 다시 소비자의 소득증가로 나타나게 된다. 그러나 수입쿼터의 경우에는 사각형 C 크기의 재정수입이 수입업자에게 귀속되기에 소비자의 소득증가는 발생하지 않게 되어 완전한 손실로 나타나게 된다. 또 하나의 경우는 수출업자가 줄어든 수출량을 이유로 수출가격을 인상할 경우 사각형 C 크기의 소비자잉여의 감소분은 수출업자에게 귀속될 가능성이다.

넷째, 관세와 쿼터의 경제적 차이점을 비교하면 다음과 같다.

① 관세는 가격기구를 통하여 수입량을 규제하지만 쿼터는 직접적인 수량을 규제하는 것으로 수입량의 직접적인 규제효과가 크게 나타난다. 즉, 수입할당제가 관세에 비하여 수입국의 국내산업보호효과가 보다 직접적이다.

② 쿼터가 관세정책보다 신축적이다. 쿼터는 허가의 수량과 시기 등을 정부의 재량으로 조정할 수 있는 반면에 관세율의 결정은 입법절차를 거쳐야 되므로 수입량의 탄력적인 조정이 불가능하다 할 수 있다.

③ 관세는 정부의 재정수입을 가져오지만 쿼터는 소비자잉여의 감소분이 수입허가권을 가진 수입업자에게 귀속된다. 그러나 이러한 쿼터를 정부가 입찰제를 실시하는 경우에는 정부의 수입으로 확보할 수 있다는 측면도 있다.

④ 수입품의 가격변동 측면에서는 관세정책이 수입할당제보다 안정적이다. 할당제의 경우 실시 기간의 초기에 수입이 쇄도하면 국내가격이 폭락하는 등 가격변동폭이 심

한 편이지만 관세를 부과하면 국내가격이 국제가격에 관세를 가산한 선에서 안정적으로 유지될 수 있다.

⑤ 수입할당제는 과거의 실적을 기준으로 하여 할당하기 때문에 신규업자보다는 기존의 거래자에게 유리하게 작용되는 차별적인 조치라 할 수 있다. 이에 비하여 관세부과는 전체 수입품에 대한 가격인상으로 작용하므로 차별대우가 없다.

3. 수출자율규제

수출자율규제(voluntary export restraints: VER)란 수출국이 수입국과의 쌍무적 또는 다각적 협정을 체결한 후 자국의 수출을 자율적으로 규제하는 조치를 말한다.

이와 같은 수출자율규제는 어휘상의 개념과는 달리 대부분이 수입국의 강요나 두 나라 정부 간 또는 생산자 간의 협상에 의해서 결정되므로 진정한 자율적 규제라고 하기에는 무리가 있다.

수출자율규제를 실시하는 이유를 살펴보면 먼저 국제적 규범인 GATT(WTO 체제로 변경)의 제재를 피할 수 있으며, 수출국의 특정 생산물에 대한 수출물량을 직접적으로 규제하는 효과를 가져오므로 강력한 수입억제효과를 거둘 수 있다. 또한 관세나 쿼터와 같은 조치가 무역보복조치를 가져올 수 있는 데 대하여 쌍무적 협정을 통하여 실시되므로 보복조치를 방지할 수 있다. 그리고 법적 · 제도적 관점에서 실행하기가 용이하다는 장점이 있다. 즉, 관세부과나 쿼터를 실시하기 위해서는 여러 가지 관련 자료나 국내산업에 미치는 효과를 증명하여야 하지만 수출자율규제는 관련 국간의 협상에 의해서 쉽게 실시할 수 있기 때문이다.

수출자율규제의 효과를 수입할당과 비교하여 보면 수입물량을 제한한다는 의미에서는 수입쿼터와 동일한 효과를 가져온다. 즉, 국내소비자에게 미치는 가격효과나 수입물량의 제한효과는 동일하게 나타나게 된다. 그러나 기본적인 차이점은 수입물량규제에 따른 경제적 이익의 수혜자에서 차이가 발생한다. 수입쿼터의 경우에는 수입쿼터의 부과로 인해 발생하는 경제적 이익이 수입허가권을 가진 자에게 귀속된다. 그러나 수출자율규제의 경우에는 이러한 경제적 혜택이 수출국의 수출허가권을 가진자에게 귀속된다는 것이다.

4. 보조금과 상계관세

보조금(subsidy)이란 정책당국이 특정한 정책목표를 달성하기 위하여 산업 및 기업 활동에 제공하는 각종 지원을 말한다. 이러한 보조금의 지급은 특정 산업이나 기업의 경쟁력에 영향력을 미침으로써 자국의 수출촉진이나 수입억제 등의 보호무역조치로 활용될 수 있다.

보조금은 크게 수출품의 수출증대와 관련된 수출보조금(export subsidy)과 국내생산에 대한 보조금(domestic subsidy)으로 구분할 수 있다. 이러한 보조금 관련 논쟁은 그동안에는 주로 일차산품에 대한 보조금의 허용과 공산품에 대한 수출보조금 지급의 금지로 진행되어 왔다.

UR 최종협정의 던켈 초안에 의한 보조금의 구분을 살펴보면 다음과 같다.[4]

(1) 금지보조금

법률상 또는 사실상 수출입에 직접적으로 왜곡효과를 갖는 보조금으로서 협정발효 후 3년 이내에 철폐하여야 한다.

(2) 허용보조금

모든 산업에 대해 일반적으로 적용되는 보조금이나 선별성 · 자의성이 없는 보조금을 지칭한다.

(3) 상계가능보조금

직접적으로 수출입에 영향을 주지는 않으나, 보조금의 지급으로 기업의 경쟁력이 향상되어 타 회원국의 국내산업에 피해를 주거나 이익에 심각한 영향을 주는 경우 피해를 받는 국가가 상계관세를 부과할 수 있다. 그리고 개도국에 대한 우대조치로서 공산품에 대한 수출보조금이 다른 국가의 무역 및 생산에 심각한 침해를 야기하는 방법으로 사용되지 않는 한 예외적으로 허용하는 조치를 허용하고 있다.

상계관세는 상품의 제조, 생산, 또는 수출에 직 · 간접으로 부여된 보조금을 상쇄할 목적으로 부과되는 특별관세로서 수입국이 덤핑 및 보조금지급 상품의 수입증가로 인

4) 김용일 · 박승기 공저, 「UR최종협정 해설」, 한국무역경제, p. 129.

하여 국내산업이 실질적인 피해를 입을 우려가 있는 경우 부과할 수 있다. 이러한 상계관세의 부과는 금지보조금에 해당되는 경우 즉시 부과할 수 있으며, 상계가능보조금은 해당국에서 실질적으로 피해발생 판정 시 부과할 수 있게 되어 있다. 또한 각 수입국은 보조금이 부과된 수출로 국내산업이 피해를 받은 경우 1년 이내의 조사를 거쳐 해당 수출에 대해서 지급된 보조금을 초과하지 않는 범위 내에서 부과할 수 있다.

5. 반덤핑관세

반덤핑관세(anti-dumping duty)란 외국의 생산자가 정상가격(주로 동종상품의 국내가격)보다 부당하게 저렴한 가격으로 덤핑함으로써 국내산업에 피해를 야기한 경우, 수입국이 해당 물품에 대해 부과하는 특별관세를 말한다. 덤핑이란 한 상품을 생산비용 이하로 또는 국내에서보다 낮은 가격으로 해외에서 판매하는 것을 말한다.

이와 같은 덤핑은 저렴한 덤핑가격으로 시장을 점유한 다음 새로이 획득한 해외시장에서 가격을 인상시키는 경우 사회적 문제가 발생한다.

수입국은 대개 덤핑차액 이하의 범위 내에서 반덤핑관세를 부과하게 되며, 반덤핑관세를 지속적으로 부과하기 위해서는 덤핑수입으로 인한 피해가 계속 또는 재발될 것이라는 입증을 하도록 규정하고 있다.

이와 같은 반덤핑관세의 부과는 반덤핑관세를 부과할 수 있는 기준이나 반덤핑코드가 명확히 규정되지 않은 상태에서 반덩핑관세 부과국들이 일시적으로 수입억제효과를 얻으려고 남용하는 사례가 많이 발생한다.

최근에 타결된 반덤핑관세는 반덤핑관세 부과기준의 명확화를 추구하는 동시에 우회덤핑에 대한 조항이 강화된 것이 특징이다. 먼저 수출국의 입장에서는 덤핑판정 시 비교가격이 원가 이하로 판매되는 경우라 할지라도 일정 요건을 충족하는 경우 정상적 거래로 인정받을 수 있게 되었다. 그리고 수입국 내에서의 단순조립을 통한 우회덤핑이나 제3국에서의 기존 설비에 의한 수출을 증대하는 경우에도 모두 우회덤핑으로 간주할 수 있게 되었다.

6. 원산지규정

원산지규정이란 특정 제품의 원산지(country of origin)를 결정하기 위한 제반 기준 및 절차 등을 말하는 것이다. 원산지규정은 일반적으로 어느 국가가 특정 제품의 원산지로 인정받기 위해 필요한 세부적인 요건과 통관 과정 등에서 상기 요건의 충족 여부를 밝히는 원산지 확인절차 및 기타 부대조건 등으로 구성되어 있다.[5] 이러한 원산지규정은 각국마다 원산지를 증명하기 위한 규정이 상이할 뿐만 아니라 그 내용의 불명료성, 복잡성 그리고 차별적 적용의 가능성 등으로 인하여 간접적인 수입억제효과를 유도할 수 있게 되었다. 즉, 수출업자로 하여금 원산지 판정에 대한 예견가능성을 저하시켜 사업계획 수립 또는 장기계약 체결 시 많은 위험부담을 안겨주고 비용을 증가시키는 등의 무역장벽으로 작용하고 있다.

이와 같은 원산지규정의 등장은 경제의 범세계화에 따른 생산의 국제적 전개와 더불어 지역주의의 등장에 따른 원산지 판별이 중요하게 되었기 때문이라 할 수 있다.

또한 보다 직접적인 이유로는 EU에 대한 일본산 제품의 우회수출의 증가에 따른 EU의 반덤핑조치의 시행에 있어서, EU가 원산지규정을 자의적으로 적용하게 되자 일본이 이에 대한 국제규범의 제정을 강력히 요구한 것에서 출발하였다.

현재 국제적으로 사용되고 있는 원산지인정 규정은 다음과 같다.

(1) 세번변경기준(change in tariff schedule)

제품의 제조 및 생산 과정에서 투입된 원재료 또는 부품의 세번과 이로부터 생산된 제품의 세번이 상이할 경우 해당 공정이 일어난 국가에 원산지를 부여한다는 기준이다.

(2) 부가가치기준(value added criteria)

특정 공정이 일어나는 과정에서 일정한 수준의 부가가치가 발생할 경우 해당 공정이 일어난 곳에 원산지를 부여한다는 기준이다.

(3) 주요 공정기준(important operation or process criteria)

주요 공정기준이란 생산공정상 거쳐야 하는 주요 공정을 파악한 후 가장 중요하고 실

5) 대외경제정책연구원, 『UR 총점검』, 정책연구 92-26, pp. 25~44.

질적 변형이 일어났다고 인정할 수 있는 공정이 발생한 장소에 원산지를 부여하는 것이다.

이러한 판정기준과 더불어 주요한 무역장벽으로 활용되고 있는 현지부품사용의무(local content requirement)의 경우 원산지 특혜의 수혜대상요건으로 일정 수준 이상의 현지부품사용을 의무적으로 부과함으로써 상당한 비관세장벽으로 작용하고 있다.

주요용어

자유무역주의, 보호무역주의, 중상주의, 유치산업보호론, 전략적 무역정책론, 종량세, 종가세, 관세, 명목보호율, 실효보호율, 비관세장벽, 수입쿼터, 수출자율규제, 덤핑방지관세, 상계관세, 원산지규정

연습문제

1. 무역정책의 개념과 목표를 설명하시오.
2. 보호무역정책의 이론적 근거를 설명하시오.
3. 신보호무역주의 특징을 과거의 보호무역주의와 비교하여 설명하시오.
4. 수입품에 대한 관세부과의 효과를 그림을 이용하여 설명하시오.
5. 최적관세란 무엇인가?
6. 실효보호관세율과 명목보호관세율을 비교 · 설명하시오.
7. 비관세장벽의 특징을 논하시오.
8. 수입할당제의 개념을 논하고 관세정책과 비교하여 그 효과를 설명하시오.
9. 수출자율규제란 무엇이며, 최근에 주로 사용되는 이유를 설명하시오.
10. 한국 수출품에 대한 선진국의 반덤핑관세 부과사례에 대해서 토의하시오.

4장
외 환

학습목표

외국과의 거래에 통용되는 외환이란 무엇을 의미하며, 외환만이 갖는 특성을 이해한다. 그리고 외환시장이 어떤 곳이며, 이들 외환시장이 무슨 기능을 하는지를 살펴본다. 그리고 환율의 등락이 무엇을 의미하며 이러한 환율의 변화가 기업활동에 어떠한 영향을 미칠 것인가를 생각해 본다. 또한 환율을 결정짓는 요인들은 무엇이며, 환율결정이론에는 어떤 것들이 있는지 생각해 본다.

1절 외환과 외환시장

2절 환율

3절 환율결정이론

세계경제이야기

외환보유액 4,431억달러 '사상 최대'

2020년 12월 외환보유액이 4,400억달러를 돌파해 7개월째 사상 최대치를 기록했다. 외환보유액의 연간 증가액도 금융위기 이후 최대다. 한국은행이 발표한 '2020년 12월말 외환보유액'에 따르면 우리나라의 외환보유액은 4,431억달러로 전월 말 대비 67억 2,000만달러 증가했다.

우리나라 외환보유액은 지난해 6월 말부터 12월 말까지 7개월 연속으로 사상 최대치를 갈아치웠다. 한은 관계자는 "지난달 외환보유액 증가는 미 달러화 약세에 따른 기타통화 표시 외화자산의 미달러화 환산액 증가, 금융기관 지준예치금 증가, 외화자산 운용수익 등에 기인했다"고 설명했다. 지준예치금이란 시중 은행들이 개인이나 기업으로부터 받은 외화 예금의 일부를 한국은행에 맡긴 것을 뜻한다.

지난해 외환보유액의 연간 증가액은 342억 8,000만달러로 금융위기 직후인 2009년(687억 7,000만달러) 이후 11년 만에 최대를 기록했다. 코로나19 발생 직후 급등했던 원달러 환율이 하락하면서 기타통화 환산액이 증가했기 때문이다. 예치금은 202억 8,000만달러로 90억 5,000만달러 급감했으나, 국채와 정부기관채, 회사채 등 유가증권이 4,098억 4,000만달러로 전월 대비 152억달러 증가했다. 국제통화기금(IMF) SDR(특별인출권)은 1억 5,000만달러 증가했고, IMF포지션은 4억 2,000만달러 늘었다. 금은 47억 9,000만달러로 전월과 같았다.

우리나라의 외환보유액 순위는 지난 11월 말 기준 세계 9위를 유지했다. 국가별 순위는 1위 중국(3조 1,785억달러), 2위 일본(1조 3,846억달러), 3위 스위스(1조 365억달러), 4위 러시아(5,827억달러), 5위 인도(5,748억달러), 6위 대만(5,134억달러), 7위 홍콩(4,857억달러), 8위 사우디아라비아(4,569억달러)의 순이었다. 우리나라 9위로 4,364억달러를 기록했으며, 10위인 브라질(3,558억달러)이 그 뒤를 이었다.

〈뉴스토마토, 2021/1/6〉

1절 외환과 외환시장

1. 외환의 개념

1) 외환(外換)의 의의(意義)

(1) 외환의 의미

외환이라는 말은 크게 두 가지 의미를 가진다. 하나는 다른 경제주체들 사이의 경제거래를 위한 지급수단으로 사용되는 것으로서 외화증권 및 외화채권 그리고 외국통화 등을 말한다. 다른 하나는 국내거래와는 달리 원격지로 인한 현금거래의 어려움을 해소하기 위한 방안으로서 국제거래 당사자 사이에 발생하는 외환의 교환행위를 말한다.

두 가지 의미를 종합하여 볼 때 외환이란 외국과의 국제거래에 따라 각종 외국통화를 교환하는 거래행위로서 교환의 대상은 외국통화나 외국채권 등이 되며, 거래 방식은 현금거래가 아닌 환거래가 발생하게 된다는 성격을 가진다. 이와 같은 외환거래의 성격을 좀 더 자세히 살펴보면 아래와 같다.

일국 내에서는 자국통화만으로의 거래가 가능하나 국가 간 거래에서는 자국통화 뿐만 아니라 외국의 통화가 필요하다. 따라서 국제적인 자금결제에 있어서는 거래 상대방이 필요로 하는 각종 통화를 거래수단으로 사용하게 된다. 특히 최근들어 급증하고 있는 국가 간 혹은 다국적기업 간 거래는 과거와는 달리 더욱더 많은 통화 간 거래의 필요성을 증가시킴으로써 외환의 필요성이 증가되고 있는 실정이다.

일국 내가 아닌 국가 간 거래에 있어서는 현금결제보다는 환거래가 빈번히 발생하게 된다. 즉, 국가 간의 거래는 거리가 멀고 일반적으로 대규모의 거래이기 때문에 직접적인 현금수송이 어려우므로 환거래를 이용하는 것이 편리하다.

일반적으로 환이란 직접 현금을 송부하지 않고 원격지 간의 송금이나 자금의 수수, 그리고 채권 · 채무의 결제를 일정한 신용수단에 의해서 행하는 방법을 말한다.

이런 의미에서 외환이란 환거래가 일국 내가 아닌 국가 간의 거래에 적용되는 것이라 할 수 있다.

(2) 외환의 특성

앞에서 살펴본 외환의 기본성격은 내국환과 같다고 할 수 있다. 그러나 외환은 내국환과는 다음과 같은 점에서 차이가 있다.

첫째, 내국환과는 달리 채권자와 채무자가 일반적으로 멀리 떨어진 다른 국가에 있게 되고 이로 인해 적용법률의 차이점 등 국제법률상의 문제가 발생할 수 있다.

둘째, 결제시간이 국내거래보다 길어지고 거래금액이 대규모이기에 양 당사자 간의 금리문제가 발생할 수 있다.

셋째, 국제거래 시 보통 두 개 이상의 외국통화가 개입된다는 것은 환율문제가 발생할 수 있다는 것을 시사한다. 특히 최근의 환율급변은 양 당사자 간의 무역거래의 불안을 가중시킬 수 있다.

넷째, 외국통화가 부족한 국가들과 거래할 경우 이들 국가의 외환통제로 말미암아 거래규모가 제한될 수 있다.

2. 외환시장(外換市場)

1) 외환시장의 성격

외환시장이란 국가 간의 경제거래에 필요한 외국통화를 대상으로 이들을 사고 파는 거래가 이루어지는 장소나 거래 메커니즘을 지칭한다. 일반적인 재화시장이 유 · 무형의 재화를 매매대상으로 하는 것에 비하여 외환시장에서는 외국통화를 매매대상으로 한다.

외환시장만이 갖는 독특한 특징을 살펴보면 다음과 같다.[1)]

(1) 범세계적 시장

1980년대 들어 각국의 자본 및 외환규제의 완화와 더불어 자본이동의 증가에 따른 각종 새로운 외환거래기법과 전자통신기술의 급격한 발전은 외환시장의 거래규모나 거래장소를 세계 여러 지역에 위치할 수 있게 하였다. 또한 외환시장은 모든 시장정보의

1) 이강남, 국제금융론, 법문사, 2000, pp.121~126.

확산과 가격결정이 컴퓨터 터미널의 연결을 통해서 전세계에서 거의 동시에 같은 가격으로 이루어지고 있다. 즉, 외환시장은 하나의 세계시장으로서의 성격을 강하게 나타내고 있다.

(2) 24시간 운영

외환시장은 재화시장과는 달리 어느 한 시장의 파장이 다른 시장의 파장과 겹치는 것이 아니라 각 시장 간에 중복(한 시장의 파장은 다른 시장의 개장으로 연결)되어 연결 됨으로써 24시간 거래가 가능하게 된다.

(3) 점두시장

외환의 거래는 증권거래소 같은 특정 장소에서만 이루어지는 것이 아니라 은행 및 딜러들의 거래실(dealing room)에서 거래자들이 전화나 텔렉스 그리고 컴퓨터단말기 등을 이용하여 은행 간, 고객 간 거래를 행하는 경우가 많은 점두시장(over-the-counter market)의 특징을 가지고 있다.

그 밖의 특징으로는 외환거래의 90~95%가 은행 간 거래로 이루어지며, 외환거래의 반수 이상이 현물환거래로 이루어진다는 것이다.

2) 외환시장의 참가자

외환시장은 각국 통화를 대상으로 특정 통화를 필요로 하는 당사자 간의 거래가 발생하는 장소라 할 수 있다. 이런 점에서 볼 때 외환시장의 참가자는 특정 외국통화를 필요로 하는 개인 및 기업체, 국가기관 등으로서 각자의 거래 목적을 달성하기 위해서 참가하게 된다. 외환시장의 참가자들을 구체적으로 살펴보면 아래와 같다.[2)]

(1) 외환의 수요자 또는 공급자

외국환은행과 거래하는 모든 고객층을 들 수 있다. 고객은 수출입을 행하는 무역회사들 뿐만 아니라 각종 목적으로(여행이나 투자) 외국통화를 필요로 하는 개인이나 기업이 포함되며, 재정차관과 같은 경우에는 정부도 포함된다. 한편 외환가격의 지역적 차

2) 이효구, 새외환론, 박영사, 1980, pp.61~63.

이나 시간차이를 이용하는 투기자도 고객이라 할 수 있다.

(2) 외국환은행

외환거래는 국가 간 통화의 거래가 이루어진다는 의미에서 각국 통화의 자금결제를 중개하는 외국환은행이 반드시 참가하게 된다. 외국환은행은 외화가 필요한 개인이나 기업의 요구에 따라 각종 통화를 교환해 주는 단순한 매매중개 행위에서부터 자본이득이나 환차이를 이용하기 위한 적극적인 참가자로서의 역할도 담당하고 있다.

(3) 외환브로커

외환시장에 참가하는 또다른 당사자로 외환브로커(exchange broker)를 들 수 있다. 이들은 통상 외국환은행 간에 또는 외국환은행과 고객 사이에 발생되는 각국 통화의 거래행위를 중개해 주는 역할만을 해주는 이들로서 중개수수료를 목적으로 참가하게 된다.

브로커와 딜러의 차이는 거래행위에 따른 책임소재와 위험부담 여부에 달려 있다. 딜러는 자기의 책임 하에 자기 스스로 거래행위를 담당하며 거래상의 위험을 자기가 부담하지만, 브로커는 단지 거래의 중계만 담당하기에 거래에 따른 위험부담이 전혀 없는 사람을 지칭한다.

(4) 각국의 정부당국

투기나 재정거래 등을 위한 단기자금이동이나 그 밖의 외환시장 교란 요인에 따른 자국환율의 급변을 방지 하거나 안정을 유지하기 위해서 각국의 중앙정부나 통화당국이 개입하게 된다. 이러한 정부의 개입은 환율의 변화에 따른 자국경제에 미치는 영향이나 국제수지상의 안정을 유지하기 위해서 필요하다 하겠다. 특히 환율제도가 고정에서 변동환율제도로 전환된 이후 개입 정도나 횟수가 증가되고 있는 실정이다.

3) 외환시장의 기능

(1) 국제상거래의 청산(clearing) 및 결제

외환시장의 가장 기본적인 기능으로서 각국 통화의 거래로 인한 수요와 공급을 일치시켜서 외환시장의 안정된 균형을 유지시키기 위한 기능을 말한다. 예를 들어, 외환시장 내에서 특정 통화에 대한 수요와 공급의 불일치가 발생하게 되면 외환시장 내에서의 수급불균형으로 인하여 먼저 환율이 변동하게 되고, 이러한 환율변동은 곧 특정 통화에 대한 수급불균형을 해결하는 방향으로 작용하게 된다는 것이다.

(2) 헷징(hedging)

헷징이란 각종 통화가 개입되는 경제거래에서 계약체결과 대금지급의 시간차이로 인한 환율변동의 환위험을 감소시키려는 행위를 말한다. 일반적으로 국제무역거래에 참가하고 있는 기업들이나 외화표시자산을 소유하고 있는 기업(개인이나 기관 모두)들은 급속하게 변화하는 환율의 변동으로 인하여 자신이 소유하고 있는 외화표시자산의 가치가 변동하는 위험에 항시 직면하게 된다. 이러한 위험에 대하여 기업들은 자기의 능동적인 행위를 통하여 외화표시자산의 보유에 따른 위험을 줄이려 노력하게 된다.

예를 들어, 자동차를 수출한 한국기업이 수입업자에게 외화표시자산(예를 들어, 외상채권이나 외국통화)으로 대금을 받았다 하자. 이 경우 한국수출업자의 입장에서는 외화표시자산이 증가하게 되며 현행 변동환율제 하에서의 급변하는 환율변화로 인하여 경제거래와 관계 없이 자사의 외화표시자산이 변동하게 되는 위험에 직면하게 된다. 이러한 경우 한국기업의 입장에서는 자사보유의 외화표시자산의 자산가치 변화에 대한 하나의 대응 방안으로 외환시장을 이용하여 자산과 부채액수가 다를 경우 이를 동일하게 만들어주는 행위를 하게 된다.

결국 헷징이란 기업이 보유하고 있는 외화자산의 자산가치 변화에 대응하기 위한 기업의 행위를 지칭한다.

(3) 투기(speculation)의 장소로 이용

각국 통화의 교환가치인 환율이라는 것은 고정되어 있는 것이 아니라 수요와 공급의 조건 등에 따라 변화하게 되며 이에 대한 정확한 예측은 어렵다고 할 수 있다. 따라서 이러한 환율변동의 예측에 따라 외환거래를 행하려는 개인이나 기업이 투기의 장소로서 외환시장을 이용할 수 있다.

투기자란 일반적으로 미래의 환율변화에 대한 자기의 계산과 예측 하에 환율변동에 대한 예상에 따라 외화를 선택적으로 매매하는 자를 지칭한다. 즉, 투기자들은 특정 화폐가 장래의 시점에 가치가 인상된다고 생각된다면 외환시장에서 해당 화폐를 매입하게 된다. 반대로 화폐의 가치가 인하된다고 생각하면 해당 화폐를 매각하는 행위를 하게 된다.

기업의 입장에서는 거래대금의 지급시기나 수취시기를 조정함으로써 환율변화에 따른 위험을 전가시킬 수 있다. 즉, 외상거래나 장래의 외화거래 시 발생될 수 있는 환율변화를 예측하여 지급통화나 수취통화를 변경함으로써 환위험을 조정할 수 있다.

(4) 환재정 및 이자율재정(exchange and interest arbitrage)

일반적으로 재정거래(arbitrage)란 동일재화나 자산의 각 시장별 가격차이를 이용한 거래를 지칭한다. 동일재화라 하더라도 거래의 장소나 시간의 차이로 인하여 각 시장 간에는 거래가격의 차이가 존재하게 된다. 따라서 이러한 가격차이를 이용한 거래가 행해지게 되며 가격이 낮은 시장에서 매입한 다음 높은 시장에서 매각함으로써 차액의 이익을 추구하게 된다.

환재정(exchange arbitrage)이란 외환시장의 가격차이를 이용한 화폐의 교환을 통하여 시장 간의 환율차이를 통한 이익을 추구하는 것을 지칭한다. 이러한 환재정에는 양국 간의 환율차이를 이용하는 직접재정과 세 나라 통화 사이에 성립하는 환차이를 이용하는 간접재정 등이 있다.

이자율재정(interest arbitrage)이란 양국 사이의 환율이 결정된 현 시점에서 양국 간의 이자가 지급되는 각종 자산의 이자율차이와 일정 기간(만기) 경과 후의 환율변동을 고려하여 만기 시 결정되는 환율에 따라 환차익을 노리는 행위를 지칭한다. 즉, 각국 시장에서의 이자율과 환율의 차이를 이용하여 이익을 얻고자 거행되는 거래를 지칭한다.

2절 환율

1. 환율(換率)의 의미

일반적으로 받아들여지고 있는 환율의 의미를 살펴보면 다음과 같다.

첫째, 각국 통화의 교환이라는 관점에서 살펴보면 다음과 같다. 재화의 거래 시에는 가격을 통한 거래가 이루어지듯이 각국 통화의 거래에도 거래의 기준이 되는 가격이 존재하게 되는데 이를 환율이라 할 수 있다. 즉, "환율이란 어느 일국의 통화를 타국의 통화와 교환할 때 결정되는 매매가격 혹은 양국 통화의 대내·외적인 교환비율"이라 할 수 있다.

둘째, 각국의 통화를 하나의 상품으로 취급한다면 환율이란 "각국 통화에 대한 수요와 공급에 따라 결정되는 그 해당 통화의 대외적인 가격"이라고 할 수 있다.

이런 관점에서 볼 때 환율이란 일반적으로 "타국의 통화와 교환할 때 결정되는 가격으로 대내·외적인 교환비율을 나타낼 뿐만 아니라 해당 통화의 대외적인 가격"을 지칭하는 광범위한 의미로 쓰이고 있다 하겠다.

2. 환율의 표시 방법

특정 통화에 대한 대내·외적인 교환비율을 나타내는 환율을 표시하는 방법으로는 다음의 두 가지를 들 수 있다.

1) 방화표시법(직접표시법: direct quotation)

이 방법은 외국통화 1단위에 대한 자국통화의 교환비율을 나타내는 방법으로서 우리나라와 같이 미국의 1달러에 대한 한국 원화 1,100원($1 = ₩1,100)과 같이 표시하는 방법을 말한다. 영국을 제외한 거의 대부분의 나라들이 이 방법을 채택하고 있다.

2) 외화표시법(간접표시법: indirect quotation)

외화표시법이란 자국통화 1단위에 대한 외국통화의 교환비율을 나타내는 방식을 지칭한다. 영국은 전통적으로 다른 통화에 대한 표시를 이 방법으로 나타내고 있다. 예를 들면, 영국의 1파운드에 대한 미국의 1.43달러와 같이 표시하는 방법을 말한다.

3) 환율의 표시 방법과 등락

환율은 각종 통화 간의 교환가치를 지칭하는 것으로서 환율가치의 상승이나 하락, 그리고 평가절하 또는 평가절상 등의 의미를 사용하게 된다. 환율의 표시 방법 중 방화표시 방법을 사용한다는 전제에서 이러한 의미를 살펴보면 다음과 같다. 흔히 접하게 되는 환율상승이라는 의미는 1달러당 1,100원에서 1,200원으로 변경되는 것을 말한다. 이와 같은 의미의 사용은 자국통화의 대외적인 구매력의 하락, 즉 자국통화의 평가절하와 동일하다. 이와는 달리 환율의 하락은 1달러당 1,100원에서 1,000원으로 환율표시가 떨어진 것으로 대외적인 구매력의 상승, 즉 자국통화의 평가절상을 의미한다.

3. 환율의 종류

1) 현물환율(現物換率)과 선물환율(先物換率)

환율은 각국 통화의 거래에서 계약일자와 결제일자(실제로 현물이 인도되는 일자)의 일치 여부와 거래완료의 기간에 따라 현물환율과 선물환율로 구분할 수 있다.

현물환율(spot exchange rate)이란 통화의 거래에 따른 결제일자를 계약 후 일반적으로 2영업일(두 나라의 은행영업일만을 포함한다) 이내에 혹은 거래와 동시에 결제가 완료되는 경우의 환율을 지칭한다. 2영업일 이내라는 것은 거래 당사자국의 어느 한 은행이라도 법정 휴무일이 거래일자에 속하게 되면 그 다음 날짜로 거래가 이전되는 특징을 가진다.

이에 비해 선물환율(forward exchange rate)이란 장래의 특정 일자에 일정 금액의 통화를 미리 정한 환율에 의하여 매매할 것을 약정하는 경우에 결정되는 환율을 의미한다. 선물환의 경우 거래일자는 현재이지만 실제 결제일자는 쌍방이 결정한 특정 일자에 결제가 완료되게 된다. 즉, 선물환이란 현시점에서 거래 당사자끼리 특정 거래통화에 대하여 미리 환율을 결정하여 특정 날짜에 거래할 것을 약정한 후에 그날이 되면 미리 결정된 환율로 외환을 인도하는 동시에 이의 대금지급을 완성하는 거래를 지칭한다. 이와 같은 선물환 거래의 계약내용에는 선물환율, 선물환의 결제일자, 거래통화의 종류 및 계약금액 등을 현재 시점에서 사전에 결정하게 된다.

외환거래의 참가자들이 선물환을 이용하는 동기로는 환위험을 회피하기 위해서나, 환율변화의 예측에 의한 환투기의 목적에서, 혹은 국제거래 시 발생되는 환율변화에 따른 불안을 제거하기 위해서라고 할 수 있다.

2) 매도율과 매입률

외환의 매매에 있어서 외국환은행의 역할에 따른 구분 방법이다. 매도율이란 외국환은행이 외환을 필요로 하는 당사자들에게 판매할 때 적용되는 환율을 말한다. 이와는 달리 매입률이란 외환을 소지하고 있는 당사자들로부터 외환을 구입할 때 적용하는 환율이다. 일반적으로 매도율이 매입률보다 높게 적용되는데 이러한 차이를 스프레드(spread)라고 하며, 이러한 스프레드가 은행의 외환거래수익의 원천이라 할 수 있다.

3) 적용기준에 따른 구분

(1) 기준환율(매매기준율)

기준환율이란 외국은행 간 미달러화에 대한 매매율을 거래량으로 가중평균하여 산출되는 환율로서 각종 환율을 결정짓는 기초가 된다. 미달러화 이외의 통화에 대한 기준환율은 최근 주요 국제금융시장에서 형성된 해당 통화와 미달러화의 매매중간율로 결정된다.

(2) 한국은행매매율

한국은행과의 거래 시 적용되는 환율로서 일반적으로 기준환율에 일정한 마진을 가감하여 결정한다. 그러나 다음과 같은 경우에는 마진폭 없이 기준환율을 적용한다. ① 주한 국제연합군과의 거래, ② 외국환평형기금과의 거래, ③ 국제금융기구에 대한 출자 및 출연에 따르는 정부와의 거래, ④ 담보금의 국고귀속과 관련된 외국환은행과의 거래 등이다.

(3) 대고객률과 대은행률

외환의 매매대상이 고객인 경우에 적용하는 환율을 대고객률이라 하며, 외국환은행 간의 거래 시 적용되는 환율을 대은행률이라 한다. 일반적으로 외환의 매매에는 수수료나 환위험과 금리차에 따른 제반 경비가 소요되기에 대고객률에 적용되는 환율은 여러 가지가 존재한다. 즉, 전신환매매율과 일람출급환매매율, 그리고 기한부환 어음매매율 등이 있으며 이러한 종류별로 환율의 차이가 존재한다.

또한 대고객률에는 은행이 고객으로부터 외국통화를 구입하는 대고객매입률과 은행이 고객에게 통화를 파는 대고객매도율의 두 가지가 있는데, 일반적으로 대고객매도율이 더 높게 책정되게 된다.

4. 환율제도

1) 환율제도의 종류

환율제도를 간단히 표현하면 환율이 결정되는 메커니즘을 지칭하며, 크게 고정환율제도와 변동환율제도로 구분할 수 있다.

(1) 고정환율제도

고정환율제도란 정부에서 사전에 환율을 일정한 수준에 고정시키는 제도로서 환율의 변동을 인정하지 않는 엄격한 고정환율제도와 기준환율에서 상하의 소폭변동을 인정하는 고정환율제도로 구분할 수 있다. 이러한 환율제도는 환율의 안정을 통한 환위험을 줄이고 국제상거래를 촉진시킬 수 있다는 이점이 있다. 그러나 단점으로는 국제수지 불균형으로 인한 자동적인 조정능력이 없다는 것을 들 수 있다.

(2) 변동환율제도

환율이 정부에 의해서 결정되는 것이 아니고 외환시장에서의 외환에 대한 수요와 공급에 의해서 자율적으로 결정되는 제도를 말한다. 변동환율제도의 장점으로는 국제수지 불균형의 해소가 외환의 수요와 공급에 의해서 자동적으로 조정됨으로써 정부의 개입노력이 불필요하다는 것이다. 단점으로는 잦은 환율변동으로 인한 국제거래규모가 축소될 수 있으며, 환율변동을 이용한 환투기가 성행할 수 있다는 것이다.

(3) 환율제도의 변천

1800년 이후부터 시행된 국제통화제도를 살펴보면 변동환율제도와 고정환율제도가 번갈아 시행되는 양상을 보이고 있다. 특히, 세계경제가 활황기를 보일 때는 변동환율제도가 많이 시행되었으며, 불경기인 경우에는 고정환율제도를 선호하고 있는 것으로 나타났다. 이러한 현상은 최근의 세계경기의 불경기로 인하여 그동안의 변동환율제에서 고정환율제도로의 회귀논쟁이 대두되고 있는 것과 일치한다 하겠다.

2) 우리나라의 환율제도

한국이 채택한 환율제도의 변천 과정을 특정 시기를 중심으로 간단히 살펴보면 다음과 같다.

(1) 1964년 이전의 시기

이 시기는 미군정에 의한 공정환율의 제정시기를 시발점으로 한국의 대외환율이 결정된 시기라 할 수 있으며 고정환율제도의 채택과 경제상황에 따른 잦은 조정이 이루어진 시기이다. 최초의 환율은 미군정 당국에 의해 결정된 환율로써 미군정청의 대외채무지급을 위해 미화와 원화의 교환비율을 1달러당 15원으로 결정한 것이라 할 수 있다. 한국정부에 의한 최초의 환율은 1948년 2월의 환금은행의 외국환예치증제의 실시에 의한 외환의 자유매매율 "1달러당 850원"이라 할 수 있다. 그리고 동년 10월에는 "한 · 미간 환금에 관한 잠정협정"에 의거한 1달러당 450원의 공정환율을 결정했다. 이후 복수환율제의 채택과 공정환율의 변경 등 경제상황에 따른 실제수준으로의 조정이 이루어졌다.

(2) 1964~1980년 사이의 변동환율제도

한국의 환율제도는 1964년 5월 3일을 기점으로 외환증서제도에 의한 시장률을 기준으로 환율이 변동하는 변동환율제도를 실시하였다.

최초에는 외환증서시장에서의 외환증서매매율을 외환증서매매량으로 가중평균한

율을 기준으로 하여 환율이 자율적으로 변동되도록 하였으나 외환시장 자체의 규모가 크지 않았으며, 외환증서시장 자체가 외환의 수요와 공급이 그대로 반영되지 못하는 등 기준율의 척도로서 부족한 점이 많이 발생하게 되었다. 이러한 관점에서 기준율을 외국환은행 간의 외국환매매 시 형성되는 시세를 시장률로 적용하게 되었다.

(3) 1980~1990년 사이의 통화바스켓 페그 변동환율제도

변동환율제도의 실시 결과 외환에 대한 실질적인 수요와 공급에 의한 시장률의 변동에 따른 환율의 결정이 어렵다는 것을 느끼게 되자 마침내 1980년 2월을 기준으로 시장률에 의한 변동환율제도를 폐지하고 국제통화기금의 특별인출권과 한국의 독자 통화바스켓을 결합한 복수통화바스켓에 한국의 통화를 페그(peg)시켜 환율을 변동시키는 제도를 실시하였다.

복수통화바스켓 환율제도 하에서는 한국의 환율이 특별인출권 구성통화바스켓과 한국의 주요 교역상대국 통화로 구성된 독자바스켓에 의해 산출되는 환율을 각 바스켓에 부여된 가중치로 가중평균한 다음 정책적 조정변수를 추가하여 결정하였다.

이를 산식으로 나타내면 다음과 같다.

$$E_t = \beta E_{1t} + (1-\beta) E_{2t} + \alpha$$

E_t: 원/달러 환율
E_{1t}: 특별인출권에 의한 원/달러 환율
E_{2t}: 독자바스켓에 의한 원/달러 환율
β: 특별인출권 바스켓의 가중치
$(1-\beta)$: 독자바스켓의 가중치
α: 실제반영장치(정책변수)

정책변수 α는 국제수지, 국내외 물가 및 금리차이 등을 감안하여 결정되나 그 비중은 미미하였으며, 특별인출권 구성통화의 바스켓은 한국의 5대 교역국의 교역비중을 고려하여 결정하였다.

복수통화바스켓제도는 원화의 환율이 주요 교역상대국의 환율변동과 한국의 국제수지동향을 고려하여 환율이 조정될 수 있도록 함으로써 환율안정을 통해 한국의 경제발전에 기여하였다고 할 수 있다.

(4) 1990~IMF 구제금융 실시까지의 시장평균환율제도

앞에서 살펴본 복수통화바스켓제도는 환율의 안정을 통한 대외경제 활동의 활성화에 긍정적인 영향을 끼쳤다고 할 수 있으나 다음과 같은 단점도 존재하게 된다. 즉, 이 제도의 성격상 환율이 국내 외환시장의 수급을 충분히 반영하지 못하는 단점이 있으며, 대외적으로 국내외 경제사정에 따라 환율을 조정한다는 비난(특히 IMF 8조국으로의 이행 이후)을 받을 수 있었다.

정부에서는 이러한 점을 고려하여 시장평균환율제로의 이행(1990년 3월 2일부터)을 실시하게 되었는데, 이는 시장기능에 의한 환율결정을 통하여 외환시장의 활성화를 촉진하고 또한 대외거래규모의 확대와 국제화의 진전에 보다 효율적으로 대처하기 위함이라 할 수 있다.

시장평균환율제도의 기준율은 다음과 같이 산정된다. 은행 간의 모든 외국환매매를 금융결제원 자금중개실의 중개를 통하여 결정되도록 하고 전일에 자금중개실에서 거래된 미달러의 은행 간 매매율(외국환은행 간 장내매매율)을 거래량으로 가중평균하여 당일의 은행 간 매매율의 기준으로 결정하였다. 이 기준환율은 당일의 은행 간 매매율의 기준으로 이용하였다. 기준환율의 결정 산식을 살펴보면 다음과 같다.

$$(₩/U\$)_t = \left[\frac{\Sigma_i P_i Q_i}{\Sigma_i Q_i}\right]_{t-1}$$

여기서 P_i는 거래환율이며, Q_i는 거래량이다. 예를 들어, 전날 외국환은행 간의 달러 거래가 아래와 같이 3건이 있었다고 하자. 다음날 공시되는 기준환율은 식에 따르면 1,181.45(47,258,000/40,000)원이 된다.

거래	거래환율(P)	거래량(Q)	거래금액($P \times Q$)
1	₩ 1,180.20/US	10,000	11,802,000
2	1,181.20	10,000	11,812,000
3	1,182.20	20,000	23,644,000
	합계	40,000	47,258,000

(5) 현행 자유변동환율제도

종전의 시장평균환율제도 하에서 환율은 다소간 시장원리에 따라 결정되기는 하였으나 실제로 외환위기를 겪으면서 외환수급사정이 심한 불균형을 나타내고 환율절하 심리가 팽배해진 상황에서 환율이 탄력적으로 조정되지 못함에 따라 일시적으로 시장기능이 정지되는 등 외환시장의 불안정을 초래한 바 있었다.

이에 따라 환율의 가격기능 제고와 외환시장 활성화를 위하여 일중 환율변동폭을 폐지하면서 자유변동환율제도로 이행하였다. 다만 시장평균환율제도 하에서의 기준환율과 재정환율은 아직까지 매일 고시되고 있는데 기준환율과 재정환율이라는 용어는 1999년 4월 1일 '외국환거래법' 시행과 더불어 매매기준율과 재정된 매매기준율로 각기 변경되었다. 현행 자유변동환율제도 하에서의 환율구조는 다음과 같다.

① 매매기준율

매매기준율은 외환시장에서 최근 거래일에 외국환중개회사를 통하여 거래된 미달러화 익일결제(value tomorrow)물의 환율을 거래량으로 가중평균하여 산출한 시장평균환율이다. 시장평균환율은 전항에서 설명한 바와 같은 방법으로 사사오입에 의하여 10전 단위로 계산하며, 영업개시 30분 전까지 기획재정부장관, 한국은행총재 및 각 외국환은행의 장에게 통보하며 AP, Reuter 등의 화면을 통하여도 고시되고 있다.

② 재정된 매매기준율

재정된 매매기준율은 미달러화 이외 통화와 원화 간의 환율로서 매매기준율을 고시하는 시간에 근접한 주요 국제금융시장에서 형성된 미달러화와 해당 통화 간의 매매중간율을 매매기준율로 재정하여 산출한다.

〈예〉 일본 엔화 재정된 매매기준율 산출

미달러화 매매기준율원＝1,181.50(A)

국제금융시장에서 미달러화에 대한 엔화환율＝120.25엔(B)

엔화의 재정된 매매기준율＝A/B×100＝982.54(원)/100￥

③ 외국환은행 간 매매율

은행 간 외환시장에서 외환에 대한 수요와 공급에 의해 결정되며 과거 시장평균환율 제도 하에서는 일중 환율변동제한이 있었으나 현재는 변동범위에 대해 아무런 제한이 없다.

④ 외국환은행 대고객매매율

외국환은행이 기업 등 고객과의 외환거래 시 적용하는 환율로서, 외국환은행 간 매매율 등을 감안하여 외국환은행이 자율결정한다. 외국환은행의 대고객매매율은 외국환의 결제 방법에 따라 전신환매매율, 일람출급환어음매매율, 기한부어음매입률, 수입어음결제율, 현찰매매율 등으로 구분된다.

3절 환율결정이론

1. 외환의 수요와 공급

일반적으로 외국통화에 대한 가격결정은 재화나 서비스의 수요와 공급과 마찬가지로 특정 통화의 수요와 공급에 의해서 결정된다 할 수 있다. 즉, 특정 통화에 대한 수요가 공급보다 많으면 그 통화에 대한 가치가 올라가며, 공급이 더 많게 되면 그 통화의 가치는 떨어지게 된다.

그러면 과연 외국통화에 대한 수요와 공급 요인은 어떻게 결정되는가? 일반적으로 수요와 공급의 요인은 국제수지표상의 각 항목을 살펴보면 쉽게 찾아볼 수 있다. 즉, 국제수지표상의 제항목 중에서 외국통화의 유입을 가져오는 요인은 외국통화의 공급 요인이 되며, 외국통화의 유출을 가져오는 요인은 외국통화의 수요 요인이라 할 수 있다. 이렇게 볼 때 결국 외국통화의 공급 요인으로는 재화와 서비스의 수출, 이전수입, 그리고 자본유입(대외채권의 매매나 자산매매 등) 등을 들 수 있다. 반면에 수요 요인으로는 재화와 서비스의 수입, 이전지출, 그리고 자본수출(대외채권의 구입이나 자산구입 등) 등이 있다.

이와 같은 외국통화에 대한 수요와 공급 요인을 구분하면 다음과 같다.

> 외국통화의 공급 요인: 재화나 서비스의 수출, 이전수입, 자본유입
> 외국통화의 수요 요인: 재화나 서비스의 수입, 이전지출, 자본수출

이들의 요인 중 환율변화에 민감한 요소는 재화나 서비스의 수출 · 입이 주가 된다고 할 수 있다. 즉, 이전수입이나 지출의 경우는 환율이나 경제적 요인에 의한다기보다는 주로 비경제적 요인에 의하여 결정되며, 자본의 유출과 유입은 환율변화에만 의존하기보다는 이자율이나 플레이션율 등의 복합적 요인에 의해 결정되기 때문이다. 따라서 외국통화에 대한 수요와 공급 요인은 크게 재화나 서비스의 수출 · 입에 의해서 결정된다 할 수 있다.

이하에서는 논의의 단순화를 위해 세계경제를 단 두 나라(미국과 한국)로 구성되어 있다고 가정하기로 한다. 즉, 일국의 수출은 타국의 수입이 되며, 일국 내의 특정 재화의 수요는 자국에서의 재화생산량과 외국에서의 수입량에 의해서만 결정된다.

1) 외국통화의 수요곡선

일반적으로 수요곡선은 가격 변화에 따른 소비자들의 수요량의 변화를 나타낸 것이라 정의할 수 있다. 즉, 특정 재화의 가격과 그 재화에 대한 수요량의 변화를 곡선으로 나타낸 것으로 일반적으로 가격이 오르면 수요량은 감소하는 우하향하는 특성을 지니게 된다.

이와 같은 특성은 외국통화에 대한 수요곡선에도 그대로 적용된다 하겠다. 2국(한국과 미국) 모형 하에서의 특정 재화에 대한 국내수요는 자국 내에서의 생산량과 외국으로부터의 수입량(외국의 수출량 혹은 공급량)에 의해서 결정되게 된다. 이런 상황에서 환율의 상승이 일어났다고 한다면 국내에서의 외국통화(미 달러)에 대한 수요는 어떻게 변화되겠는가? 먼저 외국의 공급업자의 경우를 살펴보면, 환율의 변화 자체는 자국통화로 받는 수출액에 아무런 영향도 미치지 않는다고 할 수 있다. 즉, 외국의 공급업자의 경우는 자국 통화로 받는 금액 자체가 아무런 변동이 없기 때문이다. 이에 비해 국내 수입업자는 환율의 상승으로 인하여 외국통화로 계산 시에는 동일한 액수지만 국내통

화로 환산할 경우 지불한 금액이 상승하게 된다. 따라서 환율의상승은 외국 재화의 수입을 감소시키게 되는 요인이 된다.

결국 환율의 상승은 수입량의 감소를 가져오게 되며, 이는 다시 수입에 필요로 하는 외국통화의 수요를 줄이게 되는 역할을 하게 된다. 따라서 환율변화에 대한 외국통화의 수요함수는 환율의 평가절상으로 인한 수요감소함수로써 [그림 4-1]과 같이 표시할 수 있다.

그림 4-1 외국통화의 수요함수

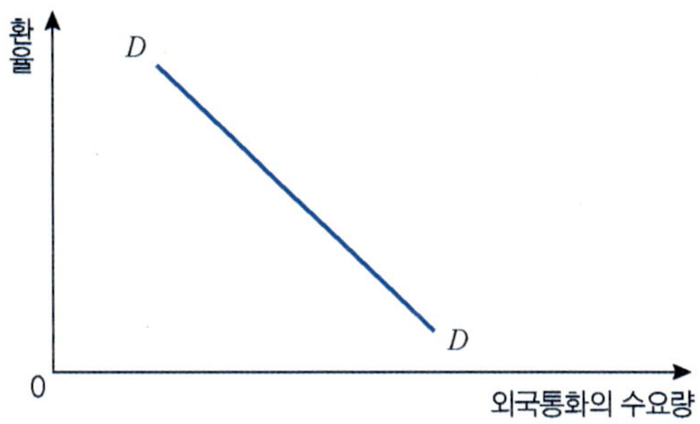

2) 외국통화의 공급곡선

일반적으로 공급곡선이란 가격 변화에 따른 공급업자들의 공급량의 변화를 표시한 곡선으로서 대개 우상향하는 특성을 가지고 있다.

외국통화의 공급 요인으로는 국내 재화의 수출을 들 수 있다. 어떤 시점에서 환율의 상승이 일어났다면 외국통화의 공급은 어떻게 변화하겠는가? 먼저 외국에서의 변화를 살펴보면 다음과 같다. 즉, 외국의 수입업자의 경우 환율의 상승은 자국통화로 계산할 경우 지급금액에 하등의 변화 요인도 생기지 않기에 국내 재화의 수입에 아무런 변동도 없게 된다. 이에 비해 국내 수출업자의 경우를 살펴보면 환율의 상승 결과 국내통화로 환산할 경우 환율변동 전에 비해 더 많은 금액을 받을 수 있기에 수출을 늘리려고 노력하게 된다. 즉, 환율의 상승은 국내 수출업자의 수출증대노력에 의해서 외국통화의 공급이 증대하게 되므로 우상향하는 형태를 띠게 될 것이다.

그림 4-2 외국통화의 공급곡선

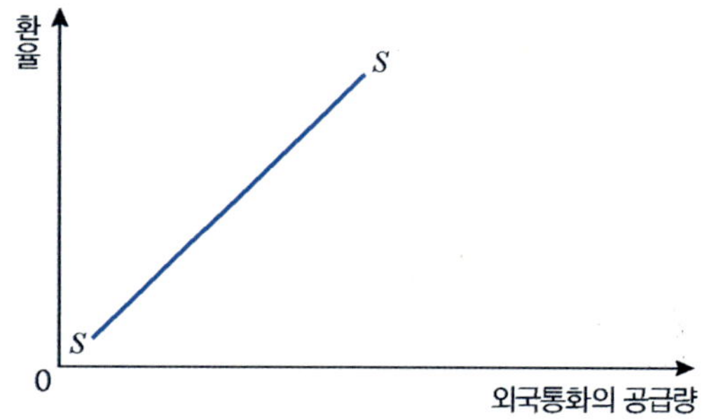

3) 균형환율의 결정

[그림 4-3]에서 살펴보듯이 외국통화에 대한 균형환율은 수요와 공급곡선이 교차하는 점(E)에서 결정되게 된다.

이와 같은 균형점은 일단 해당 시점에서의 수요와 공급이 일치하는 환율이다.

그림 4-3 균형환율의 결정

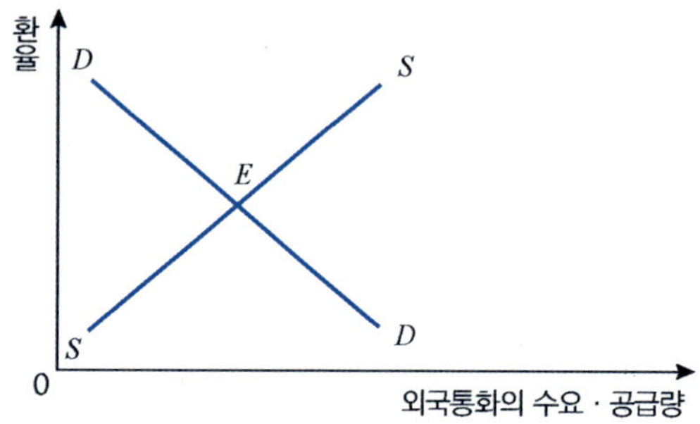

그럼 수요곡선이나 공급곡선이 변화되는 경우는 어떻게 이동될 것인가를 살펴보자.

먼저 수요곡선의 변화를 가져오는 경우는 국내의 소득증대로 인해 수입이 증가되는 경우나 수입국으로부터의 수입증가로 인해 그 나라의 외화수요가 증가 되는 것을 들 수 있다. 이 경우는 [그림 4-4]와 같이 외화의 수요곡선이 우측으로 이동하게 되며 공급곡선이 변화가 없다면 새로운 가격, 즉 P_m^1 으로서 환율이 상승(평가절하)하게 된다. 즉, 외화에 대한 수요증가는 외화의 가치상승, 즉 외화의 평가절상과 자국통화의 상대적인 가치하락을 유도하게 된다.

이와는 반대로 공급곡선이 변화되는 경우, 즉 국내의 수출증가를 가져오는 경우를 살펴보자. 이러한 경우는 외국의 소득이 증가한 경우나 국내수출재의 상대적인 가격하락으로 인한 국내통화의 외국수요가 증가함으로써 국내로의 공급이 증가되는 경우이다.

이와 같은 공급곡선의 증가는 공급곡선의 우측이동에 따라 환율이 하락(P_m^2)하게 된다. 외화의 공급증대에 따라 국내통화의 가치상승, 즉 평가절상이 나타나게 된다.

그림 4-4 수요 · 공급곡선의 이동

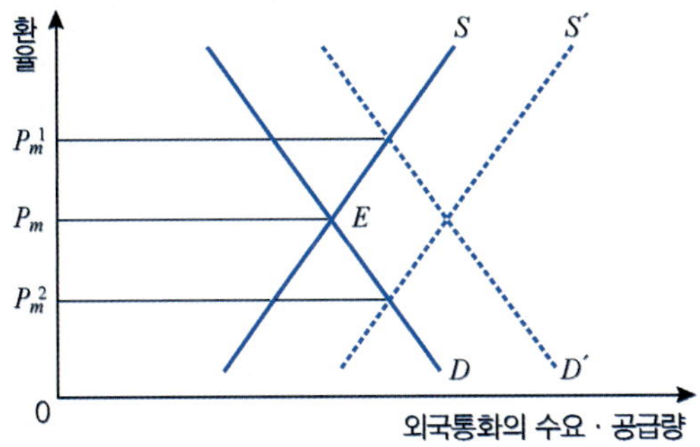

2. 고전적 환율결정이론

1) 국제대차설

국제대차설(balance of international indebtedness theory)이란 환율의 결정이 대외채권과 채무의 비율에 따라 결정된다는 것이다. 즉, 어느 일국의 대외채권이 대외채무보다 많다면 외국통화의 공급이 수요보다 많기 때문에 공급과잉에 따른 외국통화의 가치가 하락하게 되어 자국통화의 가치가 상승되는 효과(방화표시로 나타낸다면 평가절상)를 나타내게 된다. 그 반대의 경우에는 자국통화의 가치하락을 가져오게 된다.

2) 구매력평가설

구매력평가설(theory of purchasing power parity)이란 균형환율의 결정과 환율의 변화를 양국 간 화폐의 구매력 차이로 설명하려는 이론이다. 두 나라 사이의 물가의 차이는 곧 특정 재화에 대한 실질구매력의 차이를 가져오게 되며 이러한 구매력의 차이는 외국물가의 동등한 변화가 없는 한 자국통화의 평가절하로 나타나게 된다는 것이다.

여기서 구매력평가(purchasing power parity)란 2개국 간의 구매력의 비율을 의미한다.

이 이론의 근거 및 주요 내용을 살펴보면 다음과 같다.

(1) 일물일가의 법칙

일물일가(一物一價)의 법칙이란 동일한 시점의 동일 시장에서 동일 자산 또는 상품의 시장가격은 하나만 존재하게 되는 현상을 지칭한다. 이러한 일물일가의 법칙은 금융자산거래에 대한 규제조치가 전혀 없거나 모든 정보가 완전히 자유로이 이용될 수 있는 시장을 전제로 성립된다고 할 수 있다.

(2) 절대적 구매력평가설(PPP theory: absolute version)

절대적 구매력평가설이란 양국 간의 화폐는 각 화폐의 절대적인 구매력이 서로 균형을 이루는 비율로 교환되어야 한다는 것으로서 양국 간 특정 상품의 가격은 환율과 외국에서의 외화표시가격을 곱하여 결정된다는 것이다.

특정 상품의 국내가격을 P, 방화표시법으로 나타낸 현재환율을 S, 그리고 그 특정 상품의 외국에서의 외국통화로 표시한 가격을 P^* 라고 하자.

절대적 구매력평가설에 의하면 $P = S \times P^*$로 표시할 수 있다. 즉, 양국 간 특정 상품의 국내가격은 외국의 외화표시가격에 해당 환율을 곱하여 결정하게 된다. 이와 같은 절대적 구매력평가설에 의한 환율결정은 양국 간의 물가가 동일하거나 물가지수 산정에 있어 각 재화의 구성이나 가중치가 같은 경우에는 항상 성립하게 된다.

그러나 현실상황에서는 이와 같은 절대적 구매력평가설이 성립하지 않게 되고 괴리요인이 존재하게 된다. 이의 원인으로는 해당 재화의 거래비용이 높은 경우와 무역장벽의 존재로 인한 재화의 가격차이의 존재 및 국내와 해외의 물가지수 산정에 투입되는 대표재화구성이 다를 경우나 각 구성재화의 가중치가 상이한 경우를 들 수 있다.

(3) 상대적 구매력평가설(PPP theory: relative version)

환율의 변화율은 양국 간 물가상승률의 차이와 같아져야 한다는 것이다. 즉, 어느 일국의 인플레이션율이 타국보다 높다면 그 나라의 물가수준은 타국보다 높아지게 되고 이러한 물가의 차이는 자국통화의 가치를 하락시키게 되므로 외환시장에서는 자국통화의 가치가 떨어지게 된다. 예를 들어, 한국과 미국의 현재환율이 $1 = ₩1,000이라고 하자. 이 경우 만약 미국의 인플레이션율이 한국보다 4% 정도 높게 나타난다면 장래의 환율은 절대적 구매력평가에 의하면 다음과 같이 결정될 것이다.

미국의 인플레이션이 한국보다 4% 높다면 미국통화의 가치가 한국보다 하락하게 되며, 따라서 물가상승분의 차이만큼 미국통화의 가치가 하락하게 되어 $1 = ₩960으로 결정되게 된다는 것이다. 즉, 양국 간 인플레이션 차이분인 4%만큼 한국원화의 가치가 상승하게 된다.

3) 환심리설

환심리설(換心理說)은 근본적으로 앞에서 살펴본 국제대차설과 구매력평가설을 비평하기 위해서 고안된 이론이라 할 수 있다. 이 이론에 의하면 환율이란 양국 간의 구매력의 차이나 대외채권 · 채무의 수요 · 공급에 의해서 결정되는 것이 아니라 개인의 심리적 요인에 의해서 결정된다는 것이다. 즉, 환율이란 외환변동에 대한 신뢰감이나 예측 및 투기 등 개인의 심리적 요인에 의해서 결정된다는 이론이다.

3. 환율의 평가이론

1) 기본가정

평가이론이란 국제금융시장의 가격균형은 기본적으로 환율, 금리, 물가의 균형관계로서 형성된다는 이론이다. 이들 이론들의 전개에 필요한 기본가정들을 간단히 살펴보면 다음과 같다.

(1) 금융시장의 완전성

금융자산의 거래나 자본이동이 아무런 규제 없이 자유스럽게 이루어진다는 것으로 거래비용이나 조세효과는 고려하지 않는다.

(2) 상품시장의 완전성

국제간의 상품교역이 자유로우며 조세나 거래비용이 존재하지 않는다는 것이다.

(3) 단일의 동질 소비재의 존재

국가 간 상품교역에서 단일의 동질상품이 존재하며 이들 상품이 교역된다.

(4) 완전예측성

미래에 대한 예측이 확실하며 예측이 오차 없이 실현된다는 것을 가정하고 있는 것으로 선물환율이 미래현물환율과 일치하게 된다는 것이다.

2) 주요 내용

이들 제반 이론들을 간단한 예를 들어 설명하기로 한다.

먼저 전세계에 미국과 한국 두 나라만 있다고 하자. 지금 현재의 미국달러화에 대한 한국원화의 환율을 1달러당 1,000원이라 하자(자국통화표시법임). 그리고 미국의 물가가 한국보다 4% 정도 높다고 하자. 이 경우 국제평가이론에 따른 환율의 결정을 살펴보면 다음과 같다.

(1) 구매력평가이론(theory of purchasing power parity)

앞에서 살펴본 구매력평가이론에 따르면 양국 간 환율의 차이는 물가상승률의 차이와 같게 된다는 것이다. 즉, 물가상승에 따른 통화의 가치하락을 평가절하를 통하여 같게 한다는 것이다. 예를 들어, 미국의 물가상승이 한국보다 4% 정도 높다면 미국의 물가상승폭만큼 미국달러의 평가절하가 나타나게 된다는 것이다. 즉, 양국 간 물가상승률

차이인 4% 정도의 평가절하가 나타나 \$1＝₩1,000에서 \$1＝₩1,000(1－0.04)인 \$1＝₩960이 된다는 것이다.

(2) 금리평가설(theory of interest rate parity)

국내외 금리차가 선물환 프리미엄 또는 디스카운트와 동일하다는 것이다. 여기서 선물환 디스카운트란 자국통화의 평가절하를 나타낸다. 예를 들어, 미국의 이자율이 4% 높다면 이자율이 높은 만큼 미국 달러화의 가치하락을 가져오며 이는 선물환의 디스카운트로 나타나게 된다는 것이다.

이와 같은 금리평가설은 국제피셔효과와 같이 이자율의 차이가 바로 환율과 직결된다는 것에서는 같으나 적용환율에 있어 차이점이 있다. 즉, 국제피셔효과에서는 현물환율이 적용되며 이러한 현물환율은 단순기대치로서 장래에 그대로 실현된다는 확증이 없다. 그러나 금리평가설에 따르면, 선물환율로 현재에 미리 장래의 환율을 결정해 놓음으로 인해서 커버(cover)된 이자율 재정거래가 발생할 수 있다는 것이다.

결국 적용되는 이자율의 차이로 인한 것과 미래 불안에 대한 위험회피의 여부가 다르다 할 수 있다.

(3) 국제피셔효과(international Fisher effect)

현물환율의 기대변동률이 양국 간의 이자율차이와 같게 된다는 것으로 이자율이 높은 국가의 통화는 자국통화에 대한 가치하락을 보상할 수 있는 정도로 충분히 높아야 된다는 것이다. 따라서 미국의 이자율이 4% 높다는 것은 곧 미국통화의 가치하락폭을 보상하기 위한 것으로 미국통화의 가치하락으로 나타나게 된다는 것이다.

이와 같은 국제피셔효과는 피셔효과에서 출발한다. 피셔효과란 양국 간의 물가차이만큼 양국 간의 이자율의 차이를 가져온다는 것으로 물가상승에 따른 화폐가치의 하락을 이자율의 차이로 커버할 수 있어야 한다는 것이다. 미국이 한국보다 물가가 4% 높기에 미국의 이자율이 4%(1년에 4%임. 개월로 표시되는 경우에는 12로 나누어서 계산하여야 함) 높게 나타난다는 것이다.

(4) 불편추정치로서의 선물환 평가

선물환율이 미래의 현물환율과 동일하여 선물환율이 미래환율의 불편추정치가 될 수 있다는 것이다. 즉, 이러한 결과는 앞의 기본 가정이 성립된다는 점을 전제로 하여 선물환율이 바로 미래의 현물환율과 같게 된다는 것이다. 이와 같은 환율평가이론을 그림으로 나타내면 [그림 4-5]와 같다.

그림 4-5 환율평가이론

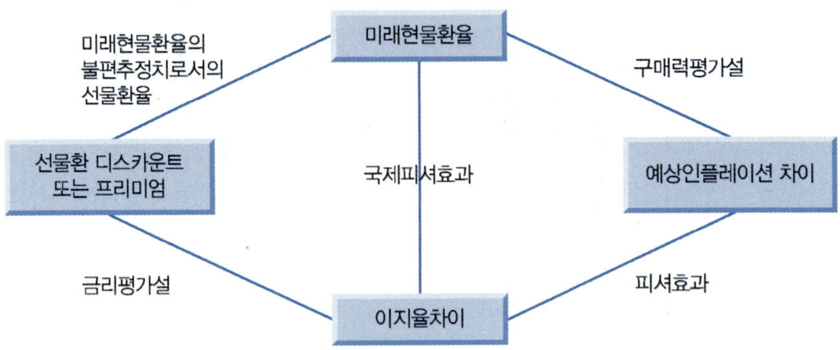

주요용어

외환, 외환시장, 청산(clearing), 헷징(hedging), 환재정, 이자재정, 환율, 방화표시법, 외화표시법, 현물환과 선물환, 대고객률과 대은행률, 고정환율제도, 변동환율제도, 시장평균환율제도, 외환의 수요와 공급, 국제대차설, 구매력평가설, 환율평가이론, 금리평가설, 국제피셔효과

연습문제

1. 외환시장의 기능을 설명하시오.

2. 외환시장의 참가자에 대해 논하시오.

3. 외환시장의 특징에 대해 논하시오.

4. 환율의 종류에 대해 논하시오.

5. 환율의 두 가지 표시 방법의 차이점을 설명하시오.

6. 환율평가이론 중 국제피셔효과와 금리평가설을 비교 · 설명하시오.

7. 환율결정이론 중 구매력평가설에 대해 설명하시오.

8. 환율제도의 유형에 대하여 간단히 설명하시오.

5장

국제수지

학습목표

한 나라의 무역거래의 결과를 보여줄 뿐만 아니라 기업의 무역거래에 영향을 미치는 국제수지가 무엇인가를 이해하고 최근 나타나고 있는 한국의 국제수지 불안 요인을 생각해 본다. 그리고 국제수지에서 경상수지, 기초수지 등의 개념을 이해한 다음 이들 개념들이 나타내는 의미를 살펴본다. 나아가서 국제수지의 불균형을 시정하기 위하여 일국이 택할 수 있는 국제수지 조정정책을 생각해 본다.

세계경제이야기

한은 '2020년 지역별 국제수지(잠정)' 발표

2020년 코로나19 직격탄으로 중국에 대한 우리나라 경상수지 흑자규모가 11년만에 최소로 준 반면 미국에 대한 경상수지 흑자규모는 5년만에 최대를 기록했다.

한국은행이 6월 발표한 '2020년 지역별 국제수지(잠정)'에 따르면 코로나19 직격탄을 맞은 중국에 대한 우리나라 경상수지 흑자폭이 11년만에 최소로 감소했다. 대중 흑자규모는 169억 7,000만 달러로 지난 2009년(162억 6,000만 달러) 이후 가장 적었다. 상품수지 역시 2008년 49억달러 이후 12년 만에 최소 흑자인 144억 4,000만 달러로 줄었다. 상품수출이 반도체 수출 호조에도 불구하고 화공품, 석유제품을 중심으로 감소한 영향이다. 상품수출은 2010년 1,003억 8,000만 달러로 흑자를 기록한 이후 10년만에 최소인 1091억 3,000만 달러로 줄어들었다. 실제 지난해 통관기준 대중국 수출은 1,325억 7,000만 달러로 전년보다 36억 4,000만 달러(-2.7%) 감소했다. 중국인 여행객도 줄면서 여행수입도 크게 줄어 여행수지 흑자는 16억4000만 달러로 급감했다.

코로나 여파가 나타난 일본에 대해서도 적자규모는 다시 늘어 213억1,000만 달러를 기록했다. 전년에 적자폭을 5년만에 가장 많이 줄였지만 상품수출이 석유제품과 철강제품 중심으로 감소하면서 적자 규모는 다시 커졌다. 다만 코로나19에 하늘길이 막히면서 일본 여행수지는 흑자로 전환했다. 2012년 19억4,000만 달러 흑자 이후 8년 만으로 여행지급이 전년대비 큰폭 감소했기 때문이다.

반면 2020년 우리나라의 미국에 대한 경상수지 흑자규모는 331억6,000만달러로 2015년(334억4,000만 달러) 이후 최대를 기록했다. 전년도인 2019년(191억1,000만달러)보다 크게 증가한 것으로 6년만에 증가 전환했다.원유 등 원자재 수입이 감소하며 상품수지 흑자규모가 확대된 가운데 여행수지 적자폭이 줄고 투자소득수지 흑자폭이 확대한 영향이다.이런 가운데 직접투자와 증권투자는 확대됐다. 미국에 대한 직접투자는 124억달러로 역대 1위를 기록했고, 증권투자(자산)에서도 대미투자가 역대 1위를 기록하는 등 585억5,000만 달러 규모를 기록했다.

〈파이낸셜뉴스, 2021/6/22〉

1절 국제수지의 정의

1. 국제수지(國際收支)의 정의

IMF는 국제수지편람에서 '국제수지란 일정 기간 동안에 일국의 거주자와 타국의 거주자(외국인 또는 비거주자)들 사이에 발생한 모든 경제적 거래를 체계적으로 기록한 것'이라고 정의하고 있다. 이를 구체적으로 살펴보면 다음과 같다.

첫째, 일정 기간이란 대체로 1년을 기준으로 하지만 3개월 혹은 6개월 단위로 기록하기도 한다. 이때 고려하여야 할 점은 재화를 수입한 시점과 지급한 시점이 다른 경우에는 일국의 경제에 영향을 주기 시작한 시점을 기준으로 하는 발생주의를 일반적으로 적용하고 있다는 것이다.

둘째, 거주자와 비거주자의 구분이 필요하다. 일반적으로 거주자의 개념은 지리적 · 정치적인 구분이 아닌 경제적 이익이 어느 나라에 있는가에 따라 구분하고 있다.

개인의 경우에는 대부분이 영주권이나 국적에 의해 판단하게 된다. 그리고 개인이라 하더라도 그 개인이 소속 국가의 정부를 대표하거나(외교관이나 파견 군인) 장기유학생인 경우에는 본국의 거주자로서 비거주자로 취급된다. 이에 비해 기업의 경우에는 외국 소재 지점이나 자회사는 소재지의 거주자로 취급받는다.

셋째, 모든 경제적 거래란 일국의 대내 · 외 경제에 영향을 미치는 모든 대외거래를 지칭한다. 경제적 거래는 재화나 용역의 거래 뿐만 아니라 장 · 단기 자본이동과 무상증여나 원조 등의 일방적 이전까지도 포함한다.

마지막으로, 체계적 기록이란 복식부기의 원리에 따라서 경제적 거래의 이동상황을 차변과 대변의 계정으로 구분하여 기록한다는 것이다. 즉, 기업회계에서와 같이 거래의 이중성을 고려한 복식부기의 방식에 따라 기입하게 된다. 그러나 원조나 해외송금 같은 일방적인 자금이동은 복식부기의 적용이 어려우므로 이전수지라는 항목을 통해 조정하고 있다.

2. 국제수지표(國際收支表)의 작성목적

일국의 국제수지를 일목요연하게 알아볼 수 있게 하나의 표로 작성한 것을 국제수지표라 한다. 국제수지표를 작성하게 되는 목적은 무엇인가? 일반적으로 가계나 기업의 경우 손익계산서나 가계부를 작성하는 주 목적이 경상적인 수취와 지급이 균형을 이루고 있는가를 보기 위한 것과 마찬가지로 국제수지표의 작성목적도 일국의 대외결제관계가 원활하게 행해지고 있는가를 보기 위한 것이라 할 수 있다. 즉, 국제수지표를 작성하게 되는 주목적은 국제수지표의 작성을 통해서 일국의 대외경제관계의 상황을 일목요연하게 파악할 수 있도록 하는 데 있다. 특히 정책입안자의 입장에서는 국제경제와 관계된 모든 사항을 하나의 표에 집대성하여 살펴볼 수 있기에 정책개입의 당위성을 입증하거나 필요한 시점에 필요한 조정을 취할 수 있는 근거가 된다 하겠다.

2절 국제수지표의 구성

국제수지표는 각국의 경제운용에 따라 독자적인 형식을 가질 수 있으나 이렇게 할 경우 타국과의 비교가 어렵다. 따라서 각국의 경제상황을 한눈에 파악하기 위한 목적으로 IMF에서는 국제수지표의 표준양식을 제정하고 이에 따른 국제수지표의 작성을 권고하고 있는 실정이다. 한국의 경우도 1955년 IMF에 가입한 이후 한국은행에서 국제수지표를 작성 · 발표하고 있다.

최근 급속하게 변화하기 시작한 금융 · 자본시장의 국제화 및 자유화 진전에 따라 대외거래 및 국제유동성 변화 등을 보다 상세하게 평가하기 위해서 한국은행은 1998년부터 국제수지표를 변경하여 사용하고 있다. 국제수지표는 경상수지와 자본수지 및 준비자산의 증감항목으로 구분할 수 있다.

1. 경상수지

경상수지는 상품 · 서비스수지와 소득수지 및 경상이전수지로 구성된다.

1) 상품 및 서비스수지

상품수지항목을 일반상품, 가공용 재화, 운수조달재화, 재화수리 및 비화폐용 금의 다섯 가지 형태로 세분화하여 기록함으로써 어느 부문이 얼마나 흑 · 적자를 기록하였는지 그 변화추이를 한눈에 파악할 수 있도록 하였다. 이들 세부항목들을 살펴보면 다음과 같다.

첫째, 가공용 재화는 외국에서 가공하기 위하여 수출한 후 재수입된 재화 또는 국내에서 가공하기 위해 수입한 후 재수출된 재화(관세청에서 가공용 재화를 표시함)로서 재수출 및 재수입 시에는 가공임을 포함한 재화총가액을 계상한다.

둘째, 운수조달재화에는 선박, 항공기 등 운송수단이 해외의 항구 및 공항에서 조달한 연료, 식량, 보급품 등이 해당된다.

셋째, 재화수리에는 선박, 항공기 등 재화에 대한 수리대가로 수취 또는 지급한 수리비를 기록한다.

넷째, 비화폐용 금에는 통화당국이 준비자산으로 보유하고 있는 금(화폐용 금)을 제외한 모든 금의 수출입거래를 기록한다.

마지막으로 일반상품에는 수출입상품 중 가공용 재화, 운수조달재화, 재화수리 및 비화폐용 금에 포함되지 않는 모든 재화의 거래를 기록하게 된다.

서비스수지는 거주자와 비거주자 간의 모든 용역거래의 결과로서 운수, 여행, 통신서비스, 보험서비스, 특허권료 사용료, 사업서비스, 정부, 기타 서비스 등의 8개항목의 지급과 수취항목으로 세분하였다.

첫째, 운수항목으로는 거주자와 비거주자 간의 운송수단을 이용한 서비스거래로서 여객 및 재화의 수송과 승무원을 포함한 운송수단의 임대, 예인(曳引), 도선(導船) 등 기타 지원 및 보조서비스를 기록한다.

둘째, 여행항목에는 여행자인 개인이 직접 사용하거나 타인에게 제공할 목적으로 해외체류기간 중 체류국에서 취득한 재화 및 서비스를 기록한다.

셋째, 통신서비스는 전화, 팩시밀리 등을 이용한 원격통신서비스, 우편 및 배달서비스를 기록한다.

넷째, 보험서비스는 거주자와 비거주자 간의 보험료, 보험금의 수취 및 지급과 수출입상품에 대한 적하보험, 재보험 등을 포함한다.

다섯째, 특허권 등의 사용료에는 상표권, 저작권 등 무형자산의 사용에 따른 대가를 계상한다.

여섯째, 사업서비스에는 상품중개인 및 대리인의 상품 및 서비스거래, 승무원이 동반하지 않은 선박, 항공기 등 수송장비의 임대, 법률 · 회계 · 경영컨설팅, 광고 및 시장조사, 각종 공사의 기획 및 감독에 따른 서비스 수수료를 계상한다.

일곱째, 정부서비스는 정부와 비거주자 간의 서비스거래를 계상하며 해외의 대사관, 영사관, 군대 등이 주재하고 있는 경제권의 거주자와 행한 모든 거래를 계상한다.

마지막으로, 기타 서비스는 거주자와 비거주자 간의 금융서비스와 컴퓨터 및 정보서비스, 개인 · 문화 및 오락서비스와 건설서비스 항목 등을 기록하게 된다. 금융서비스는 수출신용장, 금융리스, 외환거래 등과 관련된 금융중개수수료와 발행모집 · 인수, 상환 등 유가증권거래 관련 수수료항목이며, 컴퓨터 및 정보서비스는 소프트웨어의 구축, 하드웨어 관련 자문, 컴퓨터 및 주변기기의 유지 · 보수, 통신사의 뉴스 서비스, 신문 등 정기간행물의 구독료를 포함한다. 개인, 문화 및 오락서비스는 영화제작, TV프로제작 등과 관련된 서비스료, 대중매체 배급권료, TV중계권료 및 문화, 스포츠, 오락활동과 관련된 서비스를 의미하며, 건설서비스는 통상 1년 이내에 외국에서 수행되는 건설 및 설비공사의 결과를 나타낸다.

2) 소득수지

소득수지항목은 크게 두 가지로 구성된다. 첫째는 외국인 노동자에게 지급되거나 내국인 해외근로자가 수취하는 급료 및 임금항목이며, 둘째는 금융자산 또는 부채에 관련된 배당, 이자 등 투자소득의 수입 및 지급을 기록하는 투자소득수지로 양분된다. 그리고 투자소득수지의 내용을 더욱 세분화하여 직접투자소득, 건설투자소득 및 기타투자소득으로 구분하였다.

3) 경상이전수지

수혜자에게 아무런 대가 없이 제공되는 송금, 구호를 위한 식량, 의약품 등의 무상원조, 국제이전, 출연금(出捐金) 등을 계상한다.

2. 자본수지

자본수지는 자본의 성격에 따라 두 가지 형태로 구분하였다. 투자수지는 통화당국의 준비자산증감을 제외한 민간기업, 금융기관, 정부의 대외금융자산 또는 부채의 소유권 변동과 관련된 거래상황을 나타낸다. 기타 자본수지는 자본이전과 특허권 등 기타자산의 거래상황을 가리킨다.

1) 투자수지

투자수지는 투자되는 자금의 형태에 따라 직접투자와 증권투자(포트폴리오투자) 그리고 기타투자로 세분하였다.

첫째, 직접투자는 한 경제권의 거주자인 직접투자자가 영속적인 이익을 취득하기 위하여 다른 경제권의 기업에 대하여 행하는 대외투자로서 투자자와 투자기업 간의 장기적인 관계가 있어야 하며 투자기업에 대하여 영향력이 큰 경우를 의미한다. 그리고 직접투자에는 최초거래 뿐만 아니라 자금의 대출, 차입 등 후속거래를 포함하게 된다.

둘째, 증권투자는 기업에 대한 영속적인 이해관계보다는 투자수익을 목적으로 하는 대외투자로서 주식 및 채권에 대한 투자를 포함한다. 채권은 만기가 1년 이상인 전환사채, 변동금리부채권 등 중기채권과 재무성단기채권, 기업어음, 은행인수어음 등 단기채와 선물, 옵션, 스왑 등의 파생금융상품에 대한 투자를 의미한다.

셋째, 기타투자는 대출 및 차입, 무역 관련 신용, 예금 및 현금 등 직접투자와 증권투자에 속하지 않는 모든 금융거래를 계상한다. 대출 및 차입은 채권자가 채무자에게 직접적으로 자금을 대여하는 거래로서 차관, 금융리스, 환매조건부거래, IMF차입을 포함한다. 무역 관련 신용은 재화 및 서비스거래와 관련하여 공급자와 구매자 간에 직접적으로 이루어지는 신용공여와 그에 따른 채권 · 채무를 기록한다. 예금 및 현금은 민간기업, 금융기관 등이 보유하고 있는 현금 및 해외예치금을 기록한다.

2) 기타자본수지

기타자본수지는 자본이전과 특허권 등 기타자산의 거래를 계상한다. 자본이전은 해외이주비, 투자보조금 지급 등 고정자산 취득과 관련한 현금이전을 기록한다. 특허권 등 기타자산의 거래는 특허권, 저작권, 상표권 등 비생산무형자산 및 토지, 지하자원 등 비생산유형자산의 취득 및 처분에 따른 거래를 기록하게 된다. 기타 자본의 기록 시에는 분석의 편의를 위하여 장 · 단기 및 투자부문(통화당국, 일반정부, 예금은행 및 기타부문)별로 별도로 기록하게 된다.

3. 준비자산 증감항목의 도입

준비자산 증감항목은 과거에 은행들 간의 대외거래가 포함되었던 것과는 달리 중앙은행의 준비자산 변화만을 기록한 것으로 통화당국이 국제수지 불균형을 직접 보전하거나 또는 외환시장 개입을 통해 국제수지 불균형을 간접적으로 조정하기 위해 사용할 수 있는 대외자산의 증감을 기록한다. 준비자산으로는 화폐용 금, SDR, IMF 리저브포지션, 외화자산(현금, 예금 및 증권) 등이 포함된다.

지금까지 살펴본 국제수지표의 개편 전과 개편 후를 비교하여 그 차이점을 살펴보면 [표 5-1]과 같다.

[표 5-1] 개편 전후의 국제수지 비교(1997년)

개편 전	개편 후
경 상 수 지	경 상 수 지
	상품 및 서비스수지
무역수지	상품수지
무역외수지 • 운임 및 보험 • 기타운수 (운수조달재화) • 여행 • 투자수익 • 기타서비스 (재화수리) (급료 및 임금)	서비스수지 • 운수 • 여행 • 통신서비스 • 보험서비스 • 특허권 등 사용료 • 사업서비스 • 정부서비스 • 기타
	소득수지 • 급료 및 임금 • 투자소득
이전수지	경상이전수지
자 본 수 지	자 본 수 지
장기자본수지 • 직접 및 증권투자 • 차관, 무역신용 등 • 기관투자	투 자 수 지 • 직접투자 • 포트폴리오투자
단기자본수지	기타자본수지 (자본이전)
금 융 계 정	준비자산 증감

4. 국제수지표의 실제 작성

국제수지를 작성하는 회계상의 기본원칙은 개개거래에 대하여 대변과 차변에 동일한 금액을 두 번 기재하는 복식부기의 원칙에 의해서 작성된다. 경상거래의 대변에는 외화자금의 수입을 가져오는 항목을, 차변에는 외화자금의 지급을 가져오는 항목을 기록한다. 자본거래에 있어서는 차변에는 자산의 증가나 감소가 초래되는 거래를 대변에는 자산의 감소나 부채의 증가를 초래하는 거래를 기재한다. 이하에서는 국제거래에서 발생할 수 있는 특정 사항을 예로 들면서 이의 기재 방법을 간단히 살펴보기로 한다.

1) 상품 및 서비스의 수출입

우리나라가 미국에 대해서 상품이나 서비스를 수출한 경우($100억, 현금거래)를 가정하자. 이 경우는 우리나라의 입장에서는 외화의 수입을 가져오는 경제거래가 발생하였기에 수출 항목의 대변에 100억 달러를 기재한다. 동시에 외화자산이 100억 달러 증가했으므로 자본 및 투자계정의 외화자산 항목의 차변에 100억 달러를 기록하면 된다.

이와는 반대로 우리나라가 상품이나 서비스를 수입하는 경우에는 외화의 지급을 가져오는 차변항에 수입금액을 기입하게 된다. 현금수입인 경우에는 외화가 감소하였기 때문에 자본 및 투자계정의 외화자산 항목의 대변에 수입금액을 기록한다.

	대변(외화의 수입)	차변(외화의 지급)
경 상 계 정 상품의 수출	100억 달러	
자본 및 투자계정 외 화 자 산		100억 달러

2) 이전거래

이전거래는 반대급부 없이 어느 일방의 지급이나 수취만이 있게 된다. 따라서 복식부기의 원칙을 지키기 위해서 이전거래 항목은 별도의 대응거래를 따로 가정해서 기록하는 형태를 띠게 된다. 예를 들어서 10억 달러어치의 쌀을 우리나라가 무상으로 원조하였다고 하자. 이 경우는 우리나라에서는 경상계정에 쌀을 수출로 간주하여 상품수출 항목의 대변에 10억 달러를 기재하게 된다. 동시에 대응거래로서 경상이전거래 항목의 차변에 10억 달러를 기록하면 된다. 반대로 원조받는 국가는 자기의 경상이전거래 항목의 대변에 10억 달러를 계상하며 상품수입 항목의 차변에 10억 달러를 기록한다.

	대변(외화의 수입)	차변(외화의 지급)
경 상 계 정 상품의 수출	10억 달러	
경상이전거래		10억 달러

3) 자본 및 투자계정

우리나라 기업이 현금차관을 100억 달러 하였다고 하자. 이 경우에는 대외자산인 현금이 100억 달러 증가하였으므로 자본 및 투자계정의 차관 항목 대변에 100억 달러를 기록하게 된다. 그리고 대외부채가 100억 달러 증가하였으므로 자본 및 투자계 정의 외화자산 항목의 차변에 100억 달러를 기재하여야만 한다.

	대변(외화의 수입)	차변(외화의 지급)
자본 및 투자계정 차 관 외화자산	100억 달러	10억 달러

3절 국제수지의 평가

국제수지는 복식부기의 원칙에 입각하여 일정 기간 동안에 발생한 대외적인 경제거래에 따른 화폐의 수취와 지급을 결산한 것이므로 모든 대변총액과 차변총액은 균형을 이루게 된다. 그러나 현실에 있어서는 각국의 국제수지는 적자이거나 흑자인 상태가 일반적이다. 이는 국제수지의 분석 과정에서 전체 모든 대변과 차변 항목의 합계를 이용하는 것이 아니라 분석대상에 포함된 일부 항목의 합계, 즉 해당 항목의 수지(the balance)나 하나의 계정에 속해 있는 모든 항목의 대변합과 차변합의 차액(해당 계정의 수지)을 이용하여 평가하기 때문이다.[1)]

국제수지는 분석하고자 하는 목적에 따라 전체 항목들을 두 개 혹은 그 이상의 그룹으로 분류할 수 있는데, 이때의 분류기준은 분석목적에 따라서 국제수지 표준 항목분류체계와 상이할 수도 있고 일치할 수도 있다. 그러나 대부분의 국가에서는 국제수지의 표준 항목 분류가 분석적으로 유용하게 활용될 수 있도록 IMF표준분류체계를 이용하여 작성되고 있다.

한 국가의 대외거래를 분석하거나 정책적인 목적을 위해서 또는 국별 비교를 위해서 가장 보편적으로 활용하고 있는 분석분류 방법은 대외거래를 거래대상의 특성에 따라 분류하는 방법이다. 즉, 상품의 수출입결과를 나타내는 무역수지와 서비스의 수출입결과 및 소득지급과 수입결과를 포함하는 무역외수지 및 경상이전거래를 나타내는 경상이전수지와 이들 모두를 포함한 경상수지가 있다. 이 밖에도 자본 및 투자계정에 속해 있는 자본 및 투자수지 등으로 분류할 수 있다.

1. 경상수지에 따른 분류

경상수지에 따른 균형과 불균형의 판단은 경상수지의 흑 · 적자 여부에 따라 판단하는 방법이다. 경상수지는 상품계정, 서비스계정, 소득계정 및 경상이전계정에 포함되어 있는 모든 항목들의 대외거래에 있어서의 대변과 차변합계의 차액으로 구성되어 있다. 상품과 서비스의 대외거래는 물론 직접투자로부터 배당과 같은 소득이나 포트폴리오 투자로부터의 이자 또는 배당금 등이 경상수지에 포함된다.

경상수지가 국제수지의 분석지수들 중에서도 가장 중요한 지수로 평가받고 있는데, 그 이유는 다음과 같다.

첫째, 경상수지를 구성하는 여러 대외거래 항목들이 그 나라의 실물경제상황을 가장 잘 반영하고 있기 때문이다. 즉, 상품이나 서비스 생산에 있어서의 가격 또는 기술상의 경쟁력을 반영하고 있는 상품 및 서비스수지 항목이 있으며, 투자에 따른 소득의 수입

1) 신세돈, 국제수지론, 세창출판사, 1997, pp.105~108.

혹은 지급상황 등 부가가치를 창출해 내는 요인들을 포함하기 때문이다.

둘째, 경상수지가 자본 및 투자수지와는 달리 장기간에 걸쳐 일관성 있는 형태를 보이는 항목이기 때문이다. 이와는 달리 투자거래는 이자율이나 환율 및 국제금융환경의 돌발적인 변화 등에 따라 규모나 투자의 방향이 쉽게 변화될 수 있는 특성을 지니고 있다.

셋째, 경상수지가 한 나라의 경제발전에 필요한 자본의 축적 정도를 잘 반영하고 있기 때문이다. 경상수지는 국내총저축과 국내투자의 차이, 즉 저축과 투자의 갭과 밀접한 관계가 있어서 저축 및 투자행태를 잘 반영하고 있을 뿐 아니라 경제주체의 행태분석이나 효과적인 정책수립에 매우 유용하게 활용될 수 있다.

경상수지 = 상품수지 + 서비스수지 + 소득수지 + 경상이전수지

2. 자본수지

자본수지의 흑 · 적자 여부로 국제수지의 균형과 불균형을 평가하는 방법이다. 자본수지에는 거주자와 비거주자 사이에 발생한 채권 · 채무관계의 변화와 금융자산의 거래를 기록하게 된다. 따라서 반대급부가 없는 이전거래적 성격의 거래라도 채권 · 채무관계의 변화를 초래하거나 금융자산의 변동이 발생되면 자본수지 항목에 계상되게 된다.

자본수지에 포함되는 항목으로는 직접투자와 증권투자 및 기타수지의 합계로 구성되는 투자수지와 기타자본수지의 합계로 평가하게 된다.

자본수지 = 투자수지 + 기타자본수지
= 직접투자 + 증권투자 + 기타투자 + 기타자산거래 + 자본이전

3. 한국의 국제수지 추이

새롭게 개정된 국제수지 작성기준에 따라 우리나라의 국제수지 변화추이를 살펴보

면 [표 5-2]와 같다. 표에 나타난 우리나라의 국제수지 추세는 크게 4단계로 나누어 볼 수 있다.

[표 5-2] 한국의 국제수지 추이

(단위: 백만 달러, %)

항목 연도	경상 수지	상품 수지	서비스 수지	본원소득 수지	이전소득 수지	자본 수지	금융 계정	준비 자산	오차 및 누락
1980	-6,845	-6,563	1,286	-1,987	419	0	-6,278	863	568
1990	-2,404	-3,280	471	-527	932	0	-3,529	-1,186	-1,126
2000	10,444	15,631	-973	-4,000	-214	38	9,620	23,771	-863
2005	12,655	32,312	-9,130	-7,269	-3,258	-1	18,771	19,806	6,117
2010	28,850	47,915	-14,238	490	-5,317	-63	23,190	26,971	-5,597
2015	105,939	122,269	-14,917	3,572	-4,985	-60	106,299	12,053	420
2019	59,676	79,812	-26,845	12,856	-6,147	-169	59,027	1,466	-480
2020	75,276	81,945	-16,190	12,050	-2530	-339	77,116	17,392	2,180

자료: 통계청 국가통계포털 KOSIS DB(http://kosis.kr)

첫째, 1960년대 초반 이후부터 1985년까지는 우리나라의 무역이 태동하기 시작한 시기이며, 당시는 부족한 자원의 수입으로 인한 적자와 경제발전을 위한 기술이나 자금의 도입 등으로 어쩌면 적자가 필연적인 시기였다고 할 수 있다. 상품 및 서비스수지의 거래에 있어서는 한국기업들의 본격적인 수출이 시작되기 전인 1979년 이전까지 적자폭이 증대되다가 1979년 이후 적자폭이 다소 감소되는 추세를 보였다. 특히 이 시기는 1973년과 1979년의 1 · 2차 석유파동으로 더욱 악화되었으며, 이러한 석유파동으로 인한 국제경제환경 변화, 즉 고유가, 고이자, 고달러 등의 3고 현상은 이제 막 적자가 줄어들기 시작한 우리나라 경제에 커다란 악영향을 미치는 역할을 하였다.

둘째, 1985년부터 1989년까지는 흑자시대의 도래기이다. 이 시기는 그 동안 지속되어 온 경제발전계획과 한국기업들의 수출경쟁력 향상으로 인한 상품 및 서비스수지의 흑자가 전반적인 국제수지 흑자기조에 결정적인 역할을 하게 된다.

또한 국제경제 정세도 1985년 이후 저유가, 저금리, 저달러 등 3저 현상의 도래로 수출이 급증하는 계기로 작용하였다.

셋째, 1990년부터 1997년까지는 국제수지 적자로의 재전환시기이다. 이 시기는 1985년 이후 지속된 3저 현상의 쇠퇴와 국제수지 흑자에 기인한 일련의 자유화, 즉 외환자유화, 여행자유화 및 자금이전제한의 완화 등으로 수입 및 국내인플레이션이 확대되면서 대외경쟁력이 크게 약화되었다. 특히 1986년 이후 지속된 노사분규의 급증은 그동안 가격경쟁력에 바탕을 둔 우리나라 경제의 수출에 엄청난 타격을 주게 되었으며, 결국 우리나라는 치욕적인 IMF 경제위기를 맞게 되었다.

마지막으로, 1998년부터 최근까지는 국제수지 흑자정착기라고 할 수 있다. 이 기간 중에는 원유 및 국제 원자재 가격상승과 수출호조에 따른 수입물량 증가로 수입이 크게 증가하였으나 중국의 높은 경제성장과 선진국의 경제성장세로 수출이 더 큰 폭으로 증가하여 국제수지가 안정적인 흑자기조로 돌아서게 되었다.

4절 국제수지의 조정정책

1. 국제수지조정의 중요성

국제수지의 조정이란 일국의 국제수지가 불균형상태에 있을 때 국제수지에 영향을 미칠 수 있는 각종 변수들을 변화시킴으로써 국제수지의 불균형을 시정하려는 대내·외적인 조정노력을 지칭한다.

일국의 국제수지는 큰 폭의 적자나 흑자를 나타내기보다는 균형을 유지하는 것이 더 바람직하다고 할 수 있다. 왜냐하면 일국이 국제수지의 흑자를 나타냈다고 하면 이는 곧 국내통화량의 증가와 이에 따른 국내물가의 상승 등의 부작용으로 나타나게 된다. 그리고 국제수지의 적자를 나타내게 되면 국내자본의 이동에 따른 투자여력의 감소와 통화량의 감소로 인한 디플레이션의 위험 요인이 있게 된다.

이런 관점에서 볼 때 국제수지의 불균형은 자국뿐만 아니라 외국의 입장에서도 특정국의 불균형으로 인한 자국의 경제정책이나 대내·외적인 안정유지에 어려움을 겪게 되기에 국제수지의 안정유지에 노력하게 된다.

결국 각국은 자국의 대내·외적인 경제안정을 유지하기 위하여 여러 가지 국제수지의 조정노력을 실시하게 된다.

2. 국제수지의 결정 요인

일국의 국제수지는 외환의 수요와 공급에 영향을 미치는 여러 가지 변수에 의해 영향(적자나 흑자)을 받을 수 있다. 이하에서는 국제수지에 영향을 미칠 수 있는 제반 요소에 대해 간단히 살펴보기로 한다.

1) 교역재의 상대가격

일국의 수출경쟁력은 재화나 서비스 등 교역재의 상대가격에 의해 크게 영향을 받게 된다. 즉, 일국의 교역재의 상대가격이 변화하게 되면 수출경쟁력에 변화를 가져오게 되고, 따라서 수출의 증감에 영향을 미치게 된다는 것이다.

예를 들어, 자국 교역재의 상대가격이 교역국에 비해서 비싸게 되면(교역조건의 악화) 자국의 수출품의 가격경쟁력 약화와 더불어 자국의 수출감소(외국에서의 수입감소)와 국내에서의 수입증가(상대적으로 싸진 수입재의 수입증가와 동일한 효과)를 가져오게 된다.

이와 같이 교역재의 상대가격의 변화는 곧 자국 교역재의 수출입의 변화를 가져오게 되고 이는 다시 국제수지의 증감에 영향을 미치게 된다.

교역재의 상대가격의 인하 ➡ 국제수지의 흑자
교역재의 상대가격의 인상 ➡ 국제수지의 적자

2) 일국의 소득

특정 국가의 소득 변화는 자국의 수출입에 영향을 미침으로써 국제수지의 변화를 가져오게 된다. 일반적으로 일국의 소득증가는 자국 국민의 가처분소득이나 유효수요의 증가를 가져오며 이러한 수요나 소득의 변화는 곧 수출입에 영향을 끼치게 된다는 것이다.

예를 들어, 타국의 소득에 비해 자국의 소득이 증가하게 되었다 하자. 이 경우 자국 국민들의 소득수준향상은 곧 재화에 대한 수요증가로 나타나서 자국의 수입증가(수입의 증가 정도는 자국 국민의 수입수요탄력성에 의해서 달라지게 된다)와 더불어 자국수출품에 대한 수요까지 증가하게 된다. 이러한 결과는 수출여력의 감소와 수입의 증가로 인한 국제수지의 적자를 보이게 된다. 결국 일국의 소득증가는 일반적으로 수입의 증가로 나타나며, 수입의 증가는 곧 외환의 수요증가와 해외유출로 인해서 국제수지의 적자를 가져오게 된다.

국민소득의 증가 ➡ 수입의 증가 ➡ 국제수지의 적자
국민소득의 감소 ➡ 수입의 감소 ➡ 국제수지의 흑자

3) 이자율

각국 간의 자본이동에 관한 규제나 제한이 없다는 전제 하에 각국 간의 이자율 차이는 자본의 이동을 가져오게 됨으로써 국제수지에 영향을 미치게 된다. 즉, 일국의 국민소득이 일정하다고 할 때 국내이자율의 변동은 자금의 유출입을 가져오게 되고 이는 다시 자본수지의 변동을 가져와 국제수지에 영향을 끼치게 된다는 것이다.

예를 들어, 자국의 금리가 타국의 금리보다 낮은 경우를 살펴보면 다음과 같다. 국제간의 자금의 이동은 금리가 높은 국가에서 낮은 국가로 이동하게 된다. 따라서 자국의 낮은 금리는 곧 외국으로의 자금이동으로 나타나게 되며, 이는 곧 자본수지의 적자를 가져와 국제수지의 적자형태로 나타나게 된다. 또한 자국 금리가 타국보다 높은 경우는 외국자본의 국내유입증가에 따라서 자본수지의 흑자를 기록하게 되며, 국제수지의 흑자로 나타나게 된다.

자국 이자율의 상승 ➡ 국내로의 자금이동 ➡ 자본수지의 흑자
➡ 국제수지의 흑자
자국 이자율의 하락 ➡ 국외로의 자금이동 ➡ 자본수지의 적자
➡ 국제수지의 적자

4) 환율수준과 국내경기동향

먼저 환율수준의 변동을 살펴보면 다음과 같다. 환율이 변동하게 되면 대외적으로 자국교역재의 상대가격변화에 의하여 대외경쟁력에 변동을 가져오게 된다. 즉, 환율의 인상(방화표시법에 의하면 환율의 평가절하)은 곧 자국 교역재의 경쟁력 증가를 가져와 국제수지의 흑자로 나타나게 된다.

그리고 국내경기의 동향도 국제수지에 영향을 미치게 된다. 예를 들어, 어느 일국의 경기가 상승하게 되면 국내의 수요가 증가하게 되고, 따라서 수출품에 대한 수요의 증가(수출여력의 감소)와 수입품에 대한 국내수요의 증가로 인한 수입증가의 결과 국제수지의 적자가 증가하는 방향으로 나타나게 된다.

3. 국제수지의 자동적 조정 과정

국제수지의 자동적 조정 과정이란 일국의 국제수지가 불균형에 처한 경우 이러한 불균형이 자국 내의 여러 가지 경제변수에 영향을 미치게 됨으로써 자국의 국제수지가 균형을 회복하도록 작용하는 메커니즘을 말한다. 이러한 국제수지의 자동적 조정 과정은 환율제도에 따라 다른 조정 과정을 거치게 된다.

1) 변동환율제도의 경우

자유변동환율제도의 경우는 국제수지의 불균형이 발생하게 되면 우선적으로 환율이 먼저 자유로이 변동하게 되고 환율의 변동에 의해 국제수지가 자동적으로 균형을 회복하게 된다.

예를 들어, 일국이 국제수지가 적자인 상황이라고 하자. 이 경우 이 나라에서는 우선적으로 환율의 평가절하로 나타나게 된다. 환율의 평가절하 결과는 자국 수출품의 대외경쟁력의 상승을 가져오게 되고 수출의 증가와 수입의 감소를 가져와 국제수지의 적자에서 회복하게 된다.

국제수지의 적자 ➡ 환율의 평가절하 ➡ 수출증가 및 수입감소
➡ 균형회복
국제수지의 흑자 ➡ 환율의 평가절상 ➡ 수출감소 및 수입증가
➡ 균형회복

2) 고정환율제도

고정환율제도 하에서는 환율이 고정되어 있으므로 국제수지의 변동은 즉각적인 외환보유고의 변동으로 나타나게 된다. 그리고 외환보유고의 변동은 다시 상대가격 및 소득, 이자율 등의 변화를 가져오게 되고 이러한 변화가 국제수지의 균형을 회복하게 만든다.

예를 들어, 국제수지가 흑자인 상태라면 이는 곧 자국의 외환보유고의 증가를 가져오게 되고 국내통화량의 증가로 나타나게 된다. 국내통화량의 증가는 다시 국내의 물가, 소득, 이자율의 변동을 가져오게 되어 국제수지가 균형상태로 회복하게 된다.

국제수지 흑자 ➡ 통화공급의 증가 ➡ 물가의 상승 ➡ 대외경쟁력 약화
➡ 수출감소, 수입증가 ➡ 국제수지의 흑자감소 ➡ 균형회복
국제수지 흑자 ➡ 통화공급의 증가 ➡ 소득의 증가 ➡ 수입증가
➡ 국제수지 흑자감소 ➡ 균형회복
국제수지 흑자 ➡ 통화공급의 증가 ➡ 이자율의 하락 ➡ 자본유출
➡ 자본수지 적자 ➡ 국제수지 ➡ 흑자감소 ➡ 균형회복

위에서 살펴본 대로 국제수지의 흑자나 적자는 결국 자국의 경제변수에 영향을 미치게 되며, 이러한 변화가 국제수지의 균형을 회복하게 하는 힘으로 작용한다. 그리고 이들 조정 방법에 있어서 소득의 조정을 통한 방법을 소득조정이라고 하며, 물가의 조정에 의한 조정 방법을 가격조정이라고 한다.

4. 국제수지조정에 관한 새로운 접근 방법

일국의 국제수지에 불균형이 발생하게 되면 자국의 가격이나 소득, 이자율 등이 변동하게 되어 국제수지의 균형이 회복하게 된다. 이와 같은 국제수지 조정 과정 중 어느 것이 주된 조정대상이 되느냐에 따라 다음의 세 가지로 구분할 수 있다.

1) 탄력성 접근 방법(elasticity approach)

이 접근법에서는 국제수지의 불균형이나 각종 교역재의 가격수준이 국제수지의 균형을 이룩할 수 있는 정당한 수준에 있지 못하고 잘못된 수준에서 결정되어 있기 때문이라고 본다. 따라서 이 방법에서는 각종 교역재의 상대가격을 국제수지가 균형을 이룰 수 있도록 정당한 상대가격을 확립하는 데 중점을 두며, 잘못된 상대가격의 조정 요인으로서 환율변화를 통한 적정가격의 확립에 중점을 둔다.

결국 이 방법에서는 상대가격을 변화시키기 위한 환율변동을 중시하며, 환율변동을 통한 재화의 수출입의 조정을 통한 균형회복을 중시하는 방법으로서 국제수지 중 상품 · 서비스수지의 조정과 깊은 관계가 있다 하겠다.

2) 흡수 접근 방법(absorption approach)

이 방법에서는 국제수지 불균형의 원인을 경제 전체의 소득과 경제 전체의 지출(흡수)의 차이에서 찾고자 하는 방법이다. 즉, 소득보다도 지출이 크게 되면 수입의 증가로 인한 국제수지의 적자를 야기하게 된다는 것이며, 소득이 지출보다 많다면 국제수지의 흑자를 나타내게 된다는 것이다.

이 방법에서는 소득과 지출의 조정을 통해서 국제수지의 균형회복을 추구하게 되며, 단시일적으로는 일국의 소득을 증감시키는 것이 어려우므로 대부분의 정책이 일국의 지출규모를 줄이는 방향으로 진행되고 있다.

이 방법에서는 경제 전체의 흡수(지출)를 중시하기에 흡수 접근 방법이라 칭하게 되었으며, 일국의 지출은 자본이동과는 무관하며, 주로 수출 · 수입과 직접적인 연관을 갖고 있으므로 경상수지 · 상품 · 서비스수지와 관계가 깊다 하겠다.

3) 화폐론적 접근 방법(monetary approach)

국제수지의 불균형이 화폐시장에서의 수요와 공급의 불일치에서 발생되게 된다는 것이다. 즉, 민간 부문이(개인이나 기업) 요구하는 화폐수요와 화폐당국에 의해 결정되는 화폐공급 사이의 불일치가 국제수지의 불균형을 야기하게 된다.

예를 들어, 국제수지가 균형을 이루고 있는 상황에서 화폐가 추가로 공급되었다고 하자. 이 경우 국내에서의 화폐의 초과공급은 곧 민간 부문으로 하여금 초과공급된 화폐의 해외유출을 가져오게 된다. 즉, 해외로의 화폐유출(재화의 수입이나 외화표시채권 등의 구입)을 가져오게 됨으로써 국제수지의 적자를 초래하게 된다.

그리고 화폐의 수요가 공급을 초과하는 경우 민간 부문에서는 부족한 화폐를 보충하기 위해서 외국으로부터의 자금유입(외화표시채권의 판매)과 수출증가를 위해 노력함으로써 무역수지의 개선이나 자본수지의 개선을 통한 국제수지의 흑자를 기할수 있게 된다.

이와 같은 화폐론적 접근 방법은 국제수지 불균형의 원인이 화폐시장에서의 수요와 공급의 불일치에 있다는 전제 하에 국제수지의 균형회복을 위해 화폐시장에서의 수요와 공급을 조정하게 된다는 관점이다.

5. 국제수지 조정정책

국제수지의 불균형에 대하여 시장기구의 자유로운 조정에 맡기지 않고 정부의 직접적인 통제정책이나 재정 · 금융정책을 통하여 조정하려는 것이다.

1) 재정 · 금융정책

재정 · 금융정책이란 정부의 재정지출의 조정이나 통화정책의 조정을 통하여 국제수지의 불균형을 시정하려는 노력을 나타낸다.

재정정책이라는 것은 정부의 조세정책이나 정부지출규모의 조정을 통하여 국내의 총수요수준을 변화시킴으로써 국제수지의 균형을 유지하려는 정책을 의미한다.

예를 들어, 국제수지가 흑자인 경우를 살펴보자. 국제수지가 흑자인 경우 정부는 국내 총수요수준의 증가를 통한 수출의 감소나 수입의 증가를 꾀하게 된다. 이 경우 우선 정부는 국내 총수요의 증가를 위하여 정부지출의 증가나 조세의 감소를 시도하며 이를 통하여 국내지출규모의 증가를 통한 국제수지의 균형회복을 꾀하게 된다.

이러한 조정 과정을 정부지출의 증가를 예를 들어 살펴보면 다음과 같다. 정부지출의 증가는 곧 국민소득의 증가를 가져오게 된다. 소득의 증가는 다시 수입의 증가를 가져오게 되어 국제수지가 균형을 이루게 된다.

정부지출의 증가 ➡ 소득증가 ➡ 수입증가 ➡ 국제수지 흑자감소

금융정책의 경우는 통화당국이나 정부의 통화조정정책을 통하여 국제수지의 균형을 꾀하려는 정책을 말한다. 즉, 정부가 국내의 상황에 따라서 중앙은행의 화폐공급의 조정을 통하여 국제수지의 균형을 회복하려는 정책을 지칭한다.

일국이 국제수지의 흑자를 달성하였다 하자. 이 경우 정부는 국내의 총수요를 늘리기 위하여 화폐공급의 증가를 꾀하게 되며, 화폐공급의 증가는 곧 수입의 증가와 외화표시 채권의 구입 등으로 이어져 국제수지의 적자 요인으로 작용하게 된다.

이러한 조정 과정은 다음과 같이 간단히 나타낼 수 있다.

화폐공급증가 ➡ 소득증가 ➡ 수입증가 · 외화표시채권 구입 ➡ 국제수지의 적자

결국 정부의 재정 · 금융정책은 자국 내 총수요의 조정을 가져오기 위하여 정부가 직접 개입하게 되며, 이러한 직접적인 개입을 통하여 국제수지의 균형을 회복하기 위한 노력을 하게 된다.

2) 직접적인 조정정책

정부의 재정 · 금융정책 외에도 국가의 직접적인 외환통제나 소득정책 등의 직접적인 규제조치도 있다. 이러한 조치로는 외환통제제도와 소득정책 등을 들 수 있다.

외환통제제도란 정부의 입장에서 자국의 경제주체들에 대한 직접적인 외환통제를

통하여 정부가 모든 외환을 통제할 수 있는 제도로서 대표적인 것으로는 외국환관리제도를 들 수 있다. 외국환관리제도란 민간의 자유로운 환거래를 인정하지 않고 정부가 직 · 간접적으로 규제하거나 조정하는 거래를 말한다. 정부는 이러한 직 · 간접적인 규제를 통하여 재화의 수출입과 자금의 유출입에 필요한 외환을 직접 관리함으로써 환율의 안정과 국제수지의 균형을 유지하려는 정책을 보다 더 쉽게 활용할 수 있다.

이 밖에도 소득정책을 들 수 있다. 일반적으로 소득정책이란 정부가 국내물가의 안정을 위해 노동 · 자본 · 토지 등의 요소에 대한 가격과 기업이윤 등의 소득을 일정한 가이드 라인을 통해 직접 통제 내지는 조정하는 것을 말한다. 결국 이 정책은 국내경제의 안정을 정부가 직접 조정함으로써 대외적인 안정유지에도 도움이 되는 정책이라 할 수 있다.

예를 들어, 국제수지가 적자인 경우라면 정부는 국내의 임금통제를 통하여 실질소득을 감소시킬 수 있으며, 이러한 실질소득의 감소는 다시 수입의 감소를 가져와 국제수지의 적자 감소에 일조할 수 있다는 것이다.

주요용어

국제수지의 개념, 국제수지표, 상품수지, 서비스수지, 소득수지, 자본수지, 투자수지, 준비자산증감, 경상수지, 기초수지, 이전거래, 국제수지의 결정 요인, 국제수지의 조정 과정, 탄력성 접근 방법, 흡수 접근 방법, 화폐론적 접근 방법, 재정 · 금융정책, 직접적인 조정정책

연습문제

1. 국제수지의 개념에 대하여 논하시오.
2. 경상수지의 구성에 관하여 설명하시오.
3. 자본수지의 구성에 관하여 설명하시오.
4. 국제수지의 결정 요인에 대하여 논하시오.
5. 국제수지표의 실제 작성을 예를 들어 설명하시오.
6. 변동환율제도와 고정환율제도의 차이에 따른 국제수지의 조정 과정을 비교 · 설명하시오.
7. 국제수지의 조정 과정에서 탄력성 접근법과 화폐론적 접근법의 조정 과정을 비교 · 설명하시오.
8. 국제수지를 조정하기 위한 정부의 재정 · 금융정책의 메커니즘을 설명하시오.
9. 최근 한국의 국제수지동향을 알아보시오.

6장

국제경제환경

학습목표

최근 기업의 무역거래에 영향을 미치는 세계경제환경의 변화를 살펴본다. 먼저 WTO의 성립 과정과 WTO의 출범이 한국기업에 미치는 영향을 생각해 본다. 다음으로 WTO 체제 하의 첫 번째 다자간무역협상인 도하개발 어젠다(DDA)의 주요 의제와 우리나라의 입장에 대해 살펴본다. 끝으로 경제통합과 지역주의 추세가 어떻게 진행되고 있는가를 이해한다.

1절 GATT와 WTO

2절 WTO와 DDA

3절 경제통합과 세계경제의 블록화

세계경제이야기

한국무역협회 2021년 상반기 수출입 평가 및 하반기 전망

2021년 수출은 작년보다 17.4% 증가한 6,017억 달러, 수입은 26% 늘어난 5,912억 달러, 무역수지는 106억 달러의 흑자를 달성할 전망이다. 수출과 수입을 합한 전체 무역규모는 2020년 9,801억 달러로 1조 달러를 밑돌았으나 2021년에는 1조 1,929억 달러로 1조 달러를 크게 상회할 것으로 예상된다.

각국의 백신 보급과 경제활동 정상화 움직임이 가속화 되면서 올해 하반기 전체 수출 및 주력 품목 수출도 호조세가 이어질 전망이다. 특히 반도체 수출은 스마트폰, 서버용 메모리 등 전방산업의 수요 확대와 수출단가 상승 등에 힘입어 올해 수출액이 1천억 달러를 넘어설 것으로 보인다. SSD(Solid State Drive)도 올 하반기 중 글로벌 정보통신(IT)기업들의 데이터센터 서버 수요를 중심으로 수출이 10% 이상 증가할 것으로 예상된다. 국제유가 상승세에 힘입어 석유제품, 석유화학 등 지난해 부진했던 유가 민감품목 수출도 빠르게 정상 궤도에 오를 전망이다. 석유제품은 항공유, 중유 등 수송용 연료를 중심으로 하반기 수출이 전년동기대비 67% 이상 증가할 것으로 예상되며, 석유화학제품도 코로나19 장기화로 일회용품 등 합성수지 소재류 소비가 확대되면서 하반기에는 수출이 47% 증가할 것으로 예상된다. 자동차와 자동차 부품의 수출은 전년 동기대비 각각 6%, 11% 증가할 전망이다.

다만, 향후 미 · 중 관계가 급속히 냉각되거나 유럽연합(EU)의 디지털세 도입 관련 분쟁 등이 격화될 경우 수출에 불안요인이 될 수 있다. 또한 최근 가파르게 상승하고 있는 해상운임의 경우 제한적인 선복량과 중국 신규 컨테이너 제조사들의 가격 담합 등 여러 요인이 복합적으로 작용하고 있어 하반기에도 불확실성이 지속될 전망이다.

〈한국무역협회, 트레이드포커스, 2021/6/28〉

1절 GATT와 WTO

국제무역에 관한 일반적인 국제기구로써 WTO(World Trade Organization; 세계무역기구)는 1948년 발효된 GATT(General Agreement on Tariffs and Trade)를 모체로 하여 우루과이 라운드(Uruguay Round) 타결과 동시에 1995년 1월 1일 81개국의 창설회원국으로 시작되었다.

WTO는 GATT가 발효된 이후 40여년 동안 발전되어 온 상품무역에 관한 국제규범과 UR 협상에서 채택된 새로운 국제무역규범을 관장하는 세계적인 무역기구로 탄생한 것이다. 이하에서는 WTO를 이해하기 위하여 먼저 그 근간이 되는 GATT의 기본원칙과 UR 협상에 관하여 살펴보기로 한다.

1. GATT의 기본원칙

GATT는 국제무역에 있어서 관세를 비롯한 제반 무역장벽의 완화 내지 철폐를 통하여 무차별적인 국제무역체제를 확립함으로써 국제경제의 안정적 성장과 발전을 추구하는 데 그 목적을 두고 있다. 결국 GATT의 기본원칙은 국제거래에 있어서 무역자유화의 실시와 각 가맹국 간의 최혜국대우의 실시를 통한 전세계의 균형적인 성장과 발전을 도모하기 위한 것이라 할 수 있다. 이와 같은 목적을 실현하기 위한 구체적인 원칙은 크게 무역자유화의 원칙, 최혜국대우의 원칙 및 다자주의를 들 수 있다. 이를 구체적으로 살펴보면 다음과 같다.

1) 무역자유화

무역자유화란 각국 간의 대외거래에 있어서 모든 제한규정이나 장벽을 제거하고 일국 내에서의 거래와 동등한 거래를 실시하는 것이라 할 수 있다. 무역자유화를 위한 구체적인 조항으로는 관세인하와 무역제한의 철폐를 들 수 있다.

(1) 관세인하

각국 간의 관세인하의 교섭은 전 가맹국이 동시에 모여 다각적인 교섭절차를 통해 진행하는 것이 원칙이지만, 실제로는 2개국 간의 주요 대상품목에 대한 쌍무적인 협상을 통해 결정하게 된다. 이와 같이 2개국 간에 결정된 새로운 관세율은 모든 가맹국에 대하여 무차별적으로 적용되어야만 한다. GATT 내의 관세인하 교섭 과정에 따르는 3가지 사항을 살펴보면 다음과 같다. 첫째, 2국 간 또는 가맹국 상호 간에 결정된 관세율은 GATT에 통보되며, 전 가맹국에 무차별적으로 적용되어야만 한다. 둘째, 관세 및 기타 무역장벽을 실질적으로 경감시킨다. 셋째, 이러한 원칙이 실현될 수 있도록 각 가맹국은 호혜주의에 입각하여 행동한다.

관세교섭은 각국 간의 관세인하에만 목적이 있는 것이 아니고 현재 적용되고 있는 관세율을 유지하는 데에도 목적이 있다.

(2) 무역제한의 철폐

무역제한조치란 국제무역에서 수량제한이나 수출금지조치 등 국가에 의한 직접적인 무역규제를 말한다. 이러한 제한조치는 관세가 가격기구를 통한 간접적인 규제수단인데 비하여 수출입 규모나 금액을 직접적으로 규제하는 강력한 효과를 발휘한다고 할 수 있다.

GATT는 무역자유화의 실현과 무역제한의 철폐를 기본으로 운영되고 있지만, 특별한 경우에 한하여 수입제한이나 무역제한에 대한 예외조치를 인정하고 있는 실정이다.

예를 들어, 제19조에 의하면 "어느 상품의 수입이 예상외로 증가되어 국내산업이 상당한 피해를 받거나 또는 받을 위험이 있는 경우에는 일시적으로 수입을 제한하거나 관세율을 인상시킬수 있다"하였다. 이 조항은 면책조항(escape clause) 또는 safeguard조치라고도 한다.

2) 최혜국대우의 원칙

최혜국대우(most-favoured-nation treatment)의 원칙이란 GATT 가맹국의 어느 일국이 제3국에 대해 양허한 관세상의 특혜를 나머지 GATT 가맹국에 대해서도 무차별적으로 동일하게 양허하는 대우를 의미한다.

따라서 GATT는 어느 가맹국이 다른 어느 가맹국의 상품에 대해 부여하고 있는 관세상의 모든 대우를 나머지 모든 가맹국의 동일 상품에 대해서도 무차별적으로 적용하도록 요구하고 있다.

3) 다자주의(multilateralism)

무역문제에 있어서 국제간 분쟁이나 마찰이 발생할 경우 분쟁당사국 사이의 해결이 아닌 다자 간의 협상과 합의를 통해서 해결하여야 한다는 것이다.

GATT의 기본원칙은 자유무역의 실시와 무역제한의 철폐에 따른 무역의 확대와 국제경제의 발전을 도모하는 데 있다. 이러한 목적을 달성하기 위해 GATT에서는 다자간무역협상(multilateral trade negotiation: MTN)을 실시해 왔다.

이러한 협상은 국제무역을 저해하고 있는 관세장벽과 비관세장벽을 제거하거나 완화하여 무역확대를 도모하고, 이를 통하여 각국의 국민경제의 지속적 성장과 국제경제의 균형적 성장을 도모하기 위함이었다.

지금까지 8차에 걸친 관세교섭 결과는 [표 6-1]과 같다.

[표 6-1] 관세교섭 일관표

횟수	명 칭	기 간	개최장소	참가국	양허품목수	평균인하율
1	일반적 관세교섭	47. 7~47. 10	제 네 바	23	총 45,000	불 명
2	일반적 관세교섭	49. 8~49. 10	아느시(프)	32	5,000	불 명
3	일반적 관세교섭	50. 9~51. 4	토퀘이(영)	34	8,000	불 명
4	일반적 관세교섭	56. 1~56. 5	제 네 바	22	3,000	불 명
5	Dillion Round	61. 5~62. 7	제 네 바	23	4,400	7%
6	Kennedy Round	64. 5~67. 6	제 네 바	56	30,000	35%
7	Tokyo Round	73. 9~79. 7	동 경	99	27,000	33%
8	Uruguay Round	86. 9~93.12	푼타델에스테 (우루과이)	119	서비스, 농산물 포함	단계적 조정

자료: UR총점검, 대외정책연구원, 1994.

2. 우루과이 라운드

우루과이 라운드(Uruguay Round: UR)는 WTO 체제의 출범을 가져온 역사적인 다자간무역협상으로 1994년 4월 모로코의 마라케쉬 각료회담을 끝으로 최종 타결되었다.

1) UR추진의 배경

우루과이 라운드가 추진되게 된 배경을 살펴보면 다음과 같다.

첫째, 1980년 중반 이후부터 만연된 신보호무역주의를 완화하기 위해 실시되었다.

둘째, 이 무렵에는 국제경제제도의 급변에 따른 보호무역주의의 강화와 최혜국대우의 원칙준수가 어려워지는 등 GATT의 기능이 약화되고 GATT에 대한 가맹국의 신뢰도가 저하됨에 따라 GATT 기능의 약화를 시정하기 위해 개최되었다.

셋째, 과학기술의 발달과 고도첨단기술기법의 개발 등에 따른 새로운 무역 부분이 증가하게 되었다. 즉, 서비스무역, 지적소유권 보호, 무역 관련 투자 분야 등이 새롭게 중요하게 대두됨으로써 이 분야에 대한 다자간무역협상이 필요하게 되었다.

마지막으로, 개도국의 수출확대를 통한 경제성장의 욕구를 해결하기 위한 구체적인 조치가 필요하게 되었다.

2) UR의 특징

우루과이 라운드의 특징을 살펴보면 다음과 같다.

첫째, 협상 분야의 다양화를 들 수 있다. 즉, 기존의 분야 외에도 서비스무역, 지적소유권 보호, 무역 관련 투자 등의 현재 국제무역이 직면하고 있는 모든 경제현안이 협상대상으로 채택되고 있다.

둘째, 신보호무역주의에 대한 도전을 들 수 있다. 지금까지의 일곱 차례에 걸친 관세인하로 인해서 관세의 무역장벽 역할은 약화된 반면에 비관세장벽의 강화에 따른 보호무역주의의 강화라는 새로운 장벽에 직면하게 된 것이다. 단지 관세 부분은 개도국의 관세장벽만이 문제시되고 있다.

셋째, 국제경제질서의 변화가 이루어지는 과정에서 전개되는 협상이다. 전통적인 미국의 지배에서 미 · 일 등의 다극화체제에서 진행되는 협상이며, 개발도상국의 부상에 따른 강력한 지도체제가 부족한 상황에 전개된 협상이라 할 수 있다.

마지막으로, 세계의 교역량이 빠르고 안정적으로 확대되는 과정에서 개최되었던 과거의 다자간 무역협상과는 달리 세계경제가 저성장기로 접어들면서 각국의 보호주의의 만연으로 인한 세계경제환경이 어려운 시기에 개최되는 특징을 띠고 있다 할 수 있다.

3) UR 타결의 효과

UR 협정의 타결은 다음과 같은 효과를 가져올 것으로 기대되었다.

첫째로, UR 협정의 타결은 WTO의 출범을 가져 왔다. 국제무역에 관한 국제무역기구(International Trade Organization)가 창설되지 못한 채로 다소 불완전하게 유지되어 왔던 브레튼우즈체제(Bretton Woods System)가 마침내 그 출범 후 50년 만에 세계적인 공식기구를 갖추게 된 것이다. WTO는 GATT가 지난 40여년간 발전시켜 온 무역에 관한 국제규범들을 관할하지만, GATT와는 달리 국제적인 강제력을 지닐 수 있는 분쟁해결제도를 근간으로 활동할 수 있게 됨으로써 안정된 국제무역질서를 확립하는 데 크게 기여할 것으로 기대된다.

둘째로, 소득 및 무역창출효과를 기대할 수 있다. UR 협상은 무역상품의 무세화 및 관세화조치를 추진하였다. 예를 들어, 섬유와 농수산물에서도 모든 수입제한조치가 폐지되고 관세만이 유일한 장벽수단으로 남게 되었다. 또한 수출자율규제와 같은 비관세장벽도 4년 이내에 폐지하기로 하였다. 이와 같은 무역자유화조치는 무역참여국의 소득을 증대시키고 많은 무역기회를 창출할 것이다. OECD는 전세계적으로 UR 협정 발효 후 10년간 약 2,000억 달러의 추가적 소득증대효과가 있을 것으로 전망한 바 있으며, GATT에서는 연 7,500억 달러의 무역창출효과가 있을 것으로 예상하였다.

이러한 기대나 예상에는 미치지 못하였으나 UR 타결이 세계무역 확대에 긍정적인 영향을 미친 것은 부인할 수 없는 사실이다.

3. WTO의 출범

1) WTO의 창설배경

GATT를 대신하여 새로운 국제무역기구로써 역할을 수행할 WTO의 창설배경은 다음과 같다.

첫째, 1970년대 2차에 걸친 석유파동과 세계불경기의 지속은 달러를 기축통화로 하는 고정환율제도의 붕괴를 시작으로 선진국의 고실업, 고인플레, 저성장 등의 불경기를 지속하게 하였다. 이러한 세계무역질서의 불안은 신보호주의의 만연과 비관세장벽의 역할을 증대하는 계기를 가져오게 함으로써 자유무역의 흐름을 저해하는 요인을 과감하게 억제할 수 있는 강력한 제재력을 지닌 국제기구를 필요로 하게 되었다.

둘째, 선진국과 개도국 간의 무역확대의 필요성이 증가하였다. 선진국은 그들이 비교우위를 지니는 서비스와 지적재산권 분야에서의 시장확대를 기대하고 있으며, 후진국들은 수출자율규제나 반덤핑의 남용 등 비관세장벽의 부과 근거를 명확히 함으로써 수출확대를 필요로 하였다.

이러한 국제무역기구의 새로운 역할 기대는 우루과이 라운드의 타결과 동시에 1995년 1월 1일 81개국의 창설회원국으로 WTO가 시작되는 결과를 가져오게 하였다.

2) WTO의 특징

본 국제무역기구의 특징은 크게 세 가지로 요약할 수 있다.

첫째, 기구의 성격상 과거의 GATT의 기능을 크게 강화, 국제법인으로서의 국제기구의 역할을 수행하는 데 주안점을 두고 있다.

둘째, 무역대상상품은 지금까지는 주로 공산품과 일부 농산물에 한정된 반면, WTO에서는 서비스와 지적재산권, 농산물과 섬유류 등의 국제간에 거래되는 모든 상품을 포함하고 있다.

셋째, 강력한 분쟁해결노력을 하고 있다. 과거에는 권고안의 제시에 불과하였으나 이제는 분쟁해결기구를 통한 강력한 해결을 시도하고 있으며, WTO의 분쟁권고를 받아들이지 않을 경우 다른 부문에 대한 교차보복도 가능하게 하였다는 것이 특징이다.

강력한 분쟁해결노력의 일환으로 WTO에서는 분쟁해결기구(DSB: Dispute Settlement Body)를 조직 내에 보유하고 있다. 이 조직기구는 신속한 분쟁해결을 위하여 분쟁해결 시한을 규정하고 있으며, 사법적인 분쟁해결절차를 채택하고 있으며, 결정사항에 대해서는 DSB가 만장일치로 반대하여야 결정사항이 번복될 수 있다는 규정(negative consensus)을 포함함으로써 결정사항의 자동승인조항을 포함하는 강력한 기구이다. 그리고 교차보복이란 상품교역에 관한 분쟁해결기구의 결정을 받아들이지 않을 경우 지적재산권 및 서비스 부문에 대한 무역보복을 할 수 있도록 제도화하고 있는 것으로서 이는 무역분쟁을 해결할 수 있는 국제법적인 권한을 WTO에 부여한 것이라 할 수 있다.

[표 6-2]는 기구의 성격, 교역대상상품, 분쟁해결절차 등에 있어서 GATT와 WTO의 차이점을 비교한 것이다.

[표 6-2] GATT와 WTO의 비교

	GATT	WTO
기구의 성격	국제협정일 뿐 엄밀한 의미의 국제기구는 아님	국제법인으로써 국제기구의 역할을 수행
국제교역 상품	• 일부 농산물 • 농산물과 서비스교역 제한 허용	농산물, 공산품, 서비스 등 국제적으로 교역되는 모든 상품
무역규범의 제정	• 포괄적인 무역규범의 제정에는 실패 • 보조금협정과 반덤핑협정의 제정	• 17개 다자간협정과 4개의 복수간협정 타결 • 서비스협정(GATS) 제정 • 지적재산권 협정(TRIPs)제정
무역규범의 강화	비관세장벽에 대한 규범 제정을 시도했으나 실패	• 반덤핑 관세부과기준 강화 • 보조금의 운용기준을 강화 • 세이프가드 협정을 통한 회색조치 철폐 의무화
분쟁해결 절차	• 상설 분쟁해결기구가 없으며, 무역분쟁에 대한 권고안만 제시 • 교차보복(cross-sector retaliation)이 없음	• 상설분쟁해결기구인 DSB의 신설과 상소기구의 신설 • 분쟁해결의 단계적 절차의 이행기간 명료화 • DSB결정사항의 집행이 용이 • 교차보복이 가능

자료: KIET, 실물경제, 1995.1.4. p.31.

3) WTO의 영향

WTO 체제의 출범은 세계경제가 하나의 무역규범과 단일의 국제무역기구에 의해서 전세계가 하나의 경제권, 즉 무국경의 무한경쟁시대로 접어들면서 전방위경쟁체제로 이행해 나간다는 것을 의미한다.

이와 같은 WTO의 체제가 국제경제에 미치는 영향을 간단히 살펴보면 다음과 같다.

첫째, WTO 체제는 공정하고 자유로운 무역질서의 확립을 기본 바탕으로 하고 있다. 이와 같은 자유무역질서체제는 과거 여러 나라들이 경쟁적으로 자국의 이익과 기업의 보호를 위하여 취해 왔던 모든 조치의 철폐나 대폭적인 완화를 가져오게 된다. 결국 WTO의 출범은 전세계적으로 경제적 의미의 국경이 사라지고 자국의 이익이 있는 곳이라면, 어떤 국가와도 무역이 발생하는 경제제일주의의 무한경쟁시대에 접어들었다는 것을 의미한다. 그리고 자본, 노동, 기술 등 생산 요소의 국가 간 이동이 전보다 더 활발해지고, 생산과 판매시장의 급속한 확대를 가져오게 될 것이다. 또한 관세인하와 비관세장벽의 완화로 인한 세계무역량의 급속한 증가를 기대할 수 있다.

둘째, WTO의 타결은 시장접근 분야, 무역 관련 투자조치, 다자간 규범 분야, 지적재산권과 서비스 부문 등의 다양한 산업 분야를 그 협상대상으로 하고 있다. 이들 분야는 주로 경쟁력이 있는 선진국 기업들에게는 혜택이 있을지 모르나 한국이나 개발도상국 기업들은 국내의 보호수단들이 없어지게 됨으로써 타격이 클 것으로 예상된다.

예를 들어, 시장접근 분야에 있어서는 관세인하를 통한 자유무역이 더욱 증가할 것으로 기대된다. 반면에 그동안 고율의 관세부과로 인해 많은 혜택을 받은 산업(예를 들어, 자동차 및 가전제품 등)은 국내시장의 개방으로 상당한 타격을 받을 것이라 예상된다. 그리고 무역 관련 투자조치에 관한 협상은 현지부품사용의무, 특정 제품의 제조나 특정 기술의 사용제한, 내국인지분 보유의무 등 외국인투자와 관련된 일련의 조치 완화를 규정하고 있으므로 앞으로 해외직접투자가 활성화될 것으로 보인다.

셋째, 금융 부문의 자유화이다. 특히 금융시장은 경상 · 자본거래 및 정부의 외환시장 개입 등을 통하여 외환시장과 밀접한 관련성을 지니게 되기에 외환시장이 미발달된 국가나 자본이 부족한 국가는 외국자본에 의하여 국내경제가 커다란 타격을 받을 수도 있다. 한편, 이와 같은 자본자유화의 시작은 상대적으로 저렴한 자본유입을 통한 자금조달비용의 절감과 선진금융기법의 도입을 통한 금융 부문의 국제화 진전에 도움이 된다는 긍정적인 측면도 있다.

2절 WTO와 DDA

1. DDA의 출범

도하개발어젠다(Doha Development Agenda: DDA)는 WTO 체제 하의 첫 번째 다자간무역협상으로 UR 이후 남아 있는 관세 등 각종 무역장벽의 감축과 환경 및 지적재산권 등 세계무역환경의 변화에 따라 새로이 등장한 무역 이슈들을 논의하기 위하여 2001년 1월 카타르의 도하에서 열린 제4차 WTO 각료회의에서 각료선언문이 채택에 따라 출범하게 되었다.

과거에는 다자간무역협상에 대해 라운드라는 이름을 붙였으나, 도하 각료회의에서는 저개발국이나 개도국의 입장을 중시하여 개도국의 경제발전을 중심으로 무역자유화를 추구한다는 취지에서 개발어젠다(의제)라는 이름을 붙이게 되었다. 본 협상을 위해서는 당초 3년간의 협상기간이 설정되었으며, 2004년 말까지 협상을 끝내고 2005년부터는 새로운 자유무역체제가 출범하게 되었다.

DDA는 9번째의 다자간무역협상으로서 UR 협상에 필적하는 대규모 협상이며, WTO 내 개도국의 영향력 증대에 따라 개발문제를 본격적으로 검토하게 되었다는 점과 중국이 협상의 주요한 주역의 하나로서 등장했다는 데서 의의를 찾을 수 있다.

DDA의 협상의 성공적 타결로 전세계 무역장벽이 1/3 정도 감축될 경우 세계경제는 6,100억 달러 추가 성장이 가능할 것으로 예상되며, 우리나라도 GDP 1~2% 추가 성장할 수 있을 것으로 기대되고 있다.

2. DDA 협상의제와 협상 방식

1) 협상의제

DDA의 협상의제는 크게 ① 시장개방 관련 의제: 농업, 서비스, 비농산물(공산품,임수산물), ② 규범 관련 의제: 반덤핑, 보조금/수산보조금, 지역협정, 분쟁해결 등의 기존협정 개정과 투자, 경쟁정책, 무역원활화, 정부조달 투명성 등 신규범 제정(싱가포르 이슈), ③ 기타: 환경, 지적재산권 등이며, 이와 함께 협상과 병행하여 개도국 개발문제를 별도로 검토하도록 되어 있다.

2) 협상 방식

DDA의 협상 방식(modality)은 모든 의제에 대한 협의를 동시에 진행, 동시에 종결하고 모든 참가국이 협상결과를 수용하는 일괄타결 방식(single undertaking)이 적용된다. 즉, 전체협상을 하나의 패키지로 다루어(package deal) 모든 사항이 합의되기까지는 아무런 합의에 도달하지 못한 것으로 간주한다(nothing is agreed until everything is agreed). 이는 일부 분야만의 협상결과만을 선별적으로 수용한다면 협상 자체가 아무런 의미가 없기 때문이며, 분야 간 상호교환(trade-off)을 가능하게함으로써 협상의 타결을 촉진하기 위한 것이다.

3. DDA 주요 협상경과

DDA의 주요 협상경과를 살펴보면 다음과 같다. 우선 2001년 11월 UR 협상결과의 토대 위에서 시장개방 가속화 목표 하에 도하개발아젠다(DDA) 협상이 출범되면서, 협상종료 방식으로 일괄타결(최종적으로 모든 분야에서 동시합의) 방식을 채택하였다. 2002년부터 본격적 협상이 진행되어, 농산물 · 비농산물(NAMA) · 서비스 · 규범 · 환경 · 지재권 · 분쟁 · 무역원활화 · 개발 분야 등의 협상그룹이 설치되었다.

농산물과 비농산물 분야는 관세 및 보조금감축의 자유화 세부원칙(modalities)에 합의하고, 각국이 이행계획서(C/S)를 제출하여 최종합의를 도출하는 방식으로 협상 진행되었다. 그러나 당초 협상시한인 2005년 1월을 훨씬 넘긴 시점인 2009년 12월 제네바 WTO 각료회의에서 2010년 DDA 협상타결을 목표로 협상 추진현황 점검에 대해 겨우 합의한 이후 타결을 위한 노력을 계속해 왔으나, 주요 국간 입장차이로 합의도출에는 결국 실패하였다. 2011년 5월부터는 합의가 가능한 의제를 중심으로 소규모 패키지(small package), 즉 최빈개도국(LDC)의제 + 수출경쟁, 수산보조금 등의 구성 방안이 논의되었으나, 이마저도 합의에 이르지 못하였다.

2011년 12월 WTO 각료회의에서는 WTO 및 다자통상체제에 대한 신뢰를 재확인하고, DDA 협상진전을 위한 새로운 접근법의 필요성을 제기하여 무역원활화 등 합의 가능한 이슈를 중심으로 조기수확, 분야별 · 국가별 합의 등 다양한 협상 진전 방안을 모색해 왔다. 그러던 중 2013년 12월 인도네시아 발리에서 개최된 제9차 WTO 각료회의에서는 ① 무역원활화, ② 농업, ③ 개발 · 최빈개도국 등 DDA 협상의제 중 "조기수확(early harvest)" 대상 3개 부문에 걸쳐 소위 '발리 패키지' 협상이 최종 타결되었다. 조기수확이란 DDA 협상 전반을 일괄 타결하기는 어렵다는 인식에 따라, 합의 가능한 분야에서 우선협상을 진전시키는 새로운 접근 방식을 말한다. 주요 합의 내용은 다음과 같다.

① 무역원활화

통관절차 간소화, 무역규정 공표, 세관 협력 등을 내용으로 하는 새로운 WTO 무역원활화 협정 작성, 우리나라는 싱글윈도우(단일서류접수창구), 위험관리, 평균 반출시간 측정 및 공표 등 핵심적인 무역원활화 조항을 제안하여 협정문에 반영

② 농업

DDA 농업협상 의제 중 TRQ 관리 개선, 개도국 식량안보 목적의 공공비축 운영과 관련한 보조 한도 초과 시 일시적 분쟁 자제, 단, 관세 및 보조금 추가감축 등 핵심 이슈는 금번 조기수확 대상에서 제외

③ 개발/최빈개도국: 개도국 우대/특혜 강화 방안 논의

금번 협상 타결은 2001년 DDA 출범 이후 뚜렷한 성과를 내지 못하던 WTO가 12년 만에 거둔 수확이자 1995년 WTO 출범 이후 최초로 도출된 다자간무역협상 타결성과라는

데서 의의를 찾을 수 있다. 특히 조기수확 대상으로 논의되어 온 DDA 일부 이슈 타결에 성공함으로써 WTO의 무역협상 기능에 대한 신뢰를 회복하는 데 기여하게 될 것으로 평가되고 있다.

우리나라는 특히 무역원활화 협정에 기대를 걸고 있다. 즉, 무역원활화 협정이 발효할 경우 비관세장벽의 일종인 통관절차 개선을 통해 상품의 보다 자유로운 이동과 교역 확대에 기여하고, 통관 관련 애로 해소로 우리 기업의 수출입 여건도 개선될 것으로 기대되고 있다.

4. 우리나라의 DDA 대응 방안

1) 범정부적 협상체제 운영

우리나라는 DDA협상을 위해 대외경제장관회의를 정점으로 모든 관계부처가 참여하는 범정부적 협상체제를 수립, 원활하게 운영 중이다. 각 부처가 소관 분야에 대한 대책안을 마련하고, 대외교섭은 산업통상자원부와 외교부 등의 관계부처가 협조하여 수행하는 방식으로 대처하고 있다. 이와 관련하여 DDA 협상을 우리 경제의 고도화를 위한 기회로 활용할 수 있도록 국내산업 경쟁력 제고 방안과 연계하여 협상대책을 수립하고 있으며, 서비스산업 경쟁력 강화 방안도 수립 중이다. DDA 협상으로 가장 타격이 예상되는 농업 분야의 경우에는 농어촌 농어업특별대책위를 중심으로 소득보전 직불제 등 농어민 소득지원 및 경쟁력 제고 방안을 검토 중이다.

2) 범국민적 협상대응

국민적 공감대와 지지에 입각한 협상 추진을 위해 협상진행 과정을 최대한 투명하게 전달하고, 대책수립 과정에서 이해단체와 긴밀히 협의하기 위하여 민관 합동포럼(분야별 포럼 포함) 및 각 부처별 간담회 등을 활용하고 있다. 또한 산업통상자원부(www.motie.go.kr)의 보도자료 등을 통해 협상진전상황을 수시로 홍보하고 있다.

3) 능동적인 협상참여

우리나라는 DDA 협상이 유리한 방향으로 타결되도록 유도하기 위해 농업, 서비스, 반덤핑, 투자 등 주요 분야에서 우리와 이해를 같이하는 국가들과 친구(friends)그룹을 형성하여, 공조체제를 유지하는 가운데 능동적으로 협상에 참여하고 있다. 또한 농업, 반덤핑 등 분야별로 우리의 입장을 적극적으로 반영한 제안서를 그때그때 수시로 제출하고 있다.

3절 경제통합과 세계경제의 블록화

1. 경제통합의 정의 및 형태

1) 정 의

경제통합(economic integration)이란 "경제통합을 이룩한 역내국에 대해서는 무역, 산업, 금융 등의 제분야에서 상호 간의 무역장벽조치를 완화하거나 제거함으로써, 일국 내의 거래와 동일한 상황을 추구하려는 형태"를 의미한다. 결국 경제통합이란 경제통합을 체결한 역내국에 대해서는 하나의 국가 내 거래와 동일하게 무역제한을 철폐하면서, 역외국가에 대해서는 차별적인 무역제한조치를 부과하는 제도이다.

이와 같은 경제적 통합체의 목적을 달성하기 위해서는 일반적으로 다음과 같은 조건을 갖춘 국가들끼리 경제통합을 이룩하는 것이 바람직하다 할 수 있다.

첫째, 경제통합에 참석하려는 개별국가들의 경제정책이 공동체 단위의 정책으로 조정 · 통합될 수 있어야 한다. 이는 다수국가들의 경제적 효율성을 제고시키는 데 기본적인 조건이 된다.

둘째, 경제통합국가들의 경우 경제발전단계가 서로 비슷한 국가일수록 통합의 효과가 크게 나타난다. 경제발전단계가 비슷할수록 가맹국 간의 경쟁촉진에 따른 효율성 증가를 기대할 수 있으며, 상호 보완관계가 존재하면 할수록 그 효과가 커지기 때문이다.

셋째, 경제통합을 높이기 위해서는 재화와 서비스, 생산 요소 및 정보가 용이하게 교류될 수 있는 지리적 근접성, 문화적 동질성 등의 요인들이 필요하다.

2) 경제통합의 형태

발라사(Balassa)에 의하면 경제통합은 아래와 같은 형태들이 있으며, 대체로 다음과 같은 순서대로 통합의 정도가 진전된다.[1)]

(1) 자유무역지대(free trade area)

가맹국 간의 교역에 부과되는 모든 장벽(관세 및 모든 비관세조치)은 철폐하되 비가맹국 간에 대해서 각국 간의 독자적인 무역정책의 실시가 가능한 경제통합의 형태이다. 다음의 관세동맹과는 달리 역외국에 대해서는 상이한 관세율을 적용하므로 저관세국으로 수입된 제3국 상품이 고관세부과국으로 간접수입될 수 있는 단점이 있다. 대표적인 예로는 1960년에 창설된 EFTA(European Free Trade Area)와 호주 및 뉴질랜드 자유무역협정 등을 들 수 있다.

(2) 관세동맹(customs union)

가맹국 사이의 무역에 대해서는 자유무역지역과 마찬가지로 관세 및 기타 무역장벽을 제거 · 철폐하여 자유무역을 실시하면서 비가맹국 간에 대해서도 공동의 무역정책들(예를 들어, 공동관세율 부과)을 실시하는 형태를 말한다. 관세동맹의 예로는 베네룩스 관세동맹(벨기에, 네덜란드 및 룩셈부르크의 3국으로 구성)과 적도 아프리카 관세동맹 등이 해당된다.

(3) 공동시장(common market)

관세동맹에서 더 발전된 형태로서 각 가맹국 사이에 노동과 자본 등의 자유로운 이동을 허용하는 경제통합 형태를 나타낸다. 공동시장의 궁극적 목표는 각 가맹국의 상품 및 생산 요소의 자유로운 이동을 통하여 국내시장과 동일한 거래 형태를 보장하는 것이라 할 수 있다. 유럽공동체가 여기에 해당된다 하겠다.

---

1) B. Balassa, *The Theory of Economic Integration* (Homewood Ill.: Richard D. Irwin Inc.), 1961.

(4) 경제동맹(economic union)

공동시장 형태에서 더욱 발전시킨 단계로서 각 가맹국 간의 금융 및 재정정책을 조화시키거나 단일화시키는 형태를 말한다. 각 가맹국 간의 상호협조와 유대관계를 통해서 재정, 금융, 통상, 노동 등의 정책에 있어서 조정을 함으로써 공동보조를 취하는 경우라 할 수 있다. EU가 이 단계까지 도달하려 노력하고 있으나 개별국가의 경제주권의 포기를 통한 정치 및 경제통합을 실시하고 있지 않기에 아직까지는 공동시장의 형태에 불과하다고 할 수 있다.

(5) 완전경제통합(complete economic integration)

경제통합 형태 중 최후의 단계로서 전세계를 동일 시장으로 간주하는 형태이다. 제반 경제정책에서 공동보조를 취하는 데 그치지 않고 금융 · 재정 · 사회정책에서의 일괄된 정책을 추구하는 초국가적 기관 설립을 목표로 한다. 이런 상태에서는 경제면 뿐만 아니라 사회 · 정치적 통합까지도 추구하는 형태라 할 수 있다.

이와 같은 각 단계별 경제통합 형태를 요약 · 정리하면 [표 6-3]과 같다.

[표 6-3] 경제통합 형태별 특징

	자유무역지대	관세동맹	공동시장	경제동맹	완전경제통합
역내관세 폐지	○	○	○	○	○
공동대외 관세	×	○	○	○	○
생산요소 이동	×	×	○	○	○
경제정책 조정	×	×	×	○	○
초국가기구 설립	×	×	×	×	○

2. 경제통합의 효과

경제통합을 통한 후생효과를 규명한 이론으로서는 바이너(J. Viner)의 관세동맹이론과 동태적 효과를 분석한 대시장이론을 들 수 있다.[2)]

2) J. Viner, *The Customs Union Issue* (New York: Carnegie Endowment for International Peace), 1950.

1) 바이너의 관세동맹이론

바이너는 관세동맹 형성 시 발생할 수 있는 경제적 효과를 크게 무역창출효과와 무역전환효과로 구분하여 설명하고 있다.

(1) 무역창출효과(trade creation effect)

무역창출효과란 관세동맹을 형성하면 관세동맹국 중 가장 생산비가 싼 국가로 생산이 대치됨으로써 무역량이 증대되는 효과를 말한다. 이러한 무역창출은 그 동안 관세가 부과되던 수입물품이 관세 없이 수입됨으로써 발생되는 효과로 수입가격의 하락에 따른 수입물량의 증가효과를 나타낸다.

(2) 무역전환효과(trade diversion effect)

관세동맹의 형성 결과 비가맹국 중의 최적생산국으로부터 수입하던 제품이 차별관세의 부과로 인하여 관세동맹국 중의 최적생산국으로 수입선이 바뀌는 현상을 나타낸다. 이는 관세동맹으로 인한 차별관세의 부과가 가장 효율적으로 생산하는 역외국가에서 동맹국 내의 생산비가 싼 나라로 대치되는 현상을 말한다. 이러한 무역대체의 결과 세계경제 전체적으로는 생산상의 왜곡효과가 발생될 수 있으며, 수입국의 입장에서는 비가맹국에 대한 관세부과의 재정수입분을 포기하게 하는 결과를 가져온다.

2) 대시장이론(大市場理論)

앞에서 살펴본 바이너의 관세동맹이론이 관세동맹으로 인한 가맹국의 정태적 효과를 강조하였다면, 대시장이론은 주로 경제통합에 따른 시장규모의 확대나 경쟁의 변화를 통한 동태적 효과를 강조하는 이론이다. 경제통합을 통한 각 가맹국의 동태적 이익은 크게 시장의 확대에 따른 규모의 경제와 경쟁의 강화에 따른 이익으로 구분할 수 있다.

(1) 규모의 경제효과

국내시장이 협소한 경우 대규모의 공장을 설립하는 데에는 한계가 있을 수 있으나 관세동맹으로 시장이 확대되면 대규모의 공장설립을 통하여 규모의 경제효과를 달성할 수 있게 된다.

(2) 경쟁강화의 효과

시장통합의 결과 각 가맹국 내부의 기업끼리 경쟁이 강화되게 된다. 경쟁의 강화는 결국 생존을 위한 새로운 제품의 생산과 기술개발 노력을 증가시킬 것이며, 이로 인한 후생증대 효과를 가져오게 된다.

(3) 경제효율성 증대

경제통합은 자본과 노동의 자유로운 이동을 보장하게 됨으로써 역내국들의 경제 측면에서 효율적인 자본이용과 경제적 성장을 이룩하게 해준다.

3. 경제블록화의 현황

1) EU(European Union; 유럽연합)

(1) 유럽연합의 발전단계

유럽연합(구 EC)은 1957년 3월 로마조약에 의해 창설된 경제통합체로 지금까지 가장 성공을 거둔 것으로 평가되고 있다. 로마조약 이래로 약 36년 동안 지속되어온 유럽연합의 심화 과정은 크게 3단계로 대별할 수 있다. 제1단계는 역내 관세장벽을 철폐하는 공동시장(common market)단계이며, 제2단계는 비관세장벽까지 철폐하여 역내 재화, 서비스, 노동, 자본의 이동을 자유화하는 단일시장단계, 제3단계는 마스트리히트조약으로 상징되는 유럽연합단계이다.

이와 같은 단계별 특징을 그림으로 나타내면 [그림 6-1]과 같다.

(2) 유럽연합의 확대를 가져온 주요 협약

유럽연합의 첫 번째 확장은 1973년 6월에 그동안 EFTA 회원국이었던 영국, 아일랜드, 덴마크가 EC에 가입하면서부터라 할 수 있다. 그동안 EFTA의 주도적 역할을 해오던 영국의 탈퇴는 EC의 위상을 높이는 데 커다란 역할을 하였다. 이후 유럽지역 국가들의 단

그림 6-1 유럽통합의 변화단계

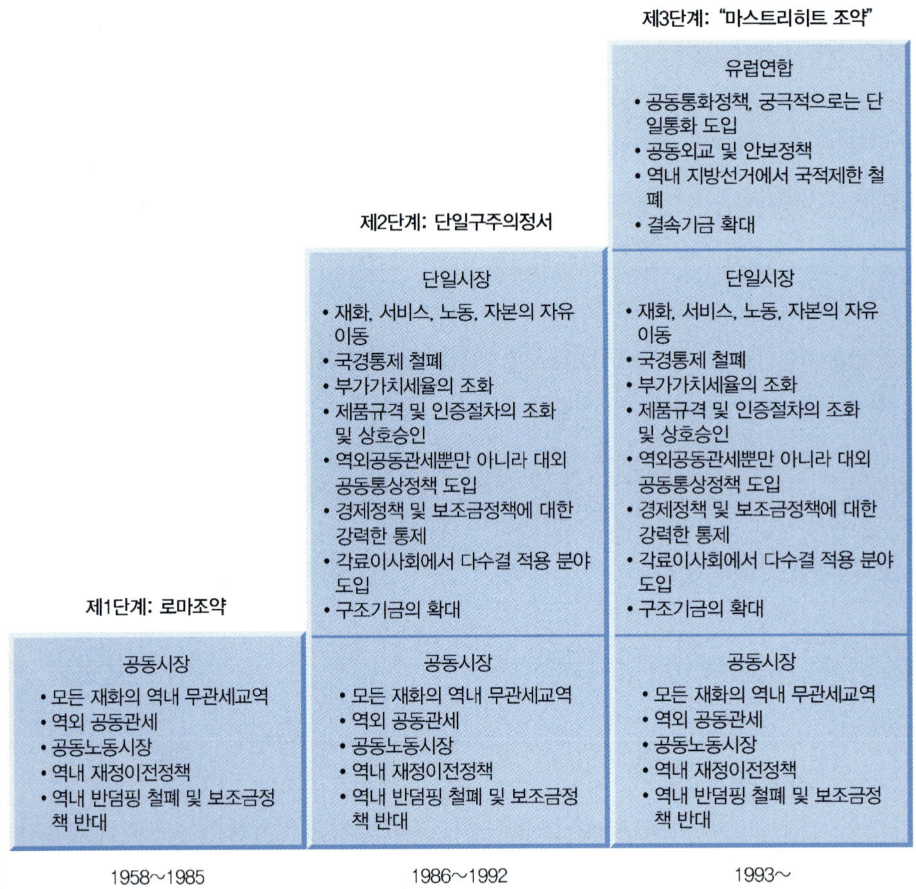

자료: 삼성세계경제, 1994년 11월호, p. 61.

일유럽을 위한 구체적인 노력은 마침내 1985년 6월에 단일유럽법을 향한 노정에서 시작되었다. 이후 1986년 2월에 EC법을 설정한 다음 최종적으로 유럽단일법(Single European Act)을 제정하고, 1987년 7월 1일부터 효력이 발생되었다.

유럽단일법의 내용은 크게 다음의 세 가지로 구분할 수 있다.

① 재화의 자유이동을 위한 방안으로서 국경통제의 완화와 공공구매시장의 개방 그리고 역내제품의 표준화를 실시함과 동시에 부가세 대상 및 세율조정을 꾀한다는 것이다.

② 자본의 자유화를 위한 방편으로 은행단일면허제도와 유럽통화제도의 활성화를 추진하였다.

③ 용역의 자유이동을 위한 근로자의 자유이동성과 서비스공동시장의 구축 등을 제시하고 있다.

유럽단일법의 실행 이후 본격화된 유럽통합은 1992년 5월 2일 EC 12개국과 EFTA 7개국이 포르투갈에서 3억8천만 인구의 서유럽을 세계무역의 45%에 달하는 가장 큰 단일시장이 될 유럽경제지역을 만드는 조약에 서명(스위스 불참 결정)함으로써 단일 유럽의 출범은 가시화되었다. 그리고 마침내 1993년 11월 마스트리히트조약(덴마크만이 비준 거부)의 체결은 진정한 유럽연합으로 나아가기 위한 시작이 된 것이라 할 수 있다. 이와 같은 EU 통합의 추진실적 및 세부내용을 간단히 표로 정리하면 [표 6-4]와 같다.

[표 6-4] 유럽연합의 성립 과정

연 도	세 부 내 용
1952년 8월	유럽석탄철강공동체(ECSC) 출범(파리조약)
1957년 3월	유럽경제공동체(EEC)와 유럽원자력공동체(EUROTAM) 창설(로마조약)
1967년 7월	유럽공동체(EC : European Communities) 기관 단일화
1993년 1월	유럽단일시장 출범
1993년 11월	유럽연합 출범(마스트리흐트 조약 발효)
1999년 1월	유럽통화연맹(EMU) 출범
1999년 5월	암스테르담 조약 발효
2001년 2월	니스조약 서명
2002년 2월	유로화 공식 일반 통용(12개국)
2004년 5월	EU 25개국 확대
2004년 10월	EU 헌법조약 서명
2007년 12월	EU 개혁조약(리스본 조약)서명 및 Schengen 협정의 동유럽 9개국 확대
2008년 1월	사이프러스 및 몰타의 유로존 가입
2008년 12월	리스본조약 25개국 비준
2009년 6월	유럽의회 선거
2009년 12월	리스본조약 발효, EU 정상회의 상임의장, EEAS 신설
2014년 5월	유럽의회 선거
2016년 6월	영국 EU 탈퇴문제 국민투표(탈퇴로 가결)
2017년 1월	유럽의회 선거

자료: 외교부.

유럽연합은 기존의 EC 12개국을 주축으로 1995년에 스웨덴, 핀란드, 오스트리아가 가입하여 15개국으로 늘어난 다음 2004년에 헝가리를 비롯한 10개국이 합류함으로써 25개국으로 확대되었다. 이후 2007년에 루마니아와 불가리아가 합류하고 2013년에 크로아티아가 가입함으로써 28개국으로 확대되었으나, 이민자 유입문제와 EU 재정통합 움직임을 계기로 영국의 EU 내 지위 재협상 논의에서 시작된 EU 탈퇴(Brexit) 움직임이 큰 이슈로 대두되었다. 2015년 영국의 총선에서 데이비드 캐머런 전 총리와 보수당이 압승한 이후 브렉시트 찬반을 묻는 국민투표에서 탈퇴가 현실화되면서 그 파장이 유럽은 물론 전 세계의 정치, 경제 및 사회 전 분야에 큰 파장을 미치고 있다. 2017년 3월에 영국이 EU 탈퇴를 공식화함으로써 EU 조약 제50조에 따른 브렉시트 협상이 진행되고 있는데, 브렉시트 이후 영국과 EU27의 통상관계에 관한 대안으로, 북아일랜드만 EU 단일시장 · 관세동맹에 잔류하였다. 유럽경제지역(EEA) 및 EU 관세동맹 잔류, 상품 분야에 한해 EU 단일시장 · 관세동맹 잔류, 브렉시트 추가협상 완료 전까지 영국 전체가 EU 단일시장 · 관세동맹 잔류, EU-캐나다 포괄적 경제무역협정(CETA) 형식의 자유무역협정(FTA) 체결 등이 제안되어 협의가 계속 중이다. 그러나 영국의 EU 회원국 지위가 2019년 3월에 소멸될 예정이므로 양측 관계에 대한 협상이 진전을 보이지 못하고 있어 노딜(no-deal)브렉시트가 현실화될 우려가 커지고 있는 상황이다.

2) NAFTA(North America Free Trade Agreement)와 USMCA(United States Mexico Canada Agreement)

NAFTA는 미국과 캐나다, 멕시코 간의 관세 및 비관세장벽의 철폐, 투자, 금융 등의 서비스 부문과 지적소유권보호 및 환경문제를 포괄하는 자유무역협정이다. 기존에 존재하는 미국과 캐나다와의 자유무역협정을 멕시코를 포함한 북미경제협의체로 확대시킨 것이라 할 수 있으며, 1994년 1월 1일부터 발효되었다.

NAFTA의 타결은 북미시장의 확대로 인한 새로운 경제권을 형성함으로써 유럽연합과 아시아지역에 대응할 수 있는 공동체를 체결하였다는 정치적 의미도 포함하고 있다. NAFTA 체결로 인한 각국별 시사점을 찾아보면 다음과 같다.

먼저 미국은 자국의 비교우위 요소인 자본과 기술을 캐나다의 풍부한 자원과 멕시코의 노동력과 결합하여 세계시장에서 경쟁력을 강화하는 계기로 삼았다. 또한 EU 및 일본과 동아시아 경제권에 대한 대응책으로서 NAFTA를 활용할 수 있다는 정치적 힘을 배양하였다는 의미도 커다란 우위 요인이 된다 하겠다.

멕시코는 자국의 강력한 수출대상 시장이며, 많은 양을 수입하고 있는 절대적인 경제관계를 맺고 있는 미국과의 관계강화를 통한 안정적이고 대규모적인 미국이라는 수출시장을 확보하였다는 데서 그 의의를 찾고 있으며, NAFTA 체결의 가장 큰 수혜국이라는 평가를 받고 있다. 그리고 미국시장에 진입하려는 국가들의 투자급증으로 인한 경제활성화를 유도할 수 있다는 부수적인 역할도 누리고 있다.

마지막으로 캐나다의 경우는 NAFTA 체결의 의미는 그다지 크지 않으며, 단지 기존의 미국과 캐나다 간 자유무역협정체제를 유지한다는 데 의미를 두고 있다.

최근 미국의 트럼프 대통령 집권 이후부터 미국 우선 통상정책이 현실화 되면서 NAFTA 현대화 협상이라는 명분으로 3국 간의 새로운 논의가 시작되었고, 2018년 11월 아르헨티나 부에노스아이레스의 G20 정상회담에서 미국, 멕시코, 캐나다 정상이 NAFTA를 새롭게 개정한 USMCA(United States Mexico Canada Agreement)에 서명하였다.

USMCA(United States Mexico Canada Agreement)는 자동차 및 부품에 관한 협정 내용과 함께, 기존의 NAFTA에는 없었던 디지털 무역, 국영기업, 환경, 노동 등의 조항을 신설하고 원산지, 금융서비스, 지식재산권 등의 내용을 강화하였다.

또한 비시장경제국가(Non-Market Country)와의 FTA 체결을 사실상 금지하는 조항을 삽입하였는데, 이는 비시장경제국가와 FTA 협상을 개시하기 최소 3개월 전에 당사국들에게 통보해야 하며 협정 서명 3일 전에 협정문을 공개해야한다는 것으로, 미국이 캐나다와 멕시코가 중국과의 FTA 체결을 금지하는 독소조항으로 해석되고 있다.

거시정책과 환율문제 조항은 국제교역에서 불공정한 경쟁상의 이득을 취하고자 자국 통화를 인위적으로 절하하는 것을 금지하기 위한 내용인데, 미국이 체결한 무역협정에서 환율 조항을 포함시킨 것은 최초의 사례로써 향후 미국이 추진하는 무역협상에 계속 반영될 가능성이 높다고 할 수 있다.

3) APEC(Asia Pacific Economic Cooperation)

아시아 · 태평양경제협의체(APEC)는 경제통합체가 아닌 정부 간의 경제협력협의체이다. 경제협력체의 추진배경은 1970년대 이후 세계경제에서 아시아경제가 차지하는 비중이 크게 확대되고, 아·태지역의 역내 의존도가 증가함에 따라 역내 경제협력의 필요성이 자연스럽게 증가된 때문이다. 또한 우루과이 라운드의 타결지연에 따른 세계경제의 급속한 블록화에 대한 하나의 대응책으로서의 역할도 중요시 되었기 때문이다.

APEC이 출범한 것은 1989년도로서 아·태지역 역내 경제협력과 자유무역을 증진하기 위한 정부차원의 각료회의를 개최하면서부터라 할 것이다. 이후 1991년 APEC의 목적이 배타적 경제블록을 형성하는 것이 아니며 역외국가에 대해서도 자유무역을 허용하는 개방적 지역주의(open regionalism)를 천명함으로써 다른 지역주의와의 차별성을 명시하였다. 출발 초기에는 역내국 간 정보 및 의견교환과 역내 자유무역을 증진하기 위한 정부 간 협의체로 출범하였으나 1994년 APEC을 상설기구화함으로써 공식적인 국제협력기구로 발전하였다.

한편, 현존하는 주요 경제통합체를 그림으로 살펴보면 [그림 6-2]와 같다.

그림 6-2 세계의 경제블록

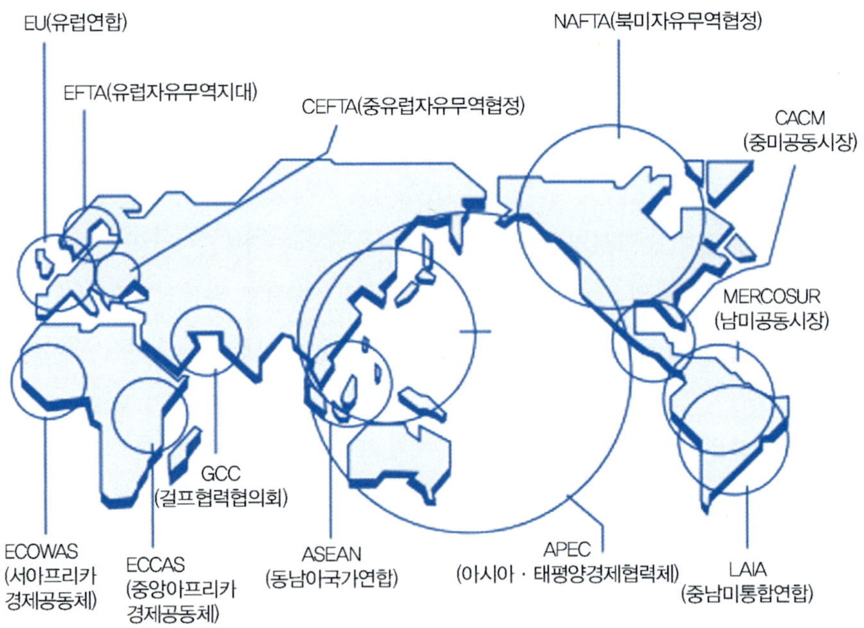

4) AEC(ASEAN Economic Community)

아세안경제공동체(ASEAN Economic Community)는 동남아시아 국가연합인 아세안 10개국이 2015년 12월에 출범한 경제공동체로써, 2007년 공개한 AEC 청사진을 통해 단일경제권을 기반으로 하여 단일시장 및 생산거점 구축, 경쟁력 높은 경제블록화, 균형적 경제발전, 세계경제로의 통합이라는 중・장기 목표를 설정하고 상품, 서비스, 투자, 노동력, 자본의 이동을 자유롭게 한다는 원칙 아래 출범하였다.

정치협력체의 성격이 짙었던 ASEAN은 1990년대 태국에서 시작된 외환위기가 동아시아 전체의 외환위기로 확산되면서 지역경제 공동의 문제로 부각되자, 위기를 극복하기 위한 아세안의 협력 필요성에 대해 인식을 같이하게 되었고, 이를 계기로 경제협력체로 발전하기 시작하였다. 또한 중국, 인도 등 신흥경제권 부상에 대응하여 아세안 역내 생산 네트워크를 확장하고 외국인직접투자를 유치하는 공동의 목적과 함께 아세안 자유무역지대(AFTA)의 출범과 역내 특정 상품의 관세인하를 약속하는 공동유효특혜관세(CEPT)협정을 채택하면서 AEC 출범의 기반을 만들었다.

AEC는 인구 6억 3천만 명, GDP 2조 5천억 달러 이상의 거대한 경제블록으로써 EU를 모델로 하여 지역경제통합을 추구하였으나, 회원국 간의 경제규모와 개발격차가 크고 상이한 산업구조 등으로 인하여 경제통합 정도는 낮은 상황이다.

5) RCEP(Regional Comprehensive Economic Partnership)

ASEAN 10개국과 한국, 중국, 일본, 호주, 뉴질랜드가 참여하는 역내포괄적경제동반자협정(RCEP)은 2019년 기준 인구(22억 6000만 명・29.9%), 무역규모(5조 4000억 달러・28.7%), 명목 국내총생산(26조 3000억 달러・30%) 등 전 세계 약 30%를 차지하는 세계 최대 규모의 경제블록이다. 이는 명목GDP 기준으로 북미자유무역협정(NAFTA, 18조 달러)과 유럽연합(EU, 17조 6000억 달러)을 능가하는 규모이다. 당초에는 인도를 포함한 16개국이 진행했으나, 저가 제품을 주로 생산하는 인도가 중국과의 경쟁을 우려해 협상에서 빠지면서 2019년 11월 4일 15개국의 협정이 타결됐으며, 2020년 11월 15일 최종 타결 및 서명이 이루어졌다.

RCEP는 세계적인 보호무역주의 확산에 대응하고, 아시아・태평양 역내 경제기반을 마련한다는 점에서 중요한 의의가 있다. 특히 RCEP가 체결되면 아세안과 인도 등 신남방 정책 핵심 거점 국가들에 대한 우리나라의 무역투자 기반이 다변화되고 기업들의 진출기회가 확대될 것으로 전망된다. 또한 우리나라와 기 체결된 FTA와 비교할 때 더 높은 개방수준의 달성에 공감대를 형성하고 협상을 진행하고 있는 만큼 추가 자유화에 대한 기대를 높이고 있다.

6) CPTPP(Comprehensive and Progressive Agreement for Trans-Pacific Partnership)

RCEP, AIIB 등을 통해 아·태지역 경제에 영향력을 확대하고 있는 중국을 견제하기 위해 미국과 일본 중심의 통상전략으로 출발하였던 TPP는 도널드 트럼프 미국 대통령이 취임하면서 자국주의와 보호주의를 주창하며 TPP 탈퇴를 선언하였고, 전체 12개국 GDP의 60%를 차지하는 미국이 탈퇴함으로써 TPP의 경제적 규모와 의미가 축소되어 와해될 전망까지 나왔다. 그러나 미국의 탈퇴로 동력을 잃었음에도 불구하고, 다수의 국가들이 장기간에 걸친 협상의 노력에 대한 이해와 자국의 정치상황 및 해외시장 확대의 필요성 등에 공감대를 형성하면서 일본주도의 재협상을 통해 포괄적·점진적 환태평양동반자협정(CPTPP: Comprehensive and Progressive Trans-Pacific Partnership)으로 재탄생하게 되었다.

기존 회원국 중 미국을 제외한 11개국이 2018년 3월 8일 CPTPP 협정에 정식 서명하였으며, 멕시코, 일본, 싱가포르, 뉴질랜드, 캐나다가 자국 내 비준을 완료하였고, 호주가 2018년 10월 31일에 승인 절차를 완료하면서 2018년 12월 30일에 발효됐다. TPP에 비해서 미국의 탈퇴로 경제적 의미는 퇴색되었지만 인구 5억 명 이상, 전 세계 GDP의 12.9%, 교역량의 14.9%를 차지하는 자유무역경제권이 출범한 것이다. 또한 환태평양지역의 주요국이 포함되었고 가장 최신의 무역규범을 반영한 MEGA FTA로써 협정체결 자체만으로도 회원국 간 18개의 양자 FTA가 체결되는 효과가 있다는 점에서 의의가 크다고 하겠다.

CPTPP는 상품, 원산지, 섬유 및 의류, 위생 및 식물위생조치, 서비스·투자, 국영기업, 환경, 중소기업에 대한 내용을 포함하고 있고, 미국이 주장했던 지재권 등의 조항은 유예시켜 미국의 재참여에 대한 여지를 남겼으며, 높은 수준의 개방을 추구하는 21세기

형 무역협정으로 전자상거래, 노동, 환경, 국영기업 등 새로운 통상 이슈를 포함하고 있다.

TPP에 관심을 표명하였던 우리나라를 비롯하여 대만, 태국, 영국 등이 가입 의사를 밝히고 있는 가운데, 우리나라는 일본과의 FTA 체결에 따른 제조업 민감성, 정치 외교적 실익, 미국의 가입 여부, 한 · 미 FTA, RCEP 타결과 PA 가입 등을 종합적으로 고려하여 신중하게 결정해야 할 것이다.

그림 6-3 아시아 · 태평양지역에서 추진 중인 자유무역협정

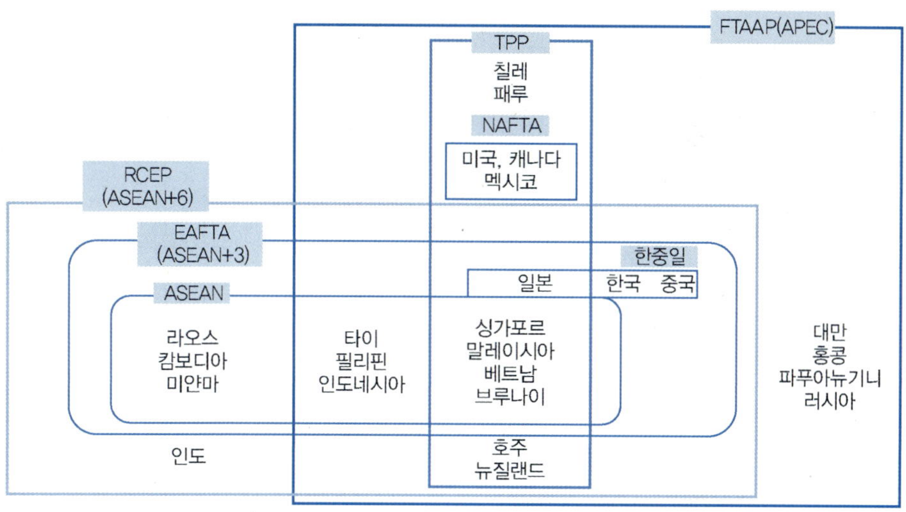

4. 우리나라의 FTA 추진현황

FTA와 WTO는 무역과 투자를 촉진함으로써 경제발전을 통한 국민후생 증대를 추구한다는 점에서 동일하다. 그러나 FTA는 특정 국가 간 특혜무역협정으로서 최혜국대우와 다자주의를 추구하는 WTO의 기본이념과 상치된다. 이러한 문제를 해소하기 위해 GATT 제24조는 FTA를 최혜국대우원칙의 예외로 인정하고 있으며, 원칙적으로 10년 내 관세 등을 철폐하도록 규정하고 있다.

세계화의 진전으로 국가 간 상호의존성이 증대되면서 FTA는 WTO와 함께 국제교역

질서의 두 축을 형성하고 있다. 이에 따라 2018년 1월 기준으로 전 세계에 251건의 FTA가 발효 중이며, 여기에 서비스협정과 개도국 간 특혜협정, 관세동맹 등을 포함한 광의의 지역무역협정(RTA: Regional Trade Agreement)은 총 455건이 발효 중이다. 이 중에서 1995년 이후에만 전체의 89%에 해당하는 405건이 발효된 것으로 WTO에서는 파악하고 있다.

우리나라는 대외의존도가 높은 우리 경제구조와 세계적인 추세를 감안하여 동시다발적 FTA를 추진하고 있다. 그러나 농업 등 취약 분야의 개방에 대한 대책이 해결과제로 대두되고 있다. 다음 [표 6-5]에는 우리나라의 FTA 추진현황이 정리되어 있다.

[표 6-5] 우리나라의 FTA 추진현황

<table>
<tr><th rowspan="2">구분</th><th colspan="4">추진현황</th><th rowspan="2">의의</th></tr>
<tr><th>상대국</th><th>개시</th><th>서명</th><th>발효</th></tr>
<tr><td rowspan="12">발효한 FTA</td><td>칠레</td><td>1999.12</td><td>2003.02</td><td>2004.04</td><td>최초의 FTA, 중남미 시장의 교두보</td></tr>
<tr><td>싱가포르</td><td>2004.01</td><td>2005.08</td><td>2006.03</td><td>ASEAN 시장 교두보</td></tr>
<tr><td>EFTA</td><td>2005.01</td><td>2005.12</td><td>2006.09</td><td>유럽시장 교두보</td></tr>
<tr><td rowspan="3">ASEAN</td><td rowspan="3">2005.02</td><td>2006.08
(상품무역)</td><td>2007.06
(상품무역)</td><td rowspan="3">거대경제권과 체결한 최초의 FTA</td></tr>
<tr><td>2007.11
(서비스)</td><td>2009.05
(서비스)</td></tr>
<tr><td>2009.06
(투자협정)</td><td>2009.09
(투자협정)</td></tr>
<tr><td>인도</td><td>2006.03</td><td>2009.08</td><td>2010.01</td><td>BRICs국가, 거대시장</td></tr>
<tr><td>EU</td><td>2007.05</td><td>2010.10.06</td><td>2015.12.13
(전체)</td><td>거대 선진경제권</td></tr>
<tr><td>페루</td><td>2009.03</td><td>2011.03.21</td><td>2011.08.01</td><td>자원부국,
중남미 진출 교두보</td></tr>
<tr><td rowspan="2">미국</td><td>2006.06</td><td>2007.06</td><td>2012.03</td><td rowspan="2">세계 최대경제권
(GDP 기준)</td></tr>
<tr><td>2018.01
(개정협상)</td><td>2018.09.24.
(개정협상)</td><td>2019.01
(개정의정서)</td></tr>
</table>

<table>
<tr><td rowspan="10">발효한
FTA</td><td rowspan="2">터키</td><td rowspan="2">2010.04</td><td>2012.08.
(기본 · 상품)</td><td>2013.05.
(기본 · 상품)</td><td rowspan="2">유럽 · 중앙아시아
진출 교두보</td></tr>
<tr><td>2015.05
서비스,투자</td><td>2018.08.
서비스,투자</td></tr>
<tr><td>호주</td><td>2009.05</td><td>2014.04</td><td>2014.12</td><td>자원 부국, 오세아니아
주요 시장</td></tr>
<tr><td>캐나다</td><td>2005.07</td><td>2014.09</td><td>2015.01</td><td>북미 선진시장</td></tr>
<tr><td>중국</td><td>2012.05</td><td>2015.06</td><td>2015.12</td><td>제1위 교역상대국</td></tr>
<tr><td>뉴질랜드</td><td>2009.06</td><td>2015.03</td><td>2015.12</td><td>오세아니아 주요시장</td></tr>
<tr><td>베트남</td><td>2012.08</td><td>2015.05</td><td>2015.12</td><td>제5위 투자대상국
('19 기준)</td></tr>
<tr><td>콜롬비아</td><td>2009.12</td><td>2013.02</td><td>2016.07</td><td>자원부국, 중남미 신흥시장</td></tr>
<tr><td>중미5개국</td><td>2015.06</td><td>2018.02</td><td>2021.03.01
전체발효</td><td>중미 신시장 창출</td></tr>
<tr><td>영국</td><td>2017.02</td><td>2019.08</td><td>2021.01</td><td>브렉시트 이후
한영 통상관계 지속</td></tr>
<tr><td rowspan="3">서명</td><td colspan="4">RECP: 2012.11.20. 협상개시 선언
2019.11.04. 15개국 협정문 타결
2020.11.15 RCEP 서명</td><td>아시아 경제통합 기여</td></tr>
<tr><td colspan="4">인도네시아 CEPA: 2020.12.18. 정식서명</td><td>동남아 시장진출 확대</td></tr>
<tr><td colspan="4">이스라엘: 2016.05 협상 개시
2021.05.12. 정식서명</td><td>창업국가 성장모델</td></tr>
<tr><td>타결</td><td colspan="4">캄보디아: 2021.02.03. FTA 타결 공동선언</td><td>동남아 시장진출 확대</td></tr>
<tr><td>협상
진행</td><td colspan="4">한-중-일, MERCOSUR, 필리핀, 러시아, 말레이시아, 한-아세안 추가 자유화, 한-에콰도르 SECA, 우즈베키스탄 STEP 등</td><td></td></tr>
<tr><td>협상
재개
추진</td><td colspan="4">PA, EAEU</td><td>중남미 신흥시장,
신북방정책 교두보</td></tr>
</table>

자료: 산업통상자원부 FTA포털(www.fta.go.kr).

주요용어

GATT, WTO, DDA, 경제통합, 자유무역지대, 관세동맹, 공동시장, 경제동맹, 완전경제통합, 무역창출효과, 무역전환효과, 대시장이론, EU, NAFTA, APEC, TTP, FTA, RCEP, CPTPP

연습문제

1. WTO 체제의 출발에 따른 국제경제환경의 변화를 설명하시오.

2. GATT의 기본원칙을 설명하시오.

3. DDA 협상에 대한 우리나라의 입장을 부문별로 논하시오.

4. 경제통합의 효과를 관세동맹이론과 대시장이론으로 구분하여 설명하시오.

5. NAFTA가 한국기업의 무역 및 투자활동에 미치는 영향을 논하시오.

6. CPTPP 출범 배경과 우리나라의 가입전략에 대하여 논하시오..

7. 브렉시트 이후 영국과 EU27의 통상관계에 관한 대안에 대하여 논하시오.

2부

무역전략

7장

기업의 세계화

학습목표

최근 각종 매스컴에 세계화라는 용어가 많이 등장하고 있다. 이러한 상황에서 과연 기업의 세계화는 무엇을 의미하여, 한국기업은 세계화에 따라 어떤 변화를 필요로 하는가를 생각해 본다. 그리고 기업의 세계화 진전에 따른 다국적기업의 정의와 이들이 주권국가에 미치는 영향을 살펴본다. 이어서 기업의 해외직접투자를 설명하기 위한 이론들을 살펴본다. 마지막으로 기업이 세계화전략을 어떻게 개발할 것인가 그 대안을 생각해본다.

세계경영이야기

CJ제일제당 : 美 전역 3만개 이상 점포에 입점하며 K-푸드 세계화 이끈다

CJ제일제당은 코로나 이후의 불확실한 미래에 대응하기 위한 초격차 역량을 만들고 있다. 이를 바탕으로 뉴노멀 시대 산업 트렌드를 주도한다는 계획이다. 특히 기존 사업의 부가가치를 높여 수익성을 강화하고, 해외 사업을 지속 확대해 명실상부한 글로벌 기업으로 입지를 다지겠다는 전략이다.

CJ제일제당은 2019년, 미국 대형 식품기업 슈완스를 인수하며 글로벌 식품기업으로 도약을 위한 신호탄을 쏘아 올렸다. CJ제일제당과 슈완스의 결합은 세계 최대 시장 선점을 위한 인프라 확보뿐 아니라, 'K-푸드'의 세계화를 정조준하고 있다. 두 회사가 보유한 핵심기술을 융합해 초격차 경쟁력을 갖추겠다는 것이다.

슈완스 인수로 CJ제일제당은 미국 사업에 강력한 추진력을 확보하게 됐다. 캘리포니아와 뉴욕, 뉴저지, 오하이오 등 5곳에 보유한 생산기지가 22개로 대폭 확대됐다. 슈완스의 유통망을 타고 미국 대표 유통채널인 월마트 · 크로거 · 타깃뿐 아니라 푸드시티 · 하이비 등 중소형 수퍼마켓까지 지속적으로 입점 매장을 확대하고 있다. 앞으로 미국 전역에 3만개 이상 점포에서 미국 소비자들을 만날 수 있다.

CJ제일제당은 향후 미국 내 K-푸드를 비롯한 아시안푸드 시장을 적극 공략할 계획이다. 소비자의 반응을 살피기 위해, CJ제일제당은 슈완스와 협업해 일부 매장에 K-푸드를 대표하는 비비고를 비롯해 아시안 냉동식품 브랜드인 '카히키'와 아시안 스낵 브랜드인 '파고다' 등을 선보이는 '아시안푸드 존(Zone)'을 만들었다. 한식의 맛으로 차별화한 다양한 아시안 음식으로 식품사업 포트폴리오도 확장할 계획이다. 장기적으로 캐나다, 멕시코 등 인근 국가로의 시장 확대도 기대할 수 있게 됐다. CJ제일제당은 올해 슈완스와의 시너지 극대화에 집중해 미국 식품사업 매출을 한층 더 끌어올리기로 했다.

K-Food 대표주자인 '비비고 만두'는 미국을 비롯해 중국, 일본 등에서도 구체적 성과를

내고 있다. 비비고 만두 매출은 지난해 1조원을 넘겼고, 올해도 두 자리 수 성장을 기대하고 있다. 특히 해외에서도 온라인 채널 확대에 주력하여 중국 온라인 사업은 18개월 만에 매출이 13배 성장했고, '비비고 왕교자'뿐 아니라 비비고 국물요리, 햇반컵반, 떡볶이 등 가정간편식(HMR) 제품으로 성과를 확대해가고 있다.

CJ제일제당은 식품 분야뿐 아니라 초격차 연구개발(R&D) 능력으로 글로벌 바이오 기업으로 자리매김하고 있다. CJ제일제당은 2017년 최초로 그린 바이오 사업으로 연간 매출 2조 원을 돌파했다. CJ제일제당은 글로벌 매출 1위를 유지하며 안정적인 시장지위를 유지하고 있는 라이신, 트립토판, 발린, 핵산, 농축대두단백 등 5개 품목 외에도 독보적인 발효 기술을 무기로 미래 성장성이 밝은 '화이트 바이오' 사업에도 본격 진출한다. 화이트 바이오는 생물 자원을 원료로 산업용 소재 또는 바이오 연료 등의 물질을 생산하는 산업이다. 석유화학 소재를 대체하는 친환경 사업분야로 그 중요성이 급격히 커지고 있다.

CJ제일제당은 100% 해양 생분해 친환경 플라스틱 소재인 'PHA'를 화이트 바이오 사업의 주력 제품으로 삼고 있다. PHA는 바닷물 속에서도 100% 생분해되는 소재로, 현재 해양 생분해 플라스틱 생산기술은 CJ제일제당을 비롯한 극소수 기업만 보유하고 있다. 2021년 인도네시아에 있는 바이오 공장에 전용 생산 라인을 신설하고, 연간 5000 톤 규모의 생산 체제를 갖출 계획이다. 이 공장의 주력 품목인 아미노산과 'PHA' 생산에는 '미생물 발효 기술'이 공통적으로 사용된다.

CJ제일제당은 PHA 외에도 친환경 소재 포트폴리오를 확대해 화이트 바이오 시장에서 기술적 우위를 확보할 방침이다. 이를 위해 바이오 연구소를 중심으로 R&D를 지속하는 한편, 해외 혁신 기업과의 협업도 적극적으로 모색하기로 했다.

〈조선일보, 2021.03.05. 일부 수정〉

1절 기업세계화의 개념

1. 기업세계화의 의미

기업의 세계화란 기업활동 측면에서 기업활동이 세계의 여러 나라로 확대되는 과정뿐만 아니라 기업주체의 측면에서 전세계기업을 대상으로 생존하기 위하여 자사의 국제경쟁력을 향상시키는 과정으로 이해할 수 있다.

1) 기업활동의 세계적 확대 과정

일반적으로 기업의 세계화란 기업의 활동이 세계의 여러 나라로 확대되는 과정을 말한다. 여기서 기업활동은 기업이 국가사회에서 필요로 하는 유형과 무형의 가치를 공급하기 위하여 수행하는 일체의 활동을 의미한다. 예를 들면, 사업을 선택하고 회사를 설립하는 일, 필요한 인적·물적자원을 확보하고 관리하는 일, 가치를 생산하고 교환하는 일, 이윤을 창조하고 재투자하는 일 등 매우 다양하다.

기업활동이 세계적으로 확대된다는 것은 여러 가지 의미를 내포하고 있다.

첫째는, 기업활동의 지리적 범위(geographic scope)가 한 국가로부터 세계 여러 나라로 넓어진다는 것을 의미한다. 보통 국내시장으로부터 소수의 해외시장으로 침투한 후 이를 발판으로 전세계시장으로 확대하게 된다.

둘째는, 세계에서 여러 가지 사업을 동시에 수행할 수 있을 정도로 사업범위(business scope)가 넓어지게 된다는 것을 의미한다. 즉, 국제사업다각화를 가리킨다.

셋째는, 기업이 경영기능을 세계 어느 곳이든지 가장 효율적인 국가에서 수행할 수 있도록 기능범위(functional scope)가 넓어지는 과정을 의미한다. 예를 들어, 생산, 원자재조달, 연구개발, 재무, 인사 등의 활동도 세계 여러 나라에서 수행하게 된다.

넷째는, 기업이 새로운 국가, 사업 및 기능활동에 참여하는 방식이 수출, 해외직접투자, 국제계약 형태 등으로 다양해지는 것을 의미한다. 예를 들면, 기업이 국제활동에 참여할 때 자원투입 및 위험이 낮은 수출 방식으로부터 점차 위험이 높은 해외직접투자 방식으로 변화되어 가는 것이다.

이상의 네 가지 의미는 독립적이라기보다는 서로 영향을 미친다고 보는 것이 타당하다. [그림 7-1]은 세계화의 개념을 기업활동의 세계적 확대 과정이라는 측면에서 보여주고 있다.

그림 7-1 기업활동의 세계확대 과정

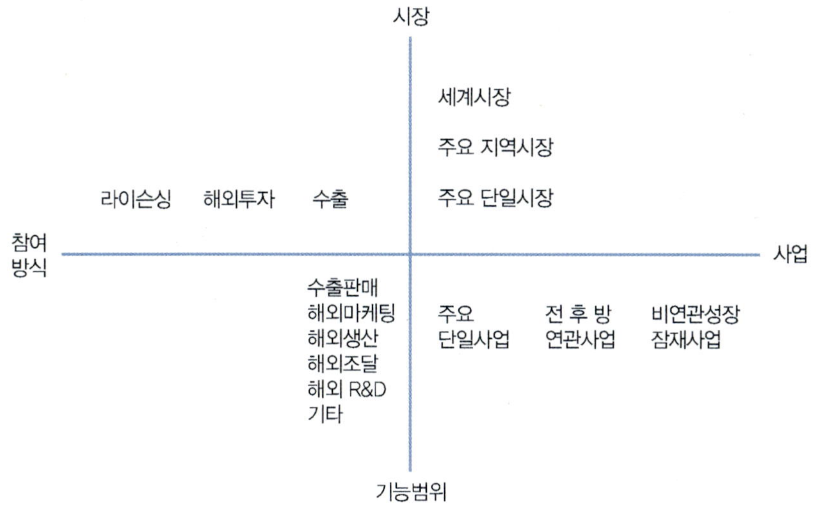

2) 기업주체의 변화: 국제경쟁력 향상 과정

국제화는 기업활동의 측면에서 뿐만 아니라 그 활동의 주체인 기업의 변화라는 측면에서 살펴볼 수 있다. 기업이 세계적으로 활동을 수행하기 위해서는 세계의 일류기업들과 견주어 우월하거나 대등한 위치에 있어야 한다. 다시 말하면 기업이 국제경쟁력이 있을 때 비로소 세계적 경쟁에서 살아남고 성장할 수 있게 된다. 따라서 기업주체의 변화라는 관점에서 기업의 세계화란 어느 기업이 세계 일류기업의 수준으로 국제경쟁력을 향상시켜 나가는 과정이라고 볼 수 있다.

국제경쟁력이 무엇을 의미하는가에 관해서는 보는 이의 관점에 따라 다르기 때문에 일반적으로 정의하기가 어렵다. 그러나 국제경쟁력을 말할 때 그 원천과 경쟁적 위치 및 경쟁성과로서의 경쟁력을 구분하는 것은 유익하다고 생각된다. 보통 국제경쟁력이라 할 경우 그 원천을 의미할 때가 많다.

국제경쟁력은 [그림 7-2]에서 보는 바와 같이 경쟁력의 원천, 경쟁우위, 경쟁 성과, 기업의 전략, 기업의 자원 등의 다섯 가지 변수가 모두 관련되어 있는 복합적 개념임을 알 수 있다. 즉, 국제경쟁력의 원천은 기업의 전략과 결합되어 경쟁우위로 나타나고 경쟁우위는 역시 기업의 전략과 결합되어 성과로 시현된다. 이러한 성과가 기업의 자원으로 연결되어 이것이 또다른 경쟁력의 원천을 형성한다. 기업의 전략은 기업의 조직이 어떻게 구성되어 있고, 기업의 자원이 어느 정도이며, 기업의 문화가 어떻게 형성되어 있느냐에 따라 결정된다. 이처럼 국제경쟁력은 경쟁력의 원천, 경쟁우위, 경쟁 성과의 흐름으로 분석될 수 있다.

그림 7-2 국제경쟁력의 구성 요소

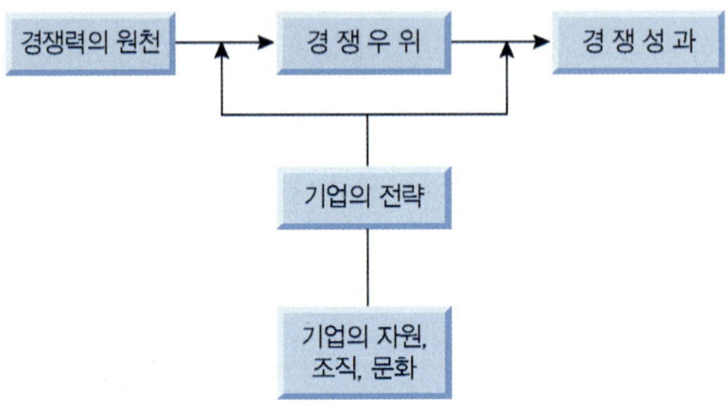

(1) 경쟁력의 원천

국제경쟁력의 원천은 기업특유의 우위와 입지상의 우위로 구분될 수 있다. 기업특유의 우위란 경쟁기업에 비해 뛰어난 기술 및 자원을 바탕으로 보다 잘 수행해 낼 수 있는 능력을 나타내며, 이는 독점적인 성격을 지닌다. 이에 비해 입지상의 우위는 특정 기업이 가치창출활동을 수행하는 장소에서 파생되는 것이며, 당해 시장국에 위치한 기업들은 모두가 향유할 수 있는 국가특유의 성격을 지닌다.

경쟁력의 원천에 관한 분석은 국제경쟁력의 결정 요인을 밝혀내는 것을 의미하며, 구체적으로 여러 가지의 비교우위 요인 및 경쟁우위 요인을 찾아내는 것을 말한다.

(2) 경쟁우위

일반적으로 경쟁우위는 원가우위와 차별적 우위로 나눌 수 있으며, 각각 가격경쟁력과 비가격경쟁력의 개념과 유사함을 알 수 있다. 넓은 의미에서 경쟁우위는 비교우위의 개념을 포함한다고 볼 수도 있는데, 이는 비교우위가 일종의 원가우위이고 경쟁우위는 국가의 비교우위 요소를 기반으로 한 원가우위 뿐만 아니라 기업특유의 차별적 우위 요소를 결합한 것이기 때문이다.

이러한 관점에서 보면 국제경쟁력은 국제시장에서의 경쟁우위로 해석될 수 있으며, 분석단위에 따라 국가의 경쟁우위 혹은 기업의 경쟁우위로 구분할 수 있다.

(3) 경쟁 성과

경쟁 성과란 경쟁우위가 기업의 전략과 결합하여 나타난 결과를 의미한다. 일반적으로 사용되는 성과지표로는 시장점유율, 매출액 성장률, 수익률과 같은 기업중심적 성과지표와 고객의 인지도, 만족도 및 충성도 등 고객중심적 성과지표로 나눌 수 있다.

이상과 같은 경쟁력의 원천, 경쟁우위, 경쟁성과의 세 가지 측면을 포괄하지 못하고 어느 한 측면에만 초점을 맞추어 국제경쟁력을 분석하는 것은 나무만 보고 숲을 보지 못하는 것과 같다고 할 수 있다. 따라서 국제경쟁력을 분석하기 위해서는 그 구성 요소들인 경쟁력의 원천, 경쟁우위, 경쟁 성과에 대한 체계적 접근이 필요하다.

실용적인 의미에서의 국제경쟁력은 특정 산업에서 세계 일류기업과 동등한 수준에 이르는 것이라고 할 수 있다. 예를 들어, 동종 산업의 일본기업 혹은 미국기업의 상품과 세계 어디서나 원가 혹은 차별화로 경쟁하여 시장점유율을 높여갈 수 있는 능력을 배양하는 것이 곧 국제경쟁력을 향상시키는 것이다. 이를 위해서는 기업이 유리한 입지, 독점적인 자원과 기술, 그리고 내부화 능력을 확보하는 것이 중요하다고 하겠다.

2. 기업세계화의 환경 요인

기업의 세계화를 가져오는 주요한 환경 요인을 살펴보면 [그림 7-3]과 같다.

그림 7-3 기업세계화의 환경 요인

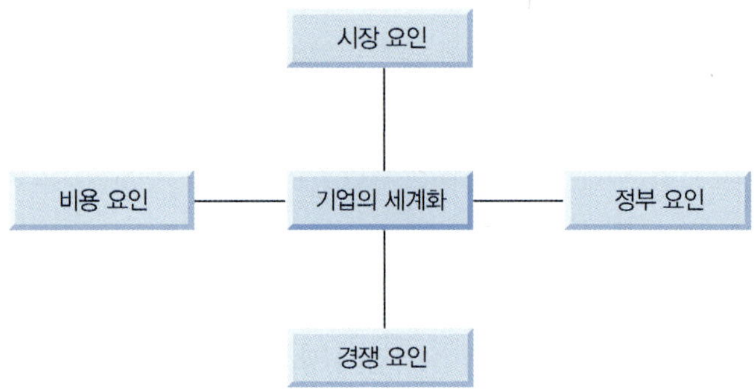

1) 시장 요인

전세계가 소비자행동, 유통채널구조, 마케팅 등의 특성에 따라 점진적으로 하나의 시장으로 변해감으로써 국제화를 촉진시키고 있다. 다시 말하면 시장의 세계화(globalization of markets)가 진행되고 있다. 각국 소비자의 생활패턴과 소비자 기호가 동질화되는 경향을 보이고 있으며, 경제발전으로 세계 어느 곳에나 상품의 소비자가 존재하게 되었다. 이는 국제여행의 증가와 인공위성에 의한 커뮤니케이션체제 구축으로 상품 및 시장정보가 세계 곳곳으로 신속하게 전파되어 세계의 소비자를 하나로 만들어가고 있기 때문이다. 또한 세계적 유통망의 증가와 세계적인 광고회사들의 활약과 세계상표의 등장은 세계가 하나의 동질적인 시장이라는 생각을 강하게 심어주게 되었고, 시장 및 소비환경의 차별성보다는 동질성을 중시하게 만들었다.

2) 비용 요인

기업경쟁력을 강화하기 위한 방안으로서 비용절감이 중요시되고 있다. 비용절감을 위한 방안으로 규모의 경제를 위한 생산 방식의 변화(예를 들어, 유연생산 방식 도입) 혹은 해외직접투자를 통한 생산량 증가를 위해 노력하고 있다. 또한 가속화되는 기술혁신과 제품수명에 비해 급증하는 제품개발비용은 단일시장보다는 전세계시장을 하나의 시장으로 제품을 개발하게 하는 유인이 되고 있다. 그리고 생산능력과 저임노동력을 보유한 신흥공업국의 출현은 전세계시장에서의 경쟁을 가져오는 요인이 되고 있다.

3) 정부 요인

정부 측 요인은 세계시장을 하나로 연결시키는 방향으로 각국 간 정책방향이 결정되도록 하는 데 있다. 대표적인 것으로는 WTO의 출범에 따른 무국경세계(borderless world)의 도래로서 더이상 국경이 장애가 되지 않는 시대가 다가오고 있는 것이다. 그리고 각국 정부의 관세 및 비관세장벽 축소로 인한 자유무역의 확대와 국유화에서 민영화로의 전환에 따르는 정부의 생산자 및 소비자로서의 역할증대와 동유럽의 개방적 시장경제체제로의 전환 등이 전세계적 기업경영을 가져오는 동기가 되고 있다. 이 밖의 환경 요인으로는 각국마다 차이가 나던 기업경영의 규칙들이 세계적으로 표준화되어 가는 경영규칙의 표준화(standardization of business rules)를 들 수 있다.

4) 경쟁 요인

범세계적 경쟁(global competition)은 국제화를 촉진시키고 있다. 각국의 보호장벽이 걷히고 시장들이 전면 개방되어 세계시장은 기업들의 경쟁터로 변하고 있다.

기존 국내시장을 잃지 않으려는 기업들의 노력과 새로이 개방되는 시장을 차지하려는 외국기업들 간의 사업영토 확대전이 벌어지고 있다. 세계시장점유율은 곧 그 기업의 영토이자 그 국가의 경제영토라 할 수 있고, 영토를 많이 차지할수록 규모의 경제, 상호지원 및 상승효과, 세계적 이미지 제고 등 여러 면에서 이점을 누리게 되기 때문이다.

또한 신흥공업국들, ASEAN제국, 중국의 추격 등에서 보는 바와 같이 많은 국가들이 새로운 경쟁자로 나타나고 있으며, 어느 기업도 홀로 세계의 모든 기업을 경쟁자로 두기에는 역부족일 수밖에 없다. 이에 따라 많은 기업들이 경쟁과 협력을 동시에 추구하게 되었다. 기업은 사업 또는 시장에 따라 경쟁과 협력의 상대자 및 분야를 파악하고 이것에 의해서 고도의 전략적 제휴를 맺지 않으면 생존이 위태로운 시대에 직면하고 있는 것이다.

3. 기업세계화의 동기

1) 기존 시장유지 및 신시장개척

기업들은 기존 시장을 유지하거나 새로운 시장을 개척하기 위해 국제화를 추진하게 된다. 자국 내 시장에서 해외시장으로의 확대를 꾀하는 시장확대전략은 방어적 시장추구와 공격적 시장추구의 두 가지 형태로 나눌 수 있다.

방어적 형태란 기존 수출국의 무역규제 때문에 기업이 그 수출시장을 상실할 위험이 있을 경우 그 국가에서 생산하여 직접 판매하는 경우, 또는 우회생산 및 수출을 목적으로 제3국에 직접 투자하는 경우 등이 해당된다. 이에 비해 공격적 형태란 잠재시장규모가 큰 새로운 시장을 확보할 목적으로 해외시장에 적극적으로 진출하는 방법을 말한다.

2) 원가절감

생산요소가격이 상대적으로 저렴한 지역에 진출하여 생산함으로써 효율성을 추구하려는 동기에서 해외에 직접투자하는 기업들이 있다. 이를 생산효율성 추구형 직접투자라 한다. 생산효율성을 추구하기 위한 투자 형태로는 가격경쟁력을 확보하기 위하여 임금이 싼 지역에 진출하는 것을 들 수 있으며, 최근의 한국기업들이 임금이 싼 중국이나 동남아지역에 대거 진출한 현상이 이에 해당된다 하겠다.

또한 해외시장의 수요량까지 감안한 기업의 생산량 증가는 규모의 경제와 원자재의 대량구매 및 대량수송 등으로 인한 원가절감을 가져 온다. 그리고 수송비가 많이 드는 제품일 경우 현지에서의 생산을 통한 수송비의 절감효과를 위해 해외에 진출하는 경우도 있다.

3) 자원개발

해외의 풍부하고 저렴한 자원을 개발해 수입하기 위해서 국제화를 추진할 수 있다. 주로 천연자원이 부족한 국가들이 광업, 어업, 임업 등의 분야에서 자원개발을 통한 원재료의 안정적 확보를 추구하게 된다. 이러한 전략적 동기에서 해외에 직접투자하는 기업들을 자원추구형 기업(resource seekers)이라 부른다. 한국기업의 경우는 1968년에 인도네시아의 삼림개발을 목적으로 투자한 남방개발의 경우가 자원개발을 목적으로 한 직접투자의 효시이다.

4) 첨단기술 및 지식습득

고도의 첨단기술이나 선진경영기법을 습득하기 위해 현지국에서 직접 사업활동을 영위하거나 합작투자를 통한 국제화를 추구할 수 있다. 예를 들어, 반도체기술을 습득하기 위해 미국의 실리콘밸리에 직접 투자하는 경우나 LG가 미국의 제니스(Zenith)사와 합작하여 첨단 TV제조기법을 획득하고 후에 인수한 것을 들 수 있다.

5) 경쟁기업에 대한 견제

경쟁기업체에 대한 견제의 목적으로 국제화를 추진할 수 있다. 예를 들어, 어느 기업이 해외에 진출할 경우는 함께 따라 나가는 선도기업추종형(follow the leader)의 직접투자가 있다. 또한 선점적 지위를 누리기 위해 어느 국가에 다른 기업이 진입하기 전에 우선적으로 진출하는 방법을 택할 수 있다. 그리고 경쟁자를 견제하기 위하여 그들의 본국시장에 진입하는 경우도 있다.

6) 기타 요인

기업들은 국내의 유휴시설을 활용하기 위한 동기에서 국제화를 추진하는 경우가 있다. 예를 들어, 규모의 경제효과가 큰 산업에서 경쟁력을 확보하기 위하여 대규모 설비투자를 했을 경우 좁은 국내시장 때문에 기업들은 국제화 없이는 유휴시설문제를 해결할 수 없다. 그리고 국가별 제품수명주기의 차이와 산업발전단계의 차이를 이용하여 여러 해외시장에 단계적으로 진출한다면 제품의 수명 및 생산을 연장시킬 수 있을 것이다.

2절 다국적기업

1. 다국적기업의 정의

다국적기업(multinational corporation)이란 용어가 일반적으로 쓰이게 된 것은 1970년대부터이며, 이와 유사한 용어로는 국제기업(international firm), 초국가기업(transnational corporation), 세계기업(world enterprise), 지구기업(global firm), 무국적기업(stateless enterprise) 등이 있다.

다국적기업의 정의에 대해서는 여러 가지 명칭과 평가기준이 병존하고 있으며, 아직까지도 이에 대한 통일적인 정의가 존재하지 않고 있다. 1973년도 UN의 다국적기업에 관한 보고서에서는 다국적기업에 대한 대표적인 정의가 20여 개 이상이나 제시되고 있다.

예를 들면, 다국적기업이란 용어를 처음 사용한 릴리엔탈(D.E. Lilienthal)[1]은 다국적기업을 "1개국 이상에서 해외생산활동을 전개하면서 경영자가 세계적인 차원에서 연구개발, 생산 및 판매에 대한 의사결정을 내리는 기업"으로 정의하여 매우 포괄적으로 규정하고 있다. 이에 비해 버논(Raymond Vernon)[2]은 다국적기업을 "포춘(Fortune)의 500대 기업에 연 2회 이상 등재되어 있는 동시에 6개국 이상에서 현지생산 및 판매활동을 하는 기업"이라고 정의함으로써 거대 규모의 제조기업만을 다국적기업으로 한정하고 있다. 또한 펄뮤터(H.V. Perlmutter)[3]는 경영자의 태도(본국중심적, 현지국중심적, 지구중심적)를 중시하고 다국적기업을 "지구중심적 경영을 하는 기업"이라고 정의하고 있다.

이와 같이 학자들마다 다국적기업에 대한 정의가 상이한 것은 기업의 다국적성

1) D.E. Lilienthal, "Management of Multinational Corporation," in Anshen, M.H. and Bach, G. L. (eds), *Management and Corporation* (New York: McGraw-Hill Book Company, 1960), p. 119.

2) R. Vernon and L.T. Wells, *Manager in the International Economy*, 4th ed. (Prentice-Hall, 1981), pp. 3~6.

3) H.V. Perlmutter, "Tortuous Evolution of the Multinational Corporation," *Columbia Journal of World Business* (Jan-Feb. 1969), pp. 54~57.

(multinationality)을 기업의 구조 면에서 보는가, 성과 면에서 보는가, 아니면 행태 면에서 보는가에 따라 그 평가기준이 얼마든지 달라질 수 있기 때문이다.[4)]

1) 구조적 측면

기업구조 측면에서 다국적기업을 정의할 경우 다음과 같이 기업활동 범위의 다국화, 기업소유의 다국적성, 최고경영자의 국적 등의 기준 중에서 한 가지 이상을 충족하고 있는 경우를 다국적기업으로 보고 있다.

① 기업의 국제경영활동을 2개국 이상에서 전개하는 경우
② 기업의 소유권이 2개국 이상에 걸쳐 분산되어 있는 경우
③ 최고경영층이 2개국 이상의 경영자로 구성되어 있는 경우
④ 제조기업으로서 2개국 이상에서 제조활동을 전개하는 경우

2) 성과 측면

성과 측면에서는 기업의 전체 매출액, 자산규모, 생산규모, 종업원 수 등에서 해외 부문이 차지하는 비중이 어느 정도인가에 따라 다국적기업을 정의하고 있다. 예를 들면, 해외매출액이 전체 매출액에서 차지하는 비중이 25% 이상일 경우에 다국적기업으로 간주하고 있다.

3) 형태 측면

형태 측면에서는 경영의 관점이나 사고가 세계적인지의 여부를 통해 다국적기업을 정의하고 있다.

① 세계적인 관점에서 자원을 배분하고 경영하는 경우
② 해외자회사의 경영전략을 유기적으로 통합 · 조정하고 조직화하는 경우
③ 경영자의 태도가 본국중심적 사고, 현지중심적 사고, 세계중심적 사고 중에서 세

4) Y. Aharoni, "On the Definition of a Multinational Corporation," *Quarterly Review of Economics and Business* (1971, Autumn), pp. 27~37.

계중심적 사고를 하는 경우

이상에서 살펴본 바와 같이 다국적기업에 대한 정의는 연구하는 학자에 따라 천차만별이지만 기본적으로 "2개국 이상에서 국제경영활동을 전개하는 기업"이라고 포괄적으로 정의할 수 있다.

2. 다국적기업과 현지국

다국적기업이 현지국에 미치는 효과는 다음과 같은 이유들로 인하여 정확한 분석이 어렵다.

첫째는 다국적기업이 진출하기 전과 후의 경제적 사정을 정확히 분석하는 것이 어렵다.

둘째는 직접투자의 효과가 다양한 형태로 나타난다는 것과 측정하기 어려운 정치 · 문화적 요인들을 고려하면 정확한 정 · 부의 효과를 판정하기 어렵다.

마지막으로, 직접투자의 효과가 정부의 정책과 연계되어 있어서 독립적으로 측정하기 어렵다. 즉, 진입 시 진입에 따르는 일시적인 산업보호(관세정책)효과를 요구하는 경우 많은 사람들이 산업보호의 역효과만 강조하게 되는데 이러한 보호효과는 국내의 다른 기업에도 적용되기도 하며, 이는 경제적 요인보다는 정부의 정책에 의한 전체적인 왜곡효과이기 때문이다.

1) 자원이전효과

자본이나 기술, 경영자원 등의 이전효과로서 장 · 단기에 걸친 이전의 공과를 따지는 것이 필요하다.

(1) 자본이전

단기적으로는 국내의 부족한 자본도입을 통한 경제활성화, 그리고 이에 따른 유휴자본의 효과적인 활용 등이 가능하다. 그러나 장기적으로는 사업활성화에 따른 자본송금이나 원금회수 등의 부정적인 측면이 존재하게 된다.

(2) 기술이전

단기적으로는 피투자국이 필요로 하는 기술도입을 통한 기술개발비용과 시간의 절약, 그리고 경쟁력 향상 등에 기여할 수 있다. 그러나 장기적으로는 독자적인 기술개발 능력이나 기술개발원천을 외국에 의존함으로써 기술자립이 떨어질 수 있다.

또한 다국적기업이 도입하는 기술수준이 과연 현지국에 적합한 기술수준인지를 정확하게 평가하는 것이 요구된다. 이러한 논지는 주로 개도국과 선진국의 기술이전 논쟁으로서 현지국수준에 적합한 기술수준을 받아들이는 것이 중요하기 때문이다.

(3) 경영자원의 이전

선진경영기법이나 기업가적 능력을 지닌 인재의 파견에 따르는 현지국 기업가들의 경영관리능력이나 전문기업가적 능력을 향상시킬 수 있다는 점에서 도움이 된다. 그러나 문제점으로는 피투자국의 우수한 인재를 다국적기업이 빼앗아 간다는 부정적인 인식과 현지인의 승진과 경력개발에 다국적기업이 적극적이지 못하다는 비판이 있다.

2) 무역수지효과

무역수지에 미치는 효과는 국내에서의 생산시설 가동에 따른 수출증대효과와 자본도입을 통한 국제수지의 흑자 요인이 존재한다. 그러나 한편으로는 자본재 수입을 통한 것과 배당이나 수익금의 본사송환에 따른 국제수지 적자 요인도 있다.

이들을 간단히 도표로 살펴보면 [표 7-1]같다.

[표 7-1] 다국적기업의 무역수지효과

	무역수지	무역외수지	자본수지
긍정적 효 과	수출증대효과 • 현지 원재료와 중간재를 이용한 생산품의 수출 • 수입상품의 대체		장기자본유입 (투자지분)
부정적 효 과	수입증대효과 • 자본재 · 시설재의 수입증가 • 원재료 · 중간재의 수입	• 배당이자 · 자회사 수익의 송금 • 로열티 · 기술 수수료 지급	• 투자회수

3) 주권과 자주성에 미치는 효과

이는 주로 부정적인 영향이 강하게 나타난다. 이는 현지국에 진출하는 거대 규모의 다국적기업들이 자사의 풍부한 자금력과 우수한 기술정보력, 그리고 다국적기업 본사의 정치 · 경제적 힘의 논리로서 약소한 현지국과의 교섭력에서 앞서기 때문이다. 또한 다국적기업 모국의 경제적 · 힘의 논리를 통한 기업이익을 보호할 수 있는요인들이 강하기 때문이다. 예를 들면, 칠레에서 강제수용의 위기에 직면했던 ITT는 미국정부로 하여금 칠레에 대한 경제적 압력을 요청하는 한편 미국 중앙정보부의 협조 하에 현지정권을 전복하고자 기도했던 적이 있다.

반면에 인질효과를 기대할 수도 있다. 다시 말하면 외국인투자의 증대는 투자 모국정부로 하여금 현지투자국의 안보를 중요시 하도록 만드는 한 요인이 될 수도 있다는 것이다.

3. 다국적기업에 대한 유인과 규제

일반적으로 외국인투자를 받아들이는 현지국의 입장에서는 외국인직접투자에 대한 유인책과 규제책을 동시에 병행하여 실시하게 된다.

1) 유인정책(誘引政策)

외국인투자 유인정책이란 외국인투자 도입을 통한 부족한 자본의 도입과 기술발전 등을 위하여 자국에 유치하고 또한 다국적기업 스스로 국가목적에 합치하는 활동을 하거나 혹은 하지 못하도록 유도하기 위한 각종의 정책적 유인수단을 의미한다. 외국인투자를 유인하기 위한 현지국 정부의 유인정책수단은 다음과 같은 것들이 있다.

첫째, 조세상의 특혜를 부여하는 방법이다. 이 방법은 조세감면이나 조세유예(tax deferral)와 특별상각의 인정 등 조세와 관련된 회계처리상의 특혜 등을 포함한다.

둘째, 공공서비스 및 생산 요소를 시장가격 이하로 공급하는 등의 보조금을 지급하는 방법이다. 이 방법은 공공부지, 도로 및 외국인투자에 요한 공공시설을 무료 내지 시장

가격 이하로 제공한다든지, 생산활동에 소요되는 원료나 부품의 수입에 대하여 관세를 감면해주는 것이다. 그리고 시가 이하의 이자율로 장기의 자금을 지원해 주는 등 국가마다 다양한 형태의 보조정책을 활용하는 것을 들 수 있다.

셋째, 현지국 내 투자환경의 불확실성을 감소시키는 방법으로 지원하는 것들이 있다. 예를 들어, 외국인투자기업이 생산한 제품의 일부 또는 전체를 일정 가격 이상으로 구매한다는 보장을 한다든가, 경쟁제품에 대한 수입제한 내지 고관세부과, 투자분쟁 시 국제법에 따른 독립적 기관에 의한 중재보상, 투자보장협정의 체결 등이 있다.

2) 투자규제조치(投資規制措置)

투자규제조치란 다국적기업의 자산소유를 제한한다거나 경영상의 의사결정을 제한하는 등의 기업경영활동을 강제하거나 제한하는 각종의 규제적 정책수단을 의미한다. 이와 같은 외국인투자의 규제조치는 크게 두 가지로 구분할 수 있다.

첫째, 투자 전의 조치로서 외국인투자기업의 진입과 관련하여 자산소유 자체를 규제하는 외국인투자에 대한 사전심사제도와 외국인투자의 업종을 제한하는 투자금지조치 등이 있다. 특히 일부 국가들은 자국의 경제적 목적이나 안보 등을 이유로 전략적으로 중요한 특정 업종에 대해서는 외국인투자를 일체 금지하거나 혹은 외국인소유 지분을 엄격히 제한하는 조치를 실시하고 있다.

둘째, 외국인투자가 이루어진 후 투자기업의 구체적 경영활동과 관련된 운영상의 규제조치를 실시하기도 한다. 이와 같은 투자 후 사업활동을 규제하는 조치로서는 ① 부품국산화의무(local content requirement), 수출의무, 내국인 고용의무 등과 같이 기업의 생산 및 판매활동에 대한 규제조치가 있다. ② 국내금융시장에의 참여제한, 이자 및 배당이익의 송금제한 등 외국인기업의 자율적인 재무활동에 대한 규제조치 등이 있다.

이와 같은 외국인투자의 유인제도 및 규제정책을 도표로 요약하면 [표 7-2]와 같다.

[표 7-2] 외국인투자 유인제도 및 규제정책

		예시
투자유인	세제상의 지원	• 조세감면, 조세유예(tax deferral), 특별감가 세제상의 지원상각제도 등
	보조금제도	• 공장부지, 도로 및 공공시설의 무상제공 • 원재료 및 관련 부품의 수입 시 관세의 면제나 저관세 • 저리의 단기자금지원 및 각종 금융상의 혜택 제공 • R&D 및 수출활동 등에 대한 특별보조금 지원
	투자환경의 개선	• 완제품의 판로보장 • 경쟁제품의 수입을 제한 • 국제분쟁 해결절차의 명시 • 투자안전보장협정의 체결
투자규제	사전적 투자	• 외국인투자에 대한 사전심사제도 운용 • 외국인투자 금지 업종 • 외국인투자 시 소유지분의 제한
	외국인투자기업 설립 후의 경영 활동에 대한 직접적 규제	• R&D 및 기술이전 의무 • 부품국산화 의무 • 내국인 고용 의무 • 국내금융시장에의 참여제한 • 이자 및 배당송금의 제한 • 이전가격의 통제

3절 국제기업이론

1. 독점적 우위이론

외국시장에 진출하는 기업들은 일반적으로 외국기업으로서 여러 가지 불리점, 즉 외국비용(cost of foreignness)을 감수하게 된다. 외국비용의 원천으로는 다음과 같은 것들이 있다. ① 현지국기업에게 유리한 경제 · 사회 · 법률제도 및 사회적 관습, ② 소비자의 현지국기업이나 제품에 길들여진 기호, ③ 본사국과의 거리에 의한 기업 관리비용 및 통신비용의 증가, ④ 현지국의 주민 또는 공공기관으로부터 받는 여러 가지 차별대우, ⑤ 현지국 시장환경에 대한 정보부족 등이 있다.

독점적 우위이론이란 하이머의 지도교수였던 킨들버거에 의해 체계화된 것으로서 기업이 독점적으로 보유하고 있는 기업특유의 독점적 우위 요소를 직접투자의 동기로 설명하고 있다. 킨들버거에 의하면 기업의 현지 진출 시 외국비용의 존재는 외국기업으로 하여금 현지국기업에 비해 우위를 가져다 주는 독점적 우위 요소가 있어야만 진출을 가능하게 하며, 이러한 독점적 우위 요소는 시장구조가 불완전하다는 가정 하에서 출발하고 있다고 한다.

외국기업이 현지국기업에 비해서 가지는 독점적 우위 요소는 다음과 같은 요소들이 있다. ① 제품시장의 불완전성과 관련된 것들로서 제품차별화능력과 특수한 마케팅기술, ② 생산 요소시장의 불완전성과 관련된 것들로서 특허 및 비공개기술의 보유와 기술획득 및 자본조달상의 우위, ③ 규모의 경제와 관련된 것으로 수직적 통합과 수평적 통합능력, ④ 정부의 규제와 관련된 것으로 조세 및 관세, 금리 및 환율정책 등이 있다.

이들 네 가지 독점적 우위 요인들을 도표로 나타내면 다음의 [표 7-3]과 같다.

[표 7-3] 독점적 우위 요인

독점적 우위 요인	독점적 우위를 가져다 주는 구체적 예
제품시장의 불완전성	제품차별화, 특수한 마케팅기술, 재판매가격 유지제도, 관리가격 등
요소시장의 불완전성	특허 및 비공개기술, 기술획득 및 자본조달상의 우위, 경영자능력의 차이
규모의 경제	수직적 통합 요인으로서의 외부경제, 수평적 통합 요인으로서 내부경제 등
정부의 규제	조세 및 관세, 금리 및 환율정책, 특정 산업의 수출입 규제 등

결국 이 이론은 기업의 외국시장 진입 시 현지국기업에 비해 갖는 여러 가지 불리한 점을 상쇄할 수 있는 기업의 독특한 독점적 우위 요소가 있어야만 현지국에서의 불리점을 극복할 수 있으며, 이들 우위 요인들을 보유한 기업만이 해외직접투자를 할 수 있다는 것이다.

2. 내부화이론

내부화이론이란 시장구조의 불완전성이나 기업이 보유하고 있는 우위 요소의 공공재적 성격으로 인하여 직접투자를 통한 거래를 기업내부화한다는 것이다. 내부화이론의 주장은 다음과 같다.[5)]

첫째, 특정 기업이 외국시장에 진입할 때 기술라이슨싱 등과 같은 계약 방식과 직접투자를 통한 국제화 방식을 선택할 수 있다. 여기서 계약 방식은 시장거래 방식(market transaction or arm's length transaction)을 의미하며, 국제화 방식은 자회사와 모회사 간의 기업 내 거래 방식(firm transaction hierarchy)으로 간주할 수 있다.

둘째, 경우에 따라서는 자연적 혹은 인위적 시장불완전성 때문에 기업이 재화나 용역의 이전을 위하여 시장 방식을 선택하는 것이 불리한 경우도 있다.

셋째, 이러한 경우, 즉 시장결함이 나타날 때 기업은 국제화 방식을 택하여 이전행위를 기업내부화(internalization)함으로써 기업 내에 시장기능을 창조하게 된다.

넷째, 기술 등 주요 재화의 국가 간 이전을 내부화하는 것이 직접투자이며, 기업은 내부화를 통하여 국제기업으로 생성 · 발전하게 된다.

내부화이론은 1976년 이후 버클리와 카슨(Buckley & Casson, 1976)에 의하여 처음 체계화된 이후 많은 학자들이 내부화의 근거가 되는 시장불완전성의 존재와 유형을 규명하고, 내부화를 위한 경영의사결정을 구체화하기 위하여 내부화의 장점과 단점을 구체적으로 제시함으로써 동 이론의 이론적 · 실증적 기반을 구축하면서 유지 · 발전되어 왔다.

버클리와 카손은 일반적인 내부화의 개념을 해외직접투자 문제에 최초로 도입하였다는 데서 그 시초가 되고 있다. 그들의 이론적 구성은 다음과 같다.

첫째, 기업은 불완전시장의 세계에서 이윤극대화를 지향한다. 둘째, 중간재시장 등 시장이 불완전할 때 외부시장거래를 피하고 내부시장을 창조하려는 유인이 존재한다. 셋째, 국경을 넘는 내부화가 다국적기업을 생성시키게 된다.

이들이 주장한 기업내부화 요인들을 살펴보면 [표 7-4]와 같다.

---

5) 국제경영연구회, 글로벌 시대의 국제경영학, 영지문화사, pp.170~173.

[표 7-4] 기업내부화 요인

내부화의 이익	내부화의 비용
산업특유 요인(industry specific factors)	외부시장구조, 규모의 경제, 산업특성
지역특유 요인(region specific factors)	지리적 거리, 문화적 차이
국가특유 요인(nation specific factors)	경제 · 정치 · 재정적 요소
기업특유 요인(firm specific factors)	마케팅, 경영능력, 기술, R&D 등

특히 버클리와 카손은 기업의 중간재가 기업활동에서 차지하는 역할을 강조하였고, 이러한 기업의 중간재를 불완전한 외부시장에서 시장거래화하는 데 어려움이 있다고 주장하고 있다. 이러한 어려움 때문에 중간재시장을 국경을 넘어 내부화하는 과정이 해외직접투자라고 규정하고 있으며, 내부화의 근거가 되는 시장불완전성을 산업특유 요인, 지역특유 요인, 국가특유 요인, 그리고 기업특유 요인 등으로 대별하고 있다.

또한 버클리와 카손은 내부화의 이익과 비용을 구체화함으로써 경영의사결정 모형 수립을 위한 근거를 제시하고 있다. 그들이 제시한 내부화의 이익과 비용은 [표 7-5]와 같다.

[표 7-5] 내부화의 이익과 비용

내부화의 이익	내부화의 비용
1. 가격차별화 구조 구축	1. 시장세분화에 따른 비용의 증가
2. 구매자 불확실성의 회피	2. 의사소통 및 조정비용의 증가
3. 내부거래시장 창조(시간격차의 회피)	3. 상대국의 정치적 차별화위험의 증가
4. 쌍방적 협상의 회피	4. 경영자의 전문성 제고에 따르는 관리비용의 증가
5. 이전가격을 통한 정부영향의 극소화	

3. 절충이론(Eclectic Theory)

독점적 우위이론과 내부화이론은 해외직접투자이론이 일반적으로 설명하여야 할 다음의 세 가지 주제에 대해서 나름대로의 해답을 제공하고 있다.

첫째, 해외진출기업이 현지에서의 기업활동 시 발생되는 외국비용에도 불구하고 현지기업들과의 경쟁에서 이길 수 있는 요인은 무엇인가?

둘째, 해외사업활동으로 직접투자와 라이슨싱, 수출 등의 다양한 방식이 있는데 왜 직접투자를 선택하는가?

셋째, 국제생산이 이루어질 수 있는 수많은 현지국 중에서 왜 그 국가에 위치하는가?

이러한 세 가지 문제에 대하여 기존 연구들은 정확하게 세 가지 문제들을 다 설명하

[표 7-6] 절충이론

1. 기업특유 요인(ownership-specific advantage) ◐ 기업의 형태와 관계 없는 우위 • 기업규모, 다양성, 독점적 지위 • 특허, 상표권 등 전유적 무형재 및 관련능력 • 생산, 조직, 마케팅 시스템, R&D능력, 인적자본, 경험 • 각종 자원 및 제품시장에 대한 배타적 · 차별적 접근능력 • 정부의 보호 ◐ 주로 다국적기업들이 누리는 우위 • 위험분산능력 • 정보수집, 시장접근능력 • 제고된 대정부 협상능력
2. 내부화우위(internalization-specific advantage) • 거래당사자 탐색 · 협상 · 조정비용 • 독점적 권리의 보호 • 매매자 불확실성 • 외부적 가격차별화 불인정/내부시장능력 • 제품품질 유지 • 거래 및 공급의 안정성 유지 • 쿼터, 관세 등 정부간섭 및 규제 회피 • 전략적 상호보조 등 경쟁전략우위
3. 장소특유의 요소(location-specific advantage) • 생산요소비용 • 운반비, 통신비 등 인프라 비용 • 관련 인프라 및 관련 기업능력 • 정부간섭 및 규제, 수입규제, 투자유인, 투자환경 • 정치적 안정성 • 경제하부구조 • 국제문화적 거리감

고 있는 이론은 없으며, 이들 연구주제 중 한두 가지에 국한하여 접근하고 있다는 이론적 한계점을 내포하고 있다. 즉, 대부분의 기존 연구는 직접투자를 중심으로 기술라이선싱 등 해외생산을 전제로 한 경우로 국한하여 설명하고 있다. 따라서 수출 등 본국생산과 해외생산에 대한 결정은 설명하지 못한다는 점에서 부분이론으로서의 한계점을 내포하고 있다.

이러한 상황에서 더닝(Dunning)은 그동안 많은 학자들에 의하여 연구개발 되어온 해외직접투자이론을 종합화하여 포괄적인 설명력을 제공할 수 있는 일반이론을 제시하기 위하여 노력하여 왔다. 더닝이 주장한 해외직접투자의 포괄적인 설명이론을 절충이론이라고 한다. 이 이론을 살펴보면 다음과 같다.

첫째, 기업은 국제화 과정에서 수출, 직접투자, 라이선싱 등의 대안들을 고려하여 국제생산결정을 내리게 된다.

둘째, 기업의 해외생산활동을 결정짓는 여러 가지 요인들을 기업특유의 요소(ownershipspecific advantage)와 외국에서 생산하는데 따르는 장소특유의 요소(location-specific advantage), 그리고 내부화특유의 요소(internalization-specific advantage) 등으로 대별하고 있다. 이들 요인들 중 기업특유의 요소와 내부화특유의 요소는 기업들로 하여금 해외시장으로 나아가게 하는 푸쉬(push) 요인이 되며, 현지국의 장소특유 요소는 기업을 현지국에 끌어들이게 하는 풀(pull) 요인으로 작용한다.

셋째, 이러한 세 가지 요소를 고려하여 직접투자, 수출, 라이슨싱 등을 선택할 수 있다는 것이다. 즉, 기업특유의 우위가 있고 외국에서 생산할 만한 장소특유우위가 없으면 기업들은 본국에서 생산하여 수출하게 된다. 그리고 기업특유, 장소특유의 우위 요소가 있으나 내부화를 할 요인이 없으면, 기술라이슨싱을 통하여 외국에서 대리생산을 하게 된다. 또한 기업특유, 장소특유, 내부화특유의 세 요소 모두를 가지고 있는 경우 기업들은 내부화하여 직접투자를 통하여 외국 현지에서 직접생산을 하게 된다는 것이다.

이들 세 가지 요인들을 고려한 국제경영활동의 선택을 간단히 살펴보면 [표 7-7]과 같다.

더닝은 자신의 해외직접투자이론을 미시적 · 기업적 관점에서 기업특유우위, 내부화특유우위, 그리고 거시적 · 국민경제적 · 국제분업적 관점에서의 장소특유 요인을 종합하여 절충이론이라고 지칭하였고, 그 후 더닝의 절충이론은 세 가지 우위 요인의 머리글자를 따서 'OLI 패러다임'이라고 지칭하기도 한다.

[표 7-7] 절충이론의 세 가지 요인과 해외사업활동 간의 관계

우위 요소 / 형 태	기업특유의 우위	장소특유의 우위	내부화의 우위
수 출	○	×	×
라 이 슨 싱	○	○	×
해외직접투자	○	○	○

4. 고지마의 무역관련이론

고지마(Kojima, 1978)는 기존 이론과는 달리 거시경제적 입장을 반영한 무역관련가설(trade interaction hypotheses)에서 비교우위관점을 반영한 투자활동으로서 해외직접투자를 설명하고 있다. 그의 주장에 따르면 해외직접투자는 투자국이 이미 비교열위에 있거나 비교열위화하고 있는 산업(한계산업)으로부터 피투자국이 이미 비교우위에 있거나 비교우위화하고 있는 산업에서 발생하게 된다고 하였다.

고지마에 따르면 해외직접투자의 형태는 미국형과 일본형으로 구분할 수 있으며, 세계경제의 후생증가 측면에서는 일본형 해외투자가 바람직하다는 주장을 하고 있다.

미국형 직접투자는 독과점적 산업에서 독점기업들 간의 경쟁활동의 결과로 발생되며, 이러한 직접투자의 결과는 오히려 상품교역량을 줄어들게 함으로써 후생수준을 감소시키게 되므로 이러한 형태의 직접투자는 규제되어야만 한다. 이와는 달리 일본형 직접투자는 대개 일본이 비교우위를 상실해 가는 산업(피투자국의 경우는 비교경쟁력이 우위에 있는 산업)에서 많이 발생하게 되며, 따라서 직접투자의 결과 일본기업과 해외투자 자회사 간의 중간재 등의 국제무역을 증가시키는 양상을 보이게 된다.

결국 일본형 해외투자는 국제무역을 증진시키는 역할을 하게 되며, 이러한 직접투자활동을 통해서 피투자국의 경제발전을 가져오기 위한 교사로서의 역할도 담당하게 된다는 것이다. 따라서 일본형 해외직접투자는 국제무역을 증진시킨다는 관점에서 투자국이나 피투자국 정부에 의해 모두 장려되어야 하며 보호받을 필요성이 있다고 주장한다.

이러한 고지마의 무역관련이론은 미국형 투자와 직접투자이론에 대한 정면적 공격

과 일본형 해외직접투자를 옹호한다는 점에서 많은 논란을 불러일으켰다. 이에 대하여 메이슨(Mason) 등은 다음과 같은 점들을 들어서 고지마의 주장을 반박하고 있다.

첫째, 미국기업과 일본기업들 간의 외형상 해외투자 형태의 차이는 미국과 일본의 산업구성 차이에 근거하며, 일본기업들도 첨단산업 등 미국과 같은 산업에서는 미국기업과 같은 투자 형태를 보이고 있다.

둘째, 미국형 직접투자의 경우 상품의 국제무역을 대체하기는 하지만, 기술, 자본 등 관련 요소의 국가 간 이동을 촉진함으로써 복지증진효과를 보이게 된다.

셋째, 일본형 해외투자의 경우 중간재 등의 국제무역을 증진시키기는 하지만, 대부분 중간재의 독점적 공급과 그에 따른 과다보상으로 피투자기업과 국가의 복지를 감소시키게 된다.

5. 기타 이론

1) 독과점적 대응이론(Oligopolistic Reaction Theory)

이 이론은 산업구조가 과점적 상황에서 해외직접투자를 과점적 경쟁기업 간의 대응진출 및 상호경쟁의 현상으로서 설명하는 것으로서 선도기업에 대한 경쟁기업의 대응, 즉 방어적 투자현상으로 설명하는 것이다. 예를 들어, 과점상황에서 특정한 기업이 신시장을 개척하기 위해 외국에 진출하는 경우, 다른 경쟁기업들은 이에 상응하는 행동으로 대처하게 된다. 왜냐하면 외국시장에 진출하지 않을 경우 먼저 진출한 기업에 비해 경쟁력을 상실하게 되며, 국내시장마저 지위를 상실할 위험에 직면한다고 생각하기 때문이다. 따라서 이러한 관점에서 볼 때 기업의 해외직접투자는 기업이윤의 극대화가 아니라 기업 간 균형유지가 최고의 목표가 된다.

이 이론은 동일산업에 속한 기업들이 특정 투자대상국에 집중투자하는 소위 밴드웨곤효과(bandwagon effect)를 설명할 수 있으며, 한국기업들의 경우도 삼성, 하이닉스 등 대기업들이 반도체산업에 있어서 미국의 실리콘밸리에 진출한 예를 설명할 수 있다. 그러나 이 이론은 최초 선발기업의 투자동기와 어떠한 우위 요소를 통해서 외국비용을 극복할 수 있는가는 설명하지 못한다는 단점이 있다.

2) 국제제품수명주기이론

이미 제2장에서 살펴본 바와 같이 국제제품수명주기이론은 각국의 기술 및 소득수준의 차이와 제품의 시장국별 도입시기의 차이에 근거하여 특정 제품의 국제무역 패턴과 해외생산입지의 변화 과정을 설명한 것이다. 이 이론에 의하면 해외직접투자는 크게 두 가지 목적에서 발생하게 된다.

첫째, 현지국시장을 방어하기 위해서이다. 최초의 제품개발국에서 주변국으로의 수출이 시작되고 현지에서의 수입대체가 증가될수록 현지국 정부의 보호정책이 강화되게 된다. 이러한 단계는 제품수명주기상 주로 성장기에 해당되며, 최초의 제품개발국가가 현지 수출시장을 방어할 목적으로 해외직접투자를 하게 된다.

둘째, 본국시장의 방어 및 제3세계시장으로의 진출을 위한 목적으로 해외생산기지를 선택하게 된다. 이 단계는 주로 제품수명주기상 성숙기나 쇠퇴기단계로서 제품의 가격경쟁력이 관건이 되므로 개도국이나 저임금국가에 진출하여 가격경쟁력을 확보하기 위해서이다.

이 이론은 시간이라는 변수의 도입을 통해 국제화 과정을 동태적으로 설명하였다는 장점이 있다. 그러나 이 이론의 한계점은 기술의 점진적 전파 과정을 가정하고 있다는 것과 다국적기업들에 의한 여러 국가에서의 동시생산, 그리고 적용이 가능하지 않은 상품들(예를 들어 패션상품)이 많다는 것이다.

4절 세계화전략의 개발

1. 가치활동

포터는 그의 가치사슬분석에서 기업경쟁력의 원천을 크게 본원적 활동(primary activity)과 보조활동(support activity)으로 구분한 다음 이들 각각의 활동원천을 효율적으로 수행하는 기업들이 경쟁우위를 누릴 수 있다고 하였다. 그는 기업의 가치활동을 [그림 7-4]와 같이 구분하고 있다.[6)]

그림 7-4 가치활동

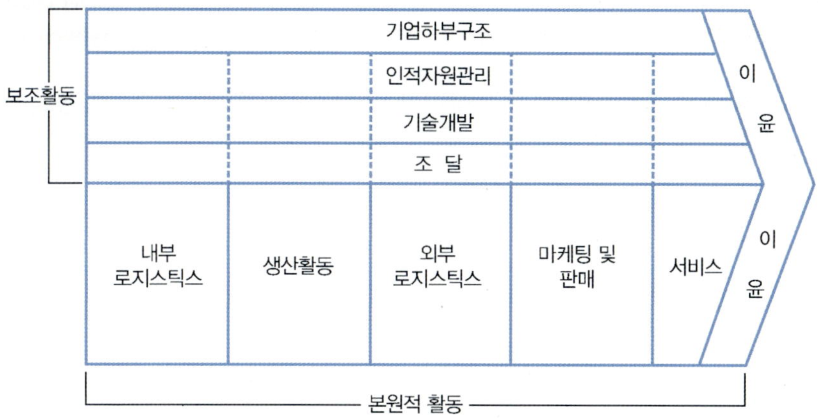

이러한 가치활동들 중 상류활동은 주로 원자재확보와 생산활동과 관련된 것들이며, 하류활동은 마케팅과 A/S활동 등을 포함한다.

하류활동은 구매자와의 근접성이 중요하므로 이러한 가치활동으로부터 파생되는 경쟁우위는 국가특유의 성격을 지니게 된다. 이에 비해 상류활동과 보조활동은 단일시장국이 아니라 기업이 활동하고 있는 전체 시장에서 이루어지므로 이러한 가치활동으로부터 파생되는 경쟁우위는 범세계적인 성격을 지니게 된다.

이러한 맥락에서 하류활동이 경쟁우위의 형성에 중요한 산업은 대체로 개별국가적인 경쟁양상을 띠게 되는 것이 보통이며, 상류활동 또는 보조활동이 경쟁우위의 형성에 중요한 역할을 하는 산업은 범세계적인 경쟁이 보편적이다.

2. 배치와 조정

가치활동과 경쟁우위의 관계를 고려할 때, 기업의 국제경쟁전략은 가치활동을 어떻게 배치하고 조정하느냐 하는 차원에서 조명해 볼 수 있다.

첫째, 배치(configuration)의 문제는 각각의 가치활동이 세계의 어디에서 수행되는 것

6) Michael E. Porter, *Competitive Advantage* (New York : Free Press, 1985).

이 바람직한가를 의미하는 것으로서 기업이 취할 수 있는 대안은 집중과 분산으로 나누어 볼 수 있다. 집중은 연구개발이나 생산 등의 활동을 단일 또는 소수의 국가에서 수행하는 것을 의미하며, 분산은 당해 활동을 거의 모든 시장국에서 수행함을 의미한다.

둘째, 조정(coordination)의 문제는 상이한 국가에서 이루어지는 가치활동을 어느 정도나 유사하게 또는 연관이 되도록 통합하는가를 의미하는 것으로서 조정수준을 높게 할 수도 있고 낮게 할 수도 있다. 예를 들면 한국, 미국, 영국에 3개의 생산공장을 가지고 있는 기업의 경우 3개의 공장을 각각 완전히 자율적으로 운영할 수도 있고, 아니면 똑같은 생산 방식과 부품 등을 사용하게 함으로써 철저하게 본사에서 통제할 수도 있다.

이러한, 가치활동의 국제적인 배치와 조정문제를 좀더 구체적으로 살펴본다면 [표 7-8]과 같다.

[표 7-8] 가치활동별 국제적 배치 및 조정문제

가치활동	배 치 문 제	조 정 문 제
제조	부품 및 최종 제품의 공장입지	• 분산된 개개공장의 분업적 역할 • 세계속의 공장 간의 연결 • 제조기술과 생산 Know-how의 각 공장간의 교류
판매 · 마케팅	제품라인의 선정 국가(시장)의 선정 광고와 판촉물의 제작장소	• Brand명의 세계적인 통일 여부 • 판매액의 국별 조정, 일정한 유통경로와 제품포지션 하에서의 가격조정
서비스	서비스조직부서들의 입지	• 서비스기준과 절차의 세계적인 통일
기술개발	R&D 중심의 수와 입지	• R&D 센터 간의 연구과제 배분 • R&D 센터 간의 인사교류 • 국별 시장의 요에 대응한 제품의 개발 • 국별 신제품 발매의 순서결정
조달	자재구입기능부서의 입지	• 국별 자재공급업자의 선정과 관리 • 자재시장의 정보교환 • 공통자재의 구매조건의 조정

3. 세계화전략의 유형

포터는 위에서 살펴본 가치활동의 세계적인 배치와 조정을 국제경쟁우위의 주요한 원천이라고 보고 배치와 조정을 축으로 [그림 7-5]와 같이 국제경쟁전략을 단순글로벌전략, 수출중심전략, 통합적 글로벌전략, 개별국가위주전략 등 4가지로 분류하고 있다.

그림 7-5 배치와 조정에 따른 국제경쟁전략 유형

첫째, 단순글로벌전략은 기업의 가치활동 중 가급적 많은 부분을 하나의 국가에 집중하여 행하되 하류가치활동과 같이 부득이 개별국가에 분산하여 시행해야 하는 부분 등에 대해서는 표준화를 통해 철저한 중앙통제 및 조정을 시도하는 경쟁전략이다. 일본기업들이 많이 사용하는 전략 유형이다.

둘째, 개별국가위주전략은 가치활동의 대부분이 개별국가에 분산되어 행해지지만 개별국가 간 가치활동의 조정이 이루어지지 않는 경쟁전략의 형태로서 해외투자 초기단계에 있는 기업들이 활용하는 전략 형태이다.

셋째, 통합적 글로벌전략은 대부분의 가치활동을 각국에 분산 배치하는 면에서는 개별국가위주전략과 유사하나, 이렇게 분산된 가치활동에 대해서는 철저한 중앙통제 및 조정을 행하는 점에서는 다른 측면을 가지고 있다. 오늘날 거대한 글로벌기업들이 대부

분 추구하는 국제경쟁전략이다.

넷째, 수출중심전략은 생산과 연구개발 등 대부분의 가치활동을 본국에서 수행하는 한편, 각국에 분산 배치되어 있는 판매 및 사후관리 등과 같은 하류가치활동에 대해서는 대체로 자율권을 허용하는 전략이다.

주요용어

기업세계화, 국제경쟁력, 가격경쟁력, 비가격경쟁력, 다국적기업, 외국인투자 유인정책, 외국인투자 규제조치, 독점적 우위이론, 내부화이론, 절충이론, 고지마이론, 독과점적 대응이론, 국제제품수명주기이론, 가치활동, 단순글로벌전략, 개별국가위주전략, 통합적 글로벌전략, 수출중심전략

연습문제

1. 기업의 세계화란 무엇이며, 기업세계화는 어떠한 과정을 따르게 되는지 설명하시오.

2. 기업세계화의 동기는 무엇인지 설명하시오.

3. 다국적기업이 현지국에 미치는 영향을 장 · 단기로 구분하여 설명하시오.

4. 현지국들이 다국적기업들을 유치하기 위하여 실시하는 유인정책에는 어떠한 종류가 있는지를 논술하시오.

5. 현지국들이 다국적기업활동들을 규제하기 위하여 실시하는 규제조치에는 어떠한 종류가 있는지를 논술하시오.

6. 해외직접투자이론 중 독점적 우위이론과 내부화이론을 비교 · 설명하시오.

7. 해외직접투자이론 중에서 하나를 선택하여 최근 한국기업의 해외직접투자 현상을 설명하시오.

8. 여러분이 기업의 책임자라면 기업의 부가가치활동들을 어떻게 세계적으로 배치 · 조정할 것인지 그 전략적 대안들을 설명하시오.

8장

해외시장 진입전략

학습목표

세계시장에 진입하려는 기업들의 직면하는 문제는 200여 국가의 세계시장 중에서 어느 해외시장에 자사상품을 판매할 것인가를 결정하는 것이다. 본 장에서는 기업의 진출국가 선정과 관련하여 세계시장 세분화의 개념을 알아본다. 그리고 해외시장에서의 기회 및 경쟁력을 평가하고 이를 기초로 진출대상국을 결정하는 방법을 이해한다. 마지막으로 기업의 해외시장 진출방식 중 어떠한 형태로 진입하는 것이 바람직한가를 생각해본다.

세계경영이야기

중국 탓하는 애플에 WSJ "삼성에 배워라"

애플이 중국시장에서의 판매 부진을 이유로 16년 만에 실적 전망치를 낮추면서 전 세계증시가 요동쳤다. 월스트리트저널(WSJ)은 중국시장에서 위기를 맞은 애플이 정치적 위기로 중국시장을 잃은 삼성전자의 사례를 참고해야 한다고 2019년 1월 4일(현지시각) 보도했다.

삼성전자가 사드 등의 문제로 중국시장에서 역풍을 맞은 것처럼 애플도 무역전쟁으로 위기를 맞고 있어 조심해야 한다고 WSJ는 전했다. WSJ는 "중국인들은 반한감정보다 반미감정이 훨씬 심해 애플은 삼성보다 더 큰 위기를 맞을 수 있다"고 경고했다.

애플은 2019년 1월 2일 투자자들에게 보낸 서한에 올 1분기(1~3월) 매출 전망치를 기존보다 5~9%가량 하향 조정한다고 전했다. 팀 쿡 애플 최고경영자(CEO)는 "1분기 매출 전망치가 840억 달러(약 94조 원)에 그칠 것"이라면서 "중국에서의 매출 감소 규모를 예측하지 못했다"고 말했다. 삼성전자는 5년 전까지만 해도 중국 휴대폰시장 점유율이 20%에 육박했다. 중국의 휴대폰 5대 중 1대가 삼성 제품이었던 것이다.

그러나 화웨이를 비롯한 중국 스마트폰 제조사의 저가 공세, 2016년 사드(THAAD · 고고도 미사일 방어체계)의 여파로 단기간에 주도권을 잃었다. 현재 삼성전자의 중국시장 점유율은 1%에 그친다.

WSJ는 "삼성은 인도 등 신흥시장을 개척하고 중저가 스마트폰을 출시하는 방향으로 전략을 수정했다"고 전했다. 삼성전자는 인도에 7억 달러를 투입해 세계 최대 규모의 휴대폰 공장을 설립하는 등 신흥시장에 적극 진출했다. 그 결과 삼성전자는 세계 휴대폰시장 점유율 1위 자리를 지키고 있다.

애플은 지난 2015년 삼성을 제치고 중국시장 점유율 1위 자리에 올랐다. 당시 애플의 시장 점유율이 14%에 달했다. 그러나 화웨이를 비롯한 중국 경쟁자들이 약진하면서 현재 애플의 중국시장 점유율은 7~8%대까지 떨어졌다.

〈조선일보, 2019/01/05〉

1절 세계시장 세분화

1. 시장세분화(市場細分化)의 개념

해외시장에 진출하는 기업들은 선정된 표적국가의 모든 소비자들의 다양한 욕구를 충족시킨다는 것은 현실적으로 불가능할 뿐만 아니라 효과적이지도 않다. 또한 상이한 특성을 지닌 소비자들에게 똑같은 마케팅전략을 전개하는 것도 바람직하지 않다. 따라서 수출마케팅 담당자들은 소비 행태와 경제적 특성 등이 유사한 소비자들 혹은 시장을 집단화시킴으로써 한정된 마케팅자원을 효율적으로 이용하고 해외시장에서 경쟁력을 확보할 수 있다.

시장세분화는 기업의 마케팅활동에 대해 유사한 반응을 보일 것으로 예측되는 세분시장별로 시장을 구분하는 것을 말한다. 기업은 시장세분화를 통해 세분시장에 대한 침투를 극대화하고 전략적 우위를 점할 수 있다. 이러한 시장세분화는 국내시장에 비해 규모도 크고 이질적인 다수의 해외시장에서 활동하는 국제기업에게 특히 중요하다. 즉, 세계시장을 탐색하여 선정된 표적국가시장을 수출마케팅목적에 따라 세분화하여 유리한 세분시장을 선택하는 세계시장 세분화는 수출마케팅전략 과정 중 가장 초보적이면서도 핵심적인 부분이 된다.

수출기업은 시장세분화를 통해 다음과 같이 마케팅 기회의 포착, 자원의 효율적 배분, 전략조정, 목표시장 설정 등과 같은 이익을 얻을 수 있다.

첫째, 기업은 시장세분화를 통해 각 세분시장의 만족도와 욕구를 파악하고 기존 제품에 대해 만족을 느끼지 못하는 세분시장을 찾아냄으로써 새로운 마케팅 기회를 포착할 수 있다.

둘째, 기업은 시장세분화를 통해 자사의 마케팅노력에 가장 반응이 좋은 세분시장을 구별하고 동 시장에 한정된 자원을 집중함으로써 자원을 효율적으로 사용할 수 있다.

셋째, 기업은 시장세분화를 통해 욕구가 다른 각 세분시장에 맞는 마케팅전략을 수립하여 실행할 수 있다.

넷째, 기업은 시장세분화를 통해 자사의 강점과 약점에 적합한 세분시장을 선택할 수 있다.

2. 시장세분화의 기준

시장을 세분화하기 위해서는 비교 가능한 자료를 수집하여 측정할 수 있는 세분시장의 규모가 상당히 커야 하며 세분시장 소비자들에게 접근 가능해야 한다. 일반적으로 사용되는 시장세분화기준은 다음과 같다.[1)]

1) 인구통계적 변수

인구통계적 변수는 소비자집단을 분류하는 객관적인 기준으로 가장 널리 이용되는데 연령, 성별, 가족구성원의 수, 소득수준, 종교, 인종, 직업 등을 세분화의 기준으로 삼는다. 예를 들면, 국제기업이 시장을 불교, 기독교, 회교, 천주교 신앙권으로 구분하거나, 소득수준에 따라 1천 달러 미만, 1천~5천 달러 미만, 5천~1만 달러 미만, 1만 달러 이상으로 분류하는 것이다.

2) 문화적 변수

문화적 세분화는 각국의 문화적 특성의 유사성에 의해 시장을 분류하는 것으로, 특히 해외시장의 세분화기준으로 매우 중요하다. 즉, 문화는 소비자의 행동과 사고방식에 절대적인 영향을 미침으로써 소비자들의 의 · 식 · 주 및 기타 선호체계를 변화시키기 때문에 문화적 특성에 의해 각국 시장을 분류하는 것이 중요하다.

3) 지리적 변수

지리적 세분화는 시장을 국가나 주(도), 지역, 시, 군 등의 상이한 지리적 단위로 나누는 것이다. 예컨대 시장을 아시아권, 유럽권, 북미권, 남미권, 아프리카권 등으로 구분

1) 이장로 외, 국제마케팅, 무역경영사, 2018, pp.143~144.

하는 것이다. 이때 국제기업은 지리에 따른 기본적 욕구와 선호의 차이를 인식하여 차별적인 마케팅활동을 전개해야 할 것이다.

4) 행동적 변수

행동세분화는 구매자들이 제품에 대해 갖고 있는 지식, 태도, 반응 등의 기준에 따라 시장을 나누는 것이다. 구체적인 행동변수로는 사용률, 사용 여부, 구매동기, 충성도, 추구하는 편익 등을 들 수 있다.

5) 제품수명주기를 이용한 시장세분화

국제기업은 마케팅전략을 수립할 때 국제적인 추세나 패턴의 변화를 중시해야 하는데, 그 중에서도 특히 시장세분화전략은 세계시장의 동태적 특성을 반드시 반영하여야 한다.

동태적인 시장특성을 고려하여 시장을 세분화하는 방법으로는 제품수명주기를 국제시장에 적용하는 방법이 많이 활용된다. 제품수명주기는 일반적으로 특정한 한 시장에서 시간경과에 따른 특정 제품의 변화추세를 분석하는데 사용되지만, 국제기업활동에 있어서는 일정 시점 혹은 일정 기간 동안 여러 국가시장의 제품수명주기상의 상대적 위치를 파악하는 방법으로 활용할 수 있다.

모든 제품은 시장에서 수명주기가 있기 마련이며, 그것의 지속기간과 형태는 제품과 국가에 따라 달라진다. 예를 들면, 미국에서 신제품이 개발될 경우 그 제품이 일본이나 기타 선진국시장으로 비교적 빨리 이전되지만, 개도국에는 상당한 기간이 지나야 도입된다. 그러므로 일정 시점에 있어서 동일한 제품이라도 국가마다 제품수명주기는 다를 수밖에 없다. 이에 따라 자국시장에서는 판매가 줄어들어 성숙기 후반 내지 쇠퇴기에 있는 제품이라고 할지라도 어떤 국가에서는 시장도입기나 전혀 진출조차 하지 않을 수도 있는 것이다. 국가별 제품수명주기의 차이는 [그림 8-1]을 보면 쉽게 이해할 수 있다.

그림 8-1 국가별 제품수명주기단계

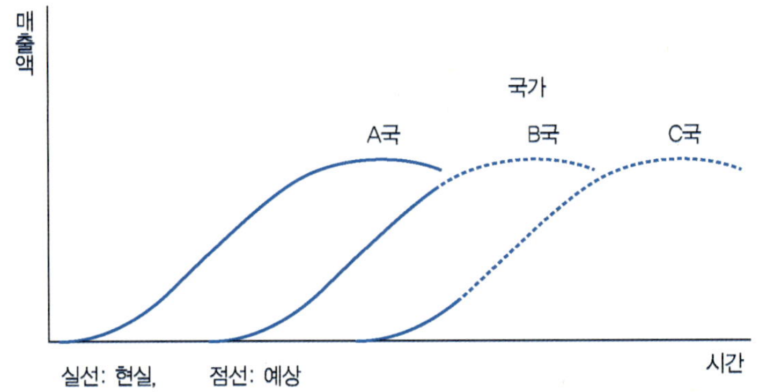

자료: J.C. Leontiades, *Multinational Corporate Strategy* (Lexington Books, 1987), p.74.

3. 시장세분화의 적용

시장세분화를 수출마케팅에 적용시킬 경우 다음과 같이 세계적 보편시장의 파악, 동일제품에 대한 다양한 시장의 파악 등과 같은 두 가지 접근법을 고려해 볼 수 있다.

1) 세계적 보편시장의 파악

제품의 물리적 특성에 대한 욕구가 각국 소비자마다 상이하지만 모든 국가에 동일한 욕구를 가진 소비자들의 존재로 인해 세계적인 보편시장이 존재한다. 예를 들면, 최고급 자동차로 포지셔닝된 메르세데스 벤츠 자동차에 대한 수요는 세계 어느 곳에서도 존재한다. 세계적 보편시장의 규모가 국별 규모로는 소규모일 수 있으며, 국가마다 크기가 다르지만 전세계적으로 보면 크기 때문에 기업들은 수출을 통해 세계적 보편시장에 접근함으로써 규모의 경제효과를 제고시킬 수 있게 된다.

2) 시장의 다양성 파악

동일제품에 대해 다양한 시장을 파악하는 것이다. 각국마다 동일제품에 대한 상이한 욕구를 가진 소비자들이 존재하기 때문에 세계시장 세분화를 통해 이와 같은 세분시장을 찾아내고 이에 맞는 수출마케팅 믹스전략을 수립할 수 있다. 예를 들면, 오토바이의 경우 후진국에서는 운송수단으로 중요한 교통수단이다. 그러나, 유럽과 미국 등지에서는 레져용으로 활용됨으로써 제품에 대한 시장다양성이 존재한다. 또한 자동차의 경우도 저개발국에서는 배기량에 상관없이 부의 상징으로 중요한 의미를 지닌다. 그러나 선진국에서는 최상급 차량의 경우를 제외하고는 운송수단으로써의 기능적 측면과 실용성을 더 강조한다.

2절 진출대상국 선택

1. 시장기회 및 투자환경 평가

1) 시장기회분석

(1) 수요예측

수입수요를 파악하기 위한 관련 자료, 즉 수입금액, 상대적인 중요성, 그리고 성장률 등을 중점으로 수집한다. 이들 수집된 자료들을 바탕으로 국가별 · 제품별 상대적인 중요성을 분석하는 데 중점을 둔다. 선진국의 수입통계는 그 국가 자체나 UN, OECD 등의 자료를 활용하여 분석할 수 있으나, 개발도상국과 후진국의 자료수집 시 문제점이 발생하게 된다. 수입수요의 예측은 적어도 과거 3년간의 자료를 바탕으로 평가하는 것이 필요하다.

(2) 산업발전단계

이는 주로 공급 측면의 요인으로서 현지국의 산업발전단계가 어느 정도인가를 분석하는 것이다. 즉, 진입예상시장의 산업발전 정도가 국내와 동일한지 여부를 평가하여 그에 따라 진출 여부를 결정할 수 있다. 또한 진입대상국들의 제품수명주기를 파악하여 진입국가 및 진입 형태를 결정하는 자료로 활용한다.

(3) 현지국 수입시장의 경쟁상황

수입시장에서의 자사제품의 경쟁력을 평가하는 것이다. 과거 일정 기간에 있어 수출품의 매출금액, 시장점유율, 그리고 과거성장률 등에 대한 자료에 근거하여 자사의 최대판매규모 및 시장점유율 등을 예측한다.

(4) 현지시장의 물류구조

기업의 경쟁력을 강화하기 위한 방안으로서 물류비용의 감소는 기업들의 주요 관심사라 할 수 있다. 특히 선진국과는 달리 개도국이나 후진국은 그들이 가지고 있는 풍부한 자연자원과 노동력과는 달리 유통구조의 미비로 인한 많은 비효율성이 발생되기 때문에 현지시장의 물류비용에 대한 정확한 평가가 필요하다. 즉, 현지국의 각종 유통구조와 유통상태, 가능한 유통수단들에 대한 자료를 분석함으로써 효과적인 대응이 가능하다고 생각된다.

(5) 정부의 무역 관련 정책

정부의 무역 관련 정책은 특정 제품에 대한 관세율의 조정이나 제3국시장으로의 우회수출허용 여부, 반제품의 모국으로부터의 수입허용, 현지부품 사용의무 등의 각종 규제정책을 말한다. 이들 정부정책은 현지국시장에 진입하려는 기업에게 진입장벽 및 진입 시 보호수단으로 작용할 수 있기에 이에 대한 정확한 자료를 수집하는 것이 필요하며, 정부의 무역 관련 정책의 추세를 예측 · 평가하는 것이 요구된다.

2) 현지국의 투자환경평가

(1) 일반경제환경

투자현지국의 경제수준이나 성장잠재력, 하부구조 등을 평가하여 전체 기업들에게 미치는 거시환경 요인을 분석할 수 있다. 환경분석에 필요한 자료들로는 다음과 같은 것들이 있다.

① 국민소득, 경제성장률, 제조업의 일반수준, 경제발전 등 현재의 경제수준 관련 자료

② 국토면적, 인구, 천연자원, 지정학적 위치, 교육수준 등의 장래의 성장잠재력

③ 도로, 항만, 공항, 전력, 용수시설 등 사회간접시설 현황

④ 정부의 경제개발계획, 외국인투자정책 및 개방일정 등 정부의 대외경제정책

⑤ 은행 및 보험산업, 현지금융, 외환 등 금융환경 분야 등이 포함된다.

(2) 산업 및 행정규제 · 법률적 환경

거시환경 요인분석에 이어서 필요한 것은 현지국의 산업 및 각종 규제 요인과 법률적인 측면을 평가하는 것이다. 현지시장에의 진입장벽을 파악하고 현지경영에 수반되는 비용 요소들을 분석하는 것이 필요하다.

① 외국인업체 전용공단, 부동산 임대료 및 기간 등 공장입지와 관련된 요인

② 개별기업 차원에서의 주력 산업 및 현지국에서의 발전단계

③ 회사설립과 공장건설 및 영업허가 절차상의 용이성 및 비용

④ 건물 · 토지 등 부동산 취득의 용이성 및 비용

⑤ 특허권 등 지적수요권 취득의 용이성

⑥ 소득세 감면, 현지 물품구입에 대한 세금공제, 감가상각비율의 조정 등 외국기업에 대한 세제상의 우대조치

(3) 노동환경

현지국의 노조설립의무, 노임의 변화추세 등을 분석하는 것으로 현지국에서 생산 · 판매하거나 혹은 제3국에 수출하기 위하여 제조자회사를 설립하려는 기업들은 특히 중요하게 수집 · 분석하여야 한다.

① 숙련 및 미숙련 노동자의 수급상황

② 현지국의 임금수준, 이직률 및 노동의 질

③ 노동쟁의, 파업, 노동조합 등의 노사관계

④ 노동자의 사고 방식이나 문화 차이에 따른 인사관리 문제

(4) 시장 및 경쟁환경

진출기업들의 경쟁 정도나 현지국시장의 시장 및 경쟁상황을 평가함으로써 자사의 진출가능성과 현지에서의 경쟁에 대비하기 위한 전략수립에 도움이 될 수 있다.

① 당해 제품의 현지시장 규모 및 성장 가능성
② 당해 제품의 제3국 수출 가능성
③ 당해 제품의 현지제조 후 국내반입 가능성
④ 진출대상산업의 현지경쟁상황 및 진출기업의 경쟁력
⑤ 현지 또는 외국기업과의 자본, 기술, 마케팅상의 협력 가능성

(5) 정치 · 경제적 위험

정치적 환경의 변화와 경제변수의 변화는 기업운영에 커다란 영향을 미칠 수 있기 때문에 위험을 관리하기 위하여 기업은 다음과 같은 요소들을 평가하여야 한다.

① 정치제도 및 지도자의 급격한 변화 가능성
② 전쟁, 폭동, 테러 혹은 잦은 데모 가능성
③ 국내시장개방, 무역, 외국인투자 등 대외경제정책의 급격한 변경 가능성
④ 현지국민의 외국기업에 대한 적대감 정도나 특정 외국에 대한 폐쇄적인 외교정책
⑤ 물가, 환율, 물류비용증가 등 경제적 변화

3) 모국의 경쟁력 평가

모국의 경쟁력 정도를 평가하기 위해서는 첫째로 모국의 수출구조를 분석하는 것이 필요하다. 이를 근거로 잠재적인 수출능력을 추정할 수 있으며, 특히 해당 국가로의 수출이 부진한 경우 수출부진 원인을 규명하고 개선 방안을 수립하는 데 도움이 된다. 수출구조분석에서는 국별로 수출물량규모, 수출가격, 수출신장세 등의 자료를 수집하여 분석한다.

둘째, 모국 제품의 당해 시장에서의 시장점유율을 분석하여야 한다. 모국과 외국기업의 현지시장에서의 경쟁력을 평가하기 위해서 모국기업과 외국기업의 시장점유율을 비교함으로써 경쟁력을 평가할 수 있다. 현지시장에서의 시장점유율이 높다는 것은 그만큼 경쟁력이 있다는 것이므로 시장유지와 확대를 위한 보다 적극적인 진입전략을 고려해 볼 수 있다.

2. 시장선택기법

1) 시장포트폴리오 모형

시장포트폴리오 모형은 여러 시장에서 사업을 하고 있는 기업이 한정된 자원을 각 시장에 어떻게 효율적으로 배분할 것인가를 나타내 주는 의사결정지원기법 중의 하나라고 할 수 있다. 이 모형을 진출국가 선택에 활용할 경우 우선 국별 매력도와 자사의 경쟁력을 기준으로 각 개별국가에서의 전략적 위치를 파악 · 평가할 수 있으며, 이를 바탕으로 국가시장별로 진출 여부 및 참여수준을 결정하는 데 사용하게 된다.

[그림 8-2]는 국별 매력도와 자사의 경쟁력을 토대로 개발한 네 가지의 전략 유형을 제시하고 있다.

그림 8-2 경쟁위치와 국별매력도 모형

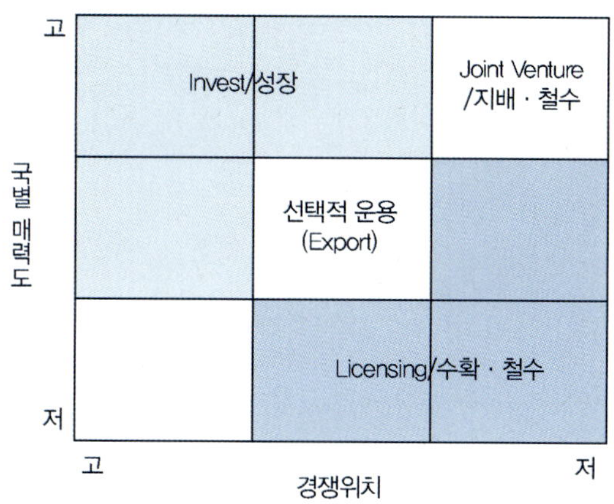

그 첫째는 국별 매력도와 경쟁위치가 모두 높은 시장에서의 투자/성장전략이 있다. 이 전략은 현지시장으로의 적극적인 진출전략 실행과 더불어 집중적인 투자노력이 요구된다.

둘째는 국별 매력도와 자사의 경쟁력이 중간 정도인 시장에서의 선택적 전략이 적합한 지역이다. 현지국의 상황 변화에 따른 다른 전략으로 변화시킬 수 있는 탄력적인 운영이 필요하다.

셋째는 합작투자 및 지배전략이다. 이 경우는 자사의 약한 경쟁력을 보완하기 위한 합작투자를 선택하거나 여건이 여의치 않을 경우는 철수까지도 고려하는 지역이다.

마지막으로 자사의 경쟁력과 시장매력도가 모두 낮은 지역으로 자사의 투자자본을 조기에 회수하는 전략과 라이슨싱 방식의 진입이 요구되는 지역이다.

2) 국가매력도 및 기업경쟁위치 측정

일반적으로 국별 매력도의 측정 항목으로는 시장규모, 시장성장률, 정부규제, 정치 및 경제의 안정성 등을 이용하며, 자사의 경쟁력은 시장점유율, 제품적합성, 이익률, 현지 마케팅능력 및 지원 등을 이용 수량화하여 사용한다. 기업은 국별 매력도와 자사의 경쟁력수준을 종합하여 자사의 시장 내 위치를 평가할 수 있으며, 그에 따른 전략적 대안들을 선택하게 된다.

국내기업들의 국제담당전문가들이 25개 평가 항목에 대하여 아시아 5개국, 즉 베트남, 중국, 미얀마, 태국, 인도네시아에 대한 투자환경 평가결과를 살펴보면 [표 8-1]과 같다.

3) 국가매력도와 경쟁위치 매트릭스

기업의 경쟁위치와 각 국별 매력도점수를 토대로 아시아 4개국의 국별 위치를 살펴보면 [그림 8-3]과 같다.

국가매력도지수에 있어서는 인도네시아, 태국, 중국의 순으로 매력적이라고 인식하고 있으며, 베트남의 경우도 앞의 세 국가와 큰 차이는 보이지는 않고 있다. 경쟁위치에 있어서는 베트남, 중국, 미얀마 등이 상위에 위치하고 있다. 이들 국가에 비하여 국가매력도는 매우 높게 평가된 인도네시아와 태국의 경우 경쟁위치에 있어서는 매우 낮은 평가를 얻고 있다.

이의 결과를 토대로 우리나라 기업들의 전략적 대안을 살펴보면 다음과 같다.

첫째, 베트남, 중국, 태국, 인도네시아는 모두 진출할 만한 국가들이다.

둘째, 베트남과 중국은 투자진출 및 성장전략을 적극적으로 추진할 국가이다.

셋째, 인도네시아와 태국은 국가매력도는 상당히 높으나 경쟁위치에 있어서는 상당

[표 8-1] 아시아 5개국 투자환경 평가점수

항 목	중국	베트남	미얀마	태국	인니
현지국의 경제수준	6.65*	5.50	4.10∨	6.48	6.12
현지국의 성장잠재력	8.18*	7.44	5.51∨	6.09	6.94
하부구조 발전 정도	5.46	4.13	3.48∨	6.20*	5.80
정부의 대외경제정책	5.82	6.02	4.19∨	6.61*	6.32
현지국의 금융환경	4.37	3.69	3.15∨	6.54*	6.03
주력사업 및 관련 사업의 발전단계	6.17	4.62	3.47∨	6.41*	5.97
현지국의 임금, 이직률 및 노동의 질	6.60	6.93*	5.46∨	5.71	5.82
노동쟁의, 노동조합 등의 노사관계	6.27	6.68*	6.18	5.49∨	5.61
공장입지조건	6.70*	6.31	4.44∨	6.28	6.40
기본원자재의 가격과 구매의 안정성	5.80	4.81	4.06∨	6.57*	6.42
당해제품의 현지시장규모 및 성장성	8.02*	6.47	4.81∨	6.24	6.68
당해제품의 제3국 수출 가능성	6.58*	6.32	5.28∨	6.10	6.38
당해제품의 현지제조 후 국내반입 가능성	5.88∨	5.21	4.27∨	4.83	5.00
현지경쟁상황 및 귀사의 경쟁력	6.25	7.19*	6.28	5.43∨	5.81
현지국에서의 협력 가능성	6.24	6.84*	5.86	5.78∨	6.20
영업인허가 절차상의 비용	5.41∨	6.02	5.43	6.22	6.27*
부동산 취득의 용이성 및 비용	5.42	5.80	5.06∨	5.52	6.07*
지적소유권 취득의 용이성 및 비용	4.86	5.03	4.68∨	5.78*	5.61
무역 및 외환규제에 따르는 비용	5.15	5.67	4.74∨	6.44*	6.21
세제상의 우대조치	6.02	6.51*	5.55	5.52∨	6.05
정치제도 및 지도력의 변화 가능성	5.56	5.82	4.65∨	6.53*	6.35
전쟁, 폭동, 잦은 데모 가능성	5.76	5.97	5.06∨	6.39*	6.38
대외경제경책의 급격한 변화 가능성	5.38	5.64	4.65∨	6.57*	6.39
외국과의 폐쇄적인 외교정책	5.79	5.37	4.13∨	6.71*	6.55
현지국민의 외국인에 대한 적대감	6.22	5.93	5.43∨	6.30*	6.20
합 계	6.03	5.85	5.18	6.11	6.14

주: 항목별 10점척도로 평가한 평균점수임.
*: 5개국 중 평가점수가 가장 높음.
∨: 5개국 중 평가점수가 가장 낮음.

그림 8-3 경쟁위치와 국별 매력도

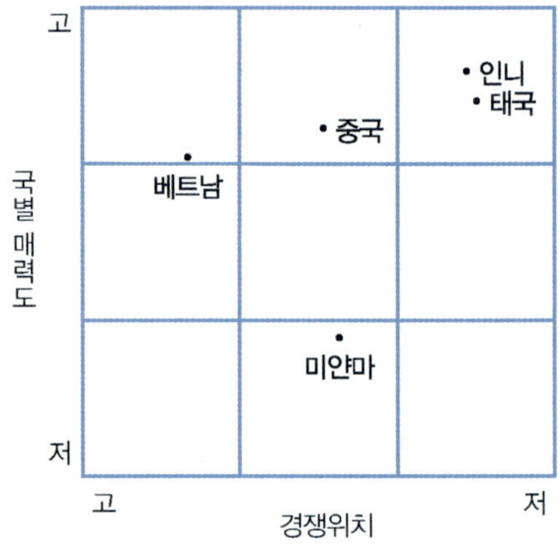

히 낮으므로 합작투자 등을 통한 진출이나 경쟁위치를 제고하기 위한 전략이 적합하다.

넷째, 미얀마는 선택적 전략이 적합하므로 개입도가 낮은 수출로부터 시작하여 상황에 따라 개입도를 증대시키는 것이 필요하다.

3. 해외시장다변화(市場多邊化) 속도

1) 전략대안

기업의 국제화를 추구하려는 기업들의 주요한 문제는 참여시장을 확대하려 할 때 어떤 경로를 선택함으로써 자사의 경쟁우위를 지속적으로 유지할 수 있는 것이라고 할 수 있다. 이러한 시장다변화를 추구하려는 기업들이 선택할 수 있는 전략은 크게 두 가지로 구분할 수 있다.

하나는 시장다변화전략이다. 이는 다수의 시장에 신속하게 침투하는 것을 목표로 마케팅 노력을 이러한 시장국들에 적절히 배분하는 전략이다. 다른 하나는 시장집중전략이다. 이는 초기에는 기업의 자원과 마케팅노력을 소수의 시장에 집중시키다가 새로운 시장영역으로 점진적으로 확대해 나가는 전략이다.

해외시장진출 초기에는 시장집중전략을 취하는 기업이 시장다변화전략을 추구하는 기업보다 시장의 수요가 적은 것이 보통이다. 그러나 어떠한 전략을 택하더라도 장기적인 관점에서의 최적시장의 수는 서로 비슷해 질 것이다. 이는 시장다변화전략을 추구하는 회사도 수익성이 나쁜 시장에서는 결국 철수하게 되고, 반대로 시장집중전략을 채택한 회사도 단계적으로 시장의 수요를 늘려 나가게 되기 때문이다.

[그림 8-4]는 시간의 흐름에 따라 최적시장의 수로 접근하는 과정을 보여주고 있다.

그림 8-4 시장확대전략의 대안과 해외시장의 수

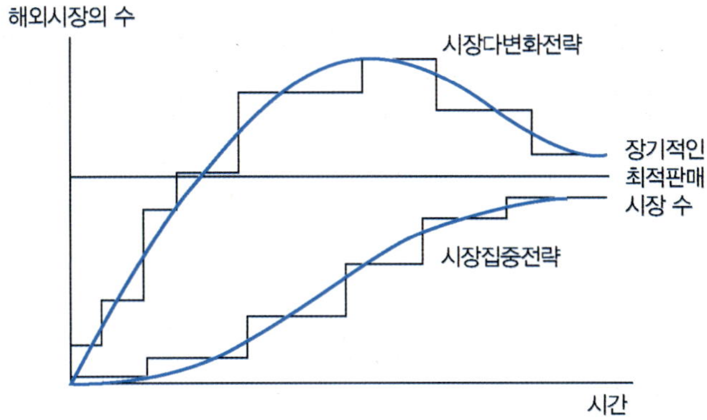

자료: I. Ayal and J. Zif, "Market Expansion Strategies in Multinational Marketing," *Journal of Marketing* (Spring 1979), p. 86.

2) 시장확대전략의 선정 시 고려 요인

시장확대전략의 선택은 제품 및 시장의 특성, 그리고 기업의 의사결정기준에 의하여 좌우된다. 그 중에서도 특히 중요하다고 생각되는 요인들을 살펴보면 [표 8-2]와 같다.

구체적인 요인들을 살펴보면 우선적으로 시장성장률을 고려할 수 있다. 각 시장에서의 산업성장률이 낮으면 기업은 시장다변화를 통해 빠른 성장을 구가할 수 있다. 반면에 시장성장률이 높은 경우에는 소수 시장에 대한 집중전략으로도 성장목표를 충분히 달성할 수 있다. 그리고 판매의 안정성을 고려한다면, 개별시장국에서의 수요가 불안정한 경우에는 기업은 신중한 다변화전략을 통해 위험을 분산시킬 수 있는 반면에, 수요가 안정적인 경우에는 시장집중전략을 추구할 수 있다. 또한 유통상의 규모의 경제효과를 고려한다면, 유통비용이 전체 원가에서 상당한 비중을 차지하고 시장점유율의 증대

[표 8-2] 시장확대전략에 영향을 미치는 요소와 대안적 전략

제품/시장 요인	다변화전략	집중전략
판매신장형태	오목형	S 형
시 장 성 장 률	낮 음	높 음
판매의 안정성	낮 음	높 음
경쟁기업의 반응	단 기	장 기
파 급 효 과	높 음	낮 음
제품/의사소통 적응의 필요성	낮 음	높 음
유통상 규모의 경제	낮 음	높 음
통제의 필요성	낮 음	높 음
제 약 조 건	낮 음	높 음

에 따른 규모의 경제가 작용하는 경우에는 집중전략이 요구된다.

이 밖에도 다변화전략을 추구하게 하는 요인들로는 판매신장 형태가 오목한 형태(초기단계에서의 마케팅성과가 중요하기에 않기에 집중적 투자 필요)이거나 경영활동에 대한 제약조건이 작은 경우, 그리고 통제의 필요성이 낮은 경우 등을 들 수 있다.

4. 해외시장 확대순서

시장확대전략의 수립에 있어서 그 중요성에 비해 기업들이 간과하기 쉬운 문제가 바로 세분시장 내지 개별시장국에의 진출순서를 결정하는 일이다. 이와 관련하여 일본기업들의 사례는 우리 기업들에게 많은 점을 시사해 주고 있다. 즉, 일본기업들은 국제화의 초기단계에서 해외시장기회를 포착하기 위해 충분한 정보를 수집한 후, 경쟁적으로 가장 유리한 세분시장에 제한된 자원을 집중투입하여 발판을 구축한 다음, 여기서 얻어진 경험과 지명도를 바탕으로 다른 세분시장 내지는 시장국으로 진출하여 오늘날과 같은 대규모 다국적기업들로 성장할 수 있었던 것이다. 좀더 구체적으로 보면 이와 같은 성공이 있기까지 일본기업들의 일반적인 시장확장 유형은 다음과 같은 3가지로 대별된다.

(1) 제1유형

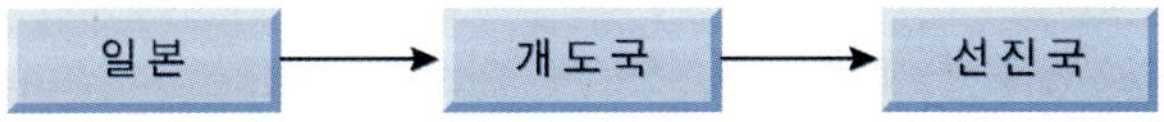

일본기업들의 가장 전형적인 시장확장경로로서 일본시장에서 개도국으로, 그리고 다시 개도국에서 선진국으로 진출하는 유형이다. 이러한 예로는 철강, 자동차, 석유화학, 시계, 카메라 등의 산업을 들 수 있다.

이러한 단계별 확장 과정은 제1단계로서 일본기업들이 서방 선진국기업들의 기술을 본뜨거나 아니면 라이슨싱을 통해 수입을 대체하는 등의 방법으로 국내시장 기반을 다지는 것에서 출발한다.

일단 국내시장 기반이 확립된 다음에는 제2단계로서 생산시설 확충으로 인하여 국내시장이 포화상태에 이르게 되자 일본기업들이 과잉생산물의 출구를 찾기 위해 해외시장으로 주로 경쟁력이 취약한 동남아나 중남미의 개도국시장으로 눈을 돌리는 때이다.

그리고 제3단계는 일본기업들은 개도국시장에서 얻어진 마케팅경험과 가격경쟁력은 물론 지속적인 품질개선 노력을 바탕으로 미국을 비롯한 선진국시장에 진출하게 된다. 일본기업들이 미국시장에 먼저 뛰어들게 되는 이유는 미국시장의 거대한 규모, 즉 높은 구매력과 함께 일단 미국시장 진출에 성공하면 여타 선진국시장에 대한 접근이 훨씬 용이하기 때문이다. 또한 미국시장 진출의 초기단계에서 일본기업들은 미국의 생산자들이 그다지 눈여겨 보지 않는 지역과 세분시장에 집중함으로써 상표에 대한 이미지를 쌓는 한편 시장점유율을 늘려 나갈 수 있었다.

마지막 제4단계는 유럽시장까지 뻗어 나가는 단계이다. 유럽시장은 지리적 거리와 문화 및 언어적인 차이 등 국가적 장벽 때문에 일본기업들에게 오랜 도전의 대상이었다. 그러나 이미 미국시장에서 쌓은 경험으로 인하여 유럽시장은 더 이상 난공불락의성이 아니었다.

(2) 제2유형

일본기업들의 시장확대경로 중에서 제2유형은 컴퓨터나 반도체와 같은 첨단산업에서 찾아볼 수 있다. 이 경우 일본기업들이 국내시장 기반을 확고히 다진 다음의 목표는

미국과 같은 선진국시장이었다. 그 이유는 이러한 산업의 경우에는 개도국시장이 아직 존재하지 않거나, 있다고 하여도 무시할 수 있도록 작은 시장이었기 때문이었다. 그러나 그후 개도국시장의 수요가 점차 늘어나면서부터 일본기업들이 이들 시장에의 진출을 더 이상 망설일 필요가 없어졌다.

(3) 제3유형

선진국 → 일본 → 개도국

일본기업들의 확장경로는 제1유형 아니면 제2유형에 속하는 경우가 대부분이지만 여기에는 예외가 있다. 즉, 국내시장의 수요가 미미한 관계로 국내시장에의 본격적인 출하보다 선진국시장에서의 판매가 선행된 경우로 초고화질 TV, 초대형 LCD TV, IT 혁신제품 등이 이러한 예에 속한다.

이상에서는 일본기업들의 예를 들어 표적시장국에의 진출순서의 중요성을 살펴보았는데, 우리나라 기업들의 경우에도 전반적인 시장확대 유형은 상기의 3가지 유형 중 하나로 나타난다. 그러나 산업별로 구체적 유형을 살펴보면, 일본기업들의 경우와는 약간의 차이가 있음을 알 수 있다. 예를 들어, 자동차산업에 있어서 일본기업들이 제1유형에 속한다면, 현대를 비롯한 우리나라 기업들은 제2유형의 확장경로를 택한 것으로 판단된다. 특히 현대의 경우 본격적인 미국시장 진입에 앞서 미국과 지리적 · 문화적으로 가까운 캐나다시장에서의 마케팅경험이 커다란 도움이 되었던 사실과 미국시장에서의 초기단계의 마케팅노력이 교포 등 일부 고객층에 집중되었던 것이 그처럼 놀라운 속도로 소형차시장에서의 시장점유율을 높이는 계기가 되었던 점은 시장확대전략과 관련하여 매우 중요한 의미를 지닌다. 더욱이 현대의 미국시장에서의 성장은 대우, 기아 등 다른 자동차업체뿐만 아니라 여타의 제품이나 산업에까지 대단히 긍정적인 파급효과를 나타내고 있다는 점에서 시장진출 순서의 결정이 얼마나 신중한 의사결정을 필요로 하는지를 일깨워 주고 있다.

3절 해외시장 진입방법

1. 수 출

기업이 어떠한 동기로든 수출을 통해 해외시장에 진출하기 위해서는 우선 여러 가지 수출형태 또는 수출경로 중에서 하나를 선택하여야 한다. 주요한 수출경로는 [그림 8-5]와 같다. 수출경로는 크게 간접수출과 직접수출로 구분할 수 있는데, 이들을 간단히 살펴보면 다음과 같다.

그림 8-5 주요 수출경로

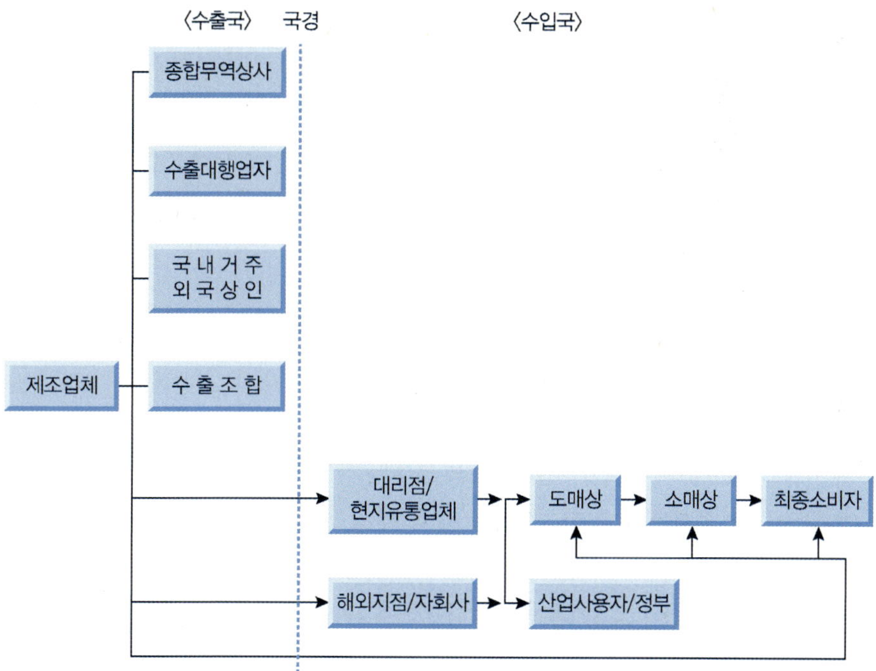

자료: F.R. Root, *Foreign Market Entry Strategies* (Amacom, 1982), p.67.

1) 간접수출

간접수출이란 종합무역상사, 수출대행업자, 수출조합 또는 국내에 거주하고 있는 외국상인 등을 통하여 수출함으로써 수출국 내에서 요구되는 수출 관련 기능을 제조업체가 스스로 수행하지 않고 제품을 해외에 판매하는 방법이다.

간접수출경로를 선택하는 경우 얻게 되는 장점으로는 다음과 같은 것들이 있다.

우선 추가적인 인력이나 고정자본을 투입하지 않고도 수출판매이익을 향유할 수 있다는 것이다. 또한 이러한 기업은 남보다 한발 앞서 해외시장에 발을 들여놓음으로써 수출을 증대시킬 수도 있을 뿐 아니라, 새로운 수출품목의 추가 내지 직접수출로의 이행도 가능하다. 그리고 세계적인 정보망과 판매망을 구축하고 있는 대행업자의 정보를 획득할 수 있다는 것과 그들의 전문지식활용을 통한 상품판매의 안정성을 추구할 수 있다.

그러나 간접수출은 실질적으로는 국내판매와 크게 다를 바가 없기 때문에, 그만큼 해외시장에 대한 지식과 경험을 축적하기에 불리하고 경쟁업체에게 시장을 상실할 가능성이 직접수출보다 높다. 그리고 수출대행업체들은 제품수출에 따른 사전 및 사후서비스를 소홀히 함으로써 해외고객의 제조업체에 대한 명성을 손상시킬 우려가 있으나 제조업체는 수출대행업체에 대한 통제력이 약하다는 단점이 있다.

2) 직접수출

직접수출은 제조업체가 본사의 수출전담부서나 계열무역회사를 통해 수출과 연관된 제반 업무와 기능의 대부분을 타인에게 위임하지 않고 직접 수행하는 수출방법이다. 직접수출을 하게 되면 일반적으로 간접수출의 경우보다 수출판매액이 늘어나게 되는데, 이는 제조업체가 해외시장조사를 포함한 제품의 해외마케팅에 보다 적극적인 노력을 기울이게 되기 때문이다. 또한 직접수출을 하게 되면 제품의 유통경로에 대한 통제를 강화할 수 있고, 국제마케팅에 대한 전문적인 지식을 축적할 수 있다. 그러나 해외시장에서의 매상고의 증대와 비례하여 제조업체 내에 수출을 전담하는 인원이나 부서 또는 별도의 수출전담기업을 설치해야 한다. 더 나아가서는 해외에서의 마케팅을 담당할 현지지점이나 해외자회사까지 운영해야 할 경우도 생기므로, 그만큼 수출경비도 늘어나게 된다.

따라서 직접수출 시에는 기업 및 제품의 특성, 목표시장의 규모와 무역환경, 수출의 상대적 및 절대적 중요성 등을 고려하여, 기업의 목표에 가장 적합한 수출조직구조와 구체적 수출경로의 선택에 대한 의사결정을 내리는 신중함이 요망된다. 제조업체의 입장에서 본 직접수출의 장 · 단점은 간접수출과 비교하여 대개 반대로 생각하면 되므로 여기서는 구체적인 언급은 생략하기로 한다. 다만 한 가지 강조하고 싶은 점은 우리나라의 경우만 살펴보아도 알 수 있듯이 오늘날 거의 모든 대기업들은 간접수출보다 직접수출에 의존하고 있으며, 해외시장 및 국제마케팅 경험과 무역실무에 대한 지식이 어느 정도 보편화됨에 따라 중소규모의 제조업체들도 상당수가 직접수출을 하고 있다는 사실이다. 특히 대외무역법의 무역업 허가요건이 완화됨에 따라 우리나라 중소기업들의 직접수출활동은 더욱 늘어날 것으로 보인다.

2. 계약형태의 진출방식

계약형태의 진출방식은 무형의 자산인 공업소유권, 상표, 물질특허, 저작권 등의 지적소유권과 컴퓨터 소프트웨어 등의 기술적 노하우, 경영관리 및 마케팅을 포함한 경영노하우 등의 경영자산을 하나의 상품으로 취급해 해외시장에 진입하는 방식이다. 계약형태의 진출방식도 수출기회를 창출할 수도 있지만, 이는 본질적으로 기술이나 노하우의 판매를 주요 대상으로 하고 있으므로 일반상품의 수출방식과는 근본적으로 다르다. 또한 주식투자가 수반되지 않는다는 점에서 다음에서 설명되는 해외직접투자에 의한 진출방식과도 확연히 구분된다.

1) 국제라이슨싱

광의의 국제라이슨싱(internaitonal licensing)은 특정 기업(licensor)이 보유하고 있는 특허, 상표 및 상호, 노하우 등을 외국에 있는 기업(licensee)으로 하여금 일정한 조건 하에서 활용할 수 있도록 허가하는 대신에 로열티 또는 기타 형태로 그 대가를 지급받기로 당사자 간에 계약을 체결하는 것을 말한다. 라이슨싱계약의 핵심은 무형자산의 이전으로서, 단지 전문적 서비스를 제공하는 경영관리계약과 기술원조계약이나 실물자산의 이전을 수반하게 되는 해외건설계약 또는 턴키계약(turn-key contract) 등과는 성격을 달리 한다.

라이슨싱계약을 체결하게 되는 이유는 대개 다음과 같다.

첫째로, 국내에서 이미 사용된 기술을 해외에 이전시킴으로써 추가적인 이윤의 확보가 가능하다.

둘째로, 해외시장에서 특허나 상표를 보호하는 동시에 크로스라이슨싱(cross licensing)을 통한 연구결과의 상호교환을 기대할 수 있다.

셋째로, 해외자회사에 대한 형식적인 라이슨싱을 통해서 현지국에서 외환통제를 실시하는 경우에도 본국으로의 과실송금이 어느 정도 가능하다.

이 밖에 해외시장에 보다 적극적으로 개입하기 위한 발판을 마련하기 위해 라이슨싱이 활용되기도 한다.

수출이나 해외직접투자와 비교해 볼 때 라이슨싱의 장점으로는 수출활동에 비하여 관세인상이나 수입장벽에 대한 우회수단으로 활용할 수 있으며, 해외직접투자에 비하여 정치적 위험발생 시 피해가능성이 적다. 그리고 비교적 적은 비용으로 해외시장에 진출하는 방식으로서 특히 소규모 제조업체에게 매력적인 유인을 제공한다. 특히 목표시장에서의 판매가능성이 낮고 불확실한 경우에는 수출이나 직접투자보다는 라이슨싱이 유리하다.

한편 라이슨싱의 단점으로는 우선 특정 기술이나 상표 등을 보유한 업체만이 활용할 수 있는 수단이며, 현지에서의 마케팅활동 또는 생산활동에서 생길 수 있는 이익을 스스로 포기하는 셈이 되며, 계약에 따라 수입도 일정 비율로 제한되는 것이 보통이다. 그리고 가장 큰 단점으로는 라이슨싱을 통해 라이슨서 업체의 기술을 습득한 라이슨시 업체는 현지시장은 물론 다른 나라의 시장에서 무서운 경쟁자로 등장할 수도 있다는 것이다.

2) 프랜차이징

프랜차이징(franchising)은 광의의 라이슨싱의 한 형태로서 특정 기업(franchisor)이 갖고 있는 상표나 상호의 사용권을 다른 개인이나 기업(franchisee)에게 허가하는 동시에 원료 및 관리시스템까지 일괄 제공하여 양자가 직접 · 간접으로 다같이 경영에 참가하는 방식이다. 프랜차이징을 통한 해외시장 진입의 대표적인 예로서 코카콜라(Coca-Cola), 펩시콜라(Pepsi-Cola), 맥도날드 햄버거(Mcdonald's Hamburger), 켄터키 치킨(Kentukey Fried Chicken) 등은 오늘날 세계 어디서나 찾아볼 수 있는 유명상표가 되었다.

프랜차이징은 기업의 제품성격상 완제품 형태로는 해외시장국에 수출될 수 없는 경우로서, 생산공정 내지 관리시스템이 쉽게 상대방에게 이전될 수 있는 경우에 활용가치가 높다. 이 방식은 때로는 장차 합작투자 내지 단독투자를 하기 위한 과도기적 진출방식으로 활용되기도 한다. 프랜차이징은 프랜차이지 업체에 대한 끊임 없는 지원과 통제를 보다 강조하고 있다는 점에서 좁은 의미의 라이슨싱과 구별된다.

3) 계약생산

계약생산(contract manufacturing)은 라이슨싱과 해외직접투자의 중간형이라고 할 수 있다. 이 방식은 국제기업이 진출대상국에 있는 기존의 제조업체로 하여금 일정한 계약조건 하에서 제품을 생산하도록 하고, 이를 현지국시장이나 제3국시장에 판매하는 형태로 이루어진다. 이른바 OEM(Original Equipment Manufacturer) 방식이라고 하여 우리나라에서 생산되어 수출되는 공산품의 상당량이 외국수입업자의 상표가 붙어 세계시장에서 판매되고 있는데, 이것도 일종의 계약생산이라고 할 수 있다.

계약생산에 의하면 해외생산에 필요한 시설에 대한 투자가 없이도 일반적으로 라이슨싱으로는 어려운 마케팅에 대한 통제 등에 있어서 해외직접투자와 유사한 이점을 누릴 수 있다. 그러나 적당한 제조업체의 물색이 어렵고, 또 제조업체가 나타났다고 하더라도 만족할 만한 품질과 판매수준을 유지하기 위해서는 막대한 기술원조가 요구될 경우도 있다. 이러한 관점에서 계약생산은 해외시장에 진출하려는 기업의 경쟁적 우위가 제품의 생산보다 마케팅에 있는 경우에 빈번히 활용되는 전략이다.

4) 관리계약

관리계약(management contract)은 계약을 통해 현지국기업의 일상적인 영업활동을 관리할 권한을 부여받고 이러한 경영서비스를 제공하는 데 대해 일정한 대가를 수취하는 방식이다. 이는 기업의 소유와 경영을 분리하여 전문경영인에게 기업경영을 위임하는 오늘날의 세계적 경영현실을 국제경영에 적용시킨 것으로 볼 수 있다.

이러한 계약 하에서는 해외직접투자의 경우와는 달리 새로운 자본투자, 배당정책의 결정, 기업정책의 변경 또는 소유권 변경과 같은 중요한 의사결정에 대해서는 관여하지 못하는 것이 보통이다.

관리계약은 경영층의 특수한 지식이나 경험이 요구되는 전문서비스 업종에서 자주 이용되고 있다. 때로는 현지국에서 일정 비율 이상의 주식보유를 허용하지 않는 경우 현지 합작선과의 합작투자로 설립된 기업의 경영권을 장악하기 위한 수단으로 활용되기도 한다.

관리계약만을 따로 떼어 생각할 경우 낮은 위험으로 해외시장에 진출한다는 장점은 있지만, 자기 제품의 시장위치를 확보할 수 없으므로 제조업체들에게는 그리 만족스러운 방식은 아니다. 따라서 이는 합작투자, 플랜트수출 등 다른 방식과 결합되어 이용될 때 더욱 바람직한 효과를 기대할 수 있다.

5) 턴키운영

국내·외의 중공업 대형업체들은 해외의 발주자를 위하여 원자력발전소, 생산공장, 석유시추시설 등을 건설 내지 시공하고 이를 가동 직전의 단계에서 넘겨주는 턴키운영(turnkey operation) 방식을 많이 활용하고 있다. 흔히 턴키운영 방식을 플랜트수출(plant export)이라고도 한다. 이보다 한 단계 더 나아가 발주자가 당해 사업을 독자적으로 영위할 수 있도록 경영관리나 근로자훈련 같은 서비스를 제공할 의무를 추가로 부담하게 되는 방식도 있는데, 이를 턴키 플러스(turnkey plus)라 부르기도 한다.

이러한 계약의 체결을 위하여는 쌍방간에 복잡한 협상 과정을 거치게 되고, 막대한 비용과 시간이 소요되며, 또한 이에 수반되는 법적 절차도 간단하지가 않다. 따라서 이러한 계약에는 시설 및 공장의 명세, 계약당사자의 의무와 책임, 불가항력(force majeure) 조항, 계약위반 및 법적 책임, 그리고 분쟁해결방법 등이 계약서상에 상세하게 명시되어야 한다.

또한 이러한 계약은 대부분의 경우 현지국 정부와 체결하게 되므로, 계약취소나 계약조건의 강제적 재협상과 같은 정치적 위험이 다른 방식에 비해 특히 높다. 그리고 현지국 정부는 계약과 함께 입찰, 선지급, 하자 및 이행에 대한 보증으로 일급은행의 보증을 요구하고 있어 막대한 위험이 뒤따른다. 따라서 국제기업은 일반적인 정치적 불안정을 포함한 정치적 위험과 함께 이러한 특수한 위험에 대해서도 세심한 배려를 기울일 필요가 있다.

3. 해외직접투자

1) 해외직접투자의 개념

해외직접투자(foreign direct investment)란 기업목표인 이익과 성장을 전제로 투자기업이 외국의 투자대상기업에 대한 경영지배 또는 경영참여를 목적으로 유형의 경영자원인 자본뿐 아니라 무형의 경영자원인 기술 · 특허 · 상표권 · 경영 또는 마케팅 노하우 등 기업의 제반 자원을 패키지(package) 형태로 해외에 이전시키는 방식이라고 할 수 있다. 따라서 해외직접투자는 기업체들이 활용할 수 있는 해외시장 진출전략 중에서 가장 중요하고 복잡한 전략이다.

국제경영전략적 차원에서 해외직접투자는 수출의 상대개념으로 정의되고 있는 것이 보통이다. 즉, 수출이 국내의 생산요소들을 국내에서 결합하여 제품의 상태로 해외로 이전시키는 방법이라면, 해외직접투자는 국내의 자본 · 생산기술 · 경영기술 등의 생산요소를 해외로 이전하여 당해국의 생산요소인 노동 · 토지 등과 결합하여 생산 및 판매를 하는 것이라는 점에서 대조가 된다.

이상과 같은 해외직접투자는 오늘날 신보호무역주의의 만연으로 각국이 관세 및 비관세장벽을 강화함에 따라 수출에 많은 어려움을 겪고 있는 기업들이 국제시장진출에 활용할 수 있는 가장 적극적인 전략적 대안의 하나로서 각광을 받고 있다. 또한 해외직접투자는 오늘날 전세계적으로 다각적인 활동을 전개하고 있는 다국적기업의 특성과 경쟁적 우위를 가장 잘 반영하고 있는 전략형태로서 투자수용국, 투자국, 그리고 세계경제적 관점에서도 그 영향 내지 효과에 대해 활발한 연구가 이루어지고 있다.

2) 해외직접투자의 유형

해외직접투자는 무엇을 기준으로 하느냐에 따라 다양한 형태로 구분될 수 있는데, 그 중에서도 대표적인 것이 바로 소유권을 중심으로 한 합작투자와 단독투자이다. 그러나 상대적으로 중요한 비중을 차지하느니 만큼 이에 대해서는 다음 항목에서 좀더 구체적으로 다루기로 하고, 여기서는 전략적 동기를 중심으로 한 해외직접투자의 유형에 대해서 살펴보기로 하겠다.

(1) 천연자원지향형

천연자원지향형(raw material seeker)은 부존자원이 풍부한 지역에의 자원개발투자를 통해 여기서 얻어진 원료를 투자기업체의 본사 생산활동에 활용하기 위해 국내로 반입하거나, 본사국의 타기업체에 수출하거나 또는 제3국에 판매하는 형태의 해외직접투자이다. 이러한 천연자원지향형 투자는 단순히 자원의 개발에 그치는 것이 아니라 개발 · 정제 · 판매가 수직적으로 통합되는 경우가 많으며, 막대한 자본투입, 높은 위험부담과 함께 투자의 장기회임성을 특징으로 한다. 상당수의 대규모 기업들이 이러한 자원개발투자를 통해 본격적인 다국적기업으로 성장하게 되었고, 지금도 수직적 통합을 통한 규모의 경제 및 경쟁기업에 대한 진입장벽의 구축을 위해 천연자원지향형의 직접투자를 계속하고 있다.

특히 우리나라와 같이 부존자원이 빈약한 나라의 기업들은 개발이익의 참가뿐 아니라 자원의 저렴하고도 장기안정적인 확보를 위해서도, 이와 같은 투자 형태의 자원개발수입을 적극적으로 추진할 필요가 있으며, 실제로 이러한 동기에서 상당수의 업체가 인도네시아의 원목 · 원유개발, 알래스카의 유연탄개발 등에 참여하고 있다.

(2) 시장지향형

시장지향형(market seeker)의 투자는 관세 · 비관세 무역장벽을 회피하여 기존의 수출시장을 방어하거나 새로운 시장을 개척하기 위하여 현지생산 및 현지판매를 전개하는 것을 뜻한다. 이러한 경우 무역장벽은 오히려 현지국 외부로부터의 경쟁을 제한시키는 역할을 해주게 된다는 장점이 있다.

또한 수출마케팅을 보조하기 위한 현지 마케팅 자회사의 설립을 위한 투자도 시장지향형 투자의 범주에 든다고 할 수 있다. 이러한 시장지향형 투자의 대표적인 예로는 우리나라의 LG전자, 삼성전자가 미국에서 운영하고 있는 TV, 전자레인지 등의 현지 제조공장을 들 수 있다.

(3) 생산효율지향형

생산효율지향형(production-efficiency seeker)의 투자는 생산성에 비해 생산요소의 가격이 상대적으로 저렴한 지역에 투자를 하여 생산활동을 전개하는 것으로, 특히 많은 다국적기업들이 후진국의 풍부한 노동력을 활용하기 위해 이러한 나라에 조립공장을 운영하는 경우를 자주 볼 수 있다. 이는 근본적으로 자본에 비해 노동과 토지 같은 생산요소는 국제적 이동에 많은 제약이 따르거나 전혀 불가능하기 때문이다.

최근에는 우리나라의 봉제업자들도 국내 인건비의 상승으로 임금이 상대적으로 싼 동남아지역에 직접투자를 확대하고 있다.

(4) 지식지향형

지식지향형(knowledge seeker)의 투자는 외국의 선진기술이나 경영관리기법을 보다 신속하고 가까이에서 습득하기 위한 동기에서 이루어지게 된다. 우리나라의 기업들도 최근 이러한 지식지향형 투자에 대한 관심이 높아지고 있다. 즉, 국내 대기업들이나 IT 벤처기업들이 최첨단기술을 습득하기 위해 미국의 실리콘밸리에 설치하고 있는 현지법인이 바로 이러한 지식지향형 투자의 대표적인 예이다.

이상과 같은 전략적 동기는 상호 배타적이 아니라 보완적인 성격을 지닌다. 따라서 어느 한 가지 동기만을 이유로 해외직접투자가 일어나기보다는 일반적으로 한 가지 이상의 동기가 결합되어 투자가 이루어진다. 좋은 예로 카리브 연안지역에 진출하고 있는 우리나라의 섬유업체들은 현지의 값싼 노동력을 활용함과 동시에 목표시장인 미국의 수량제한(quota)을 포함한 각종 무역장벽을 회피하기 위해 현지공장을 운영하고 있다.

3) 단독투자와 합작투자

(1) 합작투자

특정 기업이 해외직접투자를 통해 현지기업의 경영에 참여할 때 수치상으로는 그 기업의 주식을 100% 소유하면 단독투자, 100% 미만이면 합작투자가 된다. 국제합작투자(international joint venture)란 서로 다른 국적을 가진 2개 이상의 기업체가 특정한 목적을 달성하기 위하여 각 기업의 경영자원과 능력을 결합하여 공동사업체를 세우고 그러한 기업체의 운영에 대해서 공동책임을 갖는 직접투자의 한 형태이다.

소유지분의 비율에 따라 다수지분, 동등지분 및 소수지분인 경우로 세분할 수 있고, 합작파트너를 현지업체, 현지정부기관, 제3국기업 중 누구로 하느냐에 따라서 구분될 수도 있다.

이러한 합작투자는 단독투자에 비해 다음과 같은 장점을 지니게 된다.

① 상대적으로 적은 자본과 경영자원으로 대규모사업에도 커다란 위험부담이 없이 참여할 수 있다.

② 적절한 합작선의 물색을 통해 낯선 환경에 신속히 적응할 수도 있고, 정치적 위험도 줄어든다.

③ 단독투자를 허용하지 않는 나라도 합작기업에 대해서는 각종 금융 · 세제상의 혜택을 부여하고 있는 경우가 많다.

④ 현지파트너와의 합작기업은 현지기업으로 인식되므로 현지국 국민에게도 좋은 인상을 심어줄 수 있고, 종업원의 사기앙양 등 노사관계 측면에서도 많은 이점이 있다.

⑤ 제3국 파트너와의 합작을 통해 현지국 정부에 대한 협상력을 상당히 증대시킬 수 있다.

반면에 합작투자에는 다음과 같은 문제점도 있다.

① 단독투자의 경우와는 달리 합작선과 이익을 나누어야 하는 등 서로 다른 국적을 가진 합작선 간의 이해상충 요인이 항시 존재한다.

② 경영통제권의 약화는 물론 기술과 노하우 등이 기업 외부로 흘러나갈 수 있다.

(2) 단독투자

합작투자의 경우와는 달리 단독투자는 100%의 소유권을 행사할 수 있으므로 완전한 경영권의 장악은 물론 투자에 따른 이익도 독점할 수 있다는 장점이 있다. 그러나 그만큼 위험부담도 커지게 될 뿐 아니라 현지국 정부와의 갈등도 심한 경우가 많다. 한국기업들은 대체로 외국의 불확실한 환경 변화에 신축적으로 대응하고 경영권을 확보하기 위하여 단독투자를 선호하는 경향이 있다.

4) 인수 · 합병(M&A: merger & acquisition)

직접투자 방식으로 해외시장에 진출하는 데는 소유지분의 결정과 함께 현지의 기존 기업을 인수할 것인가, 아니면 새로이 기업을 설립할 것인가가 중요한 의사결정 과제로 대두된다. 전통적으로 해외투자를 하게 되는 경우 새로운 기업을 세우는 것으로만 인식되어 왔으나, 최근에는 기존 기업의 인수 · 합병에 대한 관심이 날이 갈수록 증대되고 있다.

(1) M&A의 개념

인수(acquisition) 또는 매수란 한 기업이 다른 기업의 주식이나 자산 등을 매입하여 경영권을 장악하는 것을 말하며, 합병(merger)이란 독립된 기업들이 인적 · 물적 · 자본적 결합을 통하여 동일한 관리체제 하에서 기업활동을 영위하는 기업결합의 한 형태를 가리킨다. 그러나 현실적으로는 양자를 엄밀히 구분하기가 어렵기 때문에 이를 통칭하여 인수 · 합병(M&A)이라고 한다.

인수 · 합병은 결합 형태에 따라 수직적 합병(같은 산업 내의 생산단계가 다른 기업과의 결합), 수평적 합병(같은 산업 내의 동일한 생산단계의 경쟁기업과의 결합), 복합적 합병(다른 산업에 있는 기업 간의 결합)으로 구분되며, 2개 이상의 기업이 합병 후 새로운 기업으로 재탄생되는가 아니면 한 회사가 다른 회사에 흡수되는가에 따라 신설합병과 흡수합병으로 구분된다. 또한 합병 방식이 자산의 취득인가 아니면 주식의 취득인가에 따라 자산합병과 주식합병으로 구분되기도 한다.

어떤 형태로든 기존 기업을 인수하여 해외시장에 진출하게 되는 동기는 대개 다음과 같은 것으로 생각할 수 있다. 즉, 현지기업이 보유하고 있는 특정 자산의 취득과 여기서 얻어지는 시너지효과(synergy effect)를 통한 기업가치의 극대화, 사업의 다각화 또는 지역적 다각화를 통한 이익기회의 확대와 위험분산 등이다.

(2) M&A의 장점

이와 같은 인수 · 합병 방식의 장점으로는 다음과 같은 것들을 꼽을 수 있다.

첫째, 이미 독자적인 제품과 시장 및 판매망을 보유하고 있는 기존의 기업을 인수하기 때문에 목표 해외시장에 신속하게 진입할 수가 있다. 이에 따라 수익성 여부가 즉각 판가름나므로 투자의 회임기간도 짧다.

둘째, 기존 기업이 보유하고 있는 경영 및 노동인력뿐만 아니라, 제조 및 판매에 대한 경험과 지식도 함께 흡수할 수가 있다. 특히 인수 · 합병을 하게 되면 기업을 신설할 때 겪기 마련인 인력확보의 어려움을 상당히 해소시킬 수 있다.

셋째, 무리 없이 새로운 제품라인을 추가할 수가 있다. 특히 본사의 제품라인과 유사한 경우에는 본사의 기술과 지식을 활용할 수도 있다.

(3) M&A의 단점

반면에 인수 · 합병에는 문제점 또한 적지 않다.

첫째, 적절한 인수대상기업의 선정과 평가가 어렵다. 즉, 마음에 드는 기업을 찾기도 어렵지만 그러한 기업이 나타났다고 해도 비밀유지, 회계기준의 차이, 허위 재무제표 등으로 적당한 인수가격의 결정이 쉬운 일이 아니다.

둘째, 기존 기업을 인수한다는 것은 그 문제점까지도 떠맡게 되는 것을 의미한다.

예를 들어, 대고객 이미지가 좋지 않은 기업을 인수하게 되면 그러한 나쁜 이미지까지 따라오게 된다. 때로는 공장시설이 노후화되어 기업을 신설하는 것 이상의 신규투자를 필요로 하는 경우도 있다.

마지막으로 현지국 또는 본국에서 인수 · 합병을 금지하거나 제한하는 경우도 있다. 일반적으로 현지국 정부는 인수 · 합병을 그다지 달갑게 여기지 않는 경우가 많다. 이는 단순한 소유권의 이전에 그칠 수도 있는 인수 · 합병은 신규설립보다 고용창출이나 경쟁촉진 등의 경제적 효과가 크지 않다고 생각하기 때문이다. 또한 인수 · 합병 시에는 독과점을 금지하고 있는 현지국이나 본국의 관련 법규에 저촉되는지의 여부도 유의하여야 한다.

4. 해외시장 진출방식의 선택모형

기업국제화이론에 따르면 기업의 해외시장진출은 점진적 과정을 거치는 것이 보편적이라고 알려져 있다. 즉, 해외시장에 처음으로 진출하는 기업은 처음에는 수출과 같이 상대적으로 위험부담이 낮은 방법으로 진출하게 되며, 해외시장에서의 경험이 증가하고 자본 및 경영능력이 축적되면 높은 위험을 요하는 해외직접투자의 형태로 변화되어간다는 것이다.

그러나 모든 기업들에게 이러한 전개 과정이 일률적으로 적용되는 것은 아니다. 또한 어느 정도 해외시장경험이 축적된 기업에게는 앞에서 살펴본 다양한 해외시장 진출방법이 모두 하나의 선택 가능한 대안이 된다.

여기서는 수출·라이슨싱·해외직접투자 등의 3가지 대표적인 해외시장 진출방법 중에서 어느 방식을 선택할 것인가에 관한 모형 중 단순모형과 변화과정모형을 살펴보기로 한다.

1) 단순모형

대부분의 기업들은 해외시장 진출방법의 선정에 있어서 [그림 8-6]과 같이 비교적 단순한 모형을 사용한다. 즉, 기업들은 일반적으로 위험이 낮고 별다른 자원투입을 요하지 않는 방식인 수출을 통한 진출가능성을 모색한다.

그리고 이 모형에 의하면 기업들은 높은 무역장벽으로 수출이 불가능할 경우 비로소 라이슨싱이나 해외직접투자 등의 다른 대안이 활용될 수 있는가를 알아보게 된다.

이때 기업들이 특히 관심을 갖는 것은 기술의 유출위험이다. 따라서 기술이 유출되어

그림 8-6 단순모형

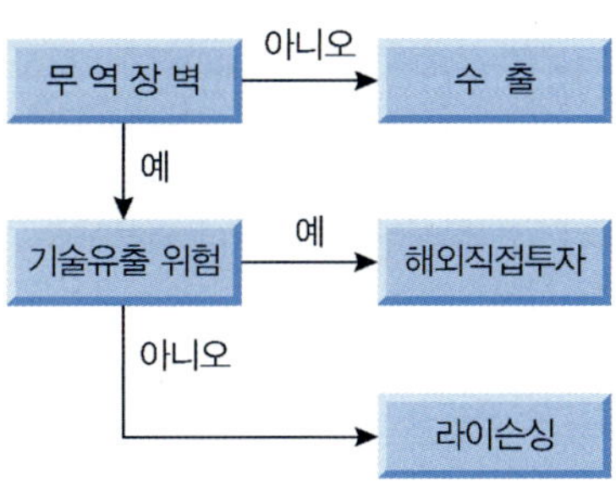

자료: A.M. Rugman, D.J. Lecraw & L.O. Booth, *International Business : Firm and Environment* (New York: McGraw-Hill), 1985.

경쟁우위를 잠식당할 가능성이 크지 않다면 위험이 낮은 라이슨싱을 하게 되고, 기술이 유출될 위험이 높다면 상대적으로 많은 자원의 투입이 요구되더라도 해외직접투자를 감행하게 된다.

이러한 단순모형의 장점은 우선 간편하고 신속한 의사결정이 가능하다는 사실이다. 이는 다른 진출대안에 대한 정보를 수집하는 데 소요되는 비용과 이의 평가에 소요되는 시간을 줄일 수 있기 때문이다. 그러나 단순모형의 근본적인 약점은 목표해외시장에서의 사업기회에 대해 기업의 능력을 가장 잘 발휘할 수 있는 진출방법을 찾지 못하고 소극적인 해외시장 진출수준에 머무르게 할 수도 있다는 점이다.

2) 변화과정모형

기업의 국제화는 국제사업에 따르는 불확실성과 해외정보 또는 사업경험의 부족으로 위험성이 높으며, 이를 줄이기 위해 기업은 일정한 학습 과정을 필요로 한다. 다시 말하면 기업의 국제사업은 위험도가 가장 낮은 간접수출에서 시작하여 위험도가 가장 높

그림 8-7 동태적 해외시장 진출방법 결정모형

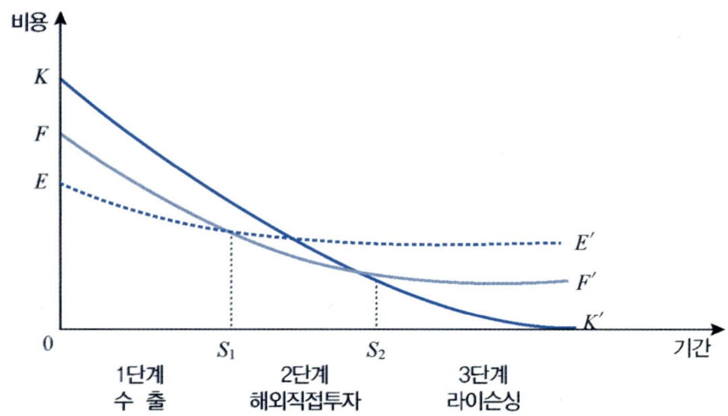

K: 라이슨싱으로 인한 기술적 우위의 잠식과 관련된 비용
F: 외국기업으로서 현지생산 활동을 하게 됨에 추가적으로 소요되는 비용
E: 수출마케팅 비용(운송료, 보험료, 관세 포함)

자료: A. M. Rugman, *Multinationals in Canada : Theory, Performance and Economic Impact* (Boston, Mass : Martinus Nijhoff, 1980), p.25.

은 생산자회사의 설립까지 점진적으로 행해진다는 것이다. 이러한 과정을 그림으로 나타내면 [그림 8-7]과 같으며, 이 그림은 위험도와 기업의 해외 활동 통제 정도에 따른 국제화 과정을 나타내고 있다.

주요용어

세계시장세분화, 시장포트폴리오 모형, 시장다변화와 집중화전략, 수출, 국제라이슨싱, 프랜차이징, 계약생산, 관리계약, 턴키운영, 해외직접투자, 해외직접투자의 유형, 단독투자, 합작투자, 인수 · 합병, 단순모형, 변화과정모형

연습문제

1. 세계시장세분화란 무엇을 의미하며, 시장세분화의 구분 기준은 무엇인가?
2. 국가별 제품수명주기단계에 따른 한국기업의 시장세분화 방안을 논하시오.
3. 시장확대전략을 추구하는 기업들이 선택할 수 있는 전략으로는 시장다변화전략과 시장집중화전략이 있다. 여러분이 기업의 책임자라면 어떤 전략을 선택할 것인지를 여러 가지 요인들을 들어 설명하시오.
4. 특정국 시장에 진출 시 여러분이 기업경영자라면 각국별 투자환경을 어떻게 평가할 것인지를 설명하시오.
5. 시장포트폴리오 모형에 따른 한국기업의 경쟁전략 형태를 설명하시오.
6. 기업의 해외시장확대 속도와 관련하여 전략적 대안들을 논술하시오.
7. 기업의 해외시장확대 순서에 관하여 논술하시오.
8. 직접수출과 간접수출의 장 · 단점을 논하시오.
9. 해외시장 진출방식 중 인수 · 합병의 장 · 단점을 설명하시오.
10. 단독투자에 비하여 합작투자의 장점과 단점을 상술하시오.
11. 국제프랜차이징을 설명하시오.
12. 해외시장 진출방법을 결정하기 위한 러그만의 단순모형을 설명하시오.

9장

수출마케팅전략

학습목표

세계시장에서 무역활동을 성공적으로 수행하기 위해서는 효과적인 국제마케팅전략이 필수적이라 할 수 있다. 본 장에서는 기업들의 수출마케팅과 관련된 전략을 살펴보도록 한다. 세계의 다양한 소비자들에게 제품을 어떻게 개발할 것인가, 그리고 제품의 가격은 어떻게 결정할 것인가를 생각해 본다. 그리고 해외시장의 소비자가 제품을 구매할 수 있도록 어떻게 설득할 것이며 어떻게 하면 그 제품을 해외시장에서 효과적으로 유통시킬 것인가에 관하여 알아본다. 마지막으로 이상의 마케팅 프로그램들을 현지국가에서 어떻게 적응시켜 나갈 것인가에 관하여 살펴본다.

1절 수출제품전략

2절 수출가격전략

3절 수출촉진전략

4절 수출유통전략

5절 표준화전략과 적응화전략

세계경영이야기

(주)코메가, 아트콜라보로 지구촌을 품다

(주)코메가의 글로벌 제품전략 및 시장전략

코메가(주)는 2003년 설립된 들깨기름 전문 제조업체이다. 선대부터 정훈백 대표의 아들까지 3대가 운영하는 가족기업이다. 회사명은 한국을 의미하는 'Korea'와 들깨에서 추출되는 식물성 '오메가-3'에서 착안했다. 대기업이 선점하고 있는 국내 식용기름시장에서 생들깨 기름 제조방식에 대한 특허를 획득함으로써 차별화를 꾀했으며, 뿐만 아니라 국내 최초의 '들깨교실'을 통해 체험형 식문화 확산에 기여하고 있다. 2015년 농식품 수출유공자 정부포상, 신지식농업인 지정, 2016년 벨기에 세계 미각 은상을 비롯해 문화부 선정, 2016 우수문화상품에 지정된 이력이 있다. ISO22000, 할랄(HALAL) 및 FDA 인증 등 국내의 주요 품질인증 또한 획득했다. 최대 수출시장은 일본으로, 제품의 품질을 인정받아 식품 및 화장품 회사인 DHC사를 통해 2008년 일본에 진출했으며, 현재까지 활발히 제품을 수출하고 있다. 이외에도 미국, 대만, 싱가포르, 홍콩 등 7개국에 수출하고 있다. 2017년 KOTRA 아트콜라보 사업과 러시아 무역사절단을 통해 업계 최초로 러시아에 20만 달러 수출계약을 체결했다. 꾸준한 홍보와 우수한 제품력을 바탕으로 국내 대표 들기름 업체로 거듭났다. '국가대표 오일' 이라는 자부심으로 들기름을 올리브유를 뛰어넘는 세계적인 제품으로 키우고자 한다.

코메가는, 들깨가 한민족이 예로부터 즐겨먹은 우수한 식품임을 알고 난 후, 한국을 넘어 해외에서도 승산이 있다고 판단했다. 2005년 해외시장 진출을 위해 우선 제품의 용기 디자인을 사각유리병으로 바꿨다. 처음 일본시장에 진출하기 위해 현지에 수십 번 넘게 방문했으며 올리브유보다 뛰어난 제품임을 강조했다. 이러한 노력에 힘입어 2008년 식품 및 화장품 회사인 DHC에서 OEM으로 주문이 들어왔다. 2003년 국내 최초로 볶지 않은 들깨기름을 압착해 짜낸 생들깨기름을 출시하게 된다. 하지만 당시엔 오메가-3에 대한 인식이 낮았고, 볶지 않은 들기름의 경우 가격이 비싸다는 편견으로 어려움을 겪었다. 그런데도 2005년부터 꾸준히 국내 · 외 식품박람회에 참가했으며, 2008년 생들깨기름 제조방법 특허를 출원, 이는 진입장벽 높은 일본시장에 첫 수출로 이어지는 쾌거를 이룩했다. 일본 수출에 필요한 인증과 잔류 농약검사 및 FDA 인증을 받으며 품질의 우수성을 인정받아 일본 현지에서 스페인산 올리브유보다 가격이 높게 책정되기도 했다. 2015년에는 일본에서 오메가-3 열풍이 부는 덕에 수출이 급증하기도 했다.

〈(주)코메가 홈페이지: http://www.komega3.com/document/〉

(주)코메가의 아트 콜라보레이션 전략

아트 콜라보레이션은 기업과 예술인이 개발, 생산, 포장, 유통, 홍보, 판매 등 제품의 부가가치를 창출하는 영업 전반에 영향을 미치고 있다. 이미 글로벌 기업인 코카콜라, 앱솔루트와 같은 음·주류, 루이비통·나이키·샘소나이트와 같은 패션잡화, 벤츠·BMW와 같은 명품 자동차들이 꾸준히 아트 콜라보를 시행해왔다. 이를 통해 제품의 스토리텔링과 차별화로 기업의 변신과 도약, 시장에서의 생존력과 지속력을 도모하고 있다. KOTRA 아트콜라보 사업은 예술을 활용한 상품디자인 강화를 통해 국내 중소중견기업 제품의 프리미엄 이미지 구축을 지원하는 사업이다. 동시에 예술인의 지속적인 작품 활동을 위한 비즈니스 기회도 제공한다(김소연, KOTRA, 아트콜라보 전시 개관, 글로벌이코노믹, 2018년 7월 4일자). 따라서 중소기업의 글로벌 마케팅 역량 강화를 목표로 국내 예술가 및 글로벌 명화를 활용한 아트 콜라보 매칭과 컨설팅을 지원해 줌으로써 해외시장에서의 제품 브랜드 이미지 제고와 스토리 텔링에 도움을 주고 있다.

우선 제품 포장부터 유럽인들이 익숙한 내용으로 바꾸기로 했다. 아트콜라보 사업의 도움을 받아, 들기름 라벨은 프랑스 화가 밀레의 '이삭 줍는 여인들'로 바뀌었다. 전통식품인 들기름과 프랑스 명화의 콜라보를 통해 제품이 고급스러운 이미지로 재탄생되었다(김일중, 밀레 '이삭 줍는 여인들'이 들기름 병에...'아트 콜라보' 신세계 열린다. 이데일리, 2017년 12월 5일자). 이후 2017년 3월 러시아 무역사절단을 통해 한국 음식에 관심이 많은 바이어를 만나게 되었다. 당시 바이어는 한국 들깨기름을 수입하고자 했고 20개 이상의 국내 제품들을 비교하던 중이었다. 디자인과 품질 면에서 제품이 가장 우수하다고 판단. 코메가(주)의 제품을 수입하기로 했다.

〈출처: 부경대학교 대학원 경영컨설팅 협동과정 보고서(장진욱, 2018년 2학기) 내용 발췌〉

1절 수출제품전략

수출기업의 경영자는 일반적으로 세계시장조사와 시장세분화를 바탕으로 목표시장의 마케팅기회를 평가한 후에 수출마케팅 믹스전략을 수립한다. 마케팅믹스란 정해진 마케팅목표를 달성하기 위해 기업이 통제 가능한 마케팅요소, 즉 제품, 가격, 촉진, 유통의 4가지 요소를 유기적으로 통합·조정하는 것을 의미하는 것으로서 수출마케팅전략에서 가장 중요한 부분을 차지하고 있다. 이하에서는 수출마케팅 믹스의 출발점이 되는 수출제품전략에 대해서 살펴보기로 한다. 해외시장환경과 고객이 다양하기 때문에 수출제품과 관련된 의사결정은 매우 복잡하지만 주요한 전략과제는 수출제품개발, 표준화 대 적응화, 상표전략 등으로 나누어 볼 수 있다.

1. 수출제품개발

기업들의 수출제품개발 방식은 네 가지로 구분할 수 있다.[1)]

1) 국내 개발(domestic development)

많은 국제기업들이 사용하고 있는 가장 쉬운 마케팅전략으로 본국시장에서 개발한 상품을 그대로 해외시장에 적용하는 것이다. 이 전략의 최대 장점은 비용절감 효과에 있으며, 대체로 규모의 경제와 R&D비용의 절감이 비용절감의 주된 원천이다.

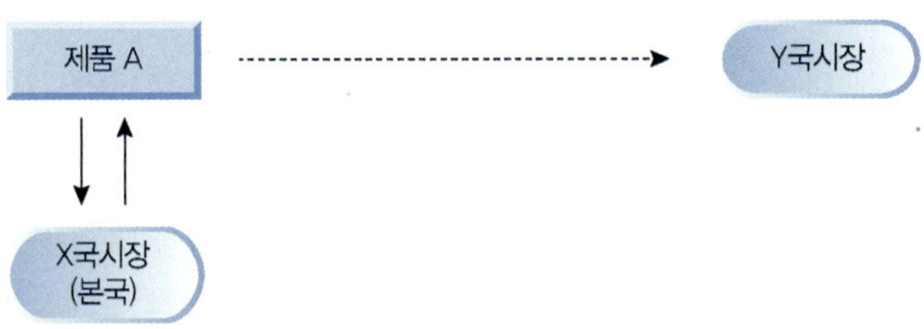

1) 이장로 외, 국제마케팅, 무역경영사, 2018, pp.184~185.

2) 순차적 개발(sequential development)

제품의 기능이나 사용조건 등이 본국과 유사한 해외시장에 순차적으로 진입하고 제품을 그 지역의 사용조건에 맞도록 일부 수정을 가하는 유형을 말한다. 현지 소비자의 기호에 어느 정도 적응하면서 동시에 제품개발비용을 줄일 수 있는 방식이다.

3) 국별 개발(national development)

시장환경의 사용조건이나 제품의 기능 면에서 큰 차이가 존재할 때 각국별로 각기 다른 상품을 개발하여 각국 환경에 가장 적합한 제품을 개발하는 유형이다. 현지국 소비자의 기호를 반영할 수 있으므로 매출액 증대에 유리하다는 장점이 있다. 반면에 전사적인 관점에서 보면 시장마다 다른 제품을 개발함으로써 비용이 증가한다는 단점이 있다.

4) 다국적 개발(multinational development)

개발 초기부터 다수의 국가를 대상으로 표준화제품을 개발하는 유형이다. 예를 들어, 코카콜라, SONY 등과 같이 세계 여러 나라에 표준화된 동일한 상품을 공급하는 것을 말한다. 이 방식은 규모의 경제에 의한 비용절감이 큰 장점이다. 하지만 다양한 소비자들의 기호를 충분히 반영하지 못한다는 단점도 있다.

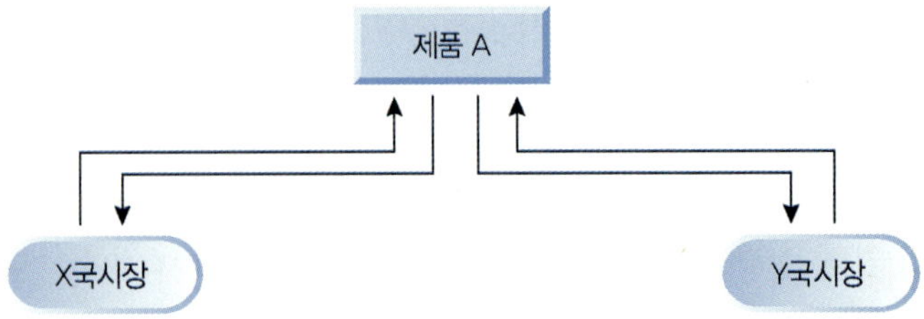

2. 표준화 대 적응화

기업은 수출시장의 환경 차이에도 불구하고 국내에서 판매하고 있는 제품을 그대로 수출할 것인지 아니면 현지시장 여건에 맞게 적응시킬 것인지를 결정해야 한다. 즉, 국내시장과 현지시장 간의 환경 차이를 고려하여 수출제품을 표준화할 것인지 아니면 적응화할 것인지를 판단하여야 할 것이다.

1) 제품표준화

제품의 표준화란 해외시장의 환경 차이에도 불구하고 다수의 수출시장에 표준화된 동일제품을 판매하는 전략을 의미한다. 수출기업의 국내・외 시장 간의 환경 차이에도 불구하고 수출제품을 표준화하는 이유는 다음과 같이 규모의 경제효과, 마케팅의 효율성, 소비자의 상표충성도를 크게 활용할 수 있기 때문이다.

첫째, 제품을 표준화시켜 대량생산함으로써 연구개발, 구매, 생산, 마케팅 등의 측면에서 규모의 경제효과를 얻을 수 있기 때문이다. 예를 들면, 표준화 제품의 세계적인 도입으로 인해 제품단위당 연구개발비가 저하되므로 경쟁우위가 제고된다.

둘째, 제품이 표준화되는 경우 마케팅 노하우의 국제간 이전이 보다 용이하기 때문이다.

셋째, 해외여행이 빈번한 소비자들이 구입하는 제품의 경우에 제품표준화를 통해 소비자들의 상표충성도를 최대한 활용할 수 있기 때문이다.

2) 제품적응화

제품의 적응이란 해외시장국의 고객기호, 제품사용조건, 소득수준, 기타 환경에 알맞게 국내제품을 수정하는 것을 의미한다. 수출기업이 제품표준화의 다양한 이점에도 불구하고 제품을 적응하는 것은 다음과 같이 사용조건의 차이, 시장여건의 차이, 정부의 영향 때문이다.

첫째, 자연환경의 차이, 기술수준의 격차 등의 요인으로 제품의 사용조건이 달라질 수 있기 때문이다. 예를 들면, 같은 비료라 하더라도 토양의 차이 때문에 각국 시장마다 성분이 약간씩 달라져야 한다.

둘째, 소득수준의 차이, 소비자의 기호 차이 등의 요인으로 시장여건이 달라지기 때문이다. 예를 들면, 저소득 국가시장에서는 기능을 단순화하여 저가로 제품을 공급하는 것이 효과적이다.

셋째, 정부규격과 법률의 차이로 인해 제품적응이 불가피하기 때문이다. 예를 들면, 식품이나 의약품의 경우 제품의 성분, 포장, 효능, 안전, 위생 등에 대한 현지정부의 강력한 규제로 표준제품이 그대로 판매되기가 불가능하다.

3. 자사상표 대 타사상표

수출기업이 사용할 수 있는 상표는 자체적으로 개발한 자사의 고유상표, 사용료를 지급하고 도입한 세계유명상표, 주문자상표 등으로 구분할 수 있는데, 개도국 기업의 경우 낮은 브랜드 인지도와 기술부족으로 주문자상표 부착 방식의 수출을 도모하고 있는 경우가 많다.

주문자상표 부착방식의 수출, 즉 OEM(original equipment manufacturer)수출은 해외의 제조업체가 제공한 기술명세서에 따라 생산한 제품에 주문 제조업체의 상표를 부착하여 수출하는 방식이다. OEM수출이 차지하는 비중이 50%를 상회하고 있다. OEM수출기업의 입장에서 주문자상표의 장 · 단점을 살펴보면 다음과 같다.

1) OEM수출의 장점

첫째, 상대기업의 현지 마케팅 채널을 활용함으로써 비용의 추가적인 부담이 없이도 현지판매력을 보완할 수 있다.

둘째, 자사상표에 비해 수출이익률이 낮긴 하지만 대량주문에 따른 대량생산 및 수출이 가능함으로써 생산시설의 가동률 제고에 따른 생산비의 절감 효과와 수출증대 효과를 기대할 수 있다.

셋째, 현지기업의 상표로 수출함으로써 외국인이 한국의 제품에 대해 느끼는 거부감을 회피할 수 있다.

2) OEM수출의 단점

첫째, 주문기업이 철저하게 낮은 가격을 요구하기 때문에 채산성이 낮으며, 수요변동에 따른 위험이 OEM수출업자에게 전가되어 수출업자의 경영이 불안정해질 소지가 크다.

둘째, 현지 소비자와 직접적으로 접촉하지 않기 때문에 수출시장의 정보축적이 어려워 수요량의 변동이나 소비자의 기호 변화에 적절히 대응하지 못하고 무리한 시설투자를 행할 우려가 높다.

2절 수출가격전략

가격이란 투입된 연구개발비용, 생산비, 마케팅비용 등을 회수하고 기업의 성장에 필요한 이익을 확보하기 위한 직접적인 마케팅수단이다. 수출기업의 경우 국내 · 외 시장 간의 가격 차이로 인해 가격결정 요인과 방법이 매우 다양하고, 수출가격의 누증, 덤핑, 이전가격에 대한 의사결정 등이 요구된다.

1. 수출가격의 결정 요인

일반적으로 특정 시장에 있어서 가격은 원가, 수요, 경쟁 등 세 가지 기본적인 요소에 의하여 그 범위가 결정된다. 즉, 제품원가를 기초로 최저가격이 설정되고 소비자들의 수요에 의하여 최고가격이 정해지며, 최종적인 가격은 경쟁상황 등을 고려하여 책정되는 것이 일반적이다. 이와 함께 정부규제, 환율변동, 물가상승 등의 위험 요소는 수출가격결정 시 특히 중요한 고려 요소라 할 수 있다.

이하에서는 수출기업이 이익을 극대화하고 시장지위를 확보하고자 하는 장기적인 관점에서 어떠한 요인을 고려하여 수출가격을 결정하는지를 살펴보기로 한다.

1) 기업목표

기업이 해외시장에서 달성하고자 하는 목표에 따라 수출가격은 상이하게 결정된다. 예를 들면, 시장점유율을 확대하는 것이 최우선적인 목표일 경우에는 가능한 한 수출가격을 낮게 책정할 것이다. 그러나 이익을 극대화하는 것이 목표일 경우에는 시장점유율을 약간 희생하더라도 수출가격을 높게 책정하고자 할 것이다.

2) 원 가

원가는 제조비, 선적비용, 마케팅비용은 물론 연구개발비, 관리비, 조세, 감가상각비 및 기타 간접비 등 여러 가지 비용 항목을 포함한 것으로서 수출가격의 하한선을 결정해 준다.

3) 수 요

수요의 개념은 매우 다양하지만 한 시장에서 특정 제품의 총구매량을 나타내는 시장수요와 특정 기업의 시장점유율을 나타내는 기업수요로 크게 구분할 수 있다. 수요는 기업이 판매하고자 하는 제품이나 서비스에 대해 소비자들이 부여하는 가치 및 소비자의 지불능력과 직결된다는 의미에서 기업이 설정할 수 있는 가격의 상한선이 어느 정도인가를 시사해준다.

4) 경 쟁

원가와 수요는 각기 가격의 하한선과 상한선을 제시해주는 데 비해 해외시장의 경쟁 조건은 이러한 상한선과 하한선의 중간 어디에서 실제가격이 결정되어야 하는가를 제시한다.

가격이론에 의하면 시장구조 및 경쟁상황에 따라 가격전략은 달라져야 한다. 완전경쟁에 가까운 상황에서는 가격은 시장에서 정해지기 때문에 기업은 가격순응자일 수밖에 없다. 이러한 경우 기업의 가격결정은 현재의 시장가격에 판매할 것인가의 여부를 결정하는 문제이다. 이에 비해 제품차별화가 이루어진 독점적 시장구조 하에서는 소비자들이 해당 제품에 대해 갖고 있는 주관적 가치가 가격책정에 있어서 주요한 결정요인이 되며, 과점적 경쟁구조 하에서는 경쟁기업의 반응이 주요한 변수가 된다.

5) 법적 규제

수입국 정부의 반덤핑 규제조치, 공정거래법과 독점금지법, 관세법 등의 각종 법적 조치는 수출가격을 결정하는 데 커다란 제약요인이 되고 있다. 예를 들면, 현지국의 반덤핑 규제는 수출가격의 하한선을 결정하는 데 반드시 고려되어야 한다. 한국기업들은 미국과 EC국가들의 반덤핑관세 조항에 저촉되어 최저수출가격을 인상하거나 반덤핑 관세를 부담하는 경우가 많다.

6) 환 율

수출가격의 표시는 보통 외국화폐로 하기 때문에, 그리고 환율은 수출품의 해외시장 가격과 원화로 환산된 수출대금에 영향을 미치기 때문에 수출기업은 환율변동을 예측하여 적정한 수출가격을 책정하여야 할 것이다. 예를 들면, 달러화가 평가절하되면 한국 수출품의 미국시장가격은 상승하게 되고 가격경쟁력이 약화된다. 또한 환율변동 전에 체결된 달러표시 수출계약의 경우 수출대금을 나중에 원화로 환산하면 그 수출금액은 본래보다 줄어들게 되므로 기업은 큰 손해를 볼 수도 있다.

7) 수출가격의 누증문제

해외시장에서의 수출물품의 최종 소비자가격은 관세, 운송비, 보험료, 다양한 중간상들의 마진, 기타 수출에 부대되는 비용 등이 누적되어 국내 소매가격에 비해 상당히 높은 수준에서 결정되는 것이 보통이다. 특히 유통경로에 새로운 구성원이 추가되거나 조세가 새롭게 부과될 때 수입국에서의 최종 소비자가격은 큰 폭으로 상승한다.

[표 9-1] 수출가격의 누증현상

수출마케팅 경로 및 비용요건	국내도·소매가격	현지도매상에서 직접 수출할 경우	외국수입업자가 추가될 경우	부가가치세가 추가될 경우	현지수입 중간상이 추가될 경우
신발제조업자의 판매원가(FOB가격)	12.00	12.00	12.00	12.00	12.00
+운송비·보험료	*	5.00	5.00	5.00	5.00
=수입항도착가격(CIF가격)	*	17.00	17.00	17.00	17.00
+관세(CIF가격의 20%)	*	3.40	3.40	3.40	3.40
=수입업자의 원가	*	20.40	20.40	20.40	20.40
+수입업자의 마진(원가의 25%)	*	*	5.10	5.10	5.10
+VAT(총원가 및 마진의 16%)	*	*	*	4.08	4.08
=도매원가(수입업자의 판매가격)	12.00	20.40	25.50	29.58	29.58
+도매마진(원가의 33.3%)	4.00	6.80	8.50	9.86	9.86
+VAT(마진의 16%)	*	*	*	1.58	1.58
=현지중간상의 원가 (local foreign jobber's cost)	*	*	*	*	41.02
+중간상의 마진	*	*	*	*	13.68
+VAT(마진의 16%)	*	*	*	*	2.18
=소매원가(도매 또는 중간상의 판매가격)	16.00	27.20	34.00	41.02	56.83
+소매마진(원가의 50%)	8.00	13.60	17.00	20.52	28.44
+VAT(마진의 16%)	*	*	*	3.28	4.56
=소매가격(최종 소비 자가격)	24.00	40.80	51.00	64.82	89.88
국내판매에 비교한 수출가격의 누증 비율		70%	113%	170%	275%

따라서 본국시장에서 아무리 낮은 원가로 생산된 제품이라도 수송비용, 제반 마케팅 비용, 유통비용으로 인해 최종 소비지에서는 가격이 높게 형성될 수 있다.

[표 9-1]은 수출가격의 누증현상을 일목요연하게 보여주고 있다. 이와 같은 수출가격의 누증은 대개 기업들이 통제하기 힘든 외부적 요인에 의해서 발생하기 때문에 국제기업의 마케팅활동에 상당한 애로요인으로 작용한다. 예를 들어, 최종 소비자가격을 국제적으로 일정한 수준으로 유지함으로써 재정거래의 가능성을 없애고자 할 경우 수출가격의 누증현상은 심각한 장애요인이 된다. 해외시장별로 가격누증의 원인 및 크기가 다양하기 때문에 이를 조사하여 제품가격결정에 고려해야 할 것이다.

2. 수출가격의 결정방법

수출가격을 결정하는 방법에는 다음과 같이 원가가산법, 경험곡선 가격결정법, 목표중심 가격결정법 등이 있다.

1) 원가가산법

원가가산법은 수출경력이 짧은 기업들이 일반적으로 채택하는 가격결정법으로서 제조원가에 관리비, 연구개발비, 간접비, 수송비, 그리고 관세 및 이윤을 합산하여 수출가격을 결정한다.

원가가산법은 가격결정이 비교적 쉬운 장점이 있으나 수출기업의 마케팅목표, 수출시장의 수요, 경쟁조건 등을 고려하지 않는 단점이 있으며, 또한 원가의 산정 및 배분이 어려운 측면이 있다. 예를 들면, 실제원가, 표준원가, 추정원가 중에서 어느 원가개념을 적용하느냐의 문제와 총원가로 할 것인지 아니면 한계원가로 할 것인지도 문제이다.

2) 경험곡선 가격결정법

경험곡선 가격결정법은 제품의 단위당 생산비가 누적생산량에 따라 일정 비율로 하락하는 경험곡선효과를 바탕으로 기업의 추정된 단위당 원가에 맞추어 수출가격을 책정하는 방법이다.

[그림 9-1]에서 볼 수 있는 바와 같이 특정 제품의 단위당 원가는 누적생산량이 증대됨에 따라 일정 비율로 감소하기 때문에 수출초기에 단위당 원가보다 낮게 수출가격을 결정하는 방법이다. 가격이 낮기 때문에 경쟁기업에 비해 시장점유율을 제고시킬 수 있고, 제고된 점유율은 생산량의 증대를 통하여 단위당 생산비를 감소시키기 때문에 기업은 경쟁자보다 가격우위를 유지하면서 이익을 증대시킬 수 있는 것이다.

그림 9-1 경험곡선 가격결정법

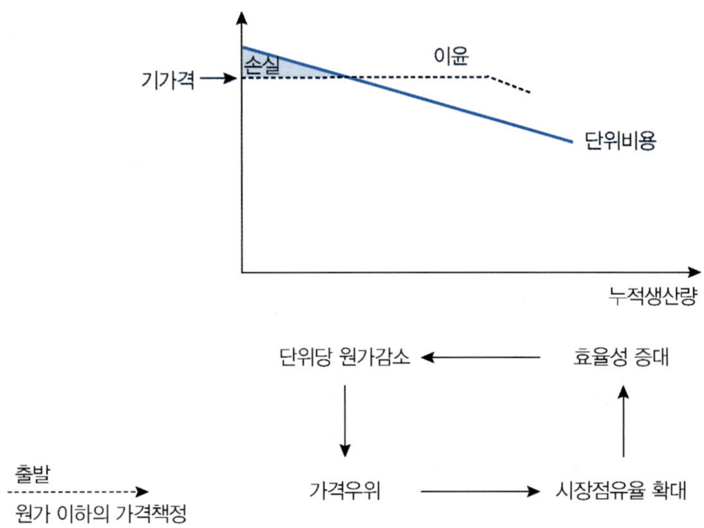

자료: J.C. Leontiades, *Multinational Corporate Strategy* (Lexington Mass.: Lexington Books, 1985), p. 91.

3) 목표중심 가격결정법

목표중심 가격결정법은 기업이 해외시장에서 추구하고자 하는 목표에 따라 가격을 결정하는 방법으로 침투가격전략과 초기고가전략이 있다.

첫째, 침투가격전략(penetration pricing)은 저가정책을 통해 단기간 내에 수출시장점유율을 확대하려는 방법이다. 예를 들면, 현대자동차의 포니엑셀이 북미시장을 성공적으로 개척할 수 있었던 요인 중의 하나는 저가를 통한 침투가격전략 때문이었다.

둘째, 초기고가전략(skimming pricing)은 해외시장 진입 시 가능한 최고가격을 책정하여 높은 가격에도 기꺼이 구매할 의사가 있는 고소득층의 소비자들에게 우선 판매하고 나중에 가격을 약간 낮추어 다음 저소득층을 파고드는 가격책정방법이다.

3. 수출가격의 덤핑

일반적으로 수출가격은 치열한 경쟁과 수출물량 증대정책으로 인해 국내판매가격보다 낮게 책정되는 경우가 많기 때문에 덤핑의 문제가 발생한다. 덤핑에 대해서는 그 개념이 통일되어 있지 않으나, 일반적으로 수입품의 판매가격이 수출국의 자국 내정상적인 가격수준보다 낮게 책정된 것을 의미한다.

수입국은 덤핑으로 인해 자국산업이 피해입는 것을 방지하기 위해 아래와 같이 덤핑마진율을 계산하여 수입관세와 별도로 반덤핑관세를 부과하고 있다.

$$\text{덤핑마진율}(\%) = \frac{\text{조정 후 정상가격} - \text{조정 후 수출가격}}{\text{조정 후 수출가격 또는 CIF수출가격}}$$

자사제품에 대한 수입국 정부의 덤핑규제를 회피하기 위해 수출기업은 아래와 같은 대책을 강구할 수 있다.

첫째, 덤핑규제의 근거를 주지 않도록 수출제품과 시판제품을 차별화한다.

둘째, 수입국의 중간유통상에 대해 외상거래 허용이나 리베이트제도 등과 같은 비가격적인 유인을 제공하여 가격이 인하된 것과 같은 효과를 얻음으로써 덤핑이 발생하지 않도록 사전에 대처한다.

셋째, 덤핑제소의 움직임이 나타날 경우에는 외국관계기관 및 제소자 측과 적극적인 교섭을 통해 사전에 타협을 본다.

4. 수출이전가격

수출가격전략과 관련하여 수출기업들이 직면하는 민감한 문제 중의 하나는 국제이전가격 문제로서, 이는 다른 나라에 위치한 해외자회사 또는 라이슨싱 업체에 재화, 서비스, 기술 등을 수출할 때 이들 가격을 어떻게 책정할 것인가의 문제이다. 이전가격은 외부시장 메커니즘을 통한 제3자 간의 거래 시 형성되는 정상적인 가격과는 달리 특정 기업의 제조부서와 수출부서, 본사와 현지판매법인, 현지자회사 간의 기업내부거래에 적용되는 가격을 의미한다.

기업의 수출활동이 고도화되어 현지판매단계에 이르게 되면 수출이전가격의 문제가 나타나기 시작하면서 이를 어떻게 결정할 것인가가 어려운 전략과제로 등장한다. 왜냐하면 이전가격수준의 결정에 따라 본사와 현지판매법인의 영업 성과 및 이익이 크게 영향을 받기 때문이다. 예를 들면, 수출시장점유율을 제고시키기 위해서 수출이전가격을 인하하면 본사공장의 이익이 저하되는 반면 현지판매법인의 이익과 매출은 증가하기 때문에 본사공장과 현지판매법인 간의 이해가 상충된다.

3절 수출촉진전략

촉진은 기업과 제품에 대한 정보를 소비자에게 정확 · 신속하게 전달하고 소비자를 설득하는 과정을 의미하는 것으로서 현재 또는 잠재적 고객들에게 기업이 제공하는 제품이나 서비스의 편익과 가치를 알려주고 나아가 고객들로 하여금 자사제품을 구매하도록 설득하는 데 그 목적이 있다. 이러한 의미에서 촉진의 본질은 마케팅 커뮤니케이션이라고 할 수 있다. 즉, 수출기업이 강조하고자 하는 제품효용과 특성에 대한 전달 메시지를 기호화하고 이를 광고, 인적판매, 판매촉진, 홍보 등의 수출촉진믹스를 통해 표적수출시장의 소비자에게 무난히 해독될 수 있는 방법으로 전달하는 것이다.

이하에서는 국내 · 외시장 간의 환경 차이에 따른 수출촉진의 특성, 수출촉진의 고려요소, 수출광고에 대해 살펴보기로 한다.

1. 수출촉진의 특성

수출촉진은 사회문화적인 환경이 상이한 여러 수출시장에서의 커뮤니케이션이라는 측면에서 커뮤니케이션의 장벽, 촉진프로그램의 국제이전 및 표준화 문제가 제기된다.

첫째, 수출촉진은 국내촉진의 경우보다 커뮤니케이션의 장벽이 높고 그 종류도 다양하다. 대표적인 수출커뮤니케이션의 장벽으로는 언어의 차이, 비언어적 표현방식의 차이, 정부규제, 매체의 활용가능성, 경제적 차이, 소비자의 기호 및 태도, 구매과정의 차이 등을 들 수 있다. 이와 같은 커뮤니케이션의 장벽으로 인해 수출촉진은 그 어려움이 가중된다.

둘째, 수출촉진의 경우 촉진프로그램의 국제이전 및 표준화의 문제가 국내촉진과 다른 점이다. 국제이전이란 한 국가시장에서의 성공적인 프로그램을 다른 수출시장으로 이전하는 것을 의미하는 것이다. 예를 들면, 광고의 경우 소구점, 내용, 매체, 배경 등의 구성요소 중에서 무엇을 어느 정도 국제간에 이전시킬 것인가를 결정하는 문제이다. 이에 비해 표준화의 문제는 전세계시장에 동일한 촉진프로그램을 사용하는 표준화전략과 해외시장에 각기 다른 프로그램을 사용하는 적응화전략의 선택을 말한다.

2. 수출촉진의 고려요소

촉진의 본질을 커뮤니케이션으로 볼 때 환경이 상이한 여러 수출시장에서의 촉진은 국내시장에서의 촉진에 비해 고려하여야 할 요소가 다양하고 이에 대한 충분한 지식이 없이는 효과적인 수출촉진이 이루어질 수 없다.

이하에서는 메시지의 작성, 커뮤니케이션의 매체, 수신자의 반응, 법적 규제 등의 측면에서 수출촉진 담당자가 고려하여야 할 요소를 살펴보기로 한다.

1) 메시지의 작성

수출기업은 촉진메시지를 작성할 때 그 메시지가 수출시장에서 어떻게 해석될 것인가를 세밀하게 조사해야 한다. 왜냐하면 수출시장의 고객은 다음과 같이 언어 · 비언어적 수단 및 상징의 국제적인 차이 때문에 수출기업이 원래 의도한 대로 메시지를 해석하지 않을 수 있기 때문이다.

첫째, 언어의 차이는 광고를 통한 효율적인 커뮤니케이션에 있어서 심각한 장애요인 중의 하나이다. 예를 들면, 한국의 대영자전거는 미국시장에서 한국시장과 같은 상표(Dai-Young)로 진출했다가 "젊어서 죽는다(die young)"로 발음되어 미국시장 침투에 어려움을 겪은 적이 있다.

둘째, 사람은 말이나 글 이외에 손, 발, 눈, 코 등 신체의 일부를 사용하거나 몸치장 및 자세를 통하여 서로 의사를 교환할 수 있다. 이와 같은 비언어적인 커뮤니케이션은 문화에 따라 그 사용법과 의미가 매우 다양하기 때문에 수출광고 메시지 작성에서는 이에 대한 고려가 필요하다.

셋째, 수출기업이 메시지 작성 시 색깔, 동물 등을 상징적으로 사용하고자 할 때 이들의 상징적 의미가 국가에 따라 다르게 나타날 수 있으므로 주의해야 한다. 예를 들면, 인도에서 올빼미가 불운의 상징인 것을 모르고 촉진프로그램에 올빼미를 사용하여 실패한 기업도 있다.

2) 커뮤니케이션의 매체

메시지가 해외의 목표고객에게 정확히 전달되기 위해서는 매체와 광고대행사를 올바르게 선택하여야 하는데 해외시장의 매체는 국가에 따라 매우 다양하며 믿을만한 광고대행사를 찾기도 쉽지 않다. 이는 커뮤니케이션 매체의 발전단계와 활용가능성, 현지국가의 광고대행사의 질과 수 등이 국가에 따라 매우 다양하기 때문이다.

3) 수신자의 반응

메시지가 매체를 통해 전달되었을 때의 수신자의 반응을 예측하기 위해서는 다음과 같이 해외고객의 정보탐색, 태도형성 및 구매결정에 관한 충분한 지식이 필요하다.

첫째, 수출기업은 해외고객들이 구매의사결정을 위하여 언제 어떤 종류의 정보를 탐색하며, 그들의 주요 정보원천은 무엇인가를 알아야 한다.

둘째, 해외고객들이 여러 가지 제품 및 서비스를 어떻게 평가하고 특정 제품에 대한 태도를 어떻게 형성하는가를 알아야 한다. 특히 각국의 외국제품 선호도, 유명상품에 대한 태도, 원산지 효과, 품질, 가격 등의 제품평가에 미치는 영향을 알아야 촉진프로그램에 반영할 수 있다.

셋째, 특정 제품의 구매결정에 있어서 누가, 언제, 어디서, 어떻게, 왜 결정하는지를 알아야 한다. 예를 들면, 구매결정 시 주요 의사결정자(남편, 주부)는 누구이며, 주요 구매장소(백화점, 슈퍼마켓 등)는 어디이며, 지불수단(현금, 신용카드 등)은 무엇인가를 아는 것이 필요하다.

4) 법적 규제

특정 시장국의 법적 제도는 매체규제, 내용규제, 판촉행사규제 등을 통해 촉진활동의 유형을 결정짓는 데 막대한 영향을 미치고 있으므로 이에 대한 이해가 요구된다.

첫째, 국가에 따라 특정 제품에 대한 광고가 불가능하거나 엄격히 규제를 받고 있다.

둘째, 메시지 내용에 대한 규제도 국가마다 다르다. 예를 들면, 독일에서는 최상급의 광고표현이나 경쟁사의 제품과의 비교광고를 법률로 금지하고 있다.

셋째, 국가에 따라서는 과대한 판촉행사를 통한 무질서한 경쟁을 규제하기 위해 연중 판촉행사 가능기간, 판촉선물액수 등을 규제하기도 한다. 또한 촉진비용의 허용한도를 법에 명시하고 있는 경우도 있다.

3. 수출광고

수출촉진활동에는 광고, 판촉, 인적판매, 홍보 등의 여러 형태가 있지만 이하에서는 가장 일반적인 형태인 광고에 대해 살펴보고자 한다.

광고는 기업, 제품, 서비스에 대한 각종 정보를 제공하고 제품과 서비스의 수요를 촉진시키는 비인적·유상적 커뮤니케이션 활동이다. 이와 같은 광고활동을 수행하는 과정에서 수출마케팅 담당자는 광고대행사의 선정, 광고메시지의 선정, 광고매체의선정, 수출협력광고의 실시 등에 대한 의사결정에 직면한다.

1) 광고대행사의 선정

수출기업은 국제적 광고대행사, 현지 광고대행사, 본국의 광고대행사 중에서 각각의 장 · 단점을 고려하여 적절한 대행사를 선정한다. 국제적 광고회사를 선택할 경우 광고 표준화를 통하여 비용을 절감할 수 있고 표준화된 기업이미지를 제고할 수 있다는 장점이 있다. 반면에 현지광고대행사는 현지시장의 상황에 맞는 광고를 제작하고 실행할 수 있다는 장점이 있다.

2) 광고메시지의 선정

소비자의 욕구, 구매동기, 언어의 다양성, 수출시장세분화 등을 고려하여 광고메시지를 국제적으로 표준화할 것인지 아니면 현지시장에 맞게 적응할 것인지를 결정하게 된다.

표준화된 광고메시지를 사용하게 되면 아래와 같은 이점들이 있다.

첫째, 하나의 광고개념이 개발되면 적은 비용으로 광고메시지를 타국에 이전시킬 수 있고 또한 광고업무의 대부분을 한곳에 집중시킬 수 있으므로 비용을 절감시킬 수 있다.

둘째, 국제적으로 통일된 제품이나 기업의 이미지를 창출할 수 있고 이를 통해 새로운 시장진출이 용이하다.

셋째, 전사적인 수준에서 광고활동에 대한 통제와 조정이 용이하다.

3) 광고매체의 선정

일반적으로 수출마케팅 담당자는 인쇄매체(신문과 잡지), 방송매체(라디오와 TV), 기타 매체(옥외광고, 영화광고, 판촉물을 이용한 광고 등) 중에서 각 매체가 지닌 메시지의 전달범위나 도달능력, 그리고 각 매체활용 시 소요되는 비용을 감안하여 자사와 자사제품에 적합한 형태의 매체를 선정하게 된다. 즉, 광고매체의 활용가능성, 비용, 커버리지 등을 고려하여 표적시장을 비용 · 편익 면에서 가장 효과적이고 효율적으로 커버할 수 있는 매체를 선정하게 된다.

4) 국제협력광고

수출광고와 관련하여 수출마케팅 담당자가 직면하게 되는 특수한 의사결정 분야의 하나는 현지국 유통업체와의 협력광고이다. 일반적으로 수출의 경우 현지 유통업체에게 판매를 전담시키고 있기 때문에 국제협력광고의 필요성이 커진다.

협력광고는 다음과 같은 이점이 있다.

첫째, 광고비를 현지국 유통업체와 분담하므로 기업체가 실제로 투입하는 광고비에 비하여 강한 광고효과를 기대할 수 있다.

둘째, 현지유통업체로 하여금 촉진활동을 더욱 적극적으로 수행하도록 동기부여를 할 수 있다.

셋째, 현지유통업체가 보유하고 있는 노하우나 명성을 활용함으로써 광고효과를 증대시킬 수 있다. 그러나 이와 같은 이점에도 불구하고 협력광고는 현지유통업체에게 맡길 경우 저질광고의 가능성과 기업이 배정한 만큼의 광고비를 실제로는 사용하지 않는 경우가 있을 수 있다.

4절 수출유통전략

유통구조는 수출마케팅 측면에서 일종의 통제불능 요소로 인식되고 있으며, 각국마다 상이한 양상을 띠게 된다. 따라서 각국의 유통구조를 면밀하게 분석한 후에 여러 형태의 중간상들의 활용가능성, 구체적 기능, 효과 및 비용 등을 고려하여 합리적인 유통경로전략을 수립할 필요가 있다.

수출유통경로란 특정 기업이 생산한 제품이나 서비스를 해외소비자들에게 이전시키는 데 관여하는 개인이나 조직 또는 그 총체를 의미하는 것으로서 수입상, 도매상, 중개업자, 대리점 등과 같이 재화나 서비스를 팔고 살 수 있는 곳이다.

이하에서는 수출유통경로의 기능, 유형, 회색시장, 수출물적유통 등에 대해 살펴보기로 한다.

1. 수출유통경로의 기능

수출유통경로란 실제로 해외소비자에게 제품을 전달하는 이상의 기능을 수행하고 있으며 이를 보다 자세하게 분석하면 아래와 같다.

첫째, 제조업자와 소비자를 연계시켜 교환을 가능하게 해주고 운송, 보관 등을 통해 특정 재화나 서비스의 실체를 이동시켜 주며, 광고, 정보수집, 위험부담 등을 통하여 기업의 수출마케팅활동을 보조한다.

둘째, 수출유통경로는 기업들이 외국에서 접하게 되는 상이한 문화나 환경에 쉽게 적응할 수 있도록 하고 각국 소비자들에게 당해 기업들을 적절히 소개하는 역할도 한다.

셋째, 수출유통경로는 궁극적으로 제품의 효용을 증대시키게 된다. 즉, 소비자에게 제품을 적시에 제공함으로써 제품의 시간효용을 증대시키고 또한 소비자가 쉽게 얻을 수 있는 곳에 제품을 위치시킴으로써 제품의 공간효용을 증대시킨다.

2. 수출유통경로의 유형

수출유통경로는 국별로 또는 제품별로 매우 다양하기 때문에 일일이 열거하기가 힘들 정도이나 대표적인 중간상과 대리상을 기준으로 하여 살펴보면 다음과 같다. 일반적으로 중간상은 자기의 명의와 계산으로 수출입활동을 하므로 구입가격과 판매가격의 차이가 영업이익이 된다. 이에 비해 대리상은 수출업자 또는 수입업자의 위탁을 받아 당해 위탁자의 명의와 계산으로 거래를 하며, 수출입거래대금의 일정 비율을 수수료 형태로 수취하는 유형이다.

1) 해외중간상

대표적인 해외중간상으로서는 다음과 같이 수입업자, 제조업자, 유통업자, 딜러, 도매상 및 소매상, 외국의 정부 관련 기관 등이 있다.

첫째, 수입업자는 상품을 자기의 위험부담 및 계산으로 수입하여 이를 수입국 현지의 도매업자나 소매상에게 판매한다. 제품에 대한 전문지식을 요하기 때문에 주로 특정 제품계열만을 전문으로 취급하는 수입업자들이 많다.

둘째, 제조업자는 OEM(original equipment manufacturing) 방식으로 수입하거나, KD(knock-down) 방식으로 수입 및 조립하여 자사의 기존 판매망이나 도소매 유통경로를 통해 판매한다.

셋째, 유통업자(distributor)는 독립적인 중간상의 대표적인 예로서 대부분의 경우 특정국에서의 독점적 판매권을 향유하며 해외제조업체와 긴밀한 유대관계를 맺고 있다. 따라서 유통업자는 공급업체에 대한 의존도가 상대적으로 높은 편이며, 계약관계도 장기적이고 지속적이다.

넷째, 딜러(dealer)는 일반적으로 특정 제품의 매매에 있어서 공급업자와 지속적인 관계를 유지하면서 산업재 또는 내구성 소비재를 소비자에게 직접 판매하는 중간상이라고 할 수 있다. 특히 딜러는 공급업체와의 지속적인 관계를 바탕으로 특정 지역에 있어서 제조업체의 제품을 독점적으로 판매할 권한을 갖는 만큼 취급품목도 단일 제조업체의 것만으로 한정하는 것이 보통이다.

다섯째, 도매상 및 소매상은 보다 낮은 단계의 유통경로 구성원들에 대한 재유통이나 최종소비자를 대상으로 유통업무를 수행하고 있으며, 이를 위하여 직접 수입판매하는 경우도 많다. 예를 들면, 선진국의 대형 소매연쇄점들은 현지시장에서의 지명도를 십분 활용하여 해외제조업체에 대한 주문생산 방식을 통해 수입제품에 자사상표를 부착하여 판매하는 경우가 허다하다.

여섯째, 각국 정부는 정부 소요물자를 직접 조달하기 때문에 수출마케팅 담당자들은 현지정부 및 공공기관과 거래할 수도 있다. 특히 외환사정이 어려운 개도국이나 동구권의 공산국가들은 국영무역공사와 같은 정부기관에 대외교역창구가 일원화되어 있어 동 기관을 통하지 않고서는 수출이 불가능하다.

2) 해외대리상

대표적인 해외대리상으로서는 다음과 같이 중개업자, 대리점, 팩터 등이 있다.

첫째, 중개업자(broker)는 특히 일차산품이나 음식료품을 전문적으로 취급하며 그대가로 일정액의 중개수수료를 취득한다는 점에서 대리점과 유사한 성격을 지닌 중간상이다. 대개 이들은 현지고객들에 대한 정보에 밝기 때문에 이들을 활용하면 적은 비용으로 현지시장에 신속히 침투할 수 있다는 이점이 있다.

둘째, 대리점은 특정 도시, 지역, 당해 시장국 또는 인접국에서의 제조업체의 제품에 대한 판매권을 향유하는 유통기구로써 광범위한 시장을 커버할 수 있다는 이점 때문에 산업재 및 각종 소비재의 유통에 널리 활용된다. 특히 일정한 통제권과 집약적인 유통을 원하면서도 자체적인 해외판매조직을 갖출만한 여력이 없는 수출제조업체들이 선호한다.

셋째, 팩터(factor)는 수출업자가 맡긴 물품의 판매알선과 함께 구매자의 지급보증 업무까지 수행함으로써 수출업체와 수입업자의 중간에서 신용위험을 덜어주는 기능을 수행한다. 따라서 팩터는 일정액의 판매수수료 이외에 지급보증의 대가로서 지급보증 수수료까지도 수취하게 된다.

3. 회색시장

세계시장에서 표준화된 제품을 동시에 마케팅하고 있는 수출기업들은 수출대상국가가 증가함에 따라 회색시장(grey market) 또는 평행시장(parallel market)이라는 수출유통관리상의 특수문제에 봉착하게 된다. 회색시장은 해외시장국들 간의 가격 차이에 편승하여 특정 기업의 제품을 저가시장에서 구입한 다음 이를 정상적인 유통경로 구성원들이 제시하는 가격보다 낮은 가격에 판매함으로써 이익을 추구하는 인가되지 않은 유통업체들로 구성된다.

회색시장은 날이 갈수록 급속한 신장추세를 보이고 있다. 1970년대 말까지만 하더라도 회색시장은 카메라, 시계, 향수 등의 품목에 한정되었으나, 최근에는 자동차, 타이어, 수정 등을 포함한 다양한 품목에 회색시장이 형성되고 있다.

회색시장이 형성되는 이유는 시장의 세계화로 많은 기업들이 표준화된 제품을 여러 개의 해외시장에 동시에 출하하고 있는 상태에서 환율변동, 제조업체의 수출시장 간 가격차별정책, 현지시장의 수급불균형 등의 요인으로 해외시장 간에 큰 폭의 가격 차이가 발생한 것을 이용하여 국제유통업체들이 재정거래를 통해 이득을 보고자 하기 때문이다.

4. 수출물적유통

적절한 유통경로의 선정뿐만 아니라 효율적인 수출물적유통시스템도 마케팅의 종합적인 성격을 고려할 때 매우 중요한 과제이다.

수출물적유통은 재화의 물리적 이동, 즉 수출운송, 수출보험, 수출보관 및 재고통제에 대한 효율적인 시스템의 구축 및 관리문제로서 이를 보다 자세하게 살펴보면 다음과 같다.

첫째, 수출운송은 수출국과 수입국의 지리적 특성에 따라 해상, 항공, 철도, 트럭, 내수로운송 등 기본적으로 다섯 가지의 대안이 있다. 운송 형태 중에서 가장 일반적인 것은 운송비용이 낮고 한꺼번에 많은 재화를 손쉽게 운송할 수 있는 해상운송이라고 할 수 있다. 최근에는 복합운송이라는 새로운 운송 형태가 각광을 받고 있다. 복합운송은 특정한 화물을 육상, 해상, 항공운송 중에서 두 가지 이상의 운송수단을 복합적으로 이용하여 출발지에서 목적지까지 단일운송업자의 책임 하에 일괄운송하는 것을 말한다.

둘째, 물품의 물리적 이동 과정에서 발생할 수 있는 물품의 멸실이나 손상위험에 대처해야 한다. 즉, 매매당사자들은 수출입계약화물이 매도인의 창고나 공장을 떠날 때부터 해외의 매수인에 의해 지정된 목적지까지 도달할 때까지 보험에 부보하여 화물을 위험으로부터 보호하여야 한다.

셋째, 수출국과 수입국 간의 거리가 멀어 오랜 운송기간이 소요될 때 품절이라는 최악의 상황을 방지하기 위해 판매시점에 예비재고품을 제공할 수 있도록 보관활동을 전개해야 한다. 그러나 다량의 재고는 비용을 증가시키므로 대고객서비스를 위축시키지 않는 범위 내에서 재고에 대한 투자를 가능한 한 낮게 유지하여야 할 것이다.

이를 위해 자유무역지대를 이용하는 방법이 있다. 예를 들면, 싱가포르의 자유무역지역에 단일 예비재고센터를 설치하고 이곳에서 동남아시아 제국에 상품을 운송한다면 재고수준을 현저히 낮출 수 있게 되어 재고비용을 크게 절감할 수 있다.

5절 표준화전략과 적응화전략

1. 표준화전략과 적응화전략의 개념

국제기업의 기본적인 특징 중의 하나는 국내와는 상이한 환경조건을 지니고 있는 국가의 시장을 목표로 하여 현지에 자회사를 설치하고 그 자회사들은 본사의 전략에 따라 본사에 의해 계획, 조직, 통제된다는 점이라 할 수 있다. 국제기업은 이와 같은 해외경영활동을 수행하는 과정에서 여러 가지 복잡한 경영전략 선택의 문제에 직면하게 되는데, 가장 일반적인 결정은 지금까지 국내경영활동에서 수행되었던 전략을 현지시장에서 연장 수행할 수 있는가(표준화전략) 아니면 현지국 시장환경에 맞게 수정하는 전략(적응화전략)을 선택하는 것이라 하겠다.

표준화전략이란 국제기업 전체의 이익을 극대화하기 위해서는 범세계적인 통일된 시스템을 유지하고 해외자회사들의 활동을 통제할 필요가 있기 때문에 본국시장에서 택했던 기업의 전략을 해외시장에서도 변경 없이 그대로 사용하는 것을 말한다.

국제기업들의 표준화전략을 지지하는 대부분의 연구는 기술혁신에 따른 통신과 교통수단의 발전으로 세계시장이 점점 동질화되어 가고 있다는 측면과 통일된 전략활용에 따른 비용절감, 규모의 경제와 시너지효과, 기업 및 제품 이미지의 제고, 질서있는 전략계획의 수립과 통제가 가능하다는 점을 강조하고 있다.

이러한 표준화전략을 강조하는 대표적 학자로는 레비트(Levitt) 교수가 있다. 그는 세계가 동질화되고 있기 때문에 표준화전략을 택하지 못하는 국제기업들은 사라지고 전세계적으로 동일한 전략을 수행하는 범세계적인 기업이 등장해야 한다는 극단적인 표준화전략론을 주장하고 있다. 그리고 기술혁신으로 인해 교통과 통신수단이 발달함으로써 각국에서 발생하는 사건들이 단시간에 전세계로 전파되어 지역 간 차이가 해소되고 세계의 욕구와 희망이 동질화되면서 소위 시장의 범세계화(globalization of markets) 현상이 나타나고 있다고 강조했다.

또한 웰치(Welch)는 일본기업들이 미국이나 유럽계 기업처럼 면밀한 시장조사나 대규모의 마케팅조직이 존재하지 않더라도 성공적으로 세계시장에서 경영활동을 영위할 수 있는 것은 일본계 기업이 전세계 소비자들의 공통적인 욕구인 싼값에 비해 좋은 제품을 찾는다는 것을 파악하여 표준화된 전략을 수행한데서 비롯된다고 주장했다.

한편, 적응화전략이란 현지국시장 여건이 본사국과 상이할 경우, 국제기업은 성장과 발전을 도모하기 위해 외부환경조건에 적응해 나가야 하기 때문에 현지국시장에서의 경영전략을 모국시장과는 차별화할 필요가 있는 경우 사용하는 전략을 말한다. 이와 같은 적응화전략의 실행을 강조하는 사람들은 주로 기업경영환경의 차이로 인한 현지 적응의 필요성을 강조하는 학자들이다. 대표적인 예로는 인류학자인 홀(Hall)을 들 수 있다. 홀은 상이한 문화권에 속해 있는 사람들이 사고방식과 가치관이 다르기 때문에 한 국가에서 성공한 전략을 다른 문화권의 시장으로 효과적으로 이전시키는 데는 많은 장애요인이 존재한다고 주장했다.

또한 그린(Green)과 커닝햄(Cunningham)은 미국과 베네주엘라에서 가족의 구매결정이 이루어지는 방식이 상당한 차이가 나고 있음을 알아냈는데, 이는 결국 국제기업으로 하여금 두 시장에서 목표고객을 달리 선정해야 한다는 것을 암시해 주고 있다.

일반적으로 대부분의 기업들은 표준화된 전략이 경제성과 효율성을 지니고 있다는 사실을 알고 있음에도 불구하고 각국 시장조건의 차이 때문에 극단적인 표준화전략의 실행을 꺼리고 있다. 또한 국제기업이 현지시장 적응화전략을 수행하면 각 시장의 소비자들의 욕구를 충족시킬 수 있기는 하지만, 반면에 국제기업 전체의 질서 있고 일관성 있는 경영형태를 저해하고 비용을 증대시킴에 따라 극단적인 현지 적응화전략 역시 실시하기 어렵다는 실행상의 문제점을 지니고 있는 것이 현실적이다.

결국 국제기업이 해외시장에서의 기업전략을 실행할 때에는 완전적응화 혹은 완전표준화라는 극단적인 접근이 아닌 기업내 · 외적 환경에 따라 표준화 · 적응화 정도를 조절하여 선택하는 것이 바람직하다 하겠다.

2. 대안개발

앞에서 살펴본 표준화전략과 적응화전략을 제품과 커뮤니케이션의 믹스만을 고려하여 특정한 제품시장기반을 가지고 있는 기업이 이를 여타의 지역시장으로 확대하는데 활용될 수 있는 전략적 대안을 살펴보면 기본적으로 다음과 같은 5가지를 들 수 있다. 여기서 커뮤니케이션이란 광고와 판촉 등의 경로를 통하여 소비자에게 제품을 알리고 구매를 설득하는 과정을 말한다.

(1) 제품 및 커뮤니케이션 연장전략

이 전략은 모든 시장국에서 동일한 제품을 국내시장과 동일한 커뮤니케이션 메시지를 활용하여 판매하는 것이다. 많은 다국적기업들이 이러한 전략을 채택하고 있는데, 이는 이 전략이 실시하기에 가장 용이하면서도 경제성이 높기 때문이다. 이러한 전략이 사용된 대표적인 예로는 펩시콜라(Pepsi Cola)를 들 수 있다. 펩시콜라사는 100여 개 시장에서 미국시장과 거의 동일한 제품 및 커뮤니케이션 믹스를 활용하여 마케팅함으로써 국제적으로 탁월한 성과를 거두었다.

그러나 이러한 전략이 모든 경우에 유효한 것은 아니다. 미국의 유명한 식료품업체인 캠벨수프(Campbell Soup)사는 미국에서 판매하던 것과 동일한 성분의 토마토수프를 영국에 출시하다가, 상당한 손실을 본 후에야 비로소 영국인들은 좀더 쓴 맛을 더 좋아한다는 사실을 알게 되었다.

이 전략의 장점은 동일 전략의 사용에 따른 비용절감과 규모의 경제를 추구할 수 있다는 것이나 한편으로는 개별시장의 욕구에 적절히 반응하지 못하기 때문에 잠재적인 수요확대의 기회를 놓치기 쉽다는 단점이 있다.

(2) 제품연장 · 커뮤니케이션 적응전략

이 전략은 하나의 제품이 사용조건은 국내시장과 거의 같거나 유사하지만, 제품의 기능 또는 사용목적이 국내시장과는 다른 경우에는 제품은 그대로 두되 마케팅 커뮤니케이션만 현지에 적응시키는 전략을 선택하는 것을 말한다. 이러한 접근방법이 효과적인 제품의 예로는 자전거나 오토바이 등을 들 수 있다. 즉, 선진국의 소비자들이 이러한 제품을 구매하는 동기는 주로 여가선용이나 스포츠에 있지만, 개발도상국에서는 기본적인 운송수단이 된다.

동일한 제품이 국내시장과는 다른 용도로 사용되거나, 다른 기능에 적용되는 또다른 예로는 농기구제작회사에서 찾아볼 수 있다. 즉, 미국에서 교외의 잔디나 정원을 손질하는 데 사용되는 기계제품계열이 후진국에서는 농사일에 쓰이는 제품으로 마케팅되고 있다.

제품연장 · 커뮤니케이션 적응전략의 매력도 역시 전략실행에 소요되는 비용이 상대적으로 적다는 점에 있다. 이는 제품의 변경이 없으므로 연구개발, 제조 및 재고비용의 절감이 가능하기 때문이다. 다만 해외시장에서의 상이한 기능을 식별해내고, 이에 따른 광고 및 판촉 등의 마케팅 커뮤니케이션 수단을 재편성하기 위한 어느 정도의 추가적인 비용은 감수하여야 한다.

(3) 제품적응 · 커뮤니케이션 연장전략

이는 자국시장을 위해 개발된 기본적인 커뮤니케이션전략은 변경 없이 그대로 연장 · 적용하지만 제품은 현지의 사용조건에 적응시키는 전략이다. 이 전략은 제품이 상이한 사용조건 하에서 동일한 기능을 수행하게 되는 경우를 전제로 한다.

예를 들어, 한때 Exxon(당시에는 Esso)사는 세계시장에 가솔린을 마케팅함에 있어 제품 자체는 현지시장의 일반적인 기후조건에 적합하도록 적응을 시켰지만, "Put a Tiger in Your Tank"라는 기본적인 커뮤니케이션 소구(communication appeal)는 변경 없이 그대로 사용하였다. 이와 마찬가지로 세계적인 비누와 세제제조업체들도 현지시장의 수질조건이나 세탁기계의 특성에 부합되도록 제품은 적응시켰으나, 커뮤니케이션 메시지는 거의 수정을 가하지 않았다.

(4) 제품 및 커뮤니케이션 적응전략

제품과 시장에 따라서는 제품 및 커뮤니케이션 양자를 모두 적응시켜야 할 필요가 있다. 이러한 이중적응전략(dual adaptation strategy)은 제품이 사용되는 환경적 여건과 제품이 갖추어야 할 기능이 시장국마다 다를 경우에 사용되는 전략이다. 한 가지 예로 네스카페(Nescafe)사는 스위스에서 제조하여 유럽대륙에서 널리 판매되던 인스턴트커피가 영국시장에서는 판매가 부진하여 그 원인을 규명해 본 결과 대부분의 영국인들은 연하고 밝은 빛깔의 커피를 더 선호함을 알게 되었다. 또한 영국인들은 대개 홍차를 마시는 반면 커피를 마시는 소비자집단은 무엇인가 색다른 것을 추구하는 계층이라는 사실도 알게 되었다. 따라서 네스카페사에서는 이러한 점을 고려하여 광고메시지를 좀더 공격적인 내용을 담도록 하고, 커피도 원료의 배합을 달리하여 시장에 공급하는 이중적응전략을 채택하였다.

(5) 신제품개발전략

마지막으로 신제품개발전략은 이상의 4가지 전략으로는 새로운 시장의 욕구를 충족시킬 수 없을 때, 제품을 새로이 개발하여 시장에 진입하는 것이다.

전세계 인구의 3/4에 달하는 개도국시장의 고객들에게는 선진국시장을 목표로 만들어진 제품을 구매할 능력이 결여되어 있다. 이러한 경우에는 이들 잠재적 고객들이 지불 가능한 범위의 가격에 이들의 욕구를 충족시킬 수 있도록 고안된 전혀 새로운 제품의 개발이 요구된다. 이러한 신제품의 개발에 소요되는 비용이 그다지 과도하지 않다면, 이 전략을 통해 중진국이나 개도국의 대중시장(mass market)에서 충분한 보상을 얻어내기란 그리 어려운 일이 아니다.

국제시장에서 신제품개발전략을 활용할 수 있는 잠재적 기회는 풍부하나, 실제로 기업들이 이러한 전략을 따르는 예는 별로 많은 것 같지 않다. 한 가지 예로 전세계적으로 6억 이상의 여성들이 아직도 손빨래를 하는 것으로 추정되고 있다. 이러한 여성들을 위해 값이 비싸지 않은 수동세탁기를 개발한다면 충분한 시장성이 있을 것으로 예상됨에도 불구하고 이에 관심을 갖고 있는 기업은 아직 찾아볼 수 없다.

주요용어

수출제품개발, 표준화, 적응화, OEM수출, 원가가산법, 경험곡선결정법, 목표중심가격결정법, 수출가격덤핑, 수출가격누증현상, 수출이전가격, 수출촉진, 수출유통경로, 회색시장, 수출물적유통, 표준화전략과 적응화전략

연습문제

1. 수출제품의 개발방식에 대하여 논하시오.

2. 표준화 대 적응화전략이란 무엇을 의미하며, 주로 어떤 시장환경에서 이들 전략을 활용할 수 있는가를 설명하시오.

3. 주문자상표(OEM 상표)의 장 · 단점을 논술하시오.

4. 수출가격의 결정요인을 설명하시오.

5. 수출가격의 결정방법에 있어서 원가가산법과 경험곡선 가격결정법을 비교 · 설명하시오.

6. 국내촉진과 구별되는 수출촉진의 특성을 논술하시오.

7. 수출촉진전략 수립 시 고려요소를 설명하시오.

8. 수출유통경로의 유형을 중간상과 대리상으로 구분하여 상술하시오.

9. 회색시장에 대하여 논술하시오.

10. 제품과 커뮤니케이션 믹스를 동시에 고려할 경우 표준화 · 적응화전략의 대안들에 관하여 논술하시오.

3부

무역관리

10장

무역관리제도와 수출입절차

학습목표

실제로 무역업무에 종사하고자 하는 경우에는 우선 수출입 전반에 걸친 각국의 무역관리제도와 이에 따른 수출입절차에 대한 지식이 요구된다. 그런데 최근 세계 각국은 보다 원활한 국제교역을 위해 각종 무역관리제도 및 수출입절차를 간소화하기 위해 노력하고 있다. 본 장에서는 우리나라의 무역관리제도와 수출입절차에 간략히 소개하기로 한다.

1절 무역관리제도

2절 수출절차

3절 수입절차

세계무역이야기

정부가 2021년 3월 국무총리 주재의 '제4차 확대무역전략조정회의'에서 2025년까지 20조원 이상의 무역금융을 공급하고, 차세대 유망 수출상품 발굴에 5조원을 투입하는 등 '수출 7,000억달러' 시대를 열겠다는 내용이 포함된 '미래 성장동력 확충 및 무역구조 혁신 전략'을 마련하고, 이를 토대로 산업통상자원부 등 정부유관부처와 무역유관기관들의 세부 추진 사업까지 망라하고 있는'2021년 무역통상진흥시책'을 발표했다.

이에 따르면 정부는 2025년까지 약 5조원을 투자해 유망 수출제품 개발과 기존 수출상품의 고도화를 위한 혁신생태계를 조성하고 미래 시장수요를 창출할 예정이다.

우선 수출잠재력이 높은 ▲콘텐츠 ▲디지털서비스 ▲의료 · 헬스케어 ▲에듀테크 ▲핀테크 ▲엔지니어링 등 6대 K-서비스를 중심으로 2025년까지 20조원 이상 무역금융을 공급하고 유망서비스별 특화 투자를 확대한다. 특히 2022년에 1,500억원 규모의 콘텐츠 모험투자 펀드를 조성하고 2025년까지 3,000억원을 투입해 핀테크 혁신펀드도 마련할 방침이다.

또한 디지털 무역체제로 전환하기 위해 2021년 하반기까지 '무역투자 24'를 구축한다. 이를 통해 인공지능(AI) · 빅데이터를 기반으로 무역 정보를 제공하고 해외 시장별 최신정보를 연중 200편 이상 동영상으로 제작하게 된다. 이를 위해 정부는 대외무역법에 '디지털 무역'의 개념을 반영해 제도적인 근거를 마련하고, 전자상거래 전용 통관정보망도 단계적으로 구축해 나갈 방침이다. 아울러 무역금융 구조를 혁신해 유망기업을 위한 성장금융 확충에도 나선다.

〈산업통상자원부, 2021년 무역통상진흥시책, 2021.5.〉

1절 무역관리제도

1. 무역관리제도(貿易管理制度)의 개념

무역관리제도란 물품의 수출입을 규제 또는 지원하기 위한 각종의 법규 및 제도적 장치를 말한다. 따라서 무역관리란 정부가 이러한 무역 관련 법규 등에 근거하여 수출입 거래 전반에 걸쳐 실시하고 있는 각종 인 · 허가, 면허, 승인, 인증, 행정지도, 등록, 신고 등의 형태로 나타나게 된다. 우리가 수출입을 하기 위해서는 소정의 절차를 밟아야 하는 것도 이 때문이다.

특히 대외 무역의존도가 높은 우리나라의 입장에서는 외국과의 교역이 국민경제 전반에 미치는 영향이 지대하므로, 체계적인 무역관리 하에 질서정연한 대외교역을 통해 국민경제의 발전을 도모할 필요가 있다. 이러한 점을 감안하여 우리나라의 헌법 제125조에는 "국가는 대외무역을 육성하며 이를 규제 · 조정할 수 있다"라고 정부가 무역에 개입할 수 있는 근거가 뚜렷이 명문화되어 있다.

[표 10-1] 우리나라의 무역관리 관련 법규

	법 률	대통령령	부령 · 고시 · 공고
무 역	• 대외무역법 • 수출보험법 • 한국수출입은행법, 농수산물수출진흥법, 수출자유지역설치법 등	대외무역법 시행령 동 시행령	대외무역관리규정 제고시 · 공고 동 시행규칙
관 세	• 관세법 • 수출용 원재료에 대한 관세 등 환급에 관한 특례법	동 시행령 동 시행령	동 시행규칙 동 시행규칙
외국환	• 외국환거래법	동 시행령	외국환거래규정
기 타	• 중재법 • 독점규제 및 공정거래에 관한 법률 • 전자무역 촉진에 관한 법률 • 마약법 · 약사법 등 50여 개 특별법	동 시행령 동 시행령 동 시행령	상사중재규칙 동 시행규칙 동 시행규칙

우리나라의 무역관리는 이른바 무역의 3대 기본법이라고 불리는 대외무역법, 관세법, 외국환거래법을 근간으로 하여 이루어지고 있다.

1) 대외무역법(對外貿易法)

대외무역법은 대외무역을 진흥하고 공정한 거래질서를 확립하여 국제수지의 균형과 통상의 확대를 도모함으로써 국민경제의 발전에 이바지함을 목적으로 하고 있다.

대외무역법이 제정 시행되기 이전까지 무역관리상의 기본법규로 운용되었던 것은 무역거래법이었다. 그러나 이는 경제개발계획의 초기단계라고 할 수 있는 1967년에 제정된 것으로, 그동안 국내 · 외 무역여건이 현저하게 변화함에 따라 ① 과도한 규제의 완화 및 수출입절차의 간소화, ② 수입자유화의 조류에 대비한 국내산업보호제도의 신설, ③ 수출입질서 유지체제의 보완, ④ 유사한 법규정의 통 · 폐합과 관련법 간의 상호연계성 제고 등의 측면에서 전면적인 개편의 필요성이 제기되었다.

이러한 배경 하에 1986년 12월 새로운 무역기본법으로 탄생된 "대외무역법"은 그동안 몇 차례의 부분적 개정을 거쳐 오늘에 이르고 있다. 특히 2000년 12월에 개정된 대외무역법에서는 무역의 정의를 물품과 대통령령이 정하는 전자적 형태의 무체물의 수출 · 수입으로 확대하는 등 전자무역의 촉진을 위한 규정들이 새롭게 반영되었다.

2) 관세법(關稅法)

무역거래법이 제정된 직후인 1967년 12월 29일에 제정된 관세법은 관세의 부과 · 징수 및 수출입물품의 통관을 적정하게 하여 국민경제의 발전에 기여하고 관세수입의 확보를 목적으로 하고 있다. 이를 위해 관세법은 관세행정, 즉 관세징수와 수출입통관에 관한 사항을 포괄적으로 규정하고 있다. 그리고 관세법에서 위임된 사항과 그시행에 관하여 필요한 사항을 정하기 위한 관세법 시행령과 관세법 시행규칙이 하위규정으로 마련되어 시행되고 있다.

그러나 관세법의 궁극적인 목적은 관세수입보다는 국민경제 발전이 우선순위에 있으므로 필요한 경우에는 관세를 감면할 수 있는 규정도 담고 있다. 또한 입법부 고유의 권한인 관세율의 결정도 관세법이 위임한 일정 범위 내에서는 정부가 수시로 달리 적용할 수 있는 탄력관세제도 등을 두고 있다. 이와 함께 국내에서 소비되지 않는 수출용 원자재의 수입에 대해서는 관세 및 관세와 함께 부과되는 내국세의 부담을 덜어줌으로써 수출경쟁력을 증진시키기 위하여 수출용 원재료에 대한 관세 등 환급에 관한 특례법이 제정되어 관세법의 예외로 적용되고 있다.

3) 외국환거래법(外國換去來法)

최근 우리나라가 급격한 세계화의 조류 속으로 편입된 상황 아래에서 기존의 외국환 관련 무역기본법인 외국환관리법은 외국환의 거래 및 국제수지의 균형, 통화가치의 안정, 외화자금의 효율적인 운용을 반영하지 못하게 되었다. 이에 따라 정부는 1998년 6월 외국환거래제도를 2단계에 걸쳐 자유화하는 "외국환거래 자유화방안"을 마련하고 이의 추진을 위하여 같은 해 9월에 외국환관리법을 대체하는 "외국환거래법"을 제정하게 되었다. 외국환거래법은 외국환거래 기타 대외거래의 자유를 보장하고 시장기능을 활성화하여 대외거래의 원활화 및 국제수지의 균형과 통화가치의 안정을 도모함으로써 국민경제의 건전한 발전에 이바지함을 목적으로 하고 있다.

2. 대외무역법의 주요 내용

1) 무역거래자

대외무역법에서는 물품 등의 수출입과 이에 따른 대금을 받거나 지급하는 것은 이 법의 목적의 범위에서 자유롭게 이루어져야 하며, 모든 무역거래자는 대외신용도 확보 등 자유무역질서를 유지하기 위하여 자기 책임으로 그 거래를 성실히 이행하여야 한다는 것을 수출입의 원칙으로 규정하고 있다. 여기서 "무역거래자"란 수출 또는 수입을 하는 자, 외국의 수입자 또는 수출자에게서 위임을 받은 자 및 수출과 수입을 위임하는 자 등 물품 등의 수출행위와 수입행위의 전부 또는 일부를 위임하거나 행하는 자를 말한다. 따라서 자기 명의로 수출입을 하는 무역업자는 물론 외국의 수입자 또는 수출자에게서 위임을 받고 수출입거래를 알선하는 무역대리업자, 그리고 자기 명의로 수출입을 하기 어려워 수출입을 위탁하거나 대행시키는 중소기업 등도 대외무역법의 인적 관리대상으로 하고 있다.

무역업자는 종전에는 대외신용과 수출입질서를 유지하기 위해 일정한 조건을 갖춘 자로 한정하고 수출입의 범위에 제한을 두었으나, 1997년 3월 1일 무역업의 관리체계를 등록제에서 신고제로 전환하면서 완전자유화 하였다. 다만 대부분의 무역업체들은 한국무역협회(www.kita.net)의 회원으로 가입하여 무역업 고유번호를 부여받아 수출입 실적 등을 인정받고 있다. 또한 산업통상자원부장관은 신시장 개척, 신제품 발굴 및 중소기업 · 중견기업의 수출확대를 위하여 수출실적 및 중소기업 제품 수출비중 등을 고려하여 무역거래자 중에서 전문무역상사를 지정하고 지원할 수 있다(대외무역법 제8조의 2).[1)]

[표 10-2] 무역업과 무역대리업의 비교

항목 \ 구분	무 역 업	무역대리업
개념	자기 명의로 자기 책임 하에 물품의 수출과 수입을 업으로 영위 ① 대행수출, 대행수입의 위탁자는 무역업의 범주에 포함되지 않음. ② 본인 명의로 계약을 체결하여 상품의 소유권이전을 전제로 거래한다는 점에서 "무역대리업"과 구분	① 자기 명의로 소유권이전을 전제로 한 수출입거래를 할 수 없다는 점에서 "무역업"과 구분 ② 외국 수출업자의 수출물품을 판매하기 위한 물품매도확약서(offer) 발행, 외국 수입업자의 수입물품 구매알선, 시장조사 등으로 영업범위가 한정된다는 점에서 무역중개업과 구분
업무의 범위	• 수출 · 수입 취급품목의 범위를 제한하지 않음. 단, 약사법 등 개별법에서 이중적으로 수출입요령을 달리 규정하고 있는 경우는 예외 • 대외무역법상 갑류무역업과 을류무역업 구분 폐지(1997. 3. 1)	• Trading Agent: 외국 수출업자를 대리하여 물품매도확약서(offer sheet) 발행 및 수출품의 구매 알선 • Buying Office: 국내에서 수출할 물품의 구매와 구매알선 및 이에 부대되는 시장조사
회원 가입	한국무역협회(www.kita.net)	한국수입협회(www.koima.or.kr) 외국기업협회(www.forca.org)

1) 전문무역상사의 지정 기준은 ① 전년도의 수출실적 또는 최근 3년간의 평균 수출실적이 미화 100만 달러 이상인 자, ② 전체 수출실적 대비 타 중소 · 중견기업 생산 제품의 전년도 수출 비중 또는 최근 3년간 평균 수출 비중이 100분의 20 이상인 자 등이다(대외무역법 시행령 제12조의 2).

무역대리업은 외국의 수입업자 또는 수출업자의 위임을 받은 자(외국의 수입업자 또는 수출업자의 국내지사 또는 대리점 포함)가 국내에서 수출물품의 구매 또는 수입계약의 체결과 이들에 부대되는 행위를 업으로 영위하는 것을 말한다. 무역대리업자는 무역업자와는 달리 자신의 명의로 수출입을 할 수 없다.

2) 수출입승인

무역거래자는 대부분의 물품 등을 자유롭게 수출 또는 수입할 수 있다. 다만 산업통상자원부장관은 다음 중 어느 하나에 해당하는 이행 등을 위하여 필요하다고 인정하여 지정 · 고시하는 물품 등의 경우에는 수출 또는 수입을 제한하거나 금지할 수 있다(대외무역법 제11조).

① 헌법에 따라 체결 · 공포된 조약과 일반적으로 승인된 국제법규에 따른 의무의 이행

② 생물자원의 보호

③ 교역상대국과의 경제협력 증진

④ 국방상 원활한 물자 수급

⑤ 과학기술의 발전

⑥ 그 밖에 통상 · 산업정책에 필요한 사항으로서 대통령령으로 정하는 사항

이러한 경우에는 대통령령이 정하는 바에 의하여 당해 물품 · 거래형태 또는 대금결제방법 등에 관하여 개개의 수출입거래별로 산업통상자원부장관의 승인을 얻어야 한다. 물론 승인된 사항을 변경하고자 할 때에도 마찬가지이다. 다만, 긴급히 처리하여야 하는 물품 등과 그 밖에 수출입절차의 간소화를 위하여 대통령령이 정하는 경우에는 그러하지 아니하다(대외무역법 제11조).

수출승인의 유효기간은 수출 · 수입을 승인한 날로부터 1년 이내로 한다(대외무역법 제20조). 다만 산업통상자원부장관은 물품인도조건, 대금결제기간, 기타 거래상의 특성 등에 의하여 필요하다고 인정하는 경우에는 1년 미만 또는 최장 2년의 범위 안에서 따로 설정할 수 있다. 한편 산업통상자원부장관은 수출 · 수입의 승인을 얻은 자가 그 유효기간 내에 물품의 수출 · 수입 또는 당해 물품의 수출입대금의 회수 또는 수입대금의 지급을 승인된 내용에 따라 이행하였는지의 여부 등에 관하여 사후관리를 하여야 한다.

3) 수출입공고(輸出入公告)

(1) 수출입공고의 의의

산업통상자원부장관은 수출입물품의 효율적 관리를 통한 무역의 지속적인 증대 또는 통상정책상 필요하다고 인정하면 수출입 승인 대상 물품 등의 품목별 수량 · 금액 · 규격 및 수출 또는 수입지역 등을 한정할 수 있으며, 수출입의 제한 · 금지, 승인, 승인의 유효기간 설정 및 연장, 신고, 한정 및 그 절차 등을 정한 경우에는 이를 공고하여야 한다. 이를 수출입공고라고 한다.[2)]

또한 관계 행정기관의 장이 수출 · 수입요령을 제정하거나 개정하는 경우 또는 다른 법령에서 해당 물품의 수출입의 요건 및 절차 등을 정하고 있는 경우에 그 시행일 이전에 해당 기관으로부터 제출받은 수출 · 수입요령을 통합하여 공고하여야 한다. 이를 통합공고라고 한다.

(2) 품목분류기준

언어가 서로 다른 나라와 물품을 수출입하기 위해서는 전세계적으로 공통된 품목분류기준이 필요하다. 이제까지 무역거래에 따른 통계작성 및 관세부과 등에 있어서 국제적으로 많이 사용되었던 품목분류기준으로는 1950년대에 UN경제사회이사회에서 제정한 표준국제무역분류(Standard International Trade Classification: SITC)와 관세협력이사회품목분류집(Customs Cooperation Council Nomenclature: CCCN)이 있다. 대체적으로 국제무역통계에는 SITC, 그리고 관세부과 시에는 CCCN이 자주 이용되었다.

그러나 SITC와 CCCN으로 이원화된 상품분류로 인한 문제점을 감안하여 1987년 관세협력이사회(Customs Cooperation Council: CCC)가 중심이 되어 이들을 통합한 새로운 품목분류기준인 HS(Harmonized Commodity Description and Coding System, Harmonized System), 즉 조화제도(調和制度)를 제정하였다. 이에 따라 1988년 1월 1일부터 전세계적으로 시행되고 있는 HS는 재료, 제조 과정, 노동 과정, 용도 등을 과학적으로 고려한 21부(Section), 97류(Chapter)의 기본분류를 중심으로 지구상에 존재하는 거의 모든 상품을 망라할 수 있도록 되어 있다. 특히 HS는 CCCN 이후의 기술개발에 따른 새로

---

2) 대외무역법이 제정되기 이전에는 수출입기별공고라고 하여 매년 1년을 실시기간으로 이러한 사항이 공고되었으나, 현재는 지속적인 효력을 가지는 수출입공고로 공고 방식을 바꾸어 운영하고 있다.

운 상품뿐 아니라 주식 · 공사채 등 금융상품, 프로그램 · 녹음테이프 등 정보재, 지적소유권 등의 권리재도 포괄하여 분류하고 있다. 우리나라의 HS를 따른 품목분류체계인 HSK(Harmonized System of Korea)는 세계 공통의 6단위 분류에다 국내의 제반 사정을 감안한 자체분류 4단위를 합해 모두 10단위로 품목을 분류해 놓고 있다.

4) 특수한 물품의 수출입관리

(1) 외화획득용 원료 · 기재의 수입과 구매

산업통상자원부장관은 원료, 시설, 기재(機材) 등 외화획득을 위하여 사용되는 물품 등의 수입에 대하여는 수출입공고에 따른 승인 대상 물품 등의 품목별 수량 · 금액 · 규격 및 수출 또는 수입지역 등에 대한 제한을 적용하지 아니할 수 있다. 다만, 국산 원료 · 기재의 사용을 촉진하기 위하여 필요한 경우에는 그러하지 아니하다(대외무역법 제16조).

(2) 전략물자의 수출입

산업통상자원부장관은 관계 행정기관의 장과 협의하여 대통령령으로 정하는 국제수출통제체제의 원칙에 따라 국제평화 및 안전유지와 국가안보를 위하여 수출허가 등 제한이 필요한 물품과 기술을 지정하여 고시하여야 한다. 이러한 전략물자를 수출하고자 하는 자는 산업통상자원부장관이나 관계 행정기관의 장의 수출허가를 받아야 한다.

(3) 플랜트수출과 정부간 수출계약

대외무역법에서는 부가가치가 높은 플랜트수출(2010년 개정)과 정부간 수출계약(2014년 개정)을 촉진하고 지원하기 위해 상세한 규정을 두고 있다.

5) 원산지의 표시

산업통상자원부장관이 공정한 거래 질서의 확립과 생산자 및 소비자 보호를 위하여 원산지를 표시하여야 하는 대상으로 공고한 물품 등을 수출하거나 수입하려는 자는 그 물품 등에 대하여 반드시 원산지를 표시하여야 한다. 그러나 단순 가공한 물품 등에 대해서는 당초의 원산지를 표시하여야 한다. 또한 산업통상자원부장관은 원산지를 확인하기 위하여 필요하다고 인정하면 물품 등을 수입하려는 자에게 그 물품 등의 원산지 국가 또는 물품 등을 선적(船積)한 국가의 정부 등이 발행하는 원산지증명서를 제출하도록 할 수 있다.

6) 수입수량 제한조치

산업통상자원부장관은 특정 물품의 수입 증가로 인하여 같은 종류의 물품 또는 직접적인 경쟁 관계에 있는 물품을 생산하는 국내산업이 심각한 피해를 입고 있거나 입을 우려가 있을 경우 필요한 범위에서 물품의 수입수량을 제한하는 조치를 시행할 수 있다(대외무역법 제39조). 이를 위해 별도로 제정된 특별법이 「불공정무역행위 조사 및 산업피해구제에 관한 법률」이다.

우리나라는 최근 국내산업의 경쟁력 강화와 통상마찰 해소를 위하여, 과거의 각종 사전적(事前的) 수입규제제도를 선진국형의 사후적 수입관리제도로 대폭 전환하고 있다. 그 대표적인 예가 수입에 의한 산업피해구제제도이다. 이에 따라 국내산업이 특정한 물품의 수입급증 등에 의하여 실질적인 피해를 받거나 받을 우려가 있을 때에는 이해관련자는 미국의 국제무역위원회(International Trade Commission: ITC)와 유사한 기능을 갖는 무역위원회에 [그림 10-1]과 같은 절차를 밟아 그 피해조사와 적절한 구제조치를 신청할 수 있다.

7) 수출입의 질서 유지

무역거래자는 외화도피의 목적으로 물품 등의 수출 또는 수입 가격을 조작(造作)하여서는 아니 된다. 또한 수출입과 관련하여 관계당사자 간에 분쟁이 발생한 때에는 이를 신속히 해결하여야 한다. 이와 관련하여 산업통상자원부장관은 필요하거나 무역분쟁 당사자의 신청을 받으면 분쟁을 조정하거나 분쟁의 해결을 위한 중재계약의 체결을 권고할 수 있다.

그림 10-1 산업피해구제 절차도

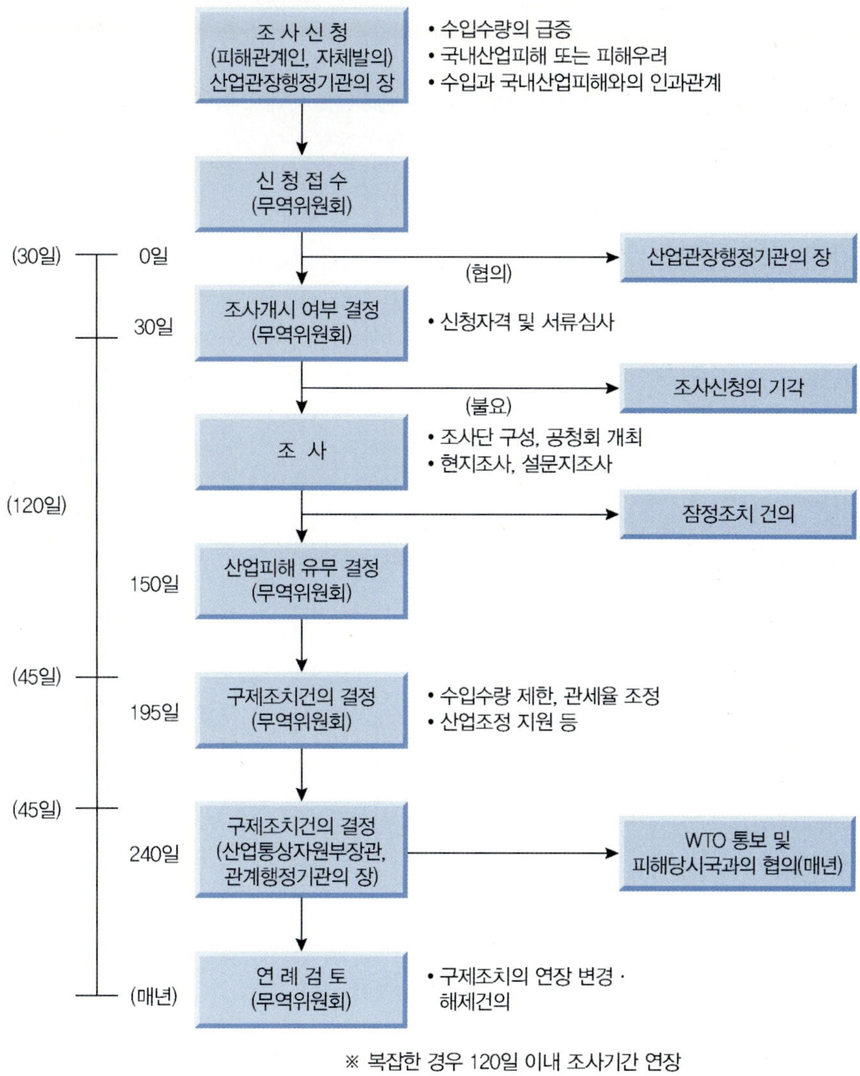

2절 수출절차

수출절차는 수출계약의 체결단계로부터 수출대금이 회수되어 한건의 수출에 따른 거래가 종료될 때까지 거쳐야 할 일련의 행정적 · 법규적 흐름을 의미한다. 일반적으로 수출을 위해서는 [그림 10-2]와 같이 수출계약체결, 수출승인, 수출용 원자재의 확보, 수출물품의 제조 및 생산, 수출검사, 선적, 대금결제, 관세환급 및 사후관리 등의 절차를 거쳐야 한다.

1. 수출계약(輸出契約)의 체결

수출계약은 해외시장조사를 거쳐 선정된 거래상대방에게 거래제의를 하면, 이에 대해 상대방이 수락을 함으로써 이루어진다. 즉, 무역거래는 수출업자가 수입업자에게 수출에 따른 거래조건을 제시하는 청약(offer)에 대하여 수입업자가 이를 승낙(acceptance)하거나, 또는 수입업자의 주문(order)을 수출업자가 받아들이는 방식에 의하여 계약이 체결된다.

수출계약에는 계약관계에 대한 당사자의 합의가 중요하며, 특별한 형식이 요구되는 것은 아니다. 그러나 계약관계의 확실성을 기하고 추후의 분쟁을 예방하기 위해서는 계약목적물인 상품의 종류, 품질, 수량, 가격, 인도(운송 · 보험), 대금결제 방법 등의 계약조건을 명시한 계약서를 작성해 두는 것이 바람직하다.

2. 신용장의 수취

수출계약의 성립 후 수입업자는 계약조건에 따라 대금결제를 위해 수출업자 앞으로 신용장을 개설하게 된다. 신용장은 수출업자가 계약을 제대로 이행했다는 증거로서 당해 신용장에 명기된 일정한 서류를 제시하면 수입업자의 거래은행인 신용장 개설은행이 대금결제를 보증하는 문서화된 약속이다.

그림 10-2 수출절차

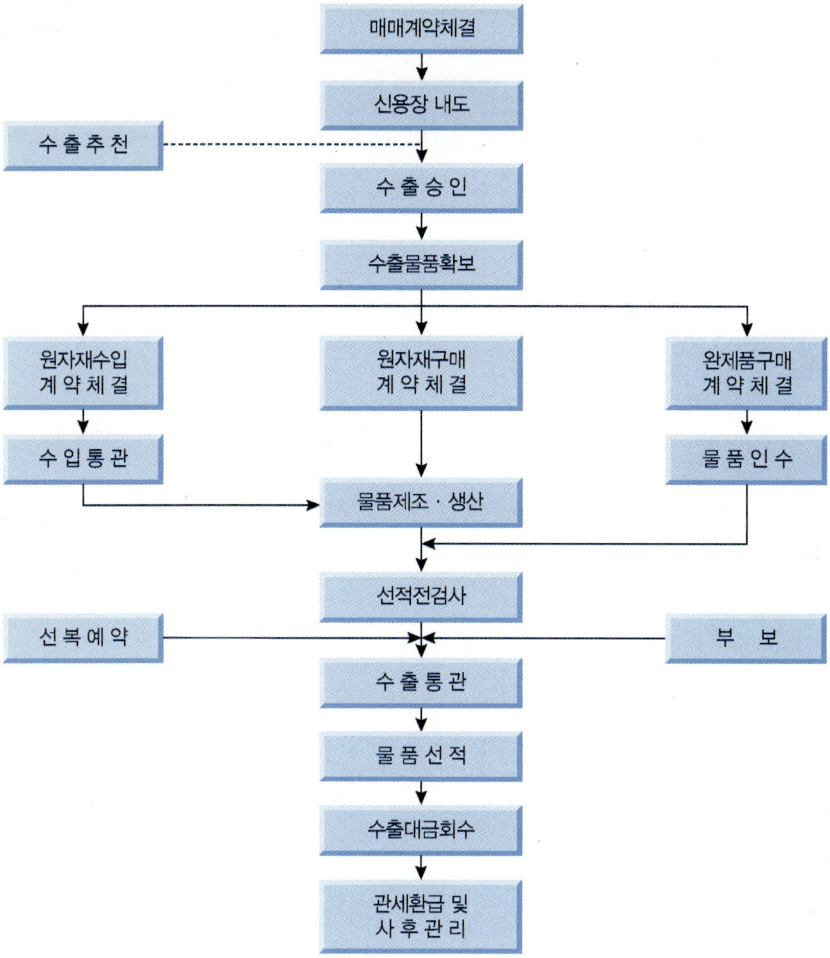

신용장은 수출업자와 수입업자 모두에게 여러 가지 편리한 점을 제공해 주기 때문에 오늘날 대부분의 무역거래는 신용장에 의해 결제되고 있다. 이러한 신용장의 보다 자세한 내용에 대해서는 제13장에서 무역대금결제와 관련하여 설명하기로 한다. 일단 신용장을 수취한 수출업자는 수출대금의 확실한 회수를 위하여 계약내용과의 일치 여부와 함께 기타 이행이 불가능한 특수한 조건이 신용장에 포함되어 있지는 않은지 주의깊게 검토하여야 한다.

1) 계약내용과의 대조

수출신용장(輸出信用狀)은 수출입 당사자 간의 계약서에서 합의한 조건에 따라 외국환은행을 통하여 개설되는 것이다. 따라서 신용장조건이 계약조건, 특히 규격 · 단가 · 보험조건 · 포장 방법 · 선적기일 · 분할선적 · 환적조건 등과 상이한 점이 있는가를 검토하여야 하며, 상이한 점이 있는 경우에는 즉시 수입업자에게 당해 신용장조건을 변경하도록 요구하여야 한다.

2) 신용장양식의 확인

신용장은 그 용도에 따라 종류가 다양하다. 개설의뢰인이나 개설은행이 일방적으로 취소할 수 없도록 신용장상에 '취소불능'(irrevocable)이란 표시가 있는지 살펴보아야 하며, 외관상으로는 신용장같이 보이나 신용장이 아닌 유사한 지급수단이 있으므로 특별히 주의해야 한다.

3) 개설은행의 확인

우리나라의 경우에는 그런 일이 거의 없으나, 외국의 경우에는 개설은행이 파산하는 경우도 간혹 찾아볼 수 있다. 그러므로 개설은행의 신용을 확신할 수 없는 경우에는 수입업자에게 보다 공신력 있는 은행으로 대체해 줄 것을 요구하거나, 제3의 공신력 있는 은행의 '확인'(confirmation)을 받는 것이 현명하다.

3. 수출승인

1) 수출승인의 의의

수출입공고, 수출입별도공고상 수출제한품목을 수출하고자 하는 자는 해당 추천기관으로부터 수출승인을 받아야 한다. 수출 및 수입승인은 무역관리의 일환으로 국가에서 수출입거래 당사자 간에 체결한 무역계약내용을 사전에 검토 · 확인한 후 이를 건별로 허가하는 것을 의미한다.[3)]

1996년까지 수출입승인제도는 우리나라의 무역관리를 위한 기본제도로 운용되어 왔으며, 무역업자는 모든 계약에 대하여 매 거래 시마다 계약 1건당 별도의 승인을 받은 후 승인받은 대로 수출 · 수입을 이행하여야 했다. 그리고 대외무역법에 의한 승인 시에 외국환거래법에 의한 수출입대금 결제 방법을 사전에 확인하였다.

그러나 1997년부터 수출입승인제도는 Negative List System으로 전면적으로 개편하여 시행되고 있다. 이에 따라 수출입공고 등에서 수출입이 제한되는 품목을 수출입하는 경우에 한하여 수출입승인을 받도록 하고 있다.

이와 함께 통합공고상 요건확인품목은 수출입승인 대상에서 제외하고, 수출입승인 시에 외국환거래법상의 결제 방법에 대해서도 확인하지 않도록 하였다. 따라서 수출입승인기관도 종래에는 외국환은행장이었으나, 수출입추천기관의 장으로 바뀌었다. 이와 같이 수출승인의 위임을 받은 기관은 대외무역법을 비롯한 각종 무역 관련 법규에서 규정하고 있는 바를 충족하고 있는가를 검토하고 수출을 승인해 준다. 수출승인의 유효기일은 수출승인일로부터 1년까지이다. 다만 물품인도조건, 대금결제기간, 기타 거래상의 필요에 따라 20년의 범위 내에서 연장될 수도 있다.

4. 수출물품의 확보

수출물품을 확보하기 위해서는 원자재를 가지고 자체적으로 가공 · 제조하거나, 제조업체로부터 완제품을 구매 · 조달하여야 한다. 수출물품에 소요되는 원자재를 조달하는 데에는 국내에서 구매하는 방법과 [그림 10-3]에서 보는 바와 같이 외국에서 수입하는 방법이 있다.

수출용 원자재를 국내에서 구매하는 경우 수출업자는 무역금융을 활용하여 원자재 구매자금이나, 제조 · 생산에 소요되는 자금을 수출신용장 등을 근거로 유리한 조건에 융통할 수 있다. 또한 내국신용장 또는 구매승인서제도를 이용하게 되면 국내공급선도 무역금융 이용이나 수출실적 인정이 가능하다.

3) 김병술, 「무역업의 창업과 경영」, 두남, 1998, pp. 296~298.

그림 10-3 수출물품의 확보 방법

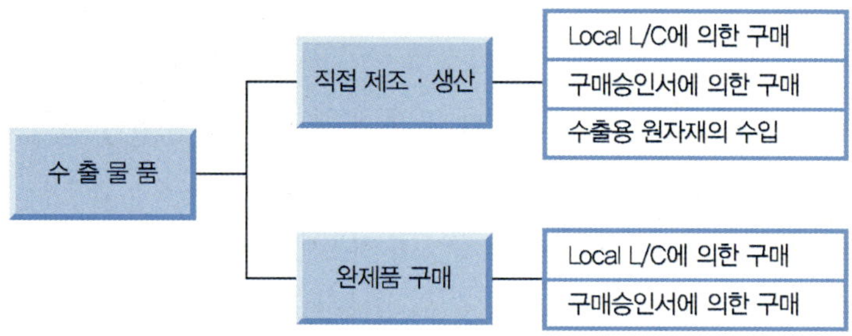

수출용 원재료를 수입하기 위해서는 수입계약의 체결, 수입승인, 수입통관 등의 일련의 수입절차를 거쳐야 한다. 우리나라에서는 수출진흥의 차원에서 수출용 원재료의 수입에 대해서는 내수용에 비해서 수입제한의 배제, 무역금융, 관세환급 등의 특혜를 부여하고 있다. 편의상 수입절차는 절을 달리하여 설명하고자 한다.

5. 선적전 검사(船積前 檢査)

우리나라 수출품목의 품질이 전반적으로 우수해지고 1994년 수출검사법이 폐지되면서 수출검사대상품목은 점점 줄어들고 있다. 그러나 아직도 일부 수입국 중에서는 선적전 검사(Preshipment Inspection: PSI)라고 하여 자국으로 수입되는 물품에 대하여 반드시 선적 전에 SGS나 GESCO와 같은 공인된 국제검사기관에 의한 검사를 받을 것을 요구하는 경우가 있다. 이러한 경우 지정된 검사기관은 일정한 검사수수료를 징수한 후 검사대상물품의 재료와 품질 또는 포장조건이 검사기준에 적합한 경우에 한하여 그들 물품, 재료 또는 포장물의 가장 잘 보이는 곳에 합격한 표시로 "Passed" 및 검사기관명 · 검사일자 · 유효기간을 표시하고, 영문 또는 국문으로 된 검사합격증(檢査合格證)을 신청인에게 교부한다.

6. 해상운송(海上運送) 및 무역보험(貿易保險)

수출물품이 준비되면 계약에서 정한 선적일자에 맞는 운항스케줄을 가지고 있는 선박회사와 해상운송계약을 체결하여 선복을 확보해 놓아야 한다. 또한 수출가격조건이 CIF조건과 같이 수출업자의 비용부담에 보험료가 포함된 경우에는 운송도중 화물의 멸실이나 손상에 대비하여 보험회사와 해상보험계약을 체결하고 보험증권을 발급받아야 한다.

한편 수출업자는 수입국의 외환거래의 제한 또는 금지, 전쟁 등 비상위험이나, 상대방의 파산 또는 지급불능과 같은 신용위험 등 통상의 운송보험으로 담보할 수 없는 위험에 대비하여 수출보험에 부보할 수 있다. 수출보험은 불가항력적인 위험으로 수출대금을 제대로 회수할 수 없는 경우에 수출업자의 손실을 덜어줌으로써 안심하고 수출업무에 전념할 수 있도록 도와주기 위해 수출보험법에 의해 한국수출보험공사에서 운영하고 있는 비영리 정책보험이다.

7. 수출통관(輸出通關)

수출검사가 완료되면 수출물품을 보세구역에 반입하여 세관장에게 수출신고(Export Declaration: E/D)를 하게 된다. 그러면 세관장은 구비서류 및 기재사항의 누락 여부, 수출승인조건과 수출신고내용의 일치 여부, 그리고 서류상의 신고물품과 실제물품의 일치 여부 등을 심사한 후 수출신고 증을 교부하여 준다. 수출신고필증을 받게 되면 비로소 내국물품에서 외국물품이 된 수출물품을 보세구역으로부터 반출하여 수출선박에 선적할 수 있게 된다. 수출화물을 지정된 선박에 무사히 선적을 마친 후에 수출업자는 그 증거로 선박회사로부터 수출대금의 회수에 필수적인 서류인 선하증권을 발급받게 된다.

8. 수출대금의 회수

수출물품의 선적을 완료한 수출업자는 신용장에서 요구하는 환어음과 선적서류, 즉 상업송장, 선하증권, 보험증권, 원산지증명서, 포장명세서 등의 서류를 구비하여 외국환은행에 환어음의 매입을 의뢰하게 된다. 이때 외국환은행은 선적서류가 신용장조건에 합치되는지의 여부를 검토한 다음 환어음에 기재된 수출대금을 수출업자에게 지급하게 된다.

9. 관세환급(關稅還給) 및 사후관리

이상과 같이 수출이행이 완료되면 수출용 원자재를 수입할 때에 납부한 관세를 세관 또는 외국환은행으로부터 환급받는다. 수출승인 외국환은행은 수출유효기간 이내에 수출이행 및 대금회수가 제대로 되었는가, 수출용 원재료가 당초 목적대로 사용되었는가 등에 대한 사후관리를 함으로써 수출절차는 끝나게 된다.

3절 수입절차

1. 수입절차의 개요

수입절차(輸入節次)라 함은 [그림 10-4]와 같이 수입계약을 체결하고 물품매도확약서(offer) 등에 의하여 수입승인을 받아 수입신용장을 개설한 후 수입화물과 선적서류가 내도하면 수입대금을 결제하고 수입화물을 통관하기까지의 일련의 절차를 의미한다. 수입절차 역시 수출절차의 경우와 마찬가지로 대외무역법, 외국환거래법, 관세법 등 각종 무역 관련 법규에서 규정하는 바를 준수하여야 한다.

1) 수입의 의의

일반적으로 수입(輸入)이란 매매의 목적물인 물품을 외국에서 구매하는 행위를 말한다. 그러나 수입에 관한 정확한 개념은 법률에 따라 다르게 정의되고 있다. 즉, 대외무역법에서는 수입을 매매 · 교환 · 사용대차 · 증여 등을 원인으로 외국으로부터 국내로의 물품의 이동과 유상으로 외국에서 외국으로 물품을 인수하는 것으로 산업통상자원부 장관이 지정하는 것으로 규정하고 있으며, 관세법에서는 외국물품을 우리나라에 반입하거나 우리나라에서 소비 또는 사용하는 것으로 정의하고 있다.

그림 10-4 수입절차

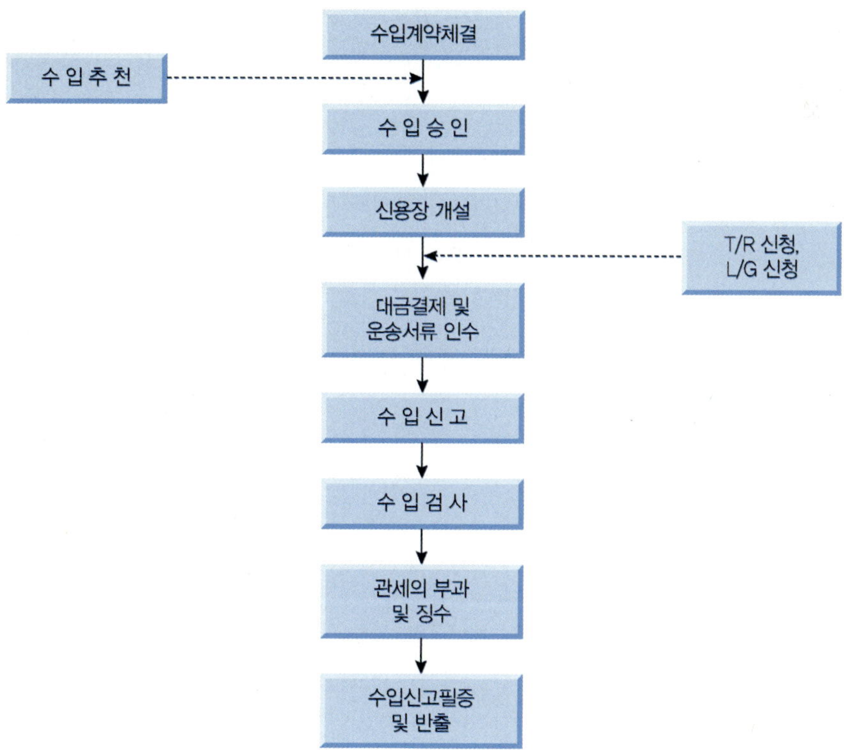

2) 일반수입과 수출용 원자재수입의 차이점

무역관리 측면에서 수입은 크게 일반수입(一般輸入)과 수출용 원자재수입(輸出用 原資材輸入)으로 구분할 수 있다. 같은 물품의 수입일지라도 외화획득을 위하여 사용되는 수출용 원자재의 수입은 일반 자재의 수입보다 상역・세제 및 금융 면에서 여러 가지 혜택이 주어진다. 원자재수입은 일반수입에 비해서 다음과 같은 차이가 있다.

첫째로, 원자재는 수출입공고의 예외에 해당하여 수입제한승인품목이라도 수입이 가능하다.

둘째로, 원자재의 경우 관세환급특례법에 의해 수입통관 시 관세 및 관세와 함께 부과되는 각종 세금을 당해 원자재를 활용하여 생산・제조된 물품의 수출을 이행하는 즉시 돌려받을 수 있다.

셋째로, 수출물품의 제조・가공에 소용되는 자금부담을 완화시켜주기 위하여 수출용 원자재의 수입 및 국내 구매 시에는 보다 유리한 조건에 무역금융을 활용할 수 있다.

이 밖에 신용장개설 시 낮은 수입담보금 적립률의 적용 등 수출용 원자재의 수입에 대해서는 여러 가지 혜택이 주어지고 있다. 그러나 원자재수입이라 하여도 관세환급을 위한 소요량증명서의 발급과 관세징수유예신청의 절차 외에는 대부분의 절차가 일반수입의 경우와 거의 같다. 따라서 이하에서는 일반 수입을 중심으로 수입절차를 크게 통관전 절차와 수입통관 절차의 둘로 나누어 살펴보기로 한다.

2. 통관전 절차

1) 수입승인

수출의 경우와 마찬가지로 등록된 무역업자도 물품의 수입을 위해서는 개별 수입마다 거래 형태와 대금결제 방법 등에 대해 산업통상자원부장관의 승인을 받아야 한다. 대부분의 경우 수입승인의 권한은 수입추천기관의 장에게 위임되어 있다. 수입승인을 받으려면 수입계약서 또는 물품매도확약서(offer)를 수입승인신청서와 함께 거래은행에 제출하여 수입물품의 명세, 선적항, 도착항, 송하인, 수하인, 대금결제 방식 및 유효기간 등에 대한 승인을 받아야 한다. 수입승인의 요건 역시 수출승인의 경우와 유사하다.

수입허가 또는 승인의 유효기간은 수입허가(승인)를 받은 날로부터 1년 이내로 되어 있다. 따라서 수입업자는 이 기간 내에 수입물품의 통관은 물론 수입대금의 결제도 마쳐야 한다. 그러나 동 기간 내에 수입통관 또는 대금결제가 어렵거나 또는 기타 거래상 필요한 경우에는 20년의 범위 내에서 그 기간의 연장승인을 얻어야 한다.

2) 수입신용장 개설

수입승인을 받으면, 수입업자는 유효기간 내에 거래 외국환은행을 통해서 일정한 수입담보금을 적립하고 수입신용장을 개설하여야 한다. 외국환은행의 입장에서 취소불능신용장의 개설은 상당한 위험부담이 따르는 여신행위(與信行爲)이다. 그러므로 신용장을 개설하기 전에 관계당사자의 신용상태와 해당 수입상품의 시장성(市場性) 등을 검토한 후 충분한 담보를 확보하고서 신용장을 개설한다.

수입업자가 작성한 신용장개설신청서에 기재된 내용은 곧 신용장조건이 되는 것이므로 개설신청서의 모든 사항을 수입계약서 또는 수입승인서의 내용대로 간단 · 명료하고 정확하게 작성하여야 하며 수입업자가 원하는 모든 조건을 빠짐없이 기재하여야 한다.

3) 대금결제 및 운송서류 인수

신용장의 수익자인 수출업자는 선적을 완료한 후 신용장조건에 따라 선하증권(Bill of Lading: B/L) 등 운송서류를 구비하여 거래은행을 통하여 환어음을 제시하고 대금을 회수하게 된다. 이때 개설은행은 내도된 운송서류가 신용장조건과 일치하는지의 여부를 심사한 후 이상이 없으면 수입업자에게 통지를 해준다.

운송서류의 도착통지를 받은 수입업자는 당해 운송서류가 신용장조건과 일치하는지의 여부를 확인한 후 수입대금과 관련 수수료를 납부한 후 개설은행으로부터 운송서류를 넘겨받게 된다. 만일 내도(來到)한 선적서류의 내용이 신용장의 조건과 상이할 때는 외국환은행에서 인수 등의 여부를 문의해 오므로 내용을 잘 알아보고 이에 동의해야 한다.

그러나 간혹 운송서류는 도착하였으나 수입업자가 결제자금이 없어 서류를 인수할 수 없는 경우가 있다. 이러한 경우 수입업자는 대도(貸渡; Trust Receipt: T/R)[4]를 통해 대금결제 전이라도 개설은행으로부터 운송서류를 넘겨받을 수 있다.

또한 경우에 따라서는 수입화물은 이미 도착하였으나 운송서류의 원본이 도착하지 않아 화물을 입수할 수 없는 경우가 있다. 이때는 외국환은행으로부터 화물선취보증서(貨物先取保證書; Letter of Guarantee: L/G)[5]를 발급받아 선박회사에 제출하고 화물인도지시서(Delivery Order: D/O)를 발급받아 화물을 인도받을 수가 있다. 그러나 만일 도착한 물품이 주문한 물품과 다르거나 파손이 되었으면 물품이 아직 보세구역에 있는 동안에 검정기관의 검정을 받고 클레임을 제기하여야 한다.

3. 화물의 통관(通關)

선박 또는 항공기에 의하여 국내에 반입된 외국물품이 내국물품이 되어 수입목적에 맞게 쓰이기 위해서는 관세법의 규정에 따라 일련의 수입통관절차를 거쳐야 한다. 수입통관절차는 수출통관절차와 거의 비슷하나, 관세의 부과 및 그의 납부와 관련된 절차가 추가되는 점이 다르다.

1) 물품의 보세구역반입(保稅區域搬入)

운송서류와 상환으로 물품을 인수받으면 우선 그 물품을 일정한 구역에 장치(藏置)하고 장치확인을 받아야 한다. 통관을 하고자 하는 물품은 원칙적으로 보세구역(bonded area)에 장치하여야 하지만, 중량이나 부피가 너무 크거나 특수한 사유에 의하

4) 운송서류의 대도는 개설은행이 수입화물에 대한 담보권을 유보한 채 수입업자가 수입화물을 처분하여 수입대금을 결제할 수 있도록 하는 제도이다. 통상 신용장개설 담보금의 적립 없이 수입이 가능한 수출용 원자재 수입의 경우에 허용되며, 이때 수입업자는 수입화물에 관하여 발생한 일체의 손해를 책임질 것과 수출대금을 회수하는 즉시 결제자금을 입금시키겠다는 서약서를 제출하고 운송서류를 개설은행으로부터 대여받는 형식을 취하게 된다.

5) 화물선취보증서, 즉 L/G는 형식적으로는 수하인인 수입업자가 선박회사 앞으로 발행하고 은행은 보증인으로서 서명하는데 불과하다. 그러나 보증인의 존재가 본질적인 효력발생요건이 되기 때문에 실질적으로 은행이 발행하는 증서로 간주되고 있다. 화물의 신속한 통관과 처분을 위해 없어서는 안될 유용한 제도이나, 간혹 수입업자가 위조된 L/G를 제출하고 수입화물을 찾아서 처분하고는 잠적해버려 은행 또는 선의의 선하증권 소지인과 선박회사 간에 애꿎은 분쟁이 벌어지기도 한다.

여 보세구역에 장치하기 곤란한 물품에 대해서는 세관장의 허가를 받아 보세구역 아닌 장소에 장치할 수 있다. 이를 타소장치(他所藏置)라고 한다. 이와 같이 타소장치를 허가할 때는 세관장은 보세화물의 관세채권을 확보하기 위해 관세 상당액의 담보를 제공하게 할 수 있다.

2) 수입신고(輸入申告)

수입신고란 수입업자가 세관장에게 보세구역 등에 장치된 물품을 수입하려는 의사를 공식적으로 표현하는 것이다. 수입신고는 과세물건, 적용법령 및 납세의무자를 확정시키므로 통관절차 중 가장 중요한 절차가 된다. 그러나 수입하고자 하는 물품이 신속한 통관을 요하는 경우에는 당해 물품을 선적한 선박 또는 항공기가 입항하기 전이라도 사전수입신고가 가능하다. 이러한 경우에는 수입물품이 도착하기 이전에 세관이 통관심사를 완료하게 되고 수입물품이 도착되는 즉시 부두에서 곧장 공장 · 소비자에게로 반출할 수가 있다.

(1) 수입신고인(輸入申告人)

수입신고는 화주(貨主) · 관세사(關稅士) · 통관법인 또는 관세사법인의 명의(名義)로 하여야 한다. 이와 같이 수입신고인을 한정하고 있는 것은 관세채권(關稅債權)의 확보가 용이하며, 복잡한 통관업무를 신속히 또 정확히 처리하기 위해서는 숙련된 전문가가 필요하기 때문이다. 또한 화주의 입장에서도 전문인에게 통관을 맡기는 것이 시간과 비용을 절감할 수 있다.

(2) 신고의 시기

수입신고는 물품을 보세구역에 장치한 후 언제든지 할 수 있다. 그러나 신고기간은 수입물품을 보세구역에 반입한 후 30일 이내로 되어 있다. 수입신고는 적용법규 · 통관여부 · 면세적격 여부 등이 확정되는 등 중요한 법률효과를 가져오므로 그 시기를 명백히 하여야 한다. 수입신고를 하면 신고 당시 시행되는 법규의 적용을 받으며, 신고일 후에 법규가 개정되더라도 이의 적용을 받지 않는다.

(3) 수입신고 시 구비서류

수입신고 시에는 세관이 수입물품에 대하여 심사 및 검사를 한 후 수출신고필증을내주는데 필요한 다음과 같은 서류들을 첨부해야 한다.

〈수입신고 시 구비서류〉

- 수입신고서(Import Declaration: I/D)
- 수입화물반출입신고서
- 수입승인서(Import Licence: I/L)
- 가격신고서, 상업송장(Commercial Invoice), 포장명세서
- 선하증권(Bill of Lading) 사본
- 원산지증명서(Certificate of Origin: C/O)를 비롯하여 기타 세관장이 요구하는 서류

(4) 신고의 취하(取下) 및 각하(却下)

관세법 제250조에 의하면 수입신고를 필한 후에는 원칙적으로 신고를 취하할 수 없으나 정당한 사유가 있어 세관장의 승인을 얻을 경우에는 취하할 수 있다. 그러나 장치장에서 일단 물품을 반출한 후에는 취하할 수 없다. 신고의 취하를 승인하였을 때에는 신고수리의 효력은 상실된다. 신고의 요건을 갖추지 못하였거나 허위, 기타 부정한 방법으로 신고한 경우 세관장은 직권으로 신고수리 전에 신고를 각하할 수 있다.

3) 수입검사(輸入檢査)

수입신고를 접수한 세관은 수입신고에 대해 관련 법규 등의 위배 여부, 구비서류의 첨부 여부, 기재사항의 오류(誤謬) 또는 이상 유무를 놓고 서면심사를 실시하고 필요에 따라 현품검사를 실시한다. 검사를 실시하는 목적은 관세부과를 위해 수입물품의 실체를 파악하고 밀수를 막기 위한 것이다.

(1) 검사장소

검사장소는 지정장치장이나 세관검사장 등 보세구역에서 하는 것이 원칙이나, 세관장의 허가를 얻어 타소장치장이나 선상에서도 가능하다. 그러나 후자의 경우 소정의 파출검사 수수료를 납부하여야 한다.

(2) 검사대상 및 방법

검사대상은 우범성과 신고업체의 성실도에 따라 관세청장이 지정하는 필수검사대상물품과 불규칙검사대상물품으로 구분된다. 불규칙검사대상물품은 관세청장이 정하는 무작위추출 방법에 의거하여 선별하되 성실도를 기준으로 업체별로 차등을 둘수 있도록 되어 있다.

검사 방법은 포장단위기준 2개 이상의 발췌검사를 원칙으로 하나, 다음의 경우에는 전량검사를 행한다.

〈전량검사 대상물품〉

- 우범성이 있거나 불성실업체에서 신고한 물품
- 변질 또는 손상된 물품
- 종량세 물품
- 기타 일부 발췌검사로는 물품의 수량 · 규격 · 성질 등을 확인하기 곤란한 물품

4) 관세의 부과

검사 과정이 끝나면 관세의 4대 요건인 과세물건 · 납세의무자 · 과세표준 · 관세율이 모두 확정되며, 이에 따라 관세 등이 부과된다.

(1) 과세물건

관세법 제3조의 규정에 따라 과세물건은 수입물품이 된다. 원칙적으로 관세는 수입신고 시의 성질과 그 수량에 의해 부과된다.

(2) 납세의무자

납세의무자란 국가에 대하여 관세를 납부할 법률상의 의무를 부담하는 자이다. 수입신고한 물품에 대해서는 원칙적으로 그 물품을 수입한 화주가 납세의무자가 된다.

(3) 과세표준

과세표준이란 세액결정의 기준이 되는 과세물건의 가격 또는 수량을 말한다. 종가세

가 적용되는 물품의 경우에는 그 가격이 과세표준이 되며, 종량세의 경우에는 그 수량이 과세표준이 된다. 과세표준과 관련하여 수입물품의 수량은 세관검사 시에 쉽게 확인할 수 있으나 그 가격은 시장여건에 따라 수시로 변동하고 있으며, 특히 수많은 종류의 상품들의 실제가격을 정확히 알아낸다는 것은 지극히 어려운 일이다. 이러한 점을 감안하여 현행 관세법에서는 [표 10-3]과 같은 과세가격 결정 방법에 관한 규정을 마련하고 순차적으로 적용하고 있다.[6)]

[표 10-3] 과세가격의 결정 방법

적용순위	내 용
제1방법	당해 물품의 실제 거래가격을 기초로 한 과세가격의 결정
제2방법	동종 · 동질물품의 거래가격을 기초로 한 과세가격의 결정
제3방법	유사물품의 거래가격을 기초로 한 과세가격의 결정
제4방법	국내판매가격을 기초로 한 과세가격의 결정
제5방법	산정가격(算定價格)을 기초로 한 과세가격의 결정
제6방법	합리적 기준에 의한 과세가격의 결정

(4) 관세율

관세율은 관세액을 결정함에 있어서 과세표준에 적용되는 비율을 말한다. 현행 관세율표에는 수입물품의 품목별로 종가세(從價稅)인 경우에는 백분율(%)로, 종량세(從量稅)의 경우에는 단위당 금액으로 관세율이 표시되어 있다([표 10-4] 참조).

[표 10-4] 관세의 산출 방법

종가세 적용물품	실제 거래가격 × 과세환율 = 감정가격 감정가격 × 관세율 = 관세액
종량세 적용물품	수입물품의 수량 × 단위당 관세 = 관세액

6) 이러한 과세가격 결정원칙은 1984년 7월부터 시행된 GATT의 신평가협약(New Valuation Code: NVC)을 따른 것이다.

5) 관세의 징수(徵收)

관세의 징수행위는 납부와 영수로써 완료되는데, 거두어 들이는 국가 측에서 보면 수납이 되고, 납세의무자 측에서 보면 납부가 된다. 수입물품에 대한 관세 등의 징수는 신고납부(申告納付)를 원칙으로 하며, 관세의 납세의무자는 수입신고를 할 때 과세표준, 세율 및 납부세액을 세관장에게 신고하여야 한다.

세관장은 납세신고에 대한 확인 · 심사를 한 후 신고납부서를 교부하여 납세의무자로 하여금 관세를 납부토록 하고 있다. 그러나 예외적으로 과세가격 결정자료가 미흡한 무환수입물품이나 심사에 신중을 요하는 탄력관세 적용물품 등의 경우에는 세관장이 세액을 결정하여 고지한 금액을 납세의무자가 납부하도록 하는 부과고지(賦課告知) 방식으로 징수할 수도 있다.

신고납부서의 교부 또는 납세의 고지에 대하여 납세의무자가 자진하여 납부하고 이를 수납기관이 영수하는 것을 임의징수(任意徵收)라고 하며, 국가가 재정권력에 의하여 강제적으로 수납하는 것을 강제징수(强制徵收)라고 한다.

6) 수입신고필증 및 반출(搬出)

수입물품에 대한 수입검사를 거쳐 관세 및 기타 내국세의 징수가 끝나면, 세관장은 수입신고인에게 수입신고필증을 교부한다. 이와 같이 신고수리된 물품은 세관장에게 반출신고만으로 언제든지 보세구역에서 반출되어 관세법의 구속에서 벗어날 수 있다.

그러나 경우에 따라서 어떤 물품은 수입신고인의 책임 밖의 사유에 의하여 수입신고증이 적기에 교부되지 못하게 될 수 있으며, 이로 인하여 상기(商機)를 잃거나 물품을 적재적소에 사용하지 못할 수도 있다. 이를 방지하기 위해 관세법에서는 수입신고수리 전이라도 관세상당액(關稅相當額)을 담보로 제공하고 세관장의 승인을 얻으면 물품을 보세구역으로부터 반출할 수 있도록 규정하고 있다.

주요용어

무역관리제도, 대외무역법, 관세법, 외국환거래법, 무역업, 무역대리업, 전문무역상사, 수출입승인, 수출입공고, 산업피해구제제도, SITC, CCCN, HS, 무역위원회, 수출조합, 수입조합, 수출승인, 선적전검사, 수출통관, 관세환급, 수입신고, 수입신고필증, T/R, L/G, D/O

연습문제

1. 무역관리제도의 의의와 우리나라의 무역 관련 법령의 체계에 대해 설명하시오.
2. 무역업과 무역대리업을 비교하여 설명하시오.
3. 수출입승인을 받기 위한 일반적인 요건에 대해 설명하시오.
4. 수출입공고를 열람하여 수출제한승인품목과 수입제한승인품목을 10개씩만 찾아서 각각에 대한 제한내용을 알아보시오.
5. 우리나라에서 수출을 하기 위하여 거쳐야 하는 절차를 간략히 설명하시오.
6. 일반수입과 수출용 원재료 수입의 차이점을 설명하시오.
7. 수입화물의 통관절차에 대해 간략히 설명하시오.
8. 관세의 4대요건에 대해 설명하시오.
9. 관세를 부과할 때 과세가격의 결정 방법을 우선순위에 따라 설명하시오.
10. 산업피해구제제도에 따라 구제조치를 받은 경험이 있는 산업을 하나 선정하여 구제조치가 내려지기까지의 배경과 과정을 조사하시오(그룹과제).

무역관리제도 관련 인터넷 사이트

이 름	홈페이지	내 용
산업통상자원부	www.motie.go.kr	산업통상자원부의 홈페이지로 무역 관련 정책, 수출/투자애로 상담, 무역위원회, 대외무역법 및 관세법 등의 정보제공
기획재정부	www.moef.go.kr	기획재정부의 경제정책/법령 해설, 주요 경제지표/통계 및 관련 사이트
외교부	www.mofa.go.kr	외교부의 홈페이지, 국별 정보, 지역협력, 국제기구, 조약/법률 등에 관한 정보
관세청	www.customs.go.kr	관세청의 홈페이지로 관세행정 관련 정보, 관세정책, 수입화물 통관정보, 세계 HS 정보 조회 등의 서비스 제공
한국무역협회	www.kita.net	한국무역협회의 홈페이지로 무역 관련 뉴스/보고서, 해외오퍼 정보, 무역통계정보, 각종 무역 관련 가이드, 무역상담 서비스 등을 제공. 무역아카데미를 통해 무역 관련 자격증 취득 지원 및 무역전문가 양성.
Export Data Management Service, Inc.	www.exportdoc.com	윈도우 상에서 수출 및 선적서류 작성을 빠르고 쉽게 하는 소프트웨어 도구를 소개하고 있는 사이트
미국상무성 무역처	www.ita.doc.gov	미국의 국별 · 지역별 무역정보, 무역통계, 산업, 무역정보센터, 수출지원센터, 상거래 사이트에 대한 정보
WTO	www.wto.org	세계무역질서를 주도하고 있는 세계무역기구의 홈페이지, 상품, 서비스, 지적재산권, 환경, 개발 등 국제무역 관련 각종 토픽 및 자료
JETRO	www.jetro.go.jp	일본의 대외무역진흥회의 홈페이지, 일본의 무역 관련 정책, 투자, 통계데이터 및 관련 자료를 찾아 볼 수 있음.
일본경제산업성 (METI)	www.meti.go.jp	일본의 경제/생산/에너지/안전 등의 시책, 일본기업들의 해외사업실적 등에 관한 최신자료
EU Business	www.eubusiness.com	EUDML 경제 및 유럽과의 비즈니스에 관한 최신의 정보를 얻을 수 있는 사이트
IMF	www.imf.org	한국의 무역정책 및 무역관리제도에 변화를 불가피하게 한 IMF 홈페이지
국제무역법위원회 (UNCITRAL)	www.uncitral.un.org	국제물품 매매계약에 관한 UN협약, 국제화물복합운송에 관한 UN협약, 외국중재판정의 승인과 집행에 관한 UN협약, UN 국제무역법위원회의 표준국제상사중재법

11장

무역계약

학습목표

모든 무역거래는 국내거래와 마찬가지로 매도인인 수출업자와 매수인인 수입업자의 계약을 토대로 이루어지게 된다. 본 장에서는 이러한 무역계약의 개념, 무역계약의 성립절차, 무역계약의 체결을 위해 당사자 간에 합의되어야 할 계약조건 등을 검토하고자 한다.

세계무역이야기

수입계약을 가장한 산업쓰레기 선적

- 발생지역: 영국(스코틀랜드), 우크라이나
- 발생시기: 2018년 8월
- 피해금액: 약 50,000달러

D사는 영국 스코틀랜드 소재 회사와 가장 안전한 방법인 L/C 조건으로 수입계약을 체결하고 총 5회에 걸쳐서 제품을 선적하는 것으로 계약했다. 대금결제도 선적 건별로 총 5회에 걸쳐서 이루어지며, 제품의 선적은 스코틀랜드가 아닌 우크라이나에서 하는 거래 형태였다.

그러나 처음 도착한 제품을 확인해보니 주문한 제품과는 관계없는 산업쓰레기였고, 이미 3회까지는 L/C를 통한 대금결제였기 때문에 이를 더 막을 방법이 없었다. 그나마 4회 거래부터는 제품에 대한 국제적인 공인검사기관의 '선적 전 검사조항'을 삽입해서 대금결제가 이루어지지 않고 있지만, 3회까지의 거래 자체가 이미 상대적으로 큰 규모였다.

D사는 KOTRA를 비롯한 여러 기관을 접촉하면서 도움을 요청해왔다. KOTRA 해외진출 상담센터에서는 우선 경찰청 외사과에서 무역사기건으로 신고하고, 서류를 세부적으로 재검토하도록 조언했다. 서류 내용상 오류가 있다면 대금결제 은행도 책임이 있다는 내용을 공지해주었다. 특히 선하증권의 상단에 기재된 선적 방법에 대해 확인하도록 안내했다. 선적 방법이 "Shipper's load and count"로 되어있다면 화주가 직접 제품을 선적한 것이므로 운송회사의 책임이 없지만, "Said to contain"으로 기재됐다면 제품을 컨테이너에 선적한 운송회사도 일부 책임이 있기에 카운터파트 역할을 하는 한국 측 운송회사를 통해 조치하는 방안을 권유했다.

현재 당초 계약을 체결한 스코틀랜드업체 관계자는 연락이 두절된 상태로 우크라이나 운송업체를 통해 추적을 시도해보고 있는 상황이다.

〈KOTRA 해외시장 뉴스, 2018/09/18〉

1절 무역계약의 개념

1. 무역계약의 정의

일반적으로 무역계약(貿易契約)이란 서로 다른 국가영역 내에 영업소를 둔 매매당사자에 의해 체결된 국제물품매매계약(contract for the international sale of goods)으로서 매도인이 매수인에게 물품의 소유권을 양도하여 물품을 인도할 것을 약속하고 매수인은 이를 수령하고 그 대금을 지급할 것을 약정하는 계약을 말한다.

대부분의 무역거래는 물품매매를 목적으로 하고 있어 무역계약이라고 하면 국제물품매매계약을 지칭하는 것이 보통이다. 그러나 최근 국제거래의 대상이 물품은 물론 기술 및 각종 서비스, 자본, 해외건설 및 플랜트 등 다양화되고 있어 광의의 무역계약은 국제물품매매계약뿐만 아니라 판매점 또는 대리점계약, 차관계약, 국제라이슨싱계약, 국제합작투자계약, 국제입찰, 건설공사계약, 플랜트수출계약 등 모든 국제계약을 포괄하는 개념으로 쓰이는 경우도 있다.

2. 무역계약의 법적 성격

1) 낙성계약(諾成契約; consensual contract)

무역계약은 일방의 계약체결을 위한 의사표시인 청약(請約; offer)에 대해서 상대방이 이를 승낙(承諾; acceptance)함으로써 성립된다. 이와 같이 무역계약은 당사자의 합의만으로써 성립하게 되며, 별도의 계약서의 작성 등 특별한 형식을 필요로 하지 않는다는 점에서 낙성계약이자 불요식계약(不要式契約)이라는 성격을 지닌다.

2) 쌍무계약(雙務契約; bilateral contract)

쌍무계약은 계약의 성립과 동시에 양 당사자가 상호 채무를 부담하게 되는 계약을 말한다. 무역계약의 경우 수출업자는 계약체결과 동시에 계약에 일치하는 물품의 공급의무를 지게 되며, 수입업자는 대금지급의무를 지게 된다.

[표 11-1] 무역계약의 법적 성격

구분	내용
계약의 성립: 낙성계약	계약조건의 청약 청약조건의 승낙
계약의 형식: 불요식계약	
채무의 부담: 쌍무계약	매도인: 물품인도의무 매수인: 대금지급의무
채무의 이행: 유상계약	매도인: 계약물품의 급부 매수인: 대금의 반대급부

3) 유상계약(有償契約; remunerative contract)

유상계약이란 계약당사자가 상호 대가관계에 있는 급부(給付)를 할 것을 목적으로 성립되는 계약을 말한다. 이는 채무이행 측면에서 본 무역계약의 성격으로 수출업자의 물품의 급부에 대해 수입업자는 화폐 또는 물품으로 반대급부를 해야 한다는 것이다.

3. 무역계약의 종류

1) 개별계약(個別契約; case by case contract)

개별계약이란 특정 품목을 거래할 때마다 그때그때 구체적인 거래조건에 대해 합의하는 방식으로 체결되는 계약을 말한다. 따라서 당해 품목이 인도되고 대금이 결제되면 계약은 종료되고 양 당사자는 더이상 계약조건에 얽매일 필요가 없다.

2) 포괄계약(包括契約; master contract)

같은 당사자 간에 같은 품목을 빈번하게 거래하게 되는 경우 매번 거래조건에 대해 합의를 하고 이를 문서화하는 것은 번거롭기 그지 없는 일이다. 이러한 경우 일반거래조건에 대한 포괄적인 합의를 담은 계약서를 작성하고 필요할 때마다 선적을 해주는 방식의 포괄계약을 체결하면 편리하다.

3) 독점계약(獨占契約; exclusive contract)

이는 포괄계약의 특수한 형태로 특정 품목의 수출입에 있어 수출업자는 수입국의 지정 수입업자 외에는 같은 품목을 청약하지 않으며, 수입업자는 다른 수출업자들의 품목은 취급하지 않는다는 조건으로 이루어지는 독점판매계약이다. 이러한 경우 양 당사자는 계약관계를 안정적으로 유지하기 위해 일반계약에 비해 까다로운 의무를 부담하게 되는 것이 보통이다.

2절 무역계약의 성립절차

일반적으로 무역계약은 [그림 11-1]과 같은 절차를 거쳐 성립된다. 이를 순서에 따라 좀더 구체적으로 살펴보면 다음과 같다.

1. 해외시장조사

1) 해외시장조사의 내용

특정 상품을 해외시장에 판매하기 위해서는 먼저 해외시장조사가 필요하다. 해외시장조사는 특정 상품에 대한 잠재구매력 내지 판매가능성을 알아보기 위한 것이다.

해외시장조사에 필수적으로 포함되어야 할 내용을 정리하면 [표 11-2]와 같다.

그림 11-1 무역계약의 성립절차

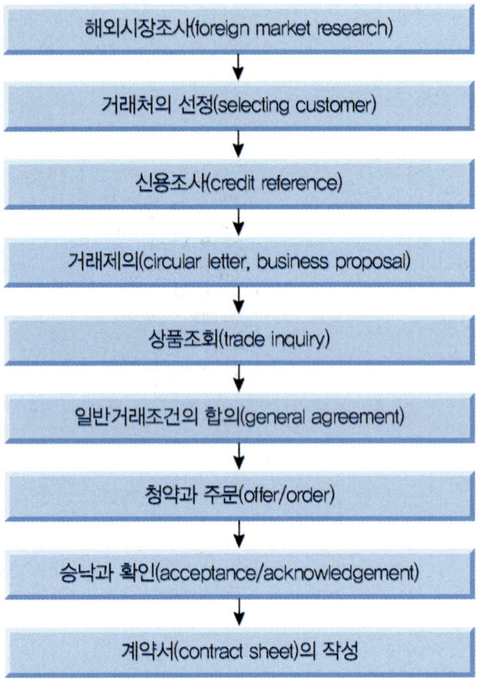

[표 11-2] 해외시장조사의 주요 내용

구 분	내 용
일반사항	정치, 경제, 사회, 문화, 지리, 기후, 인구, 언어, 종교 등
경제동향	경제성장률, 국민소득, 물가, 임금, 고용, 국제수지 등
산업동향	산업구조, 특히 관련 산업
무역동향	대외무역구조(품목별, 국가 또는 지역별)
무역관리제도	수출입관리제도 및 절차, 외환관리제도, 관세 및 기타 수입규제
시장특성	소비자계층, 상관습, 구매시기 등
유통구조	시장접근을 위한 유통구조(수입상, 중간상, 도매상, 소매상)
경쟁구조	경쟁업체의 수와 강 · 약점
기 타	항만, 교통, 통신시설 등

2) 해외시장조사의 방법

해외시장조사를 하는 데는 직접조사와 간접조사가 있을 수 있다. 직접조사는 무역업체가 자체적으로 1차 및 2차자료를 이용하여 조사하는 방법이며, 간접조사는 대한무역투자진흥공사(KOTRA) 또는 해외시장조사 전문기관을 통하여 필요한 정보를 입수하는 방법이다.

이중에서 가장 손쉬운 방법은 역시 이미 간행된 2차자료를 활용한 직접조사 방법이다. 해외시장조사에 필요한 2차자료에는 한국무역협회나 KOTRA의 도서실에 비치된 각종 무역통계, 국별 또는 지역별 무역환경이나 무역동향 등이 있으며, 국내주재 외국공관의 도서실 또는 자료실에서도 해외시장조사에 유용한 자료를 입수할 수 있다.

그러나 2차자료는 특정 시장의 시장잠재력을 알아보는 데는 도움이 되나 취급품목과 직접적으로 관련된 정보를 얻는 데는 부족한 점이 많다. 이러한 경우에는 경비문제가 있으나 현지를 직접 방문하여 조사를 실시할 필요성도 적극 검토해야 한다. 직접조사의 한계를 고려할 때 특히 중소기업들의 경우에는 KOTRA에 해외시장조사를 위탁하는 것도 현명한 방법이다. KOTRA는 세계 주요국에 한국무역관 또는 지역본부를 두고 무역업체의 신청을 받아 실비로 해외시장조사를 대행해주고 있다.

2. 예비적 교섭단계(preliminary negotiation)

1) 거래처의 발굴 및 선정

해외시장조사를 마치면 국별로 거래처의 발굴 및 선정작업에 착수하게 된다. 거래처를 선정하는 데는 다음의 [표 11-3]과 같이 다양한 방법을 활용할 수 있으나, 최근에는 인터넷이 거래처 발굴에 많이 이용되고 있다.

2) 거래제의서한 및 조회

다양한 경로를 통해 잠재 거래처가 발굴 · 선정되면 이들을 리스트로 만들어 [표 11-4]

[표 11-3] 거래처의 선정 방법

구분	주요방법
• 자체홍보물 이용	• 자체적으로 홍보물을 제작하여 주요 잠재고객에게 배포
• 국내 · 외 광고매체 및 정기간행물 이용	• 국내 · 외 광고매체를 통한 광고 • 국내 · 외 정기간행물의 거래알선
• 해외공공기관 이용	• 각국의 상공회의소 및 수출입 관련 기관에 거래알선의뢰, Circular Letter 발송
• 사절단 및 전시회 이용	• 무역사절단, 전시회 및 박람회 등에 참가
• 직접 방문	• 해외출장 등으로 해당 지역 직접 방문
• 인터넷 이용	• 인터넷의 무역알선사이트 또는 해당 기업 홈페이지 검색

[표 11-4] 거래제의서한의 내용

- 상대방을 알게 된 경로
- 자사의 업종, 취급상품 및 거래국가
- 업계에서의 지위, 경험, 평판, 생산 및 수출규모
- 거래조건(특히 가격 및 결제조건)
- 신용조회처(주거래은행명 및 주소)
- 상호 이익을 토대로 한 정중한 결문

와 같은 내용의 거래제의서한을 보낸다. 대개 동문의 편지를 여러 곳에 보내게 되기 때문에 거래제의서한을 업계에서는 Circular Letter라고도 한다.

일반적으로 거래제의서한은 한 장 정도의 간결한 서신에 의하되, Telex나 Fax를 이용할 수도 있으며, 최근에는 E-mail도 많이 활용하고 있다. 대개 같은 지역에는 시차를 두고 2~3개 회사로 국한하여 보내는 것이 좋다.

이쪽의 거래제의를 받고 관심이 있는 상대방측에서는 보다 구체적인 거래조건을 제시할 것을 요구하거나, 견본이나 가격표, 카탈로그 등의 송부를 요청해오게 된다. 이를 조회라고 한다.

이러한 조회서신을 받으면 모든 문의내용에 대한 답장을 담아 지체 없이 회신을 해야 한다. 신속한 회신은 거래의 생명이다. 그러나 경우에 따라서는 Sample Merchant라고 하여 오로지 견본만을 받아볼 목적으로 조회를 보내는 불량업자도 있으므로 유의할 필요가 있다.

3. 신용조사

상거래를 하다보면 상대방의 신용조사를 게을리하여 피해를 입는 업체가 많다. 특히 서로 멀리 떨어져 얼굴 한 번 보지 못하고 편지 한 장만으로 거래관계가 개설될 수도 있는 국제거래에서는 철저한 신용조사가 무엇보다도 중요하다.

1) 신용조사의 요건

신용조사에 반드시 포함되어야 할 내용으로서 무역업계에서는 신용조사의 3C's라고 하여 다음을 꼽고 있다.

(1) Character

거래상대방의 성실성, 영업태도, 계약이행에 대한 열의, 업계에서의 평판, 도의심 등 계약을 얼마나 성실히 이행할 수 있을까를 판가름하는 기준이 된다.

(2) Capacity

거래상대방의 연간 매출액, 영업 형태(개인회사 또는 주식회사, 공개 여부), 연혁 내지 경력, 영업권, 공장 및 설비 등 영업능력을 측정하기 위한 것이다.

(3) Capital

거래상대방의 재무상태, 즉 수권자본과 납입자본, 자기자본과 타인자본, 기타 자산상태 등 채무이행능력의 척도가 된다.

이 밖에도 신용조사에는 거래조건, 담보능력 등 여러 가지 내용이 포함되어야 하나, 그 중에서 가장 중요한 것은 역시 Character라고 할 수 있다. 특히 무역거래의 고질병이라고도 할 수 있는 악질적인 무역업자들에 의한 계획적인 클레임(market claim)을 미연에 방지하기 위해서는 철저한 신용조사밖에는 다른 도리가 없다.

2) 신용조사의 방법

신용조사는 대개 상대방의 거래은행을 통해서 하는 경우가 가장 많으며, 이를 은행조회(bank reference)라고 한다. 때로는 상대방과 거래경험이 있는 국내업체, 상대국의 다른 거래처, 현지 상공회의소 등을 통한 신용조사도 가능한데 이를 업계조회(trade reference)라고 한다.

그러나 거래의 중요성을 감안할 때 상대방의 신용에 대한 보다 상세한 정보를 필요로 할 경우에는 조금 비싸기는 하지만 상업흥신소라 불리는 신용조사전문기관의 서비스를 활용할 수도 있다. 전세계적으로 가장 널리 알려져 있는 신용조사전문기관으로는 미국의 Dun & Bradstreet International이 있다.

국내에서는 대한무역진흥공사, 신용보증기금, 무역보험공사 등이 전세계적인 지점망 또는 세계 유수의 상업흥신소와의 제휴관계 및 영업경험을 토대로 무료 또는 실비로 신용조사서비스를 제공하고 있다.

4. 청약(請約; Offer) 및 승낙(承諾; Acceptance)

1) Offer

Offer란 청약자(offeror)가 피청약자(offeree)에게 특정한 물품을 특정한 조건에 매도하거나 매입하겠다는 확정적인 의사표시를 말한다. 청약자가 수출업자인가 아니면 수입업자인가에 따라 Selling Offer(Export Offer)와 Buying Offer(Import Offer)로 구분할 수 있으나, 무역거래에 사용되는 Offer는 대개 Selling Offer이다. 따라서 우리나라의 대외무역관리규정에서는 Offer를 '물품매도확약서(物品賣渡確約書)'로 지칭하고 있다.

Offer의 종류에는 그 효력의 확정성 여부를 기준으로 Firm Offer, Free Offer, Conditional Offer 등이 있으며, Offer에 대한 Offer인 Counter Offer가 있다.

(1) Firm Offer (확정오퍼)

청약자가 유효기일을 정하여 그 기간 내에 승낙하면 계약이 성립되는 Offer이다. 진정한 의미에서의 Offer란 Firm Offer를 말한다.

(2) Free Offer(불확정오퍼)

유효기간이 확정되어 있지 않고 언제라도 취소나 변경이 가능한 오퍼를 말한다. "Offer subject to change without notice"는 형식적으로는 다음에 설명될 조건부 Offer의 형식을 취하고 있으나, 실제로는 Free Offer에 가깝다.

(3) Conditional Offer(조건부오퍼)

Firm Offer와 Free Offer의 중간 형태로 일정한 조건을 충족시킬 경우에 한해서 계약상의 의무를 부담하게 된다. 자주 찾아볼 수 있는 조건으로는 다음과 같은 것들이 있다.

i) Subject to our final confirmation(최종확인 조건부오퍼)[1]

ii) Subject to prior sale
Subject to being unsold(선착순 조건부오퍼)

iii) Subject to sale or return(반품 조건부오퍼)

iv) Offer on approval(승인 조건부오퍼)

(4) Counter Offer(반대오퍼)

피청약자가 청약자에게 일부 조건을 변경하여 다시 역으로 제시하는 오퍼를 말한다. 실무상 이와 같은 반대오퍼가 수차례 왕래 후 승낙이 이루어지고 계약이 성립된다.

2) 승낙(Acceptance)

승낙이란 청약자의 오퍼와 결합하여 그 오퍼의 내용대로 계약을 성립시키려는 피청약자의 동의의 확정적 의사표시이다. 승낙에는 어떠한 조건이나 제약이 있어서도 안 되며, 조건부승낙은 반대오퍼가 된다.

모든 매매계약은 일방의 청약에 대해서 상대방의 승낙이 있어야 비로소 유효하게 성립된다. 승낙은 청약에 정해진 방법대로 하면 되며, 따로 정해지지 않은 경우에는 가능한 한 신속한 방법으로 하면 된다.

---

1) Sub-Con offer라고도 하며, 실무적으로 가장 많이 쓰인다.

5. 계약서의 작성

무역계약은 불요식계약으로 별도의 형식이 필요한 것은 아니다. 그러나 수출입절차의 제단계에서 거래사실의 확인을 위해서 또는 분쟁을 예방하거나 신속히 해결하기 위해서 다양한 거래조건에 대한 당사자의 합의를 명문화하고 이를 확인하는 서명을 담은 계약서를 작성하는 것이 바람직하다. 계약서를 작성하는 데는 다음과 같은 방법들이 활용되고 있다.

1) Offer Sheet에 의한 방법

Offer Sheet, 즉 물품매도확약서에는 계약체결에 필요한 주요 거래조건이 기재되어 있다. 따라서 별도의 계약서를 작성하지 않고 물품매도확약서를 그대로 계약서로 이용하는 가장 간단한 방법이다. 이 경우 매도인이 발행한 Offer Sheet에 매수인이 승낙의 표시로 서명한 후 이를 각자 한 통씩 보관한다.

2) Sales Note(판매서)에 의한 방법

Sales Note는 매도인이 작성하여 매수인에게 보내는 특정 물품의 판매서이다. 매도인이 당사자 간에 합의된 거래조건을 모두 담은 판매서 2통을 작성하여 정식으로 서명을 한 후 매수인에게 보내면 매수인은 이를 검토한 후 이의가 없으면 반대서명을 한 후 1통은 자신이 보관하고, 나머지 1통은 다시 매도인에게 보낸다. 매도인의 Offer에 대해 매수인이 수락의 표시로 주문을 하면 매도인이 이를 다시 한 번 확인하는 형태로 매수인에게 보내지기 때문에 주문확인서(confirmation of order)라고도 불린다.

3) Purchase Order(구매주문서)에 의한 방법

작성주체가 매도인이 아니라 매수인이라는 것일 뿐 계약서의 내용이나 형식은 Sales Note의 경우와 거의 같다. 매수인이 자신이 필요로 하는 물품의 구매조건을 모두 담은 구매주문서 2통을 작성하여 정식으로 서명을 한 후 매도인에게 보내면 매도인은 이를 검토한 후 이의가 없으면 반대서명을 한 후 1통은 자신이 보관하고, 나머지 1통은 다시 매수인에게 보내면 이것이 곧 계약서가 되는 것이다.

4) 일반계약서(sales agreement) 또는 각서(memorandum)

매매당사자가 한 곳에 모여 모든 매매조건에 대해 구체적으로 합의를 한 후 이를 정식계약서로 작성하여 양 당사자가 서명을 한 후 한 통씩 보관하는 방법이다. 한 번에 끝나는 것이 아니라 지속적인 거래관계를 개설하고자 할 경우 이용되는 방법이다.

3절 무역계약의 제조건

무역계약에서 조건(terms or conditions)이란 계약체결에 필수적인 사항으로 계약당사자에 의해서 반드시 지켜져야 하는 약속을 의미한다. 따라서 어느 한 당사자가 이러한 조건을 못 지키거나 이행하지 못한다면 다른 당사자는 계약을 해제하거나 손해배상을 청구할 수 있다.

무역계약의 내용과 당사자의 의무 등을 구성하는 이러한 무역계약의 조건들은 여러 가지로 분류할 수 있다. 우선 무역계약조건에는 계약서에 명문화된 명시조건(明示條件)과 계약서에는 나타나 있지 않으나 당연히 지켜져야 하는 묵시조건(默示條件)으로 구분된다. 또한 무역계약조건은 당해 거래실정에 맞게 그때그때 합의되어야 하는 개별거래조건과 당사자들의 모든 거래에 공통적으로 널리 적용되는 일반거래조건(general terms or conditions)으로 구분되기도 한다.

품질, 수량, 가격, 운송 및 보험, 대금결제 등의 개별거래조건은 통상 계약서의 앞면에 기재하게 된다. 이에 비해 매매당사자의 기본의무, 물품의 검사, 클레임 제기 방법 및 시기, 불가항력, 중재 및 분쟁의 해결, 준거법 등에 관한 일반거래조건은 계약서의 뒷면에 인쇄되어 있는 것이 보통이다. 그러나 뒷면에 있다고 결코 가볍게 보아 넘겨서는 안 되며, 실제로 계약이 분쟁으로 이어질 경우에는 오히려 이면약관(裏面約款)에 해당하는 일반거래조건이 더욱 중요하게 다루어지게 되는 경우도 적지 않다. 따라서 무역계약의 당사자들은 계약을 체결할 때는 개별거래조건 및 일반거래조건을 막론하고 계약이행에 필수적인 조건들에 대해 신중하게 검토한 후 계약서에 반영하여야 한다. 이하에서는 이러한 조건들에 대해 좀더 구체적으로 알아보기로 한다.

1. 품질조건(品質條件)

무역계약에서 당사자 간에 가장 많은 분쟁이 빚어지는 분야가 품질 문제이다. 따라서 무역계약의 체결을 위해서는 무엇보다도 먼저 품질조건과 관련하여 품질의 결정 방법, 품질의 결정 시기, 품질의 증명 방법 등에 대한 합의가 선행되어야 한다.

1) 품질의 결정 방법

상품에 따라 품질을 결정하는 방법도 여러 가지이다. 대체로 다음과 같은 방법들이 품질결정기준으로 많이 이용된다.

(1) 견본매매(見本賣買; sale by sample)

공장에서 대량생산 방식으로 출하되는 대부분의 공산품들은 견본에 의해 품질을 결정하게 된다. 이러한 경우 통상 매도인이 제시한 견본의 품질을 보고 매수인이 만족하면 계약이 성립되나, 매수인이 제시한 견본의 품질대로 선적할 것을 약속하고 계약이 체결되는 경우도 있다.

이때 매도인이 주의해야 할 점은 계약체결에 급급하여 자신이 만든 최상품 중에서 견본을 택할 것이 아니라 평균적 품질의 것을 제시하는 것이 바람직하다는 것이다. 또한 견본에 관한 품질조건을 계약에 명시할 때도 품질이 견본과 완전히 일치한다고 표현하는 것보다는 대체로 견본과 비슷하다는 정도의 다소 융통성 있는 표현을 쓰는것이 추후 매수인의 품질에 관한 클레임에 대처하는 데 유리하다.[2)]

2) 예를 들어, "Quality to be fully equal to sample"과 같은 엄격한 표현보다는 "Quality to be considered as being about equal to sample"과 같은 완곡한 표현이 바람직하다.

(2) 상표매매(商標賣買; sale by trade mark or brand)

세계적으로 널리 알려지고 품질이 공인된 상품의 경우에는 특정 상표명만으로 품질을 결정하기도 한다. Coca Cola, Parker만년필, Nike스포츠화 등 이른바 범세계적 제품(global products)의 거래에 이용된다.

(3) 명세서매매(明細書賣買; sale by specification)

선박이나 기계류 등의 경우에는 견본이나 상표만으로는 품질을 결정하기가 어려우므로 당해 상품의 재료 · 구조 · 성능 · 규격 등을 상세히 알려주는 명세서, 설명서, 청사진(blue print), 도해목록(illustrated catalogue) 등을 품질결정기준으로 삼게 된다.

(4) 표준품매매(標準品賣買; sale by standard)

같은 기계에 의해 똑같은 규격으로 생산되는 공산품과는 달리 농림수산물과 같은 1차산품은 견본을 제시하는 방법으로는 품질을 결정할 수가 없다. 이러한 경우 일정한 품질의 표준품을 기준으로 계약을 체결하고, 실제로 인도된 물품과 표준품의 품질에 차이가 있을 경우에는 당사자의 합의 또는 거래관습에 따라 대금을 조정하는 방식으로 거래가 이루어지게 된다. 표준품의 표시 방법으로는 FAQ(Fair Average Quality)와 GMQ(Good Merchantable Quality) 조건 등이 있다.

FAQ조건은 평균중등품질조건이라고 하여 곡물매매에서 많이 쓰이는 조건으로 선적지에서 해당 계절 출하품의 평균중등품을 표준으로 품질을 결정하는 방법이다. 선물거래(先物去來)일 때는 전년도 수확물의 평균중등품을 기준하여 가격을 정하고, 인도될 물품은 신(新)수확기의 평균중등품으로 한다.

GMQ조건, 즉 판매적격품질조건은 물품인도 시 그 품질이 당해 상품의 성질과 상관습에 비추어 판매가 가능한 상태일 것을 매도인이 보증하는 조건이다. 목재나 냉동어류 등 내부가 부패되어도 외관상으로 구별하기 어려운 상품의 거래에 많이 쓰인다.

(5) 규격 또는 등급매매(等級賣買; sale by type or grade)

물품의 품질이 국제적으로 알려진 품질인증기관이나 수출국의 공적 규정에 의해 정해진 상품의 경우에 이용되는 품질결정 방법이다. 원면, 양모, 석유 등 원산지에 따라 품질이 달라지는 상품과 함유성분에 따라 가격이 좌우되는 광산물의 경우에도 이러한 규격 또는 등급매매 방식이 적용되고 있다.

(6) 점검매매(點檢賣買; sale by inspection)

매수인 또는 그 대리인이 품질을 직접 확인한 후 거래가 이루어지는 방식이다. 국내 거래에서는 자주 이용되나, 국제거래에 있어서는 보세창고도거래(Bonded Warehouse Transaction: BWT) 등의 경우에 한정적으로 이용되고 있다.

2) 품질의 결정시기

같은 상품도 선적 시와 양륙 시의 품질에는 커다란 차이가 있을 수 있다. 따라서 무역 계약의 당사자들은 어느 시점에서 당해 상품의 품질상태를 결정할 것인가 하는 품질결정시기에 대해서도 합의를 해야 한다.

품질의 검품시기에 따라 품질조건은 선적품질조건(shipped quality term)과 양륙품질조건(landed quality term)으로 구분되기도 한다. 곡물류의 거래에서 널리 쓰이는 TQ(Tale Quale: such as it is)와 RT(Rye Terms)는 각각 선적품질조건과 양륙품질조건의 대표적 예이다.

3) 품질의 증명 방법

품질의 증명 방법에는 수출업자의 자체검사에 의한 검사합격증을 기준으로 하는 경우와 Lloyd's Surveyor나 SGS 같이 국제적으로 공신력 있는 품질검사기관에서 발급하는 품질분석증명서(Certificate of Quality and Analysis)에 의한 방법이 있다. 품질과 관련한 분쟁발생 시 거래상품의 품질이 계약체결 당시 합의한 조건과 일치함을 증명할 의무는 품질결정시기에 따라 달라진다. 즉, 선적품질조건의 경우에는 매도인이 품질의 계약적 합성 여부를 입증하여야 하나, 양륙품질조건의 경우에는 매수인이 이러한 거증책임을 지게 된다. 이상과 같은 품질조건의 주요 내용을 간단히 정리하면 [표 11-5]와 같다.

[표 11-5] 품질조건의 주요 내용

구 분	내 용
품질결정 방법	• 견본매매(sale by sample): 대부분의 일반 공산품 • 상표매매(sale by brand or trade mark): Coca-Cola 등 • 명세서매매(sale by specification): 기계류 • 표준품매매(sale by standard): 농산물, 목재 등 • 규격 · 등급매매(sale by type or grade): KS 표시품 • 점검매매(sale by inspection): 신제품, 악기 등
품질결정 시기	• 선적품질조건(shipped quality terms): TQ(Tale Quale) • 양륙품질조건(landed quality terms): RT(Rye Terms)
품질증명 방법	• 수출업자 자신의 수출품질검사 • 국제적으로 공신력 있는 검사기관(Lloyd's Surveyor 등)의 품질검사

2. 수량조건(數量條件)

품질에 대한 합의가 이루어진 다음에는 인도수량이 당사자들의 관심사로 대두된다. 품질의 경우와 마찬가지로 수량의 경우에도 수량의 결정 방법, 수량의 결정 시기, 수량의 증명 방법 등이 합의되어야 한다. 이 밖에 수량의 경우에는 계약수량과 실제 인도수량에 차이가 있는 경우 이러한 과부족(過不足)을 어떻게 처리할 것인가에 대해서도 사전논의가 필요하다.

1) 수량의 결정 방법

인도수량을 결정하는 수량단위는 상품에 따라 달라지나, 대개 중량, 용적, 길이, 포장단위, 개수 등이 기준이 된다. 대표적인 수량단위로는 다음과 같은 것들이 있다.

- 중량(무게): ton, picul, ounce
- 용적(부피): S.F.(superfoot: 1S.F.＝1 square feet×1inch)
  Measurement Ton(1 M/T＝40. cubic feet)
- 길이: meter, feet(1ft＝12 inch), yard(1yd＝3ft)

- 포장단위: bale, case, drum, keg 등
- 개수: piece(pc), dozen(dz), gross 등

이때 주의해야 할 점은 나라마다 오랫동안 이어온 상관습의 차이로 도량형(度量衡)의 단위가 천차만별이라는 사실이다. 예를 들어, 같은 톤(ton)이라고 해도 영국식 톤, 미국식 톤, 미터법에 의한 톤에는 상당한 차이가 있다.

- English Ton(long ton) = 2,240lbs
- American Ton(short ton) = 2,000lbs
- Kilo Ton(metric ton) = 1,000kgs ≒ 2,204lbs

특히, 중량의 경우에는 측정 시 포장의 무게를 포함하느냐의 여부에 따라 수량이 달라지는 점에 유의하여야 한다. 중량의 측정 방법으로는 다음과 같은 것들이 있다.

① **총중량(總重量; Gross Weight)**
상품을 포장한 채로의 중량, 즉 모든 포장재료를 다 합한 총무게

② **순중량(純重量; Net Weight)**
상품의 순중량, 즉 포장재료의 무게를 공제한 순상품 중량

③ **법적 중량(法的 重量; Legal Weight)**
상품의 겉포장(tare) 무게는 제외하고 소매당시의 포장무게는 포함한 중량

2) 수량의 결정 시기와 증명 방법

품질의 경우와 마찬가지로 선적수량조건(shipped quantity terms)과 양륙수량조건(landed quantity terms)으로 구분된다. 국제거래는 대개 다음의 가격조건에서 설명되는 FOB, CFR, CIF 등과 같이 선적인도조건 방식으로 가격이 결정되므로 대부분의 일반공산품은 선적 당시의 수량을 기준으로 계약이 체결된다. 그러나 농산물, 광물 등 산적화물(散積貨物; bulk cargo)의 경우에는 장기수송 도중 감량이나 누손이 발생하기 쉬운 관계로 양륙수량조건이 적용되기도 한다.

수량의 증명은 통상 매수인이 지정하는 공인검량업자(public weigher)나 검정인(surveyor)이 발행한 중량용적증명서(certificate of weight and/or measurement)에 의한다.

3) 과부족용인조건(過不足容認條件; more or less clause)

광산물과 곡류와 같이 장기간 운송도중 감량이 예상되는 Bulk Cargo의 경우에는 계약 시 일정 비율의 과부족을 인정받는 조건으로 계약을 체결해야 분쟁을 막을 수 있다. 즉, "More or Less 5%"로 계약하면 계약수량에서 5% 이내의 과부족이 발생해도 계약을 제대로 이행한 것으로 간주하게 된다.

이와 같은 맥락에서 신용장통일규칙에서는 신용장상의 금액 또는 수량과 관련하여 "about," "approximately," "circa" 또는 이와 유사한 표현이 쓰인 경우에는 그 금액이나 수량의 10% 이내의 과부족을 허용하고 있다.[3)]

3. 가격조건

1) 가격조건의 주요 내용

가격조건과 관련해서는 크게 두 가지 문제가 발생한다. 하나는 매매가격을 어느 나라의 통화로 할 것인가 하는 거래통화에 대한 것이고, 다른 하나는 수출입에 따른 각종 비용 및 위험을 누가 부담하는가 하는 무역거래조건에 관한 것이다. 먼저 거래통화에 있어서는 국제적으로 널리 통용되는 안정적인 통화로 표시하여 환위험을 최소로 해야 한다. 우리나라는 지정통화제도를 채택하고 있어 원칙적으로 대외거래에는 이들 통화만을 이용하도록 제한하고 있다.

한편 가격산정의 기초가 되는 무역거래조건에 있어서는 국제상업회의소(International Chamber of Commerce: ICC)에서 제정한 "무역거래조건의 해석에 관한 국제규칙(International Rules for the Interpretation of Trade Terms: Incoterms)"이 매매당사자 간

---

3) 신용장통일규칙(Uniform Customs and Practice for Documentary Credits, 2007 Revision, ICC Publication No.600) 제30조 a항.

의 최소한의 의무를 밝히는 데 전세계적으로 이용되고 있다. Incoterms의 제정 목적은 매매당사자 사이의 계약조건의 해석상의 차이에 따른 분쟁과 마찰을 해소함으로써 국제거래를 촉진하기 위한 것이다.

Incoterms는 1936년 처음 제정된 이후, 국제무역환경의 변화에 따라 1953년, 1967년, 1976년, 1980년, 1990년, 2000년, 2010년에 이르기까지 7차례에 걸쳐 부분적인 수정 및 보완을 거쳐 오늘에 이르고 있다. 현재 적용되고 있는 Incoterms 2010은 2010년 9월에 개정되어 2011년 1월 1일부터 시행되었다([표 11-6] 참조).

[표 11-6] Incoterms 2020의 11개 조건

구 분	거 래 조 건
모든 형태의 운송을 위한 거래조건	• 작업장인도(EXW; Ex Works) • 운송인인도(FCA; Free Carrier) • 운송비지급인도(CPT; Carriage Paid To) • 운송비 · 보험료지급인도(CIP; Carriage and Insurance Paid To) • 터미널인도(DAT; Delivered at Terminal) • 목적지인도(DAP; Delivered at Place) • 관세지급인도(DDP; Delivered Duty Paid)
해상 및 내수로운송을 위한 거래조건	• 선측인도(FAS; Free Alongside Ship) • 본선인도(FOB; Free on Board) • 운임포함인도(CFR; Cost and Freight) • 운임 · 보험료포함인도(CIF; Cost, Insurance and Freight)

Incoterms는 법적 구속력을 지닌 국제조약이 아니라 매매당사자의 합의에 의해서 사용될 수 있다. 그러나 1980년 이후에는 그때까지 지리적 특수성을 내세워 독자적인 거래조건을 채용하고 있던 미국도 자국의 무역업자들에게 Incoterms를 사용하도록 권장하고 있다. 따라서 오늘날의 국제무역거래에는 일부 1차산품이나 자본재의 거래를 제외하고는 대부분 Incoterms 2010에서 규정하고 있는 11개 조건이 널리 이용되고 있다.

가격결정을 위해서는 이들 각 조건에 있어서 매도인과 매수인의 최소한의 의무는 무엇이며 소유권과 비용 및 위험은 언제 어디서 이전되는가를 명확히 알아둘 필요가 있다. [그림 11-2]는 Incoterms 2020의 11개 조건에 있어서 비용과 위험의 분기점을 한눈에 알아볼 수 있도록 도해한 것이다.

그림 11-2 Incoterms 2010 11개 조건의 비용과 위험의 분기점

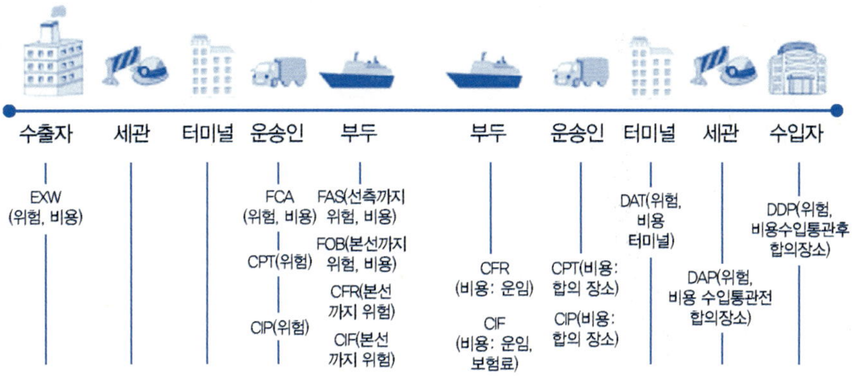

2) Incoterms 2020의 특징

인코텀즈는 국제상공회의소(ICC)에 의해 1936년 제정된 이후 약 10년 단위로 총 8차례 개정되었다. 특히 Incoterms 2020은 올바른 인코텀즈 규칙의 사용을 위해 매도인과 매수인 중에서 누가 운송, 보험, 서류, 허가 등의 의무를 수행하는지, 매도인이 언제 어디서 물품을 인도하는지, 매도인과 매수인 중에서 누가 운송, 포장, 적재/양하, 점검, 보안 등의 비용을 부담하는지에 대해 명확히 규정하고 있다. 그러나 소유권(property, tile, ownership), 매매계약의 존재, 물품의 성상, 지적재산권, 수출입의 금지, 관세부과, 대금지급(시기, 장소, 방법, 통화) 등에 대해서는 규정하지 않고 있다. 또한 Incoterms 2020에서는 매매계약과 보조계약(ancillary contract) 사이의 관계를 명확히 하고, 각 인코텀즈 규칙의 사용지침(guidance note)을 설명문(explanatory note)으로 이해하기 쉽게 개선하였다. 아울러 개별규칙 10개 조항의 순서를 변경하여 인도와 위험을 강조하였을 뿐만 아니라 비용에 관한 일람표(one-stop list)를 일괄적으로 열거하여 활용상 편의성을 도모하고 있다. 금번 개정의 주요 특징은 다음과 같다.

①「DAT → DPU」 명칭변경 및 배열순서 조정

2000년 이후 Incoterms의 개정은 "D"조건 개정의 역사라 할 만큼 D조건의 변경이 많았다. 이번 Incoterms 2020에서도 유일하게 DAT를 DPU로 변경하고, 배열순서도 DAP

다음에 놓았다. 그렇게 함으로써 물류의 흐름에 맞추어 수입지 지정장소에 도착하여 인도하거나(DAP), 지정장소에서 물품을 내려서 인도하거나(DPU), 수입통관까지 마친 후에 인도(DDP)하게 된다.

② 각 규칙의 조항순서 조정

Incoterms는 수출지로부터 수입지까지 특정지점에서 Seller와 Buyer의 의무, 위험, 비용을 규정함으로써 물품매계약상 기업간 거래관행을 반영하여 설명하고 있다. 매도인과 매수인의 의무는 각 A1~A10와 B1~B10으로 10가지씩인데, Incoterms 2020에서는 규칙의 목적에 맞게 조항을 재배열하였다. 특히, 인도와 위험이전조항을 각 A2/B2와 A3/B3로 배치하여 강조하고 있으며, 비용에 관해서는 A9/B9에서 비용에 관한 일람표(one-stop list)를 일괄적으로 열거하여 편의성을 도모하고 있다.

[표 11-7] Incoterms 2010과 2020 주요 조항 비교

조항	Incoterms 2010	Incoterms 2020
A1/B1	일반의무	일반의무
A2/B2	허가, 인가, 보안통관, 기타절차	인도/인도의 수령
A3/B3	운송계약과 보험계약	위험이전
A4/B4	인도/인도의 수령	운송
A5/B5	위험이전	보험
A6/B6	비용부담	인도/운송서류
A7/B7	매수인/매도인에 대한 통지	수출/수입통관
A8/B8	인도서류/인도의 증빙	점검/포장/하인표시
A9/B9	점검, 포장, 하인표시/물품검사	비용분담
A10/B10	정보에 관한 협조 및 관련비용	통지

③ CIP의 부보조건을 IC(A) or (A/R)로 변경

Incoterms에서 위험을 부담하지 않는 매도인이 매수인을 위하여 보험을 대신 가입하는 조건인 CIF와 CIP조건은 보험계약자는 매도인이지만, 피보험자는 매수인이다. 종전에는 최소부보조건인 CIF와 CIP 공히 ICC(C) 조건으로 가입하면 됐지만, Incoterms 2020에서는 CIP의 경우에는 최대부보조건인 ICC(A) 조건으로 화주를 위한 부보수준을 강화하여 종전의 Incoterms 2010과 다르게 CIF와 CIP 사이의 부보수준을 차별화하였다.

④ FCA 조건에서 본선적재 표기 선하증권

FCA 조건은 대표적인 복합운송조건으로서 매도인은 물품을 매수인이 지정한 운송인에게 인도하면 의무를 면하게 되어 있다. 그러나 Incoterms 2020에서는 FCA 조건에서 해상운송을 사용하는 경우에 본선적재(on-board) 표시된 선하증권이 필요하다면 매수인은 운송인에게 본선적재 선하증권을 발행할 것을 지시할 수 있도록 하는 선택권을 부여하였다. 물론 이러한 경우에 운송인의 물품 수취일자와 본선적재일자는 차이가 있을 수 있으며, 매도인은 운송계약 조건에 관하여 매수인에 대하여 어떠한 의무도 없으며, Incoterms에서는 여전히 FOB 대신 FCA의 사용을 권장하고 있다.

⑤ FCA와 "D"조건에서 매수인과 매도인의 자가운송 허용

FCA, DAP, DPU, DP조건에서 매도인 또는 매수인이 운송계약을 체결하거나 또는 제3자 운송인의 개입이 없는 경우를 고려하여 자신의 운송수단에 의한 운송을 허용하고 있다. 예를 들어 "D"조건에서는 매도인이 수입지에서, "FCA"조건에서는 매수인이 수출지에서 제3자에게 운송을 의뢰하지 않고 자신의 차량을 사용하는 것을 허용한다. 주의할 점은 "CPT"조건과 "CIP"조건은 매도인이 수출지에서 운송계약을 체결하므로 "FCA"조건과 같은 자가운송 허용이 불필요하다는 점이다.

⑥ 기타 변경사항

Incoterms 2020은 올바른 인코텀즈의 사용으로 무역거래를 원활하게 이행할 수 있도록 매매계약과 제3자와의 보조계약에 대한 관계를 명확히 설명하고, 각 조건별로 개선된 설명문(Explanatory Note)을 제시하고 있다.

3) Incoterms 2020의 주요 조건

(1) 모든 운송을 위한 거래조건

① 작업장인도(EXW; Ex Works)

"Ex Works"는 매도인의 영업장소(작업장, 공장, 창고 등)에서 매수인의 임의처분상태로 물품을 놓아두었을 때 매도인이 인도하는 것을 의미한다. 매도인은 수취용 차량에 적재할 필요가 없으며, 수출통관이 필요한 경우에도 물품의 수출통관을 이행할 필요가

없다. EXW 조건은 매도인의 입장에서는 최소한의 의무를 지게 된다. 이 조건은 운송수단과 관계없이 사용될 수 있으나, 대체로 국내교역에 적합하고 국제교역에는 FCA 조건이 더 적절하다.

② 운송인인도(FCA; Free Carrier)

"Free Carrier"는 매도인이 자신의 영업장 또는 합의된 장소에서 매수인에게 의해 지정된 운송업자 또는 다른 당사자에게 물품을 인도하는 것을 의미한다. 당사자들은 합의된 인도장소의 인도지점을 가능한 명확하게 구체화하여야 한다. 왜냐하면 해당 지점에서 위험이 매수인에게 이전되기 때문이다.

이 조건에서 매도인은 계약물품의 수출에 필요한 모든 법적 절차를 취한 후 지정된 운송인에게 물품을 인도해야 한다. 지정 운송인은 매수인이 운송계약을 체결하여 매도인에게 그 명의를 통보한 운송인이며 여기에는 운송수단은 실제 보유하지 않고 단지 운송의 책임을 지는 계약운송인도 포함된다. 따라서 매수인은 운송인이 아닌 운송주선인(freight forwarder)에게 물품을 인도하라는 지시를 할 수 있다.

FCA 조건에서는 EXW 조건에 비해 매도인이 수출 통관된 물품을 지정된 운송인에게 인도해야 하는 의무가 추가된다. 한편 매수인은 매도인이 계약물품을 인도할 수 있도록 운송인과 운송계약을 체결하고 운송인 명의, 인도기일 등을 매도인에게 통보해 주어야 한다.

Incoterms 2020 FCA 조건에는 이전 Incoterms 2010과 상이한 변경사항이 있다. 이전 FCA 조건이 해상에서 쓰일 때 수출자는 수입자가 원하는 운송인에게 물품을 인도하게 되고 수취선하증권 (Received B/L)을 발행하게 된다. 하지만 수취선하증권이 실제 화물이 선박에 선적되었는지 확실하게 증명할 수 없기 때문에 은행에서 수리를 거부하는 경우가 자주 발생되었다. 이에 선적선하증권(On board B/L)이 요구되는 경우가 많아 이를 첨부할 것을 요구할 수 있다는 내용이 Incoterms 2020에서 추가되었다. 이와 함께 자가운송을 허용하고 운송 · 수출통관 · 비용조항에 보안관련 의무를 삽입한 점도 Incoterms 2020에서 변경되었다.

③ 운송비지급인도(CPT; Carriage Paid To)

"Carriage Paid To"는 매도인이 자신과 목적지까지 운송계약을 체결한 운송인에게 수출통관된 물품을 인도함으로써 매도인의 책임이 끝나는 것으로 하는 조건이다. 이 조건에서 매도인은 먼저 자신의 위험과 비용으로 수출에 필요한 모든 통관절차를 이행해야 한다. 그리고 합의된 목적지까지 적합한 운송계약을 체결하고 운송비를 지급해야 하며 계약물품을 운송인에게 인도 완료해야 한다.

CPT 조건에서 매도인이 목적지까지 운송계약을 체결하고 운송비를 지급한다고 해서 자신의 책임이 목적지까지 연장되는 것은 아니며 매도인의 책임은 자신과 운송계약을 체결한 운송인에게 물품을 인도하는 시점에서 끝이 난다. 즉 매도인과 매수인의 책임분기점은 매도인이 체결한 운송인에게 물품을 인도하는 시점이 된다.

앞의 FCA 조건은 매수인이 물품을 실어가기 위해 매수인 자신이 운송계약을 체결하고 운송비를 지급하는 것이지만 CPT 조건은 반대로 매도인이 물품을 목적지까지 실어주고 운송비를 지급하는 조건이다. 매도인이 지급한 운송비는 물품의 가격에 포함되어 있다. 매도인이 합의된 장소(당사자 사이에 장소가 합의된 경우)에서 매도인이 지정한 운송인 또는 다른 당사자에게 물품을 인도하는 것을 의미하며, 매도인은 합의된 도착지까지 물품을 운송하기 위해 필요로 하는 운송계약을 체결하고 운송비를 지급하여야 한다.

④ 운송비 · 보험료지급인도(CIP; Carriage and Insurance Paid to)

"Carriage and Insurance Paid to"는 매도인이 계약물품에 대한 수출통관을 필하고 목적지까지 보험계약을 체결한 후 이를 자신과 운송계약을 체결한 운송인에게 인도하는 조건이다. 따라서 이 조건에서 매도인은 자신의 위험과 비용으로 수출에 필요한 모든 통관절차를 이행해야 한다. 그리고 목적지까지 운송계약과 보험계약을 체결하여 운송비 및 보험료를 지급하고 계약물품을 운송인에게 인도해야 한다.

이 조건은 앞의 CPT 조건과 유사한데 단지 매도인이 목적지까지 적합한 보험계약을 체결하고 보험료를 지급해야 한다. 보험금액은 CIP 가격의 110%로 하며, 보험조건과 관련하여 Incoterms 2020에서는 최대 담보조건을 규정하고 있다. 즉, CIP 조건은 수출자가 협회적하약관 A약관(ICC A)에 따른 보험에 가입하도록 규정하고 있다. 물론 수출자와 수입자 간 합의에 의해 이보다 낮은 수준의 보험을 가입할 수도 있다.

⑤ 도착지인도(DAP; Delivered at Place)

"Delivered at Place"는 합의된 도착장소에서 물품을 도착된 운송수단으로부터 양화하지 않은 상태로 매수인의 임의 처분상태에 인도하는 것을 의미한다. 매도인은 합의된 인도장소까지 물품을 가져오는데 수반되는 위험을 부담하여야 한다.

만약 특정 지점이 합의되지 않았거나 관습에 의해 결정되고 있지 않은 경우, 매도인은 지정 목적지에서 자기의 목적에 가장 적합한 지점을 선택할 수 있다. 그리고 매도인은 지정 목적지에 도착한 운송수단으로부터 물품을 하역해줄 의무는 없다. Incoterms 2020 DAP 조건에서는 자가 운송을 허용하고, 운송 · 수출통관 · 비용조항에 보안관련 의무를 추가하는 내용이 삽입되었다.

⑥ 도착지양하인도조건(Delivered at Place Unloaded; DPU)

"Delivered at Place Unloaded"는 매도인이 계약에서 합의된 지정 목적항 혹은 지정 목적지에서 운송수단으로부터 물품을 양하하여 수입통관을 하지 않은 상태로 매수인의 임의처분상태로 인도하는 조건이다. 앞서 DAP 조건에서는 매도인이 최종 조착지에서 계약물품을 하역하지 않은 채 매수인에게 인도하지만 이 조건에서는 반드시 운송수단으로부터 계약물품을 하역하여 매수인에게 인도하여야 한다.

DPU 조건은 Incoterms 2020에서 신설된 조건이다. 이 조건에서 매도인은 자기의 비용으로 합의된 목적항 혹은 지정 목적지까지 운송하기 위한 운송계약을 체결하고, 목적지까지 운송과 하역 관련 모든 비용과 위험을 부담하여야 한다. 또한 매도인은 목적지까지 운송하는데 요구되는 운송 관련 보안요건도 준수하여야 한다. DPU 조건은 Incoterms 2020에서 유일하게 새롭게 신설된 조건이며, DAP 조건에서 수출자의 양하의무만 추가한 조건이다.

⑦ 관세지급인도(DDP; Delivered Duty Paid)

"Delivered Duty Paid"는 매도인이 합의된 도착장소에서 수입통관을 필한 물품을 도착된 운송 수단으로부터 양화하지 않은 상태로 매수인의 임의 처분 상태에 인도하는 것을 의미한다. 매도인은 합의된 도착장소에 물품을 가져오는데 수반되는 모든 비용과 위험을 감수하여야 하며, 물품의 수출통관뿐만 아니라 수입통관, 수출과 수입에 대한 모든 관세, 모든 통관절차를 이행할 의무를 가진다. 따라서 이는 EXW 조건과는 반대로 매도인의 의무가 가장 무거운 거래조건이다.

(2) 해상 및 내수로운송을 위한 거래조건

Incoterms 2020의 11가지 조건 중에서 FAS, FOB, CFR 및 CIF의 4가지는 해상 및 내수로운송을 위한 조건들(rules for sea and inland waterway transport)이다. 이들 조건은 전통적으로 국제거래에 널리 사용되어 왔던 조건이나 최근 운송 방식이 여러 운송수단을 복합적으로 활용하는 복합운송이 보편화됨에 따라 Incoterms 2020에서는 해상 및 내수로운송을 위한 조건들을 모든 형태의 운송을 위한 조건들보다 뒤에서 규정하고 있다.

① 선측인도(FAS; Free Alongside Ship)

"Free Alongside Ship"은 매도인이 물품을 매수인이 지정된 본선의 선측(예를 들어, 부두 또는 부선 상)에 인도하는 것을 의미한다. 물품의 멸실 및 손상에 대한 위험은 물품이 본선의 선측에 인도되는 경우 이전되며, 매수인은 그 순간부터 모든 비용을 감수하여야 한다. 당사자들은 합의된 선적항의 선적 지점을 가능한 한 명확하게 특정하여야 한다. 그 지점까지의 모든 비용과 위험은 매도인이 부담하는데, 이러한 비용과 화물 처리에 관련된 비용은 항구의 관습에 따라 다양하기 때문이다.

② 본선인도(FOB; Free on Board)

"Free on Board"는 매도인이 합의된 선적 항구에서 매수인에 의해 지정된 선박의 본선 상에 물품을 인도하거나 이미 선적을 위해 인도된 물품을 조달하는 것을 의미한다. 물품의 멸실 및 손상에 대한 위험은 물품이 본선의 갑판 상에 놓여질 때 이전되며, 매수인은 그 순간부터 모든 비용을 부담하여야 한다.

③ 운임포함인도(CFR; Cost and Freight)

"Cost and Freight"는 매도인이 합의된 선적 항구에서 선박의 본선에 물품을 적재하거나 이미 선적을 위해 인도된 물품을 조달하는 것을 의미한다. 물품의 멸실 및 손상에 대한 위험은 물품이 본선에 적재될 때 이전된다. 매도인은 물품의 운송계약을 체결하여야 하며, 합의된 도착항에 물품을 가져오는데 필요한 비용과 운임을 부담하여야 한다.

④ 운임 · 보험료포함인도(CIF; Cost, Insurance and Freight)

"Cost, Insurance and Freight"는 매도인이 합의된 선적 항구에서 선박의 본선 상에 물품을 인도하거나 이미 선적을 위해 인도된 물품을 조달하는 것을 의미한다. 물품의 멸실 및 손상에 대한 위험은 물품이 본선의 갑판 상에 놓여질 때 이전된다. 매도인은 물품의 운송계약을 체결하여야 하며, 합의된 도착 항구에 물품을 가져오는데 필요한 비용과 운임을 부담하여야 한다.

또한 매도인은 운송 도중 물품의 멸실 및 손상에 대한 매수인의 위험에 대하여 보험을 부보하여야 한다. 매수인은 CIF 조건의 경우 CIP조건과는 달리 매도인이 최소부담의 보험조건인 ICC(C)만을 취득하면 된다는 사실에 주의하여야 한다.

전통적으로 국제거래에는 FOB, CIF, CFR의 3개 조건이 가장 널리 이용되어 왔다. 이러한 3개 조건의 특징을 간단히 비교하여 정리하면 [표 11-8]과 같다. 그러나 1970년대 이후 컨테이너의 등장으로 일관운송 또는 복합운송이 발달되면서 해상운송을 전제로 하는 FOB, CFR, CIF 조건 하의 위험 또는 비용부담의 분기점(critical point)으로서 본선의 갑판은 더 이상 큰 의미를 지니지 못하고 있다. 이러한 국제운송관행의 변화를 반영하여 FOB, CFR, CIF 조건을 대신하여 도입된 복합운송 인도조건이 바로 FCA, CPT, CIP 이다.

[표 11-8] FOB · CFR · CIF조건의 비교

구 분	FOB	CFR	CIF
위험의 분기점	선적항의 본선	선적항의 본선	선적항의 본선
매도인의 비용부담	선적항에서 갑판 적재 시까지 총비용	FOB 가격 + 합의된 도착항까지의 운임	FOB 가격 + 합의된 도착항까지의 운임 및 보험료
매도인의 주요 의무	수출통관필 선적완료	수출통관필 선적완료 해상운송계약 체결	수출통관필 선적완료 해상운송계약 체결 해상보험계약 체결
물품인도 방식	현물인도	서류인도	서류인도
보험업무	매수인이 자신을 위해 부보	매수인이 자신을 위해 부보	매도인이 매수인을 위해 부보

4. 포장조건(包裝條件)

1) 포장의 기능과 요건

포장(packing)의 기능은 핵심제품의 보호와 판매촉진이라는 두 가지로 요약된다. 쉽게 말해서 계약물품을 수송도중 안전하게 보호하고 상품으로서의 가치를 유지할 수 있도록 하기 위한 것이 바로 포장이다.

특히 서로 멀리 떨어진 지역 간의 물품운송을 전제로 하는 무역거래의 경우 포장은 ① 오랜 항해에 견뎌낼 수 있는 내항성, ② 포장 자체의 비용 또는 포장의 무게로 인한 운임부담을 최소화할 수 있는 경제성, ③ 계약물품이 차질없이 목적지까지 인도되거나 다른 상품과 구분되어 사용자의 구매의욕을 불러일으킬 수 있도록 하는 식별성 등의 요건을 갖추어야 한다. 이와 관련하여 포장조건에서는 포장의 종류, 포장단위, 화인(貨印) 등이 문제가 된다.

2) 포장의 종류

포장에는 재질과 단계에 따라 여러 가지 종류가 있다. 포장의 재질은 상품의 종류 만큼이나 다양하므로 여기서 일일이 열거하기는 어려우나, 포장단계로 보아 포장은 개장, 내장, 외장으로 구분할 수 있다.

① 개장(個裝; unitary packing): 물품의 최소 소매단위를 낱개로 포장한 것
② 내장(內裝; interior packing): 낱개로 포장된 물품을 수송 또는 취급하기에 편리하도록 일정한 양을 묶어 재포장한 것.
③ 외장(外裝; outer packing): 수송중 화물의 변질, 파손, 도난, 유실 등을 방지하고 하역에 편리하도록 몇 개의 내장을 목재나 골판지상자 등으로 최종적으로 다시 포장한 것.

3) 화인(貨印; cargo mark)

운송관계자 또는 매수인이 계약물품을 쉽게 식별하거나 취급할 수 있도록 바깥 포장

그림 11-3 화인의 실제

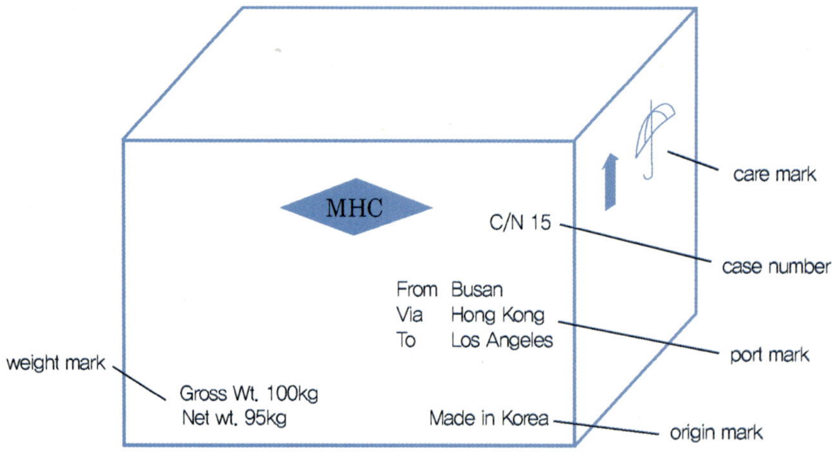

에 한 여러 가지 표시를 통틀어 화인이라고 한다. 구체적으로 화인에는 타화물과의 식별을 위해 그려지는 갖가지 도형이나 문자를 의미하는 주화인(主貨印: main mark), 화물번호(case number), 원산지표시, 목적지표시, 중량표시, 주의표시 등이 있다.

5. 운송조건(運送條件)

운송조건에 있어서는 운송수단의 선택, 구체적 인도시기 및 방법 등이 문제가 된다. 우리나라의 경우 무역화물은 대부분 해상운송 방식을 택하게 되므로 선적시기(time of shipment), 선적지연(late shipment) 및 선적불이행(non delivery), 분할선적(partial shipment) 및 환적(transhipment)의 허용 여부 등에 대한 합의가 중요하다.

1) 선적시기

(1) 특정일 지정

가장 많이 사용되는 방법으로 계약서나 신용장상에 선적기일을 "June 30, 2019"과 같이 표기하는 것이다. 이런 식으로 선적일이 표기되면 최종일, 즉 2019년 6월 30일까지만 선적하면 된다.

(2) 특정월 지정

특정월을 선적기일로 지정하는 방법으로 단월조건(單月條件)과 연월조건(連月條件)이 있다. 단월조건은 "June Shipment" 또는 "Shipment during June"과 같이 표시되며, 계약상품을 한 번에 선적하는 것을 의미한다. 연월조건은 "May-July Shipment" 또는 "Shipment during May, June, July"와 같이 표시하는 방식이다. 구체적 선적시기의 선택 및 일시선적 또는 분할선적도 대개 Seller's Option이지만, 만약 Buyer가 선적의 횟수와 1회의 선적수량에 대해 특약을 하는 경우는 Buyer's Option이 된다.

(3) 조건부 선적기일 지정

선적기일을 특정 조건이 이행되는 시점을 기준으로 하여 정하는 경우로 "Shipment within 30 days after receipt of L/C," "Shipment within 60 days after contract," "Shipment within 10 days after obtaining export license" 등과 같이 표시된다.

(4) 즉시 선적조건

특정 월이나 기일을 명시하지 않고 막연히 가급적 빠른 시일 내에 선적할 것을 조건으로 계약을 체결하는 것이다. "prompt shipment," "immediate shipment," "shipment as soon as possible" 등으로 표시된다. 신용장거래의 경우 이러한 표현이 사용될 경우 과거에는 신용장 개설 후 30일 이내에 선적하면 되는 것으로 간주되었으나, 1993년 제5차 개정 신용장통일규칙 개정 이후에는 이런 표현이 사용될 경우 은행은 이를 무시하도록 규정하고 있다.

2) 선적지연 및 선적불이행

수출업자의 고의, 과실 또는 태만 등에 의한 선적지연 및 선적불이행에 대해서는 물론 수출업자가 책임을 져야 한다. 그러나 천재지변(Act of God), 파업, 전쟁, 수출금지 등 불가항력이나 기타 수출업자의 통제가 불가능한 사유에 의한 선적지연은 면책될 수 있다. 이를 명확히 하기 위해 다음과 같은 불가항력조항을 계약서상에 삽입해 두는 것이 바람직하다.

Force Majeure: Seller shall not be responsible for non-performance or late performance of all or part of the contract due to orders, regulations, and/or ordinances by the Government, Act of God, war, blockade, insurrection, mobilization or due to any other causes of circumstances beyond seller's control.

3) 분할선적 및 환적

(1) 분할선적

분할선적이란 계약상품을 한 번에 선적하지 않고 여러 번에 나누어 선적하는 것을 말한다. 계약상에 분할선적을 금지시키는 것은 수입업자의 입장에서는 계약상품이 함께 입수되어야 여러 색상, 여러 규격 등의 구색을 맞추어 재판매할 수 있기 때문이다. 그러나 경우에 따라서는 창고비의 절감 등 오히려 국제무역에서 거래되는 모든 상품이 다 그런 것이 아니기 때문에 특별히 분할선적을 금지하고 있지 않으면 신용장거래에서는 분할선적이 허용되는 것으로 간주된다. 분할선적을 허용하는 경우에도 수입업자의 편의에 따라 그 내용에 제한을 가하고자 하면 다음과 같은 표기를 할 수 있다.

"Equal monthly shipment during June, July and August"
"5 tons in September and balance in October."

(2) 환적(Transhipment)

환적은 화물이 중도에서 다른 배로 옮겨져 목적지까지 가는 경우를 말하는데, 이는 대체로 선적항까지 직항선이 없기 때문이다. 화물을 한 번 옮겨싣는 데는 화물의 훼손 및 멸실 등 여러 가지 위험이 뒤따르기 때문에 보험료도 높아 매매당사자가 공히 가능하면 환적을 피하려고 한다. 그러나 직항선이 없는 경우에는 선택의 여지가 없기 때문에 부득이 환적을 허용하게 되는데, 이런 경우에는 계약서상에 분명히 "Transhipment is permitted"라고 표시해야 하며, 또 환적항을 지정하려면 "Transhipment at Hong Kong permitted"와 같은 표시를 해야 한다. 신용장거래에서는 환적을 특별히 금지한다는 표시가 없으면 환적을 표시한 선하증권도 수리해 주고 있기 때문에(통일규칙 제31조) 환적의 허용 여부는 계약서상에 정확하게 명시해 두어야 한다.

6. 보험조건(保險條件)

CIF나 CIP조건의 계약과 같이 매도인이 해상보험이나 기타 운송보험에 부보할 의무를 지니게 되는 경우에는 구체적인 보험조건에 대한 사전합의가 있어야 한다. 해상적하보험에 있어 실무적으로 가장 많이 이용되는 협회적하약관에는 ICC(A), ICC(B), ICC(C) Clauses 등 세 가지 기본약관이 있는데, 매매당사자들은 부보범위와 보험료 등을 고려하여 계약화물에 가장 적합한 형태의 보험조건을 선정해야 한다. 이에 대해서는 제12장에서 좀더 상세히 다루기로 한다.

7. 대금결제조건

수출업자의 입장에서는 다른 조건을 아무리 자기에게 유리한 방향으로 체결하였다 하더라도 최종적으로 대금을 제대로 결제받지 못한다면 그간의 모든 노력이 허사로 돌아간다. 수입업자도 보다 저렴하고 확실하게 수입물품을 확보하기 위해서는 신중하게 대금결제조건을 선택해야 한다. 따라서 여러 가지 무역조건 중에서 모든 무역업자가 특별히 관심을 기울여 합의해야 할 조건이 바로 대금결제조건이라고 할 수 있다.

무역거래에서 매도인과 매수인이 택할 수 있는 대금결제 방법은 국내거래보다 훨씬 다양하고 복잡하다. 이러한 대금결제조건은 결제시기에 따라 선불(先拂; advance payment), 동시불(同時拂; concurrent payment), 후불(後拂) 또는 연지급(延支給; deferred payment), 분할불(分割拂; instalment payment) 등으로 구분할 수 있으며, 결제수단에 따라 현금, 송금환, 환어음, 신용장, 장부결제, 물품 등으로 분류할 수 있다. 이러한 대금결제조건에 대한 합의를 위해 고려해야 할 가장 중요한 점은 각각의 대금결제조건에 따른 금리와 위험부담이라고 할 수 있다.

그러나 역시 국제무역에 있어서 가장 대표적인 대금결제수단은 신용장 방식이라고 할 수 있으며, 무역실무에서 대금결제 방식을 크게 신용장결제 방식과 무신용장결제 방식으로 구분하는 것도 이 때문이다. 대금결제를 신용장에 의할 경우 당사자 간에 필수적으로 합의되어야 할 사항은 신용장의 개설시기와 개설되는 신용장의 종류에 관한 것이다. 각각의 대금결제조건에 대한 보다 구체적인 내용은 제13장에서 다루기로 한다.

8. 분쟁해결조건

국제무역은 본질적으로 언어 · 관습 · 법률 · 통화 등이 다른 나라의 멀리 떨어져 있는 계약상대방과의 거래를 의미하므로 국내거래에 비해 상대적으로 계약불이행 또는 사기 등으로 인한 분쟁이 발생할 가능성이 높다. 이러한 무역분쟁의 발생가능성을 최소화하거나 이미 빚어진 무역분쟁을 신속하고 경제적으로 해결하기 위해서는 계약조건의 공통적인 해석기준이 될 준거법조항 및 클레임의 제기시기 및 방법에 관한 조항, 분쟁해결을 위한 중재조항, 재판관할조항 등을 미리 계약서에 삽입해 두는 것이 바람직하다. 이러한 무역분쟁의 해결에 대해서는 제14장에서 좀더 상세히 다루기로 한다.

주요용어

독점계약, 해외시장조사, 신용조사, 청약, 승낙, Sub-Con Offer, Counter Offer, 일반거래조건, FAQ, GMQ, TQ, RT, 법적 중량, 과부족용인조건, Incoterms, EXW, FCA, CPT, CIP, DAT, DAP, DDP, FAS, FOB, CFR, CIF, 화인, 불가항력조항, 분할선적, 환적, 협회적화약관, 준거법조항

연습문제

1. 무역계약의 법적 성격에 대해 설명하시오.
2. 독점계약에서 계약당사자의 주요 의무를 설명하시오.
3. 해외시장조사에 포함되어야 할 내용과 방법에 대해 설명하시오.
4. 신용조사의 요건과 방법에 대해 설명하시오.
5. 청약(offer)의 종류를 설명하시오.
6. 무역계약서를 작성해야 할 필요성과 계약서를 작성하는 방법에 대해 설명하시오.
7. 무역계약의 8대조건에 대해 간략히 설명하시오.
8. 무역거래에서 품질을 결정하는 데는 어떠한 방법이 있는가 알아보시오.
9. 무역거래에서 품질이나 수량이 계약과 일치하는지의 여부는 어떻게 증명할 수 있는가?
10. Incoterms가 처음 제정된 이후 이제까지의 개정과정과 배경에 대해 알아보시오.
11. FOB조건과 CIF조건의 차이점을 설명하시오.
12. CIF조건과 CIP조건에는 어떠한 차이점이 있는가?

13. Incoterms 2010에 새롭게 도입된 DAT 조건과 DAP 조건의 차이점을 설명하시오.

14. 무역거래에서 요구되는 포장의 조건에 대해 논하시오.

15. 무역계약에서 선적지연이나 선적불이행은 어떻게 처리되는가?

16. 무역업자들이 대금결제조건에 대한 합의에 있어서는 어떠한 점들을 고려해야 하는가?

17. 영문 무역계약서를 구성원의 수만큼 수집하여 우리말로 번역하고 계약서에 포함된 다양한 조건에 대한 해석과 합의에 있어서 주의해야 할 점을 정리하여 보고하시오(그룹과제).

무역계약 관련 인터넷 사이트

이 름	홈페이지	내 용
KOTRA	www.kotra.or.kr	수출거래알선, 통상정보, 무역투자정보, 외국 바이어와 한국수출업자가 만나는 사무실을 제공하는 시스템 운영, 국제전시회 소개, 일간해외시장정보, 외국인투자유치 및 분야별로 잘 정리된 유용한 추천 웹사이트를 제공하고 있는 대한무역투자진흥공사의 홈페이지
COEX	www.coex.co.kr	한국종합전시장 홈페이지로 국제무역 전시회를 개최 및 행사하기 위한 편의시설 및 절차에 대한 자세한 정보를 제공 및 열람
EXPOGUIDE	www.expo-guide.com	무역박람회와 전시회에 관한 기본 정보를 제공하는 미국 데이터베이스 시스템으로 전세계 무역박람회와 컨퍼런스가 빠짐없이 수록되어 있으나, 각 행사에 관한 자세한 정보는 얻기 힘든 경우도 있음
KOMPASS	www.kompass.com	세계 최대의 기업정보 및 상품정보와 다양한 수출입마케팅 서비스 제공, 전세계 무역시장의 나침반 역할 수행
Trade Leads Net	www.tradezone.com	국제무역에 관한 가장 광범위한 정보원 중의 하나인 웹사이트 링크, 무역업자 웹보드 등의 서비스를 제공하는 사이트
EC21	www.ec21.com	e-무역상사로 지정된 업체로서, 전자카탈로그, offer to sell, offer to buy, 무역뉴스, 무역정보, 거래 알선 등을 지원 및 제공하는 무역포털사이트(유료)
ECPLAZA	www.ecplaza.net	e-무역상사로 지정된 업체로서, 전자카탈로그, offer to sell, offer to buy, 무역뉴스, 무역정보, 무역 알선, 신용정보, 국가정보 등을 제공하는 무역포털사이트(유료)
GobizKorea	www.gobizkorea.com	중소기업진흥공단(SBC)이 운영하는 글로벌 e마켓 등록, 바이어 타겟마케팅 등 다양한 온라인마케팅을 통한 제품 홍보부터 해외 구매오퍼 대응, 무역상담 등 수출계약까지 One-stop으로 지원하는 서비스
Buykorea	www.buykorea.org	KOTRA가 운영하는 대한민국 대표 무역포탈 사이트로서 오퍼정보, 기업정보, 해외정보, 수출지원, 무역지식, 기업 IT지원, 성공 사례 등의 정보와 조사대행 서비스 제공
국제무역법 위원회 (UNCITRAL)	uncitral.un.org	국제물품 매매계약에 관한 UN협약, 국제화물복합운송에 관한 UN협약, 외국중재판정의 승인과 집행에 관한 UN협약, UN 국제무역법위원회의 표준국제상사중재법
국제상업회의소 (ICC)	iccwbo.org	Incoterms, 화환신용장통일규칙 및 관례, 추심에 관한 통일규칙, 조정 · 중재규칙 등 국제무역에 널리 적용되는 무역규칙의 제정
국제해사위원회 (CMI)	www.comitemaritime.org	선하증권에 관한 법규의 통일을 위한 국제협약, 비스비개정의정서, 요오크 · 엔트워프규칙

12장

국제운송과 보험

학습목표

무역계약이 체결되면 매도인 또는 매수인은 선박과 기타 운송수단에 의하여 계약물품을 최종목적지로 보내기 위해 적절한 운송수단을 선택하여 운송인과 운송계약을 체결하여야 한다. 또한 매도인이나 매수인은 계약 물품을 목적지까지 운송하는 도중의 멸실이나 손상에 대비하여 운송보험에 부보하는 것이 보통이다. 특히 수출업자는 통상의 운송보험으로 담보되지 않는 수입업자 신용위험이나 수입국의 비상위험으로 대금을 회수하지 못할 경우에 대비하여 수출보험에 부보하는 것이 안전하다. 본 장에서는 이러한 국제운송과 보험에 대해 알아보기로 한다.

1절 국제운송

2절 해상보험

3절 수출보험

세계무역이야기

글로벌 물류기업과 유통기업들의 물류 비즈니스 혁신

최근 글로벌 물류기업과 유통기업들은 IT를 활용하여 물류 운영을 효율화하고 비용을 감축하는 데서 나아가, 화주나 최종 소비자의 물류 니즈를 충족시킴으로써 새로운 성장 동력으로 삼고 있다. 이러한 변화는 사물인터넷(IoT), 빅데이터 분석, 인공지능(AI), 로보틱스로 대표되는 4차산업혁명의 주요 기술들이나 블록체인 등 최신 IT 기술 트렌드에 힘입어 더욱 가속되고 있다.

특히 전자상거래(e-Commerce)의 발달은 더욱 치열한 배송 경쟁을 촉발시켰다. 전자상거래의 약점 중 하나는 소비자의 구매 시점과 실제 상품을 받아보는 시점 사이에서 간극이 있다는 것이다. 이 때문에 소비자는 빠른 배송에 대한 니즈를 항상 가지고 있었고, 전자상거래기업이나 물류기업들도 배송 소요 시간을 줄이기 위해 상당한 노력을 해왔다.

독일 리서치 기관 스태티스타(Statista)에 따르면, 글로벌 전자상거래시장은 2017년 2조 3,040억 달러(2,592조 원) 규모까지 성장할 것으로 전망된다. 이 같은 전자상거래시장의 급격한 성장은 유통기업뿐만 아니라 물류, 제조기업에게도 새로운 기회를 가져다주고 있다. 시장 규모가 확대되고 경쟁이 치열해질수록 전자상거래가 물류 전반에 미치는 영향력도 점차 커지고 있다.

특히 미국의 '유통공룡'이자 혁신기업 아마존이 물류에 다양한 시도를 하고 시장점유율을 높여가면서, 전자상거래시장의 성장과 함께 물류는 그야말로 핫한 키워드가 됐다. 시장조사 업체인 이마케터에 따르면 2018년 아마존의 미국 전자상거래 매출은 전년 대비 30% 증가한 2,582억 달러(약 291조 원), 미국시장 점유율을 약 49%에 이르러 2위 이베이의 점유율 6.6%와는 비교할 수 없는 큰 격차를 보일 것으로 예상된다. 이는 아마존이 무인점포, 드론 배송, 당일 배송 등 파격적인 서비스를 잇달아 선보이면서 단단한 충성고객층과 브랜드 파워를 형성했기 때문이다.

전자상거래시장의 성장으로 촉발된 물류혁명은 해외직구 · 역직구(Cross-border e-Commerce)에도 영향을 미친다는 점에서 한 국가 간의 경계를 넘어서는 문제다. 글로벌 컨설팅 기업 액센츄어(Accenture) 보고서에 따르면, 전 세계 해외직구 · 역직구시장은 2017년

기준 5,300억 달러(596조 원) 규모에서, 연평균 약 27%씩 성장해 2020년에는 9,900억 달러(1,114조 원)에 달할 것으로 전망된다. 2020년까지 전 세계 직구 · 역직구소비자는 9억 4,300만 명으로 늘어날 것으로 보인다.

이와 같이 전자상거래시장이 매해 두 자릿수 성장률을 보임에 따라 물류 또한 시장이 성장하고 있으며, 물류 네트워크로부터 창고 작업, 운송, 택배(Last Mile Delivery; LMD), 역물류(반품 및 회수, Reverse Logistics) 등 거의 모든 프로세스에 영향을 미치고 있다. 향후 물류시장은 4차산업혁명 시대의 다양한 IT 기술을 활용해 생산성을 높이는 방향으로 흘러갈 것이며, 유통기업과 물류기업이 이에 어떻게 대처할 것인가가 시장을 선도하기 위한 관건이다.

〈매일경제, 2018/12/16〉

1절 국제운송

1. 해상운송

1) 해상운송의 의의

해상운송(shipping or ocean transportation), 즉 해운이란 선박을 운송수단으로 하여 타인의 화물이나 사람을 운송하고 그 대가로 운임을 취득하는 상행위를 말한다. 물론 무역의 경우에는 화물의 운송이 주된 관심의 대상이 된다.

해운의 1차적 의의는 다른 운송 형태와 마찬가지로 재화의 공간적 거리극복과 장소적 이전을 통해 재화의 장소효용을 극대화시키는 것이다. 특히 해상운송은 대량운송이 가능하고, 경제적이기 때문에 원거리 이동이 필요한 물품의 국제운송에 가장 적합한 운송 형태로 널리 이용되어 왔다.

2) 해상운송의 형태

(1) 정기선(定期船)

정기선(liner)은 사전에 확립된 운항일정(schedule)에 따라 정해진 항로를 규칙적으로 반복운항하는 형태로 소량의 공산품 또는 잡화를 개품운송계약에 따라 실어나르는데 이용되고 있다. 일반적으로 해운동맹이 제정한 공동운임률표(tariff schedule)를 적용해서 장기적 · 안정적으로 일정량의 선복을 하주에게 제공한다.

여기서 해운동맹(shipping conference)[1]이란 특정한 정기항로에 취항하고 있는 둘

---

1) 해운동맹은 동맹의 성격에 따라 운임동맹(freight conference), 항로동맹(navigation conference) 또는 정기선동맹(liner conference)이라고도 불린다. 해운동맹은 가입과 탈퇴가 자유로운 미국식의 개방동맹(open conference)과 내부규약이 엄격하고 가입이 어려운 영국식의 폐쇄동맹(closed conference)으로 구분된다. 이때 해운동맹에 가입한 선박을 동맹선(member liner)이라 하고, 반대로 동맹에 가입하고 있지 않은 선박을 맹외선(outsider) 또는 비동맹선(non-conference liner)이라고 한다.

이상의 선박회사들이 기업 상호 간의 독립성을 유지하면서 선사들 간의 과당경쟁을 방지하기 위해 운송에 관한 각종 조건(운임류, 기항지, 취항횟수, 화물의 종류 및 수량)들에 대해 협정을 체결하고 있는 일종의 국제적 카르텔을 말한다.

정기선의 경우에는 고정된 항로, 운임률, 운항계획 등에 의하여 화물의 수량과 관계없이 지정항로를 항해하여야 한다. 따라서 많은 고정비용이 들게 되어 자연히 운임률도 부정기선에 비해서 높다.

무역물동량이 많은 주요 항로에는 대부분 정기선이 취항하고 있으며, 현재 우리나라를 중심으로 개설되어 있는 주요 정기항로를 보면 한 · 일항로, 동남아항로, 북미항로, 호주항로, 중동항로, 유럽항로 등이 있다.

(2) 부정기선(不定期船)

부정기선(tramper)은 정기선의 경우와는 달리 일정한 항로가 없이, 하주가 요구하는 시기와 항로에 선복(ship's space)을 제공하는 해상운송 형태이다. 부정기선은 선적기일을 맞추기 위해 긴급히 운송되어야 할 화물이나, 곡물 · 광석 · 원유 · 목재 등 대상화물에 맞는 시설을 갖춘 특수전용선(特殊專用船)의 경우에 주로 적용된다. 운임이 그때그때의 화물의 수요와 공급에 의하여 결정되므로 수시로 변동한다.

부정기선의 경우 치열한 자유경쟁을 통하여 운임이 결정되므로 정기선의 경우에 볼 수 있는 것과 같은 카르텔의 형성이 어렵다. 따라서 정기선보다 상대적으로 낮은 운임률이 적용되는 것이 보통이다.

3) 해상운송계약

선주와 하주 간에 체결되는 해상운송계약은 화물의 성질과 수량에 따라 크게 개품운송계약과 용선운송계약으로 구분할 수 있다.

(1) 개품운송계약(個品運送契約)

주로 정기선의 경우에 이용되는 계약 형태로 선박회사가 다수의 하주와 화물에 대한 운송계약을 개별적으로 체결하는 것을 말한다. 세계 주요 항로에는 다양한 국적의 정기선사들이 취항을 하고 있어 우리 주위의 대부분의 무역화물은 개품운송계약의 형태로

운송되고 있다.

송하인(shipper) 또는 그 대리인이 운송인인 선박회사나 그 대리점에 선복의 사용을 신청하면, 운송인이 이를 수락함으로써 운송계약이 성립된다. 이때 하주는 운송계약이 체결되었다는 증거로 운송인으로부터 선하증권을 교부받는다.

(2) 용선운송계약(傭船運送契約)

송하인이 선박회사로부터 선복의 전부 또는 일부를 빌려 화물을 운송하고자 할 경우에 체결하는 계약을 용선계약이라고 한다. 이때 계약체결의 증거로 용선계약서(Charter Party: C/P)가 발행된다.

용선계약은 선복의 범위에 따라 전체용선계약(whole charter)과 일부용선계약(partial charter)으로 구분되며, 용선료의 계산 방법에 따라 다시 정기용선(time charter)과 항해용선(voyage charter, trip charter), 그리고 나용선(裸傭船; bareboat charter)으로 구분된다.

① 정기용선계약(定期傭船契約)

이는 내항성(耐航性)을 갖고 선박에 필요한 모든 용구와 선원까지 승선시킨 선박을 일정 기간 동안 용선하여 그 기간을 기준하여 보수를 지급하는 계약이다. 따라서 선주는 선박의 감가상각비 · 보험료 · 금리(金利) 등의 간접비와 선원비 · 수리비 · 선용품비(船用品費) 등의 직접비를 부담해야 하며, 용선자는 용선료 외에 연료비 · 항구세 등 운항비를 부담한다.

② 항해용선계약(航海傭船契約)

선적항에서 양륙항까지 1항해를 기준으로 체결되는 용선계약이다. 항해용선계약은 다시 화물의 수량과 관계 없이 한 항해에 얼마라고 포괄운임을 내는 선복용선계약(lumpsum charter)과 1일 단위로 용선료가 책정되는 일대용선계약(daily charter) 등으로 구분된다.

③ 나용선계약(裸傭船契約)

용선자가 선주로부터 선박 자체만을 빌리는 대신 선원, 장비, 소모품과 선박보험료,

항만비, 항해비, 수리비 등의 일체를 부담하는 형태의 계약으로 선박임대차계약이라고도 한다. 근래에 우리나라에서는 외국선박을 나용선해서 우리나라의 선원과 장비를 갖추어 다른 나라에 재용선(sub-charter)을 많이 하고 있다.

4) 운임 및 해운 관련 비용

(1) 운임(運賃)

용선계약의 경우에는 용선료가 곧 운임이 되는 셈이다. 그러나 개품운송계약의 경우 하주는 정기선사에서 고시한 운임률표에 따라 소정의 운임을 지급하여야 한다.

일반적으로 정기선 운임은 화물의 용적 또는 중량에 따라 부과되는데, 용적톤과 중량톤 중 높은 운임에 해당되는 운임톤(revenue ton)을 적용한다. 용적에 따라 운임이 부과되는 화물을 용적화물(容積貨物; measurement cargo)이라 하고, 중량을 기준으로 부과될 때를 중량화물(重量貨物; weight cargo)이라 한다.

그러나 고가화물인 경우에는 대개가 화물의 송장가격에 의해 종가운임(ad valorem freight)을 적용하며, 관례상 화물의 포장이 일정하고 내용물의 용적 또는 중량이 일정한 화물, 석유제품 또는 자동차 등은 단위(unit)나 개수를 기준으로 운임을 정하기도 한다.

운임의 지급은 CFR이나 CIF 계약같이 전불(前拂; freight prepaid)되는 경우와 FOB 계약과 같이 후불(後拂; freight collect)되는 경우가 있다.

(2) 부과료와 할증운임

개품운송계약의 경우 품목별로 부과되는 기본운임 외에 계약체결 당시와 운송조건이 달라질 경우에는 각종 부과료가 부과되기도 하며, 화물의 종류와 특성에 따라 할증운임이 부과되기도 한다. 이러한 부과료와 할증운임의 대표적 예를 들면 다음과 같다.

- 항구선택료(Optional Charge): 본선출항 시까지 최종 양륙항을 결정하지 못하고 양륙항을 여러 개로 선택하였을 경우
- 환적료(Transhipment Charge): 최종 양륙항까지 직항선이 없어 중간항에서 환적하게 될 경우
- BAF(Bunker Adjustment Factor): 연료비 상승에 따른 부과료

- CAF(Currency Adjustment Factor): 환율변동에 따른 부과료
- 중량/용적 할증운임: 운송화물 한 단위가 일정한 중량이나 용적을 초과할 경우
- 장척(長尺)할증운임: 운송화물 한 단위가 일정한 길이를 초과할 경우
- 위험화물할증운임: 전쟁 중인 국가로 운송되거나 기타 위험화물인 경우

(3) 하역 제비용(荷役 諸費用)

개품운송계약의 경우 Liner Term(Berth Term)이라고 하여 통상 운임에 하역비가 포함되나, 용선계약의 경우에는 용선계약서에 적하비와 양하비를 누구의 부담으로 할 것인지를 다음과 같이 명시하여야 한다.

- FO(Free Out): 하주는 도착항에서 화물을 양륙하는 데 드는 비용만 부담하고 선적항에서 선적하는 데 드는 비용은 선박회사에서 부담하는 조건.
- FI(Free In): FO와 반대로 하주는 선적항에서 물품을 선적하는 데 드는 비용만 부담하고 도착항에서의 양륙비용은 선박회사가 부담하는 조건.
- FIO(Free In & Out): 선박에 물품을 선적하는 비용과 양륙하는 데 드는 비용을 하주가 공히 부담하는 조건.

(4) 체선료와 조출료

용선계약에서는 화물의 종류, 선적지나 양륙지의 상황 및 관습 등을 고려하여 하주가 계약화물 전량을 완전히 적하 또는 양하하기 위하여 본선을 선적항 또는 양륙항에 정박시킬 수 있는 정박기간(laydays, laytime)이 계약으로 정해져 있다. 이때 만일 계약된 정박기간 중에 하역이 끝나지 않아 선박이 초과 정박하게 되면 그 초과기간에 대해서는 체선료(demurrage)를 지불하여야 한다.

이와는 반대로 계약된 정박기간이 만료되기 전에 하역이 완료되면 그 단축된 시간에 대해서 선주가 하주에게 조출료(dispatch money)를 지급하는데 조출료는 보통 체선료의 절반액이 된다.

2. 선하증권(船荷證券; Bill of Lading)

1) 선하증권의 의의

선하증권이란 하주와 선박회사 간의 해상운송계약에 의해 선박회사가 발행하는 유가증권이다. 즉, 선하증권은 선박회사가 하주로부터 위탁받은 화물을 선적 또는 선적을 목적으로 수탁한 사실과 화물을 양륙항까지 운송하여 이 증권의 정당한 소지인에게 증권과 상환으로 운송화물을 인도할 것을 약속한 화물의 대표증권이다. 선하증권은 무역거래에서 가장 중요한 서류로 인식되고 있는데, 이는 다음과 같은 선하증권의 기능에서 비롯된 것이다.

첫째, 선하증권은 운송계약의 체결 사실을 증명하는 증거서류이다.

둘째, 선하증권은 선적된 화물의 수취증이자 선적화물의 수량과 상태에 관한 명세서이다.

셋째, 선하증권은 화물에 대한 권리를 주장할 수 있는 권리증권이자 채권증권이다. 이와 같은 선하증권은 통상 인도나 배서(背書)에 의해 전매(轉賣)될 수 있는 유통유가증권의 형태로 발행되며, 이러한 경우 선하증권을 소지하고 있다는 것은 선적화물 그 자체를 소유하고 있는 것과 동일한 효과를 갖는다.

2) 선하증권의 종류

선하증권은 화물의 선적 여부, 화물의 상태, 발행 방식 등에 따라 다음과 같은 여러 가지 종류로 발행되고 있다.

(1) 선적선하증권과 수취선하증권

선적선하증권(shipped B/L)이란 선박회사가 하주로부터 수령한 운송화물을 선적한 후에 발행하는 선하증권이다. 증권면에 선적의 완료 사실을 나타내는 "shipped on board"라는 문언이 들어 있다. 통상 수입업자가 요구하는 선하증권은 선적선하증권이다.

수취선하증권(received B/L)이란 화물을 선박에 적재하기 전에 발행하는 선하증권이다. 이는 실제 선적한 후 선적일을 기입하고 선박회사가 서명하면 선적선하증권이 된다.

(2) 사고부선하증권과 무사고선하증권

화물의 선적 시 화물의 포장상태나 수량 등에 하자가 있을 경우 이러한 사실이 본선수취증(mate's receipt)의 비고란에 기재되는데, 이러한 경우 선박회사는 책임을 면하기 위해 하자 사실을 그대로 선하증권에 옮겨 적게 되며, 이를 사고부선하증권(foul or dirty B/L)이라고 한다. 이와 반대로 선적 시 아무런 이상이나 결함이 없을 경우 발행되는 선하증권이 무사고선하증권(clean B/L)이다.

사고부선하증권의 경우 은행에서는 원칙적으로 어음의 매입을 거절하는데 이 경우 하주는 선박회사에 파손화물보상장(Letter of Indemnity: L/I)을 제출하여 무사고선하증권을 교부받아야 한다. 선박회사는 이 보상장만 있으면 후에 파손화물에 대해 책임이 면제되며 최종보상책임은 하주가 지게 된다.

(3) 기명식선하증권과 지시식선하증권

기명식선하증권(straight B/L)이란 선하증권상에 특정한 수하인(consignee)의 성명 또는 상호가 기입된 선하증권이고, 특정한 수하인을 기재하지 않고 단순히 "order" 또는 "order of shipper" 등으로 기재된 증권이 지시식선하증권(order B/L)이다.

기명식선하증권의 경우는 원칙적으로 유통성이 없고 다만 배서를 금지하고 있지 않은 경우에만 배서에 의하여 양도될 수 있는 반면, 지시식선하증권은 백지배서(blank endorsement)에 의하여 자유롭게 유통된다.

(4) 해양선하증권(ocean B/L)과 내국선하증권(local B/L)

해양선하증권은 대양을 항해하는 선박에 의한 국가 간의 해상운송에서 발급되는 선하증권이며, 내국선하증권은 동일국 내의 해상운송에서 발급되는 선하증권이다. 국제무역에서 선하증권하면 곧 해양선하증권을 지칭하는 것이다.

(5) 통용선하증권(through B/L)

이는 해상운송 · 내수로운송 · 육상운송 등을 교대로 이용하여 운송하는 경우, 최초의 운송인 내지 주운송인인 선박회사가 전운송구간에 대해 책임을 지는 형태로 발급되는 선하증권이다. 흔히 통과운송선하증권이라고 불리고 있으나, 통용선하증권이라는 표현이 보다 적절한 표현이라고 생각된다. 복합운송증권의 경우와 혼동할 우려도 있으나, 통용선하증권의 경우에는 반드시 해상운송구간이 포함되어야 한다.

(6) 환적선하증권(transhipment B/L)

목적지까지 직항하는 선박이 없어 중간항에서 다른 배에 환적하여 운송할 경우 발급되는 선하증권이다. 환적을 하더라도 별도의 선하증권이 발급되는 것은 아니고, 최초 발행된 선하증권에 각 구간의 선주가 연대서명을 하여 공동책임을 지게 된다.

(7) 용선계약선하증권(charter party B/L)

하주와 선박회사 간에 체결된 용선계약에 의거하여 발행되는 선하증권이다. 선박회사가 발행하는 일반 선하증권에 비해 신인도가 떨어지는 것은 사실이나, 신용장에 별도의 명시가 없는 한 은행은 이러한 선하증권도 수리할 수 있다.

(8) 기타의 선하증권

이 밖에 실무적으로 이용되고 있는 선하증권의 종류에는 복합운송의 경우에도 선하증권과 같은 유통성을 보장받기 위한 복합운송선하증권(combined transport B/L), 선하증권 이면의 기재사항을 생략한 약식선하증권(short form B/L), 보험증권의 기능을 겸하는 적색선하증권(red B/L), 선적 후 일정한 기간(통상 선하증권 발행일 후 21일)이 경과한 후 은행에 제시되는 기간경과 선하증권(stale B/L) 등이 있다. 또한 최근에는 선하증권을 전자식으로 구현하기 위한 볼레로(BOLERO: Bill of Lading Electronic Registry Organization) 사업이 상용화를 눈앞에 두고 있다.

3. 컨테이너운송

1) 컨테이너화의 개념

컨테이너는 화물운송에 적합하도록 제작된 유개화된 기구로서 제2차세계대전 중 미군에 의하여 군사적 목적으로 처음으로 이용되었으나, 민간업계에서 본격적으로 이용된 것은 1950년대 중반 미국의 철도회사에 의해서이다. 처음에는 철도와 자동차의 연결을 통한 "문전에서 문전까지(door to door service)" 운송에 이용되었으나, 미국의 Sea Land사가 해상운송에 컨테이너를 도입한 이후 지금은 육 · 해 · 공(land/sea/air)의 상호 이용으로 화물운송에 있어서의 3대 원칙인 ① 경제성, ② 신속성, ③ 안전성을 최대한으로 충족시키고 화물운송구간 중 화물의 이적(移籍) 없이 일관수송(一貫輸送)을 실현케 하여 복합운송(複合運送)의 발전에 크게 기여하였다.

2) 컨테이너운송의 장 · 단점

(1) 장 점

① 경제성

컨테이너운송의 경우 단위당 운임이 저렴하며, 컨테이너는 자체가 별개의 독립된 창고역할을 하므로 포장비 · 창고료 · 보험료 등을 절감할 수 있다. 또한 재래선에 의하면 부두에서 화물을 적하 및 양하하는 데 많은 인부의 동원이 필요하지만 컨테이너의 경우는 거의 기계화되어 몇 사람의 힘으로 충분하므로 인건비를 절감할 수 있다.

② 신속성

규격화된 컨테이너의 사용으로 하역시간과 정박기간이 단축된다. 또한 컨테이너선은 대개가 최근에 건조된 것들이고 고속엔진으로 운항하기 때문에 항해기간도 상당한 정도로 단축된다.

③ 안전성

모든 화물이 견고하고 완전히 밀폐된 기구에 의해 운반되므로 파손과 도난의 위험이 적어진다.

(2) 단 점

컨테이너운송에 장점만 있는 것은 아니다. 컨테이너운송의 단점은 다음과 같다.

먼저 모든 화물을 컨테이너로 운송할 수 있는 것은 아니며, 컨테이너운송에 필요한 여러 가지 도구와 항만설비를 갖추기 위해서는 막대한 자금이 필요하다. 또한 컨테이너선에서는 상당 부분이 갑판에 적재되어야 하는데, 보험회사에서는 갑판적화물(on deck cargo)에 대해 할증보험료를 적용하고 있다.

3) 컨테이너화물의 운송 형태

컨테이너화물은 컨테이너 한 단위당 화물적입량에 따라 FCL 화물(full container load lot cargo)과 LCL 화물(less than container load lot cargo)로 구분된다. 한 사람의 화물이 컨테이너 한 단위를 꽉 채우는 FCL 화물의 경우에는 하주의 공장 또는 창고에서 컨테이너에 적입되어 바로 컨테이너 야적장(Container Yard: CY)으로 보내지나, LCL 화물의 경우에는 컨테이너화물집하소(Container Freight Station: CFS)에서 같은 방향으로 가는 화물끼리 혼재되어 목적지까지 운송된다. 이에 따라 컨테이너화물의 운송 형태는 다음의 4가지로 구분된다.

(1) CY/CY(FCL/FCL)

단일 송하인의 화물을 단일 수하인에게 보내는 경우이다. 컨테이너운송의 이점을 최대한 살려 진정한 의미의 문전에서 문전까지 운송이 가능한 형태이다.

(2) CFS/CFS(LCL/LCL)

다수 송하인의 화물을 다수 수하인에게 보내는 경우이다. 수출지의 CFS에서 혼재된 화물은 목적지에 도착하여 다시 분류작업을 거쳐 각 수하인에게 보내어진다.

(3) CY/CFS(FCL/LCL)

단일 송하인의 화물을 다수 수하인에게 보내는 경우이다.

(4) CFS/CY(LCL/FCL)

다수 송하인의 화물을 단일 수하인에게 보내는 경우이다.

이러한 컨테이너화물의 운송 형태와 유통경로를 도해하면 [그림 12-1]과 같다.

그림 12-1 컨테이너화물의 운송 형태와 유통경로

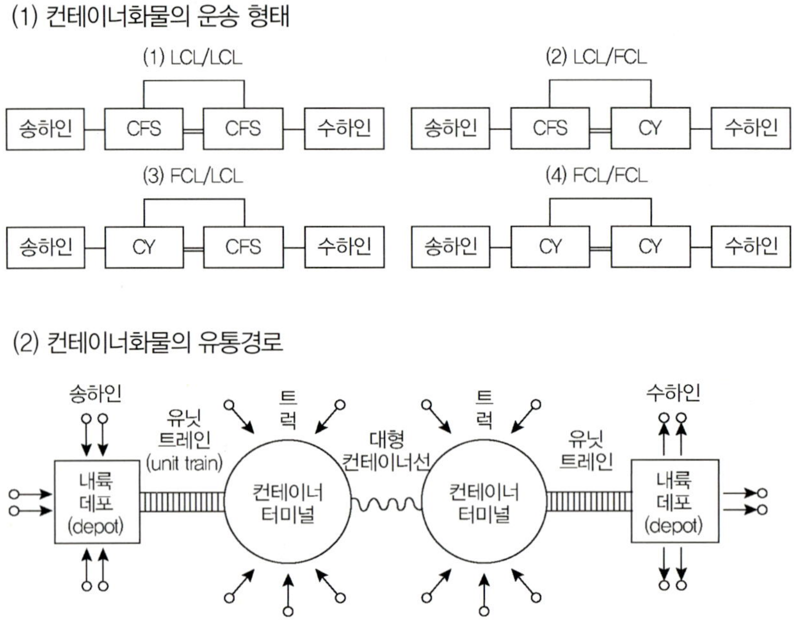

4. 항공운송

1) 항공운송의 특성

국제교역량의 증가, 화물의 다양화 및 항공운임의 인하로 항공운송의 비중이 점차 증가하고 있다. 항공운송의 특성은 야행성, 편도성, 비계절성, 신속성 등으로 요약된다.

야행성이란 당일의 화물을 저녁 때까지 집하, 기적(機積)한 후 다음날 아침까지 수하인에게 배달하는 시스템이 가장 이상적이라는 것이다. 편도성은 여객의 경우 언젠가는 출발지로 다시 돌아오게 되지만 화물의 경우에는 일단 목적지까지 수송되면 그곳에서 소비되어 돌아오지 않음을 의미한다. 단, 반제품이나 수리를 위한 화물 등은 예외이다. 비계절성이라는 것은 항공화물은 여객에 비해 계절적인 변동을 적게 받는다는 것을 가르킨다. 물론 생선, 식료품, 꽃, 패션제품, 연말연시 및 성탄절 등의 시즌 상품은 예외이다.

항공운송이 육상운송이나 해상운송 등 다른 운송수단에 비해 신속하다는 것은 두말

할 필요도 없다. 따라서 항공운송의 경우에는 정시 서비스가 대단히 중요하다. 실제로 미주까지 선박이 15일 정도 소요되는 데 반해 항공운송은 2일이면 충분하다.

2) 항공운송의 장점

무역업체들이 항공운송을 활용하게 되는 것은 다음과 같은 장점이 있기 때문이다.

첫째로, 수송기간이 짧다는 점이다. 이는 수송 중 물품에 대한 투자기간을 단축시킴을 의미한다. 항공운송이 요구되는 상품은 긴급화물로서 시간에 민감하여 기회비용이 중요시되는 상품들이다. 즉, 수요의 발생이 긴급한 품목으로 ① 기계설비 및 선박의 부품 등과 같이 긴급히 운반하지 않으면 지대한 손실을 가져오게 되는 품목, ② 납기가 촉박한 상품, ③ 계절상품이나 투기상품, ④ 신문 · 잡지, 뉴스필름, 원고, 상업서류 등이다.

둘째로, 재고비용의 절감이다. 이는 재고로 묶여 있는 동안에 발생할 수 있는 손실, 분실, 훼손의 위험이 감소됨을 의미한다. 이에 해당하는 상품으로는 ① 생선이나 식료품, ② 생화(生花), ③ 살아 있는 동물, ④ 방사성 물질과 같이 시간이 지나면 가치가 없어지는 화물 내지는 부패성 화물 등을 들 수 있다.

셋째로, 수송조건이 좋다는 점이다. 이는 운반상태가 양호하고 안전함으로써 파손, 분실, 훼손의 위험이 감소됨을 의미한다. 이 때문에 부가가치가 높아 중량에 비하여 운임부담력이 있는 상품과 파손 및 도난의 위험이 높은 모피, 미술품, 귀금속, 시계, 약품, 고급의류, 전자기기, 통신기기, 광학기기 및 관련 제품 등의 경우에는 주로 항공운송을 이용하게 된다.

3) 항공화물운송대리점 및 혼재업자

일반적으로 항공운송에 있어서는 하주인 무역업체가 항공회사와 직접 거래하지 않고 항공화물운송대리점이나 혼재업자와 화물운송계약을 체결하는 것이 관행화되어 있다.

(1) 항공화물운송대리점(Air Cargo Agent)

항공사 또는 총대리점을 위하여 유상으로 항공기에 의한 화물운송계약 체결을 대리하는 사업을 영위하는 업체를 항공화물운송대리점이라고 한다. 즉, 항공사를 대리하여 항공사의 운송약관, 규칙, 운임률표 및 운행시간표에 의거하여 항공화물운송을 유치하고 항공화물운송장(Air Waybill)을 발행하며, 이에 부수되는 제업무를 수행하고 그 대가로 대리점계약에 의거한 수수료를 받는다.

(2) 혼재업자(Consolidator or Air Freight Forwarder)

혼재업자는 타인의 수요에 응하여 유상으로 자기의 명의로써 항공사의 항공기를 이용하여 화물을 여러 송하인으로부터 인수하여 운송하는 것을 업으로 하는 자를 말한다. 혼재업자는 자체 운송약관과 운임률표(tariff schedule)를 가지고 혼재업자용 화물운송장(House Air Waybill)을 이용하여 송하인과 운송계약을 체결한다.

혼재업자는 현실적으로 항공기를 갖고 있지 않으므로 집하한 화물을 운송하기 위해서는 혼재업자가 송하인의 입장이 되고 항공사가 운송인이 되어 새로운 운송계약을 체결하여 항공사 발행 화물운송장(Master Air Waybill)을 발급받는다.

4) 항공화물운송장의 의의

항공화물운송장은 화물의 유통을 보장하는 가장 기본적인 운송서류로서 해상운송에 있어서 선하증권과 비교될 수 있다. 항공화물운송장은 송하인과 운송인 간에 화물의 운송계약이 체결되었다는 것을 나타내는 증거서류이며, 동시에 송하인으로부터 화물을 운송하기 위하여 수령하였다는 증거서류이기도 하다.

항공운송장은 때때로 선하증권(bill of lading: B/L)과 혼동하는 경우도 없지 않으나, 양자의 법률적 성격에는 몇 가지 중요한 차이가 있다. 항공운송장의 성격을 선하증권의 경우와 비교하여 보면 다음과 같다.

[표 12-1] 항공화물운송장과 선하증권의 비교

Air Waybill	Bill of Lading
양도성이 없는 비유가증권(Non-Negotiable) 창고 반입 후 AWB 발행(수취식) 기 명 식 송하인이 작성함이 원칙	양도성이 있는 유가증권(Negotiable) 선적 후 B/L 발행(선적식) 무기명식(지시식) 선박회사가 작성

5. 복합운송

1) 복합운송의 개념

복합운송(multimodal transport or combined transport)이란 특정의 화물을 운송인이 전체 운송구간에 대하여 책임을 지고 육 · 해 · 공 가운데 두 가지 이상의 운송 형태를 결합하여 운송하는 방식을 말한다. 이러한 일관운송의 전체적인 책임을 지는 주체가 바로 복합운송인(combined transport operator)이며, 복합운송인이 발행하는 복합운송계약의 증거서류를 복합운송증권(combined transport document)이라고 한다.

복합운송 중에서도 실제로 가장 많이 이용되는 것이 해륙복합운송인데, 이는 복수의 운송수단에 의해 운송되는 화물의 전구간에 단일운임을 적용하는 데 따른 유통비용의 절감과 컨테이너에 의한 Door to Door System의 일관운송이라는 두 가지가 결합되어 이루어진 것이다.

2) 복합운송의 주요 경로

현재 우리나라를 중심으로 가장 널리 이용되는 복합운송경로에는 시베리아 랜드 브리지(Siberia Land Bridge: SLB)와 미니 랜드 브리지(Mini Land Bridge: MLB)를 꼽을 수 있다. 랜드 브리지 서비스는 대륙횡단에 철도운송을 이용하여 바다와 바다를 연결함으로써 운송경비 절감과 운송시간의 단축을 꾀하는 것이다.

(1) 시베리아 랜드 브리지

대형 컨테이너에 의해 극동/유럽 · 중동 간을 극동-동해-시베리아철도-유럽 · 중동 각지의 해운항로 및 철도로 연결되는 복합운송경로이다. 이 운송경로는 극동과 유럽 · 중동을 잇는 최단수송거리로서 수송일수도 최대한 줄일 수 있다.

(2) 미니 랜드 브리지

미니 랜드 브리지는 극동과 미국대서양이나 Gulf연안 혹은 유럽과의 항로에서 태평양과 대서양 연안을 대륙횡단철도에 의해 연결하는 운송경로이다. 즉, 컨테이너를 극동에서 북미태평양 연안 항구까지는 컨테이너선으로, 여기서 대서양 연안 또는 Gulf 연안까지는 철도편으로 운송해 철도터미널에서 수하인에게 인도하거나 또는 다시 유럽까지 컨테이너선으로 운송하는 방식이다. 이 경우 운임은 SLB와 마찬가지로 품목별 무차별운임을 적용한다.

2절 해상보험

1. 해상보험의 개념

해상보험이란 해상운송 도중에 일어나는 사고에 대해서 보험자(insurer)가 보험금(insured amount)의 지급을 통해 손해를 보상하여 줄 것을 약속하고, 피보험자(insured)는 그 대가로서 보험료(insurance premium)를 지급할 것을 약속하는 손해보험의 일종이다. 이와 관련하여 해상보험의 국제적 준거법 역할을 하고 있는 영국의 해상보험법 제1조에는 "해상보험계약은 보험자가 피보험자에 대하여 그 계약에 의해 합의된 방법과 범위 내에서 해상손해, 즉 해상위험에 수반하는 손해를 보상할 것을 약속하는 계약이다"라고 되어 있다.

해상보험은 항해에 관한 해상위험에 대한 보험이지만 항해에 부수하여 발생되는 육상 또는 항공위험을 해상보험계약서에서 확장담보하는 경우가 많으며, 이 경우 이들 해상위험 이외의 위험에 대해서도 해상보험의 제반규정과 관습이 준용되는 것이 일반적이다.

이에 대해 영국 해상보험법(MIA) 제2조 4항에서는 "해상보험계약은 명시된 특약 또는 상관습에 의하여 그 담보범위를 확장하여 해상항해에 부수되는 내륙수로 또는 육상위험의 손해에 대해서도 피보험자를 보호할 수 있다"라고 규정하고 있다.

해상보험은 보험의 목적에 따라 선박보험과 적하보험으로 구분된다. 그러나 무역업자의 입장에서는 적하보험이 주된 관심사이므로 이하에서는 적하보험을 중심으로 논의하기로 한다.

2. 해상보험의 주요 용어

1) 해상보험의 당사자

(1) 보험자(保險者; insurer, assurer)

보험자는 보험료를 받는 대가로 해상위험을 부담하여 보험사고가 발생한 경우에 보험금을 지급할 의무를 지는 자를 말한다. 보험자는 보험사업의 사회성 · 공공성 등의 특성에 따라 그 자격이 제한되어 우리나라에서는 전부 법인체인 보험회사(insurance company)로 되어 있다. 그러나 외국에서는 Lloyd's와 같은 개인보험업자(underwriter)도 있다.

(2) 보험계약자(保險契約者; policy holder)

보험회사와 보험계약을 체결하고 보험료(insurance premium)를 지불하는 자를 말한다.

(3) 피보험자(被保險者; insured, assured)

보험목적물에 대하여 경제적 이해관계, 즉 피보험이익을 갖고 이 피보험재산에 손해가 발생하면 보험자로부터 보상을 받는 자를 말한다. 보험계약자와 피보험자는 대개 동일인이 되나, CIF 계약에서는 원칙적으로 매도인이 보험계약자가 되고 매수인이 피보험자가 된다. 그러나 실제로는 CIF 계약의 경우에도 매도인이 자기를 피보험자로하여 보험계약을 하여 보험자로부터 보험증권을 입수한 후 배서하여 수입자에게 양도하는 형식을 취한다.

2) 피보험이익(被保險利益; insurable interest)

영국 해상보험법 제4조에서는 도박이나 사행을 위해 보험의 목적물(subject matter of insurance)과 하등의 이해관계 없이 이루어지는 보험계약은 무효라고 규정하고 있다. 따라서 보험에는 반드시 피보험자가 보험의 목적물과 금전적 · 경제적 이해관계가 있어야 하며, 이를 피보험이익이라고 한다.

다시 말하면 보험이 보호하는 대상은 선박이나 화물과 같은 어떤 물체 그 자체가 아니라 이러한 보험의 목적물에 대하여 특정인이 갖는 이해관계이며, 이러한 피보험이익이 보험계약을 통해 보호받는 대상이 되는 것이다.

보험의 효력을 인정받기 위해서 피보험이익은 ① 법률이나 금지규정 및 공서양속(公序良俗)에 위반되지 않는 합법성, ② 객관적인 재산의 가치를 가지며 금전적으로 계산·평가할 수 있는 경제성, ③ 피보험 목적물과 피보험자의 이해관계가 보험계약의 한 요소로서 확정되거나 확정될 수 있는 확정성 등의 요건을 갖추어야 한다.

해상보험에서 하주는 대표적인 피보험이익의 당사자이다. 가격조건에 따라 보험계약을 체결하는 하주는 수출업자가 될 수도 있고, 수입업자가 될 수도 있다. 하주는 선하증권 또는 용선계약서를 근거로 선박에 의하여 운송되는 모든 종류의 적하를 화물이라는 통괄적인 명칭으로 적하보험계약을 체결할 수 있다. 이때 하주는 기대이익까지 포함하여 통상 CIF 가격의 110%를 최대보험가입한도로 하여 보험계약을 체결할 수 있다.

3) 보험가액(保險價額)과 보험금액(保險金額)

보험가액(insurable value)이란 피보험이익에 대한 주관적 이해관계를 객관적으로 평가한 금액으로서, 구체적으로는 적하, 선박, 운임 등 보험목적물의 경제적 가치, 즉 보험사고가 발생한 경우에 피보험자가 입게 되는 손해액의 최고한도액을 뜻한다.

보험가액을 객관적으로 결정할 수 없는 경우에는 계약당사자의 합의에 의해 보험가액을 협정할 수 있다. 이같이 당사자 간에 협정한 보험가액을 협정보험가액(agreed value of subject-matter insured)이라고 한다.

보험금액(insured amount)이란 보험계약 체결 시 피보험자가 실제로 보험에 가입한 금액으로서 보험자의 입장에서는 손해보상의 최고책임한도액이 된다. 보험금은 부보된 피보험이익의 한도를 금액으로 표시하며, 보험가액 범위 내에서 결정된다.

보험가액과 보험금액과의 관계는 보험계약에 있어서는 보험가액과 실제 보험가입금액의 차이에 따라 명칭이 달라진다. 즉, 보험가액과 보험가입금액이 동일한 경우를 전부보험(full insurance), 전자보다 후자가 적은 경우를 일부보험(under insurance)이라고 한다. 원칙적으로 보험가입금액이 보험가액을 상회하는 초과보험(over insurance)은 인정되지 않는다.

보험가액 = 보험금액 : 전부보험(full insurance)
보험가액 < 보험금액 : 초과보험(over insurance)
보험가액 > 보험금액 : 일부보험(under insurance)

4) 보험료(insurance premium)

보험료는 보험자가 위험을 담보하고 보험사고로 인하여 손해가 발생했을 경우 피보험자에게 손해를 보상할 것을 약속하는 대가로 보험계약자로부터 징구(徵求)하는 금액으로서, 보험계약 성립의 기초가 된다. 보험료는 보험자의 최고책임한도인 보험금액에 보험요율(保險料率)을 곱하여 계산한다.

보험료의 산출근거가 되는 보험요율(premium rate)은 선박의 상태, 항로, 화물의 종류, 보험조건 등에 따라 달리 책정된다. 우리나라에서는 대한손해보험협회에서 책정한 다양한 보험요율을 수록한 해상보험요율서(海上保險料率書)를 모든 보험회사가 공동으로 사용하고 있다.

5) 보험금(保險金)

담보위험으로 보험목적물에 경제적 손해가 발생한 경우 보험자가 피보험자에게 보상금으로 지급하는 금액을 보험금이라고 한다. 전부보험인 경우에는 보험사고가 발생한 경우 손해액 전액을 보험금으로 지급하지만, 일부보험의 경우에는 법령이나 보험약관에 따라 보상 방법이 달라진다.

3. 해상보험의 주요 원리

1) 피보험자의 고지의무

피보험자는 보험계약을 체결하기 전 자기가 알고 있는 모든 중요한 상황(material circumstances)을 보험자에게 알려야 할 의무가 있다. 여기서 중요한 상황이라는 것은 보험계약의 체결 여부 및 요율산정에 영향을 미칠 수 있는 사실을 말한다. 보험계약자는 위험에 관한 사정을 가장 잘 알 수 있는 위치에 있기 때문에 고지의 책임은 우선 보험계약자에게 있다. 만약 보험계약자가 고의 또는 중과실로 허위고지를 하거나 고지를 태만히 한 경우에는 신의성실의 원칙에 따라 보험자는 그 계약을 취소할 수있다.

2) 담보

담보(warranty)란 피보험자에 의해 반드시 지켜져야 할 약속으로서, 이는 어떤 특정한 일이 행하여지거나 또는 행하여지지 않을 것이라는 약속사항, 또는 어떠한 조건이 충족될 것이라는 약속사항, 또는 특정한 사실의 존재를 긍정하거나 부정하는 약속사항을 말한다. 담보에는 보험증권에 명확히 나타나는 명시담보(明示擔保)와, 이와는 달리 내항성 담보(warranty of seaworthiness), 적법담보(warranty of legality)와 같이 해상보험증권에는 명시되지 않으나 피보험자가 당연히 지켜야 할 약속사항인 묵시담보(默示擔保)가 있다.

이러한 담보는 피보험자에 의하여 반드시 준수 · 이행되어야 하며, 만일 피보험자가 담보를 위반하면 보험계약의 해지사유가 된다. 그러나 보험자는 담보위반 이전에 발생된 손해에 대해서는 보상의 책임이 있다.

3) 근인주의(近因主義)

보험자는 보험증권상 담보되는 위험으로 인해 발생한 손해에 한하여 보상책임이 있다. 그러나 담보되는 위험과 담보되지 않는 위험이 연속적으로 혹은 동시에 발생하여 손해를 야기시키는 경우에는, 정확하게 손해의 원인을 규명하지 않고서는 손해의 보상이 이루어질 수 없게 된다.

따라서 여러 가지 원인이 손해에 대하여 갖는 인과관계의 분석이 필요하게 되며, 여러 요인 중 손해를 야기시킨 진정한 원인을 가려내는 데 적용되는 원리를 근인주의라고 한다. 여기서 근인(proximate cause)이란 반드시 시간적으로 가장 가까운 원인을 뜻하는 것이 아니라, 사고를 야기시킨 가장 지배적이고 직접적인 원인을 의미한다. 즉, 근인주의는 손해가 담보위험의 간접효과가 아닌 직접효과일 때에만 보험자가 보상의 책임을 부담한다는 것이다.

4. 해상손해

해상화물의 운송 중에 발생하는 해상손해(maritime loss)는 손해의 유형 및 정도, 그리고 손해부담자의 범위에 따라 다양하게 구분된다. 이를 [그림 12-2]와 같이 정리할 수 있다. 우선 해상손해는 보험목적물 자체의 손해인 직접손해와 그 밖의 간접손해로 구분된다. 직접손해는 물적손해라고도 하며, 손해의 정도에 따라 전손과 분손으로 구분된다. 이에 비해 간접손해에는 비용손해와 배상책임손해가 있다. 이중에서 적하와 관련된 손해를 중심으로 주요 손해에 대해 좀더 자세히 살펴보면 다음과 같다.

그림 12-2 해상손해의 종류

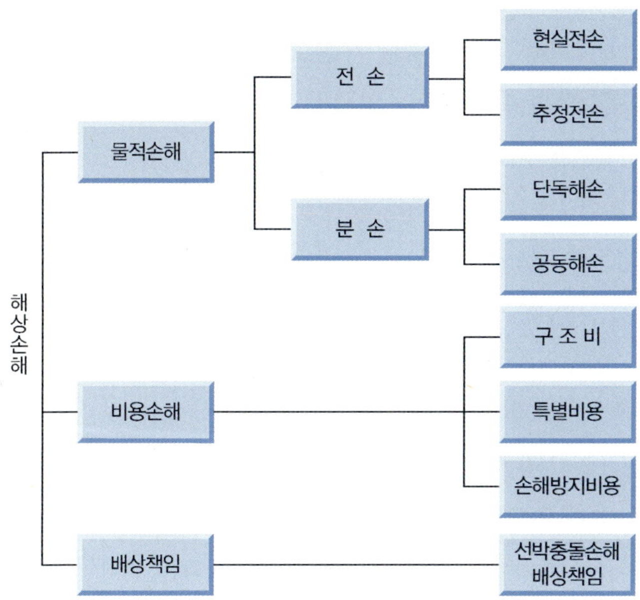

1) 전손(全損; total loss)

전손이란 계약된 화물의 전부가 여러 가지 위험에 의해서 멸실되는 것을 말한다. 이는 다시 현실전손(現實全損; actual total loss) 또는 절대전손(absolute total loss)과 추정전손(推定全損; constructive total loss)으로 구분된다.

(1) 현실전손

현실전손은 보험의 목적물이 파괴되어 상품가치가 완전히 없어질 정도로 손해를 입었을 때, 또는 피보험자가 보험목적물의 점유권(占有權)이 박탈되어 이를 회복할 수 없을 때, 또는 위험에 당면한 선박이 행방불명되었거나 상당한 기간이 경과되어도 그 소식을 알 수 없을 때 현실전손이 있었던 것으로 간주한다.

(2) 추정전손

추정전손은 보험의 목적물이 현실적으로 전멸(全滅)하지 않았으나 그 손해 정도가 심하여 종래 그 목적물이 가진 용도에 사용할 수 없게 되었을 때와 그 수선 및 수리비가 수선 후 그 목적물이 갖는 시가보다 클 때를 말한다. 추정전손이 발생하였을 때 피보험자는 그 피보험 목적물에 대해서 갖는 일체의 권리를 보험자에게 이전하여 보험금의 전액을 청구할 수 있는데, 이것을 위부(委付; abandonment)라고 한다.

2) 분손(分損; partial loss or average)

분손이란 피보험이익의 일부만이 손상을 입은 경우를 말한다. 이는 특정 피보험자의 피보험이익이 단독으로 겪는 손해인 단독해손(particular average)과 여러 피보험이익이 공동의 목적 때문에 희생이 되었을 때 이해관계자가 공동으로 손해를 분담하게 되는 공동해손(general average)으로 구분된다.

그러나 공동해손은 일반적인 적하에 관한 해상손해와는 성격이 판이하게 달라 특별히 취급되어야 할 필요가 있다.

3) 공동해손(共同海損)

선박과 적하의 공동 안전을 위하여 부득이 취하여지는 공동해손행위는 그 취급이 복잡할 뿐만 아니라 각국의 법규도 상이하기 때문에 여러 가지 복잡한 문제가 발생하게 된다. 이 때문에 현재 세계 대부분의 나라들이 공동해손의 정산 및 해결에는 공동해손에 관한 국제규칙인 요크 · 앤트워프규칙(York Antwerp Rules for General Average: Y.A.R.)을 적용하도록 선하증권과 보험증권에 규정하고 있다.

Y.A.R.에 의하면 "해상사업을 같이 하는 재화를 위험에서 보존하기 위한 의도로 공동의 안전을 위하여 고의적이고 합리적으로 비상희생을 하거나 또는 비용을 지급한 경우에 한하여 공동해손행위가 성립한다"고 공동해손의 요건을 규정하고 있다. 이와 같은 공동해손으로 인정되는 대표적인 손해를 보면 적하의 투하(jettison of cargo), 연료로 사용한 적하와 저장품, 선박의 수선비 등이 있다.

공동해손이 발생하게 되면 모든 관련 당사자는 그 손해액을 피보험이익에 비례하여 공평하게 분담하게 되는데, 공동해손의 정산결과 각 당사자가 분담하여야 할 금액을 공동해손분담금이라고 하며, 보험자가 이를 부담하게 된다. 일반적으로 공동해손분담금은 항해가 끝나는 시점과 장소에서의 가격을 기준으로 정산된다.

5. 해상보험실무

1) 해상보험계약의 체결

해상보험계약을 체결하기 위해 피보험자는 우선 일정한 양식의 보험청약서에 필요사항을 기재한 후, 이를 소정의 보험료와 함께 보험자에게 제출한다. 이에 대해 보험자는 보험계약의 증거로 보험증권을 발급한다.

해상보험계약에는 개별계약(provisional contract)과 포괄계약(open contract)이 있다. 개별계약은 화물이 선적될 때마다 개별적으로 보험계약을 체결하는 것을 의미한다. 계약체결 시 보험료의 산출에 필요한 모든 내용을 알고 있으면 확정보험(確定保險; definite insurance)이 되나, 대개의 경우 모든 내용을 보험계약 체결 시 알 수 없으므로 사후에 내용이 확정되는 대로 지체 없이 보험자에게 통고할 것을 조건으로 계약을 체결하는 예정보험(豫定保險; open cover)의 형식을 취한다.

그러나 같은 화물이 정기적으로 선적될 경우에는 포괄계약(open contract)이라고 하여 매건마다 개별적인 보험계약을 체결하지 않고 특정 화물에 대해서 포괄적으로 보험계약을 체결하는 것이 편리하다. 이러한 경우 보험계약자가 취급하는 모든 화물이 자동적으로 부보되며, 상대적으로 보험료도 싸다.

2) 해상보험증권(海上保險證券)

해상보험증권(marine insurance policy)은 보험자와 보험계약자 사이에 보험계약이 체결되었음을 증명하는 증거서류이다. 해상보험증권은 1779년 로이즈 보험자(Lloyd's Underwriters)총회에서 그때까지 사용되어오던 여러 가지 양식의 보험증권을 동일한 "Ship and Goods Form"의 보험증권이 영국 해상보험법(The Marine Insurance Act, 1906) 부록에 표준해상보험증권으로 채택됨으로써 공식적으로 사용되기 시작하였으며, 여기에 포함된 내용은 오늘날까지도 해상보험의 골격을 이루고 있다.

그러나 기존의 해상보험증권은 그 약관의 문장이나 단어가 고어체와 낙후된 부분이 많아 이용자들에게 많은 불편을 주어 왔다. 이에 따라 런던의 보험업자와 로이즈 보험업자 및 해손정산인(海損精算人) 등으로 구성된 ILU(Institute of London Underwriters)의 기술약관위원회(Technical and Clause Committee)에서는 내용이 간단 · 명료하고 세계 각국에서 공통으로 사용할 수 있는 새로운 양식의 해상보험증권을 마련하였다. 이에 따라 1983년부터는 세계 각국에서 공통으로 이러한 신양식의 보험증권이 사용되고 있다.

신양식의 보험증권은 기존의 증권에 있던 본문약관 중에서 담보위험 등 주요 내용을 개정된 협회약관(協會約款)에 포함시키고, 피보험자의 성명, 선적항과 도착항, 선박명, 보험의 목적물, 보험금액 등 계약체결에 필수적인 기재사항과 몇 개의 일반적인 약관만을 담고 있다.

3) 협회적하약관(協會積荷約款)

무역거래에서는 보험계약 체결의 기본이 되는 여러 가지의 협회약관 중에서도 협회적하약관(Institute Cargo Clauses: ICC)이 가장 중요하다. 1982년도에 개정된 협회적하약관은 ① Institute Cargo Clauses(A); A Clauses, ② Institute Cargo Clauses(B); B Clauses, ③ Institute Cargo Clauses(C); C Clauses의 세 가지 기본약관과, 협회전쟁약관(Institute War Clauses) 및 협회동맹파업약관(Institute Strike Clauses) 등의 특별약관으로 구분된다.

협회적하약관의 세 가지 기본약관은 과거의 전위험담보(All Risks: A/R), 분손담보(With Average: WA) 및 단독해손부담보(Free from Particular Average: FPA) 조건이 그 명칭상 불합리한 점이 많았기 때문에, 이를 각각 A Clauses, B Clauses 및 C Clauses로 변경한 것이다. 이를 비교하면 [표 12-2]와 같다.

[표 12-2] 신 · 구협회적하약관의 비교

구협회적하약관	신협회적하약관
전위험담보조건: ICC A/R	Institute Cargo Clauses(A) [ICC(A)]: A Clauses
분손담보조건: ICC W.A.	Institute Cargo Clauses(B) [ICC(B)]: B Clauses
단독해손부담보조건: ICC F.P.A.	Institute Cargo Clauses(C) [ICC(C)]: C Clauses

이들 세 가지 기본약관은 그 내용이 모두 동일한 19항으로 구성되어 있고, 다만 제1항의 위험약관과 제4항의 일반면책약관만이 서로 다르다. ICC(A), (B), (C) Clauses의 세 가지 기본약관별로 보험자가 담보하는 위험과 면책되는 위험을 정리하면 [표 12-3]과 같다. 그러나 면책위험 중에서도 전쟁위험과 동맹파업위험은 특약(特約)을 통해 협회전쟁약관과 협회동맹파업약관을 첨부함으로써 부보가 가능하다.

이 밖에 추가보험료를 납입하고 특별약관을 첨부함으로써 담보되는 부가위험에는 다음과 같은 것들이 있다.

- TPND(Thefts, Pilferage & Non-Delivery): 도난, 발하 및 불착
- JWOB(Jettison & Washing Over-Board): 투하 및 갑판유실
- COOC(Contact with Oil and/or Other Cargo): 유류 및/또는 타화물 접촉
- RFWD(Rain and/or Fresh Water Damage): 빗물 및 담수에 의한 손해

[표 12-3] ICC 담보 및 면책위험 일람표

	• 하기 사유에서 합리적으로 기인된 보험목적의 멸실 또는 손상	A	B	C
담보위험	1. 화재 또는 폭발	○	○	○
	2. 본선 또는 부선의 좌초, 교사, 침몰, 전복	○	○	○
	3. 육상 운송용구의 전복, 탈선	○	○	○
	4. 본선, 부선, 운송용구의 타물체와의 충돌, 접촉	○	○	○
	5. 피난항에서의 화물의 양하	○	○	○
	6. 지진, 화산의 분화, 낙뢰	○	○	○
	• 하기의 사유로 생긴 보험목적의 멸실			
	1. 공동해손 희생손해	○	○	○
	2. 투 하	○	○	○
	3. 갑판유실	○	○	
	4. 본선, 부선, 선창, 운송용구, 컨테이너, 지게자동차 또는 보관 장소에 해수, 호수, 강수의 침입	○	○	
	5. 선적, 하역 중 포장당 추락전손	○	○	
	• 상기 이외에 보험목적에 발생한 일체의 멸실, 손상	○		
	• 공동해손, 구조료(면책위험과 관련된 것 제외)	○	○	○
	• 쌍방과실 충돌	○	○	○
면책위험	1. 피보험자의 고의의 위반행위	V	V	V
	2. 통상의 누손, 통상의 중량과 용량의 부족 또는 자연소모	V	V	V
	3. 포장 불완전 또는 부적합(이 경우 포장은 컨테이너, 지게자동차에 적재하는 것 포함, 단 이 적재는 위험이 개시되기 전에 행하여지거나 피보험자 혹은 그 사용인에 의해 행해진 것에 한함)	V	V	V
	4. 피보험목적의 고유의 하자, 성질	V	V	V
	5. 담보위험에 의한 지연이라도 지연을 근인으로 한 멸실, 손상, 비용			
	6. 선주, 관리자, 용선자, 운항자의 파산 또는 재정상 채무불이행	V	V	V
	7. 피보험목적에 대한 어떤 자의 불법행위에 의한 고의적인 손상, 파괴		V	V
	8. 원자력, 핵무기의 사용	V	V	V
	9. 선박, 부선의 불내항 및 부적합	V	V	V
	10. 전쟁위험 및 동맹파업 위험	V	V	V

- Leakage and/or Shortage: 누손 및/또는 중량부족
- Breakage: 파손
- Hook & Hole: 갈고리에 의한 손해
- Denting & Bending: 곡손
- Sweat & Heating: 습기와 발열에 의한 손해
- Contamination: 혼합위험
- Spontaneous Combustion: 자연발화에 의한 손해
- Mould & Mildew: 곰팡이 손해
- Rats & Vermin: 쥐 및 벌레에 의한 손해
- Rust & Oxidation: 녹 및 산화

4) 보험금의 청구

보험사고가 발생할 경우 피보험자 또는 보험증권의 정당한 소지인은 이에 대한 손해의 보상을 보험자에게 청구하게 된다. 이를 위해서 피보험자 또는 그 대리인은 보험증권에 명시된 피보험자의 의무약관에 따라 손해가 확대되는 것을 방지하기 위해 최선의 노력을 기울여야 하며, 손해발생사실을 지체없이 서면 또는 구두로 통지한 후 정식의 구상절차를 밟아야 한다.

보험사고에 접하게 되면 보험자는 대개의 경우 피보험자와의 협의 하에 손해사정인을 선정하고, 검정서를 작성하게 된다. 검정서에는 손해의 원인, 정도, 손상품 및 처리추천 등이 상세히 기재된다.

보험자는 이러한 검정서를 토대로 우선 손해가 담보위험에 근인한 것인지를 확인한 후, 사실이 확인되면 보험금액에 약정된 보험금액의 범위 내에서 피보험자에게 손해액을 보상하게 된다. 이때 비용손해나 배상책임손해는 별도로 계산된다.

3절 무역보험

1. 무역보험의 의의

무역보험은 크게 수출보험과 수입보험의 2가지로 구분된다. 수출보험이란 무역거래상 수반되는 제반 위험 가운데 해상보험 등 통상의 보험으로는 담보될 수 없는 위험, 즉 수입국의 전쟁이나 내란, 환거래의 제한 및 금지 등에 의한 비상위험(politcal risk)과 수출계약 상대방의 파산 또는 대금지급지연 및 거절 등에 의한 신용위험(credit risk) 등으로부터 수출업자, 수출품생산자 또는 수출자금을 융자한 금융기관 등이 입은 손실을 보상해줌으로써 수출진흥을 도모하기 위한 비영리 정책보험을 말한다.

그러나 무역보험의 전담기관인 한국무역보험공사에서는 2010년 명칭을 기존의 수출보험공사에서 무역보험공사로 개칭하면서 원유, 철, 시설재 등 국민경제에 중요한 자원이나 물품을 수입하는 경우에는 국내기업이 부담하는 선급금 미회수 위험을 담보하거나, 국내기업에 대한 수입자금 대출지원이 원활하도록 금융기관을 지원하는 수입보험 종목을 함께 운영하고 있다.

2. 수출보험의 담보위험

1) 비상위험

비상위험(political risk)은 수입국의 외환부족으로 인한 환거래의 제한 및 금지, 수입국에서의 수입금지 또는 제한조치, 외국에서의 전쟁 · 내란 · 정변과 같은 비상사태 등 수출계약 당사자에게 책임지울 수 없는 사유로 인하여 발생하는 수출불능 또는 대금회수불능위험을 말한다.

2) 신용위험

신용위험(credit risk)은 수입업자가 수출계약에 의한 대금을 지급할 능력이 없거나 대금지급을 일정 기간 이상 지연시키거나 또는 상품의 인수거절 등 당연히 이행하여야 할 채무 또는 의무를 이행하지 않거나 태만히 함으로써 발생하는 위험을 말한다.

3. 수출보험의 기능

1) 수출거래상의 불안제거기능

수출보험은 수입국에서 발생하는 비상위험 또는 신용위험 등으로 인하여 수출업자나 생산자가 입는 손실을 보상하여 줌으로써 수출거래에 따른 불안을 제거하여 준다.

2) 신용제고기능

수출보험은 수출대금의 미회수위험을 담보하므로 금융기관이 수출지원금융을 용이하게 해줄 수 있게 하며, 보험사고가 발생하였을 경우에는 기업이 받는 손실을 보상함으로써 수출상의 신용을 제고하고 자금의 유동성을 증대시켜 준다.

3) 무역관리제도로서의 기능

수출보험은 담보위험의 범위, 보상률 및 보험료 등 보험의 인수조건을 정책적으로 적절히 조정함으로써 수출업자의 활동을 촉진하거나 제한할 수 있어 간접적인 무역통제 수단의 하나로 이용된다. 또한 수출보험은 수출진흥을 위하여 국가에서 비영리적으로 실시하므로 수출업자는 저렴한 보험료 부담으로 유리한 손실보상을 받을 수 있다. 이는 수출경쟁력의 강화를 가져오므로 수출지원제도로서의 기능을 수행한다.

4) 신용조사기능

수출보험의 운영을 위해서는 신용조사가 필수적이다. 무역보험공사에서는 해외수입업자 및 국내수출업자의 신용상태와 수입국의 정치 · 경제동향 등의 조사를 통하여 발생 가능한 모든 위험을 조기 파악하여 보험사고를 미연에 방지함으로써 수출업자를 보호해 주고 있다.

4. 수출보험의 종류

한국무역보험공사(K-sure)는 각종 대외거래와 관련하여 13개의 보험제도, 2개의 보증제도 및 기타 서비스를 제공하고 있다.

① **단기성(결제기간 2년 이내의 수출거래)**: 단기수출보험, 수출신용보증(선적 전, 선적 후, Nego), 중소기업 Plus+보험 등

② **중장기성(결제기간 2년 초과 수출거래)**: 중장기수출보험(선적 전, 공급자신용, 구매자신용), 해외사업금융보험, 해외투자보험(주식, 대출금, 보증채무, 부동산에 대한 권리), 해외자원개발펀드보험, 해외공사보험, 수출보증보험, 이자율변동보험, 서비스종합보험(기성고 · 연불 방식)

③ **기타 보험종목 및 서비스**: 환변동보험, 신뢰성보험, 수입자 신용조사 서비스, 해외채권 추심대행 서비스

5. 수입보험의 세부종목

① **수입자용 수입보험**: 국내기업이 주요 자원의 수입을 위하여 해외에 소재하는 수입계약상대방에게 선급금을 지급하였으나 비상위험 또는 신용위험으로 인하여 선급금이 회수되지 못함에 따라 발생하는 손실을 보상

② **금융기관용 수입보험**: 금융기관이 주요 자원의 수입을 위하여 필요한 자금을 국내

수입기업에 대출하였으나 국내기업의 파산 등으로 대출금이 회수되지 못함에 따라 발생하는 손실을 보상

[그림 12-3]은 현행 무역보험 운영종목을 지원제도별로 구분하여 정리한 것이다. 각각의 종목에 대한 보다 상세한 내용은 한국무역보험공사의 홈페이지(www.ksure.or.kr)을 참고하기 바란다.

그림 12-3 지원제도별 무역보험 운영종목

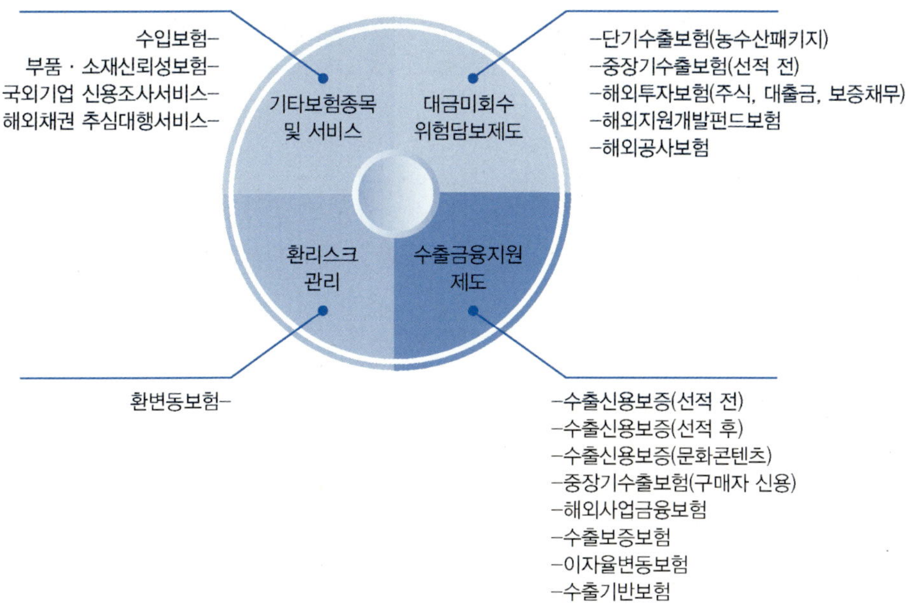

자료: 한국무역보험공사(K-sure) 홈페이지(http://www.ksure.or.kr).

주요용어

정기선, 해운동맹, 부정기선, 개품운송계약, 정기용선, 항해용선, 나용선, BAF, CAF, FO, FI, FIO, 제선료, 조출료, 선하증권(B/L), Stale B/L, FCL, LCL, CY, CFS, 항공화물운송장, 복합운송, 시베리아 랜드 브리지, 미니 랜드 브리지, 해상보험, 피보험이익, 명시담보, 묵시담보, 근인주의, 추정전손, 공동해손, YAR, 해상보험증권, 협회적하약관(ICC), TPND, JWOB, 무역보험, 수출보험, 수입보험

연습문제

1. 정기선과 부정기선의 차이점에 대해 설명하시오.
2. 해운동맹이 비동맹선에 대응하여 하주를 유치하기 위한 방안에 대해 조사하시오.
3. 선하증권의 기능과 법적 성격을 설명하시오.
4. 선하증권과 항공화물운송장의 차이점을 설명하시오.
5. 컨테이너운송의 장 · 단점을 설명하시오.
6. 항공운송의 특징과 장점에 대해 설명하시오.
7. 복합운송의 개념과 주요 경로를 설명하시오.
8. 해상보험의 당사자에 대해 설명하시오.
9. 피보험이익의 요건을 설명하시오.
10. 해상보험의 주요 원리에 대해 아는 바를 논하시오.
11. 공동해손이 성립하기 위한 요건에 대해 설명하시오.

12. 새로운 협회적하약관의 담보위험과 면책위험에 대해 알아보시오.

13. 수출보험의 기능과 담보위험을 설명하시오.

14. 현재 운영되고 있는 무역보험제도의 종류와 구체적인 담보위험 및 피보험자에 대해 알아보시오.

15. 실제로 무역거래에 쓰인 선하증권과 해상보험증권을 하나씩 입수하여 각 증권에 담긴 내용을 상세하게 분석·설명한 다음 보고서 형태로 제출하시오.

16. 수출보험에 부보하여 보험금을 지급받은 사례를 하나만 추적하여 구체적인 보험사고의 경위와 최종적으로 보험금을 지급받게 되기까지의 과정을 조사하여 보고하시오(그룹과제).

무역운송 및 보험 관련 인터넷 사이트

이 름	홈페이지	내 용
케이엘넷	www.klnet.co.kr	물류EDI서비스, 종합물류정보전산망, 사보, 수출컨테이너관리시스템, Port-MIS 등의 내용으로 구성되어 물류정보화에 필요한 다양한 IT솔루션 제공
한국국제물류협회	www.kiffa.or.kr	복합운송주선업체(포워더) 모임으로 협회소개, 가입 방법, 교육프로그램, 회원사목록, BBS, 협회소식 등으로 구성
국토교통부	www.molit.go.kr	주요 정책부분, 법령정보, 통계정보, 뉴스마당 등의 분야별 건설/교통/물류정책 소개
교통개발연구원	www.koti.re.kr	도로/철도/항공/물류분야 연구결과에 대한 요약 등록, 연구과제 제안, 국제협력 현황 및 파견 안내
공급사슬관리 전문가협회	www.cscmp.org	전세계적으로 가장 널리 인용되고 있는 물류 및 공급사슬관리 관련 전문가들의 협회에서 운영하는 사이트로 최신 물류정보 제공
일본물류시스템협회	www.logistics.or.jp	일본의 물류 관련 자료
DHL	www.dhl.com	FEDEX, UPS 등과 함께 국제특송 전문업체
KOREA SHIPPING GAZETTE	www.ksg.co.kr	해운전문잡지인 코리아쉬핑가제트의 홈페이지, 국내외 선박운항에 관한 뉴스, 주요 선사의 리스트 등의 정보 입수 가능
현대상선	www.hmm21.com	인터넷지도, 화물선적, 그리고 해운항만서비스를 인터넷으로 제공
Orient Overseas Container Line	www.oocl.com	EDI 서비스까지 제공하는 국제적인 종합물류회사, 국제복합운송, 컨테이너 운송 서비스
한국무역보험공사	www.ksure.or.kr	단기성수출보험, 신용보증, 수입보험, 중장기성보험, 환변동보험 등 무역보험 관련 업무를 통해 무역 및 해외투자 촉진
국제무역법위원회 (UNCITRAL)	www.uncitral.org	국제물품 매매계약에 관한 UN협약, 국제화물복합운송에 관한 UN협약, 외국중재판정의 승인과 집행에 관한 UN협약, UN 국제무역법위원회의 표준국제상사중재법
국제해사위원회 (CMI)	www.comitemaritime.org	선하증권에 관한 법규의 통일을 위한 국제협약, 비스비개정 의정서, 요오크 · 앤트워프규칙(YAR)
런던국제보험자협회 (IUA)	www.iua.co.uk	협회적하약관을 제정한 ILU와 런던국제보험재보험협회의 합병으로 1998년 탄생한 런던국제보험자협회의 사이트

13장

무역대금결제 및 무역금융

학습목표

수출업자가 무역계약을 체결한 후 가장 먼저 걱정하게 되는 것은 무역대금을 언제 어떻게 결제받을 수 있는가와 계약이행에 필요한 자금을 어디서 어떻게 조달할 것인가이다. 이는 상대방인 수입업자의 경우에도 마찬가지이다. 본 장에서는 무역대금결제 방법을 신용장을 중심으로 살펴보고, 무역결제와 관련된 각종 서류와 함께 수출입자금의 조달, 즉 무역금융에 대해 알아보기로 한다.

1절 무역대금결제 방법

2절 신용장

3절 환어음 및 무역결제서류

4절 무역금융

세계무역이야기

‘동방의 하와이’ 하이난, 자유무역구 자유무역계좌 도입

2018년 10월 중국은 하이난성 전역을 자유무역시험구(FTZ)로 지정하고 여행업과 서비스업, 하이테크기술산업을 중심으로 한 특화된 자유무역구로 성장시키겠다고 밝혔다. 오는 2025년까지 하이난성에 기본적인 자유무역항 체제를 구축하고 2035년까지 ‘성숙’ 발전시킨다는 계획이다. 이는 중국이 하이난 자유무역시험구 건설을 통해 지속적인 개혁개방의지를 세계에 보여주는 동시에, 태평양과 남중국해로 진출하는 전초기지인 하이난성을 육성해 미국의 인도 · 태평양 전략에 대응하려는 것으로 분석된다.

이와 관련하여 중국인민은행 하이커우(海口) 분행은 하이난성 자유무역계좌에 관한 공시를 통해 2019년 1월 1일부터 하이난성 자유무역시험구에서 자유무역계좌를 개설할 수 있다고 밝혔다. 이를 통해 무역대금 결제는 물론 직접투자 자본금의 입금과 자유 환전, 자금조달 등이 가능해진다. 또 상하이 자유무역구에서 시행하는 대로 자유무역계좌에 먼저 위안화로 대금을 지불한 후 나중에 외화로 바꿀 수 있는 형태로 운영된다. 외자기업의 외화 자금 운영관리 절차를 기존보다 간소화해 해외 자금의 유입을 이끌고, 자금회전율과 투자의 편리화를 극대화시키겠다는 방침이다.

현행 외화관리제도에 의해 제한된 증권거래와 선물거래, 시험구 내 기업의 모기업에 의한 국내에서의 위안화 채권 발행, 경영에 필요한 외채 차입, 국외증권투자 및 조달투자 등의 자본거래도 자유무역계좌를 통해서라면 가능해진다.

〈아주경제, 2019/1/1〉

1절 무역대금결제 방법

1. 결제수단에 따른 구분

무역대금을 결제하는 데는 현금, 송금환, 환어음, 신용장, 장부결제, 물품 등 다양한 결제수단이 이용된다.

1) 현금결제

(1) Cash with Order(CWO)

주문불이라고도 하며, 물품구입주문과 동시에 대금을 전부 지불하는 것이다. 긴급한 주문이나 소액의 견본대금을 결제하는 데 이용된다.

(2) Cash Against Documents(CAD)

선적서류상환불(船積書類償還拂)로 수출업자가 상품을 수출하고 선적을 증명할 수 있는 선하증권 · 보험증권 · 상업송장 등 주요 선적서류를 수출지에 있는 수입업자의 대리점이나 거래은행에 제시하여 서류와 상환으로 수출대금을 받는 방식이다.

(3) Cash on Delivery(COD)

현물상환불(現物償還拂)로 현품이 목적지에 도착하면 상품과 상환으로 현금결제해 주는 방법이다. 이는 전항의 서류상환불과는 반대로 수입지에 수출업자의 대리인이 있어 현금을 받지 못하면 아무런 의미가 없어진다. COD와 CAD조건은 국제무역에서보다 국내거래에 더 많이 이용된다.

(4) Inkasso방식

대러시아 무역에서 많이 사용되는 대금결제 방법으로 CAD와 유사하지만 수입업자가 서류인수는 물론이고 물품을 확인한 후에야 대금이 지급된다는 것이 다르다.

이러한 Inkasso는 다시 일람불 Inkasso 등으로 세분되는데,[1] 어떠한 경우에도 수입업자가 상품을 확인한다는 명목 하에 약정기일에서 최소한 30일 이상 경과되어 대금이 지급되므로 수출업자들이 대러시아 수출을 꺼리게 하는 요인이 되고 있다.

2) 송금환결제

전신환(Telegraphic Transfer: T/T) 또는 우편환(Mail Transfer: M/T) 등 송금환으로써 대금을 결제하는 방식이다. 과거에는 소액의 수출입물품 대금결제에 제한적으로 이용되었으나, 최근 송금환결제의 비중이 높아지고 있다.

3) 환어음결제

국내거래에서는 보통 채무자인 매수인이 매입대금 결제용 어음을 발행하지만 무역거래에서는 이와 반대로 채권자인 매도인이 매수인이나 매수인의 거래은행을 지급인(drawee)으로 하는 환어음(bill of exchange or draft)을 발행하여 수출대금을 회수하는 역환 또는 추심환(collection) 방식이 주로 활용되고 있다. 환어음결제는 선적서류의 유무에 따라 화환어음과 무담보어음으로 구분되며, 결제시기에 따라 지급도조건(Document Against Payment: D/P)과 인수도조건(Document Against Acceptance: D/A)으로 구분된다.

무역거래에서 쓰여지는 어음은 선하증권이나 보험증권 등의 선적서류가 담보물로 첨부되는 화환어음(documentary bill of exchange)이 대부분이다. 그러나 운임이나 보험료를 비롯하여 용역거래의 경우에는 선적서류 없이 어음만으로 결제받는 방식의 무담보어음(clean bill of exchange)이 이용되기도 한다.

환어음은 통상 실질적인 결제시기에 따라 일람불어음(sight draft)과 기한부어음(usance draft)으로 구분된다. 일람불어음의 경우 수출업자가 환어음과 함께 선적서류를 자신의 거래은행을 통해 수입지의 지점이나 거래은행에 송부하여 추심을 의뢰하면, 수입업자는 어음을 받아보는 즉시 대금을 지급해야만 화물인수에 필요한 선적서류를 입수할 수 있다. 따라서 일람불어음에 의한 대금결제를 D/P라고 한다.

1) 보다 자세한 내용은 박대위, 무역실무, 제7전정판, 법문사, 1997, pp.370~371 참조.

이에 비해 기한부어음의 경우 수입업자는 수입지은행으로부터 어음이 제시되면 어음의 이면에 "Accepted on …"이라고 어음을 제시받은 날짜를 표기하고 서명을 하면 대금을 즉시 결제하지 않고도 은행으로부터 선적서류를 먼저 넘겨받을 수 있으며, 대금결제는 매매당사자 간에 사전에 합의된 어음조건에 따라 일정 기간 후에 이루어지게 된다. 이 경우 어음의 지급인인 수입업자의 서명은 어음의 만기일에 대금을 지급하겠다는 확약을 의미하며, 이를 어음의 인수(acceptance)라고 한다. 따라서 기한부어음에 의한 대금결제를 D/A라고 한다.

D/P나 D/A조건은 수입업자가 반드시 어음대금을 지급한다는 아무런 보장이 없어 과거에는 본지사 간 거래나 믿을 만한 거래선이 아니면 자주 이용되지 않았다. 그러나 최근 수출업자 간의 경쟁이 심화되고, 수출보험제도의 이용으로 어느 정도 어음부도에 따른 위험을 감소시킬 수 있게 됨에 따라 이용도가 증대되고 있다.

4) 신용장결제

신용장(Letter of Credit: L/C)이란 수입업자의 요청과 지시에 따라 수입업자의 거래은행인 신용장 개설은행이 수출업자가 발행한 환어음의 결제를 보증하는 증서이다. 따라서 신용장은 환어음에 은행의 보증이 추가되는 것으로 엄격하게 말하면 신용장부화환어음이라고 표현하는 것이 정확하다. 그러나 일부 국가에서는 환어음에 붙여야 하는 수입인지 비용을 절감하기 위해 신용장만으로 대금결제가 이루어지는 경우도 있다.

신용장도 신용장 하에서 발행되는 어음의 결제조건에 따라 일람불신용장(At Sight L/C)과 기한부신용장(Usance L/C)으로 구분된다. 그러나 수입업자 개인의 신용도에 의해 결제가 좌우되는 일반 환어음결제와는 달리 신용장의 경우에는 어음의 결제를 신용장 개설은행이 확약하고 있기 때문에 수출지의 환어음 매입은행은 안심하고 어음대금 전액을 수출업자에게 지급해 준다.

신용장은 수출업자에게는 안전한 대금회수를 수입업자에게는 원활한 상품입수를 보장하는 결제수단으로서 현대 무역거래에서 70~80% 정도가 신용장 방식으로 결제되고 있다. 이러한 중요성을 감안하여 신용장에 대해서는 제2절에서 좀더 상세히 살펴보기로 한다.

5) 장부결제(帳簿決濟; Open or Current Account)

이것은 본 · 지점 간 또는 서로 거래가 많은 회사 간에 거래를 할 때마다 대금결제를 하려면 복잡하고 비용도 많이 들게 되므로 수출입대금의 결제금액을 대변표 또는 차변표에 의해 장부에 기재하였다가 일정 기간에 한 번씩 누적된 잔액만을 결제하는 일종의 외상거래이다.

6) 물품결제

수출입대가로 다른 물품을 수입 또는 수출하는 물물교환 방식(barter trade system) 및 구상무역(counter trade)을 포함한 연계무역의 경우에는 수출입물품이 바로 대금결제 수단이 된다.

2. 결제시기에 따른 구분

무역거래에서 매도인의 물품공급과 대금지급은 동시에 이루어져야 하는 것이 원칙이다. 그러나 당사자들의 합의에 따라 대금지급이 물품 또는 물품을 대표하는 서류의 인도보다 먼저 이루어질 수도 있고 나중에 이루어질 수도 있다.

1) 전불(前拂) 또는 선불(先拂; advance payment)

이는 계약체결 또는 물품구입주문과 동시에 대금을 전부 지급하는 것이다. Cash with Order(CWO) 조건이 대표적인 예이다. 매수인의 입장에서는 매우 불리한 조건이다.

2) 동시불(同時拂; concurrent payment)

물품 또는 선하증권과 같이 물품을 대표하는 서류의 인도와 동시에 대금결제가 이루어지는 경우이다. Cash Against Documents(CAD)와 Cash on Delivery(COD), 일람불신용장(At Sight L/C), 지급도(Documents Against Payment: D/P) 등이 동시불에 속한다.

3) 후불(後拂) 또는 연지급(延支給; deferred payment)

약정에 따라 물품을 인도받은 후 일정 기간 후에 대금지급이 이루어지는 경우이다. 수출업자에게는 매우 불리한 결제조건으로 국내에서의 외상거래로 이해하면 된다.

4) 분할불(分割拂; instalment payment)

상품의 대금을 계약 시, 선적 시, 도착 시 또는 인도 후 일정 기간 등으로 나누어 일정 액씩을 결제하는 방법이다. 대개 선박 · 기계와 같은 플랜트수출, 해외건설공사와 같이 계약의 체결에서 이행까지의 기간이 길고 거액의 대금결제 시에 이용되는 대금결제 방법이다. 이때 착수금이나 중도금의 비중은 미미하고 대부분의 금액은 인도후에 결제된다.

2절 신용장

1. 신용장의 의의

1) 신용장의 정의

신용장(信用狀)이란 원활한 대금결제 및 상품입수를 위해 수입업자의 거래은행이 동 수입업자, 즉 신용장 개설의뢰인의 요청으로 수출업자로 하여금 환어음을 발행하도록 하여 이 어음이 제시될 때에는 신용장조건과 일치하는 서류와 상환으로 어음을 결제할 것을 약속하는 증서이다.[2)] 이러한 신용장의 정의를 한마디로 요약하면 은행의 조건부

2) 명확한 정의는 국제상업회의소(International Chamber of Commerce: ICC)의 신용장통일규칙(Uniform Customs and Practice for Documentary Credits, 2007 Revision) 제2조를 참조할 것.

지급확약(conditional undertaking of payment by bank)에 있다. 즉, 신용장이란 수입업자의 거래은행이 수입업자의 지불능력을 일정한 조건 아래 보증함으로써 상업신용(trade credit, commercial credit)을 보다 공신력 있는 은행신용(bank credit)으로 격상시켜 주는 결제수단이다.

2) 신용장의 효용

오늘날 신용장이 국제거래에서 가장 대표적인 대금결제수단으로 자리잡게 된 것은 역시 대금결제 및 상품입수에 수반되는 신용위험의 제거기능과 무역금융기능 때문이다. 이러한 신용장의 효용을 수출업자의 입장과 수입업자의 입장으로 구분하여 살펴보면 다음과 같다.

(1) 수출업자에게 편리한 점

첫째, 일단 신용장을 입수한 수출업자는 신용장 개설은행의 파산이나 불가항력의 위험(force majeure)의 경우를 제외하고는 대금결제를 확신할 수 있으므로 안심하고 본연의 수출업무에 전념할 수가 있다.

둘째, 신용장에 의한 환어음은 수출물품의 선적을 완료하는 즉시 국내 · 외 외환시장에서 적은 수수료와 유리한 환율로 쉽게 현금화할 수가 있다.

셋째, 대부분의 나라에서는 신용장을 담보로 수출의 제단계에 걸쳐 필요한 각종 자금을 유리한 조건에 융통을 해주고 있어 선적 전에도 자금압박을 받지 않는다. 우리나라에서도 신용장이 내도되면 수출업자가 제일 먼저 하는 일은 수출승인과 무역금융의 신청이다.

(2) 수입업자에게 편리한 점

첫째, 수입업자는 은행의 신용을 바탕으로 무역계약조건을 자기에게 유리하게 체결할 수 있다.

둘째, 수출업자가 발송한 서류가 수입지에 도착할 때까지 금융혜택을 누리는 셈이며, 기한부신용장의 경우에는 어음의 인수만으로 선적서류를 입수한 다음 수입상품을 처분한 자금으로 어음의 만기일에 대금을 결제하면 된다.

셋째, 수입업자는 수출신용장에 최종선적일과 유효기일을 명시하여 늦어도 언제까지 계약상품이 수입지에 도착하리라는 예측을 할 수 있다.

2. 신용장의 특성과 한계

1) 신용장의 독립 · 추상성

신용장은 본질적으로 매매계약 및 기타 계약에 근거하고 있더라도 그와는 아무런 관계가 없는 별도의 독립된 거래이며, 신용장거래에 개입하는 은행은 그러한 계약과는 아무런 관계도 없으며, 또한 구속되지도 않는다.[3] 따라서 신용장의 당사자인 은행과 매도인 및 매수인은 신용장거래에서 야기된 문제를 매매계약의 내용을 들어 영향을 미치게 할 수는 없다. 이를 신용장의 독립성(獨立性)이라고 한다.

또한 신용장거래에 있어서 모든 관계당사자는 서류상의 거래를 행하는 것이며, 이들 서류에 관련될 수도 있는 상품, 용역 및 기타 계약이행에 의해 거래하는 것이 아니다.[4] 그러므로 신용장거래에서는 상품이 서류보다 먼저 목적지에 도착한 경우에도 그 상품을 검사하고 대금을 결제하는 것은 허용되지 않고, 반드시 서류의 인수와 결제가 끝난 후에만 상품을 인수할 수 있다. 다시 말해서 모든 당사자는 서류만 갖고 계약의 이행 여부를 판단하여야 한다. 이를 신용장의 추상성(抽象性)이라고 한다. 이러한 신용장의 독립 · 추상성이 필요한 이유는 매매계약과는 관계도 없고 잘 알지도 못하는 개설은행 등을 신용장거래에 끌어들이기 위해서이다. 즉, 신용장은 근본적으로 은행의 신용을 바탕으로 존재하는 것인데, 만일 신용장의 독립 · 추상성이 보장되지 않는다면 어떤 은행도 신용장의 관계당사자가 되어 신용장을 개설하거나 어음을 매입하려 하지 않을 것이다.

이와 같이 신용장의 독립 · 추상성이 결여되면 신용장은 국제무역의 결제수단으로서 기능을 상실하게 되며, 더 이상 존재할 필요도 없다. 그러므로 신용장의 독립 · 추상성은 신용장이 존재하기 위한 필수요건이라고 할 수 있다.

---

3) 신용장통일규칙 제4조.

4) 신용장통일규칙 제5조.

2) 신용장의 한계

신용장은 다른 어떤 수단보다도 안전하고 편리한 결제수단이다. 그러나 신용장에도 전혀 문제가 없는 것은 아니다.

첫째, 신용장은 하나의 독립된 지급수단이 될 수 없다는 점이다. 사실 신용장은 단지 계약의 성질을 지니고 있는 것이기 때문에, 특정 조건에 부합하는 제반 서류를 지정된 기일 내에 제시하면 신용장금액을 지급하겠다는 은행의 조건부 약속이지 그 자체가 어음과 같은 유통유가증권으로서 독립적인 지급수단은 아니다.

둘째, 신용장의 독립 · 추상성에 따른 한계이다. 즉, 신용장계약은 매매계약과는 별개의 독립된 계약으로서 신용장거래는 어디까지나 서류상의 거래이기 때문에, 수익자가 설사 쓰레기를 선적하고도 서류만 신용장조건과 일치하게 갖추어 제시하면 개설은행과 수입업자는 명백한 사기임을 입증하지 못하는 한 수익자가 발행한 어음을 우선 결제하여야 한다. 따라서 신용장을 개설하였다고 반드시 계약에 일치하는 상품을 입수하리라는 보장도 없다.

결국 신용장의 경우에도 가장 중요한 사실은 계약당사자들이 얼마나 성실하게 계약을 이행할 의사가 있느냐의 여부이다. 모든 무역거래에서 철저한 신용조사가 강조되고 있는 것도 바로 이 때문이다.

3. 신용장의 당사자

신용장거래와 관련되는 자들을 통틀어서 신용장의 당사자(concerned parties)라고 한다. 신용장의 기본당사자는 개설의뢰인, 개설은행, 수익자 등으로 구성된다. 그러나 이 밖에 여러 은행들이 원활한 신용장거래를 위해 개입되기도 한다.

1) 개설의뢰인(開設依賴人)

수출업자와 매매계약을 체결한 수입업자는 매매계약에 따라 거래은행에 소정의 담보와 수수료를 제공하고 수출업자 앞으로 신용장을 개설해 줄 것을 의뢰하게 된다. 따라서 수입업자를 신용장거래에서는 통상 개설의뢰인(applicant or opener)이라고 칭한다.

수입업자는 이 밖에 매매계약의 이행단계에 따라 Importer or Buyer(매매계약관계), Consignee(화물관계), Accountee(계정관계), Drawee(어음관계) 등의 다양한 명칭으로 불린다.

2) 개설은행(開設銀行)

수입업자의 요청과 지시에 의하여 신용장을 개설하고 수출업자가 발행하는 화환어음을 지급 · 인수 또는 매입할 것을 확약하는 수입업자의 거래은행(去來銀行)을 말한다. Issuing Bank, Opening Bank, Credit Writing Bank, Grantor 등으로 불린다.

3) 수익자(受益者)

신용장이 개설됨으로써 가장 커다란 혜택을 입는 당사자는 신용장을 받는 수출업자이다. 따라서 신용장거래에서 수출업자는 수익자(beneficiary)로 불리며, 이 밖에 매매계약의 이행단계에 따라 Exporter or Seller(매매계약관계), Consignor(화물관계), Accounter(계정관계), Drawer(어음관계) 등으로 불리기도 한다.

4) 통지은행(通知銀行)

신용장이 개설되었음을 수익자에게 단순히 통지해 주는 은행으로서 신용장 거래에 관해서 하등의 책임을 지거나 약정을 하는 것은 아니다. 대개 수출국에 있는 개설은행의 본 · 지점이나 환거래은행(換去來銀行)이 이러한 통지은행(advising bank)의 역할을 수행하게 된다. Notifying Bank 또는 Transmitting Bank 라고도 불린다. 일단 개설된 신용장의 조건을 변경할 경우에도 같은 통지은행의 서비스를 이용하여야 한다.

5) 지급(支給)·인수(引受) 또는 매입(買入)은행

수출업자는 신용장의 조건대로 선적을 완료하면 수입업자 또는 신용장 개설은행 앞으로 환어음을 발행하여 관계 선적서류와 함께 자기 거래은행에 이 어음의 결제를 요청하게 된다. 이때 개설은행의 지시와 신용장조건에 따라 일람불어음 또는 만기가 도래한 기한부어음의 지급을 행하는 은행을 지급은행(paying bank)이라고 하며, 기한부어음을 인수하는 은행을 인수은행(accepting bank)이라고 한다. 또한 신용장에 제한이 없으면 아무 은행이나 어음을 매입하는 은행이 곧 매입은행(negotiating bank)이 된다. 보통 Nego은행으로 통칭되며, 대개는 수출업자의 거래은행 또는 통지은행이 이러한 역할을 수행한다.

6) 확인은행(確認銀行)

확인은행(confirming bank)이란 수출업자가 개설은행을 믿지 못하여 보다 공신력(公信力)이 있는 제3의 은행으로 하여금 당해 신용장의 대금지급을 재차 확인하도록 요구하는 경우 소정의 확인수수료(confirming fee)를 대가로 수출업자에게 개설은행과 동일한 확약을 하는 은행을 말한다. 따라서 확인은행은 신용장거래에서 개설은행과 동등한 지위와 의무가 부여되며, 확인은행의 확인행위는 민법상 연대보증과 유사한 성격을 띠게 된다.

7) 상환은행(償還銀行)

개설은행과 매입은행 사이에 환거래관계가 없거나 멀리 떨어져 있을 경우 매입은행은 수출업자에게 지급한 매입대금을 개설은행으로부터 상환받는 데 어려움을 겪게 된다. 이때 개설은행과 매입은행 모두와 환거래관계를 맺고 있는 제3의 은행이 있다면, 매입은행은 환어음과 관련 서류는 개설은행으로 직접 송부하고 대금은 이러한 제3의 은행에서 상환받을 수 있다. 이러한 제3의 은행을 상환은행(reimbursing bank) 또는 결제은행(settling bank)이라고 한다.

[그림 13-1]은 신용장의 당사자들 간의 거래관계를 보여 주고 있다.

그림 13-1 신용장의 당사자들 간의 거래관계

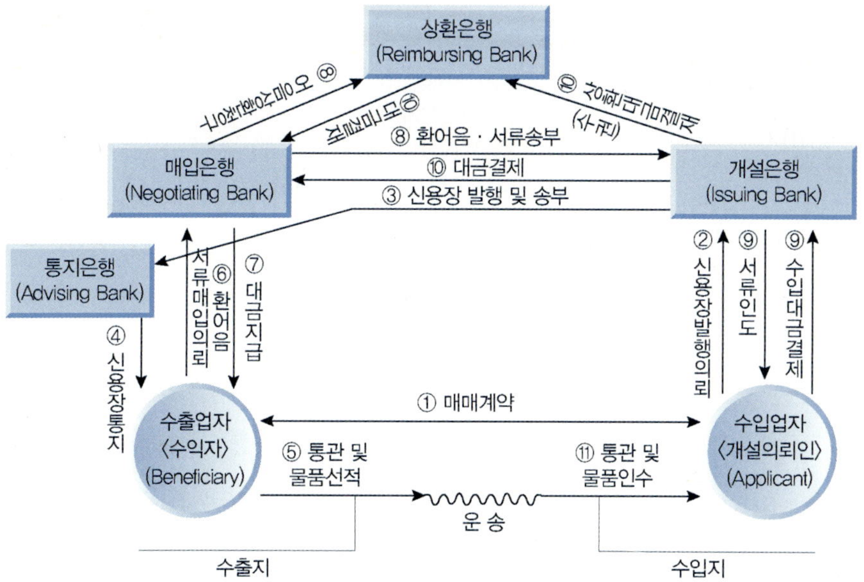

4. 신용장의 종류

1) 취소가능신용장과 취소불능신용장

신용장은 개설은행의 지급확약을 관계당사자 전원의 합의 없이 개설은행 또는 개설의뢰인이 일방적으로 취소할 수 있는가의 여부에 따라 취소가능신용장(revocable credit)과 취소불능신용장(irrevocable credit)으로 구분된다.

취소가능신용장의 경우에는 신용장 개설은행 또는 개설의뢰인이 수익자에게 사전통지 없이 일방적으로 취소하거나 조건을 변경할 수 있으므로 수익자인 수출업자의 입장에서는 불리하다. 그러나 취소가능신용장이라고 하더라도 일단 수익자에게 신용장이 통지되고 당해 신용장조항의 변경이나 취소가 통지은행에 접수되기 전에 원(原)신용장의 조건대로 지급 · 인수 또는 매입한 은행에 대해서는 개설은행이 보상책임(補償責任)을 진다.

이에 비해서 취소불능신용장은 개설은행이 일단 신용장을 개설하여 수익자에게 통지한 이상 그 유효기간 내에는 신용장 관계당사자(關係當事者) 전원이 동의하지 않고는 일방적인 변경이나 취소가 불가능한 신용장을 말한다. 따라서 취소불능신용장이 개설된 사실을 통지받은 수출업자는 대금회수에 대한 걱정 없이 안심하고 수출업무에 전념할 수가 있다.

모든 신용장에는 신용장의 취소가능 여부를 명시하여야 한다. 그러나 이러한 명시가 없을 경우에도 취소불능신용장으로 간주된다(신용장통일규칙 제3조).

2) 화환신용장과 무화환신용장 및 무담보신용장

이는 신용장 하에서 발행되는 환어음의 결제 시 운송서류의 유무에 따른 구분이다. 화환신용장(documentary credit)이란 일종의 담보역할을 하는 선하증권이나 송장, 보험증권 등의 운송서류가 첨부되어야만 어음대금을 결제받을 수 있는 신용장이다. 일반 무역거래에 이용되는 신용장은 대부분 화환신용장이다.

무화환신용장(clean credit)은 용역거래나 지급보증 등 본질적으로 담보의 역할을 하는 운송서류가 존재하지 않는 경우에 이용되는 신용장이다. 이에 비해 무담보신용장(clean documentary credit)은 신용장의 당사자들이 서로 믿을 수 있는 경우 운송서류는 신속한 상품입수를 위해 수출업자가 수입업자에게 직송하고 어음의 제시만으로 대금을 결제받을 수 있는 신용장이다.

3) 확인신용장과 미확인신용장

확인신용장(confirmed credit)은 개설은행과는 독립적으로 제3의 보다 공신력 있는 확인은행이 수익자가 발행하는 어음의 지급 · 인수 또는 매입을 확약한 신용장을 말한다. 이와 반대로 미확인신용장이란 이런 제3의 은행의 확약이 없이 개설된 신용장을 말한다.

4) 상환청구가능신용장과 상환청구불능신용장

수출업자가 발행한 어음을 매입한 은행이 신용장조건의 불일치나 개설은행의 파산 등 어떠한 이유로든 개설은행으로부터 대금을 상환받지 못한 경우 다시 수출업자에게 상환청구, 즉 소구하여 대금을 돌려받을 수 있는 신용장을 상환청구가능신용장(with recourse credit), 매입은행의 상환청구를 인정하지 않는 신용장을 상환청구불능신용장(without recourse credit)이라고 한다.

우리나라에서는 어음법상 상환청구가 불가능한 어음을 인정하지 않고 있지만, 구미 각국에서는 수익자를 보호하기 위해 상환청구불능신용장도 많이 이용되고 있다. 그러나 우리나라에서도 매입은행이 확인은행일 경우에는 상환청구가 가능하다.

5) 일람불신용장과 기한부신용장

이는 신용장 하에서 발행되는 어음의 결제시기에 따른 구분이다. 선적서류와 함께 어음이 제시되는 즉시 대금을 지급해야 하는 일람불어음인 경우를 일람불신용장(sight credit)이라고 한다. 이에 비해 어음이 제시되고 일정 기간이 지난 후, 즉 어음의 만기일에 지급을 확약하는 뜻으로 어음을 인수하고 선적서류를 넘겨 받을 수 있는 기한부어음인 경우를 기한부신용장(usance credit) 또는 Acceptance Credit라고 한다.

6) 지급신용장, 연지급신용장, 인수신용장 및 매입신용장

이는 신용장의 이용 방식 내지 결제 방법에 따른 구분이다. 먼저 지급신용장(payment credit)이란 신용장에 의한 환어음의 매입 여부에 대해서는 언급 없이 신용장조건에 부합되게 발행된 일람불어음이 신용장개설은행 또는 개설은행이 지정하는 은행에 제시되는 즉시 지급할 것을 어음의 발행인에게 확약하고 있는 신용장이다. 이에 비해 연지급신용장(deferred payment credit)은 어음의 발행 없이 수출대금을 물품의 선적일로부터 일정 기간 후에 결제받는 조건의 기한부신용장으로 이해되고 있다.

인수신용장(acceptance credit)은 수출업자로 하여금 기한부어음을 발행하여 제시하게 한 다음 수입업자는 만기일에 지급을 확약하는 표시로 어음을 인수만 하고 대금결제

전에 선적서류를 넘겨받을 수 있는 신용장이다. 매입신용장(negotiation credit)은 신용장 하에서 발행되는 어음이 다른 은행 등에 의해 매입될 것을 예상하고 어음의 발행인(drawer)은 물론 어음의 배서인(endorser) 및 선의의 소지인(bona fide holder)에 대해서도 어음이나 매입대금의 결제를 확약하고 있는 신용장이다.

7) 개방신용장과 제한신용장

신용장 개설은행이 당해 신용장 하에서 발행되는 어음의 매입 · 인수 · 지급을 특정 은행에 제한(restrict)시키는 것을 제한신용장(special or restricted credit)이라고 하며, 아무 은행에서나 매입할 수 있도록 허용하고 있는 신용장을 개방신용장(general or open credit) 또는 자유매입신용장이라고 한다. 통상 제한신용장은 수출지에 개설은행이나 개설의뢰인과 특수한 관계에 있는 은행이 있는 경우에 이용되나, 수출업자의 입장에서는 은행선택의 자유가 없어지므로 불리하다.

8) 양도가능신용장과 양도불능신용장

양도가능신용장이란 신용장상에 "Transferable" 등의 신용장의 양도를 허용하는 표시가 되어 있는 신용장으로서 수익자가 신용장금액의 전부 또는 일부를 제2의 수익자에게 양도할 수 있는 권한을 부여한 신용장을 말한다. 이러한 표시가 없는 신용장이 양도불능신용장이다.

양도가능신용장에 의한 양도는 1회에 한하여 허용되며, 별도로 분할선적 금지조항이 없으면 원신용장금액을 넘지 않는 범위 내에서 수회의 분할양도도 가능하다. 또한 신용장에 별도의 금지조항이 없으면 최초의 수익자는 다른 나라에 있는 제2의 수익자에게도 신용장을 양도할 수 있다.

신용장거래도 근본적으로는 매매계약을 직접 체결한 당사자의 신용을 바탕으로 하는 것이므로 수입업자의 입장에서는 신용장의 양도가 바람직한 것은 아니다. 그러나 최초의 수익자인 수출업자의 요청이 있는 경우 마지못해 응하게 된다. 수출업자가 양도가능신용장을 개설해 줄 것을 요청하는 것은 다음과 같은 이유 때문이다. 즉, ① 수출업자가 생산 및 제조시설이 없거나 보다 유리한 조건에 하청을 줄 수 있을 경우, ② 종합상사나 국영무역 등 수출창구가 일원화되어 있는 경우, ③ 쿼터적용품목으로 자기 명의로는 수출이 불가능한 경우, ④ 등록무역업체가 아니거나 무역업무에 따른 번거로움을 덜기 위해 수출대행을 의뢰하는 경우 등이다.

9) 회전신용장(revolving credit)

수입업자가 동일한 거래선으로부터 동일한 물품을 반복하여 매입하게 되는 경우 매번 신용장을 개설하는 것은 번거롭기 그지 없고 비용도 많이 든다. 이러한 경우 수입업자는 일정한 기간 동안 일정 금액의 범위 내에서 신용장의 효력이 자동적으로 갱신되는 회전신용장을 이용하면 매우 편리하다. 이러한 회전신용장이 소생되는 데는 전회의 미사용잔액이 누적되는 누적식 방법(cumulative method)과 미사용잔액은 무시되고 매번 같은 금액한도 내에서만 이용할 수 있는 비누적식 방법(non-cumulative method)이 있다.

10) 전대신용장(packing credit)

수출업자가 원료구입비나 물품수집비용으로 활용할 수 있도록 일정한 조건 하에서 수출대금의 전불(前拂)을 허용하는 신용장을 말한다. 이때 전불을 허용하는 문언이 보통 붉은색으로 표시가 되기 때문에 Red Clause Credit라고도 불린다. 총금액 중 일부만 전불을 받았으면 수출물품의 선적 후 잔액에 대해서만 어음을 발행하여 매입은행에 제시하게 된다. 수출국과 수입국 간에 현격한 금리차이가 있는 경우나 서로 믿을 만한 거래선이 아니고는 자주 이용되지 않는다.

11) 동시개설신용장(back to back credit)과 Tomas신용장 및 기탁신용장(escrow credit)

이들은 모두 수출국과 수입국 간에 수출입의 균형을 유지하기 위한 연계무역에 이용되는 신용장들이다. 약간의 차이는 있기는 하나, 대체로 상대방 측에서 일정 기일 이내에 동액의 신용장을 개설하여 오는 경우에만 유효하다는 조건이 붙는다는 공통점을 지니고 있다.

12) 보증신용장(stand-by credit)

이것은 상품의 대전결제를 목적으로 하는 화환신용장이 아니고 금융이나 보증을 위해서 발행되는 무담보신용장이다. 특히 최근에는 대규모 해외건설공사나 플랜트수출에 있어서 입찰보증, 이행보증, 선수금환급보증, 하자보증 목적으로 자주 이용되고 있다.

개설의뢰인이 특정한 채무를 이행하지 않았다는 단순한 진술서(simple statement)의 첨부만으로 어음대금을 결제받을 수 있도록 되어 있어 은행 측에서는 충분한 담보를 확보하지 않고는 이러한 신용장을 쉽게 개설해 주지 않는다.

13) 내국신용장(內國信用狀; local credit)

수출업자가 자기 앞으로 개설된 원신용장(master credit)을 견질로 하여 자기 거래 은행으로 하여금 원료공급자나 하청업자 앞으로 개설하도록 한 제2의 신용장을 말한다. 우리나라에서는 내국신용장에 대해서도 원신용장과 똑같은 금융 및 세제상의 혜택을 부여함으로써 국산원자재의 사용을 촉진하고 있다.

5. 신용장통일규칙(信用狀統一規則)

신용장통일규칙(Uniform Customs and Practice for Documentary Credits)은 신용장이 국제상거래를 촉진하기 위한 결제수단으로서 널리 이용됨에 따라 신용장거래에 있어서 당사자의 주요 의무 및 신용장조건에 관한 국제적으로 통일된 해석기준을 마련하기 위해 국제상업회의소(International Chamber of Commerce: ICC)에 의해 1933년에 제정되었다. 그 후 신용장통일규칙은 보다 많은 국가들의 참여를 통해 실질적인 효력을 부여하고, 무역환경 및 국제상관습의 변화를 수용하기 위하여 [표 13-1]과 같은 6차의 개정과정을 거쳐 오늘날 모든 신용장거래에 있어서 사실상 전세계적인 효력을 지니는 준거규칙으로서의 역할을 인정받고 있다.

그러나 신용장통일규칙은 ICC에 의해 제정된 국제무역규칙인 Incoterms와 마찬가지로 강행법규가 아니기 때문에 당사자가 명시적으로 합의한 경우에만 당해 신용장거래

[표 13-1] 신용장통일규칙의 제정 및 개정

① 제정: 1933년 제7차 ICC 본회의에서 채택 ② 제1차개정: 1951(미국의 상관습을 대폭 반영) ③ 제2차개정: 1962(영국계 은행관습과 유럽대륙계 은행관습의 조화) ④ 제3차개정: 1974(컨테이너 및 복합운송 방식 수용) ⑤ 제4차개정: 1983(개정된 국제무역규칙 및 연지급 및 보증신용장 수용) ⑥ 제5차개정: 1993(규칙간소화 및 명확화, 은행실무관행과의 불일치 해소, EDI에 대비) ⑦ 제6차개정: 2007(모호한 규정 삭제 및 명확화, 39개 조문으로 축소)

의 공통된 해석기준으로서의 효력을 발휘하게 된다. 따라서 모든 신용장에는 다음과 같은 준거 문언을 삽입하여야만 신용장통일규칙의 적용을 받게 된다.

> Except so far as otherwise expressly stated herein, this documentary credit is subject to "Uniform Customs and Practice for Documentary Credits"(2007 Revision, ICC Publication No. 600).

6. eUCP

최근 전자무역거래가 발달함에 따라 신용장발행 역시 거의 SWIFT(Society for World-wide Interbank Financial Telecommunication : 세계은행 간 금융전산망)를 이용한 전자적 방식으로 이루어지고 있고, 국제기구에서도 통일화된 형식과 전자무역의 결제 방식에 다양하게 적용하려고 시도하고 있다. 이와 같이 국제무역거래에서 전자거래와 전자서류가 이용되면서 새로운 형식의 서류가 출현되자 이를 수용할 새로운 신용장규범이 필요하게 되었다. 이를 위해 2002년 4월 기존 UCP의 보칙으로 eUCP(Supplement to UCP 500 for Electronic Presentation)를 제정하게 되었으며, 현재 사용되고 있는 것은 2007년도에 개정된 "eUCP Version 1.1"이다. eUCP의 목적은 국제무역결제에서 상업송장이나 운송 및 기타서류의 전자제시(electronic presentation)가 보다 보편화될 때의 예상되는 불확실성을 제거하기 위한 것이다. 그러나 eUCP는 UCP에 대한 보충규정으로서 전자제시와 관련된 내용만을 다루고 있으며, 현행 화환신용장통일규칙을 개정하거나 대체하는 것은 아니고, 추록으로서 상호 보완적으로 사용하도록 규정된 것이다.

따라서 전자신용장에 별도로 화환신용장통일규칙을 사용한다는 명시적 규정이 없다고 하더라도 화환신용장통일규칙은 적용된다. 그러나 전자신용장통일규칙과 화환신용장통일규칙이 적용 과정에서 상충될 경우에는 전자신용장통일규칙의 규정을 우선 적용한다.

3절 환어음 및 무역결제서류

1. 환어음

1) 환어음의 개념

환어음이란 국제거래상의 채권자(債權者)가 채무자(債務者)에게 대하여 그 채권금액을 발행인이 지정하는 자 또는 선의의 소지인에게 일정한 시일 및 장소에서 지불할 것을 무조건 위탁하는 요식유가증권(要式有價證券)이자 유통증권(流通證券)이다. 환어음은 보통 2통으로 발행되어 하나가 결제되면 나머지는 자동적으로 무효가 된다.

2) 환어음의 당사자

① 발행인(drawer)

환어음을 발행하고 서명하는 자, 즉 채권자인 수출업자를 말한다.

② 지급인(drawee)

환어음의 지급의무를 지니는 자로 신용장거래에서는 보통 신용장 개설은행이 되며, D/P 또는 D/A거래에서는 수입업자가 된다.

③ 수취인(payee)

환어음의 금액을 지급받는 자로서 보통은 발행인인 수출업자로부터 환어음을 매입한 은행이 된다. 그러나 경우에 따라서는 발행인이 될 수도 있고 매입은행이 지정하는 제3의 은행이 될 수 있다.

3) 환어음의 기재사항

환어음은 요식증권이므로 수출업자가 운송서류와 함께 외국환은행에 제시하는 환어음은 환어음에 일반적으로 요구되는 형식요건 및 신용장조건대로 작성하여야 한다. 환어음의 기재사항은 필수기재사항과 임의기재사항으로 구분할 수 있는바, 특히 다음의 필수기재사항들은 어느 하나라도 누락되면 어음으로서의 법적 효력이나 구속력을 갖지 못하므로 주의를 요한다.

① **환어음의 표시**: Bill of Exchange
② **무조건 지급위탁문언**: 일정한 금액을 아무 조건 없이 지급할 것을 위탁하는 문언
③ **지급인**: 어음의 지급을 위탁받은 자
④ **만기일(tenor)의 표시**: "at ______ sight"의 빈칸을 삭제하거나 합의된 유예기간 명기
⑤ **수취인의 표시**: 기명식, 지시식, 소지인식, 혼합형
⑥ **지급지**: 실제로 존재하는 도시명 표기, 표기가 없을 경우 지급인의 소재지로 갈음
⑦ **발행일 및 발행지**: 발행일은 환어음의 매입일이 되며, 신용장 유효기일 이내여야 함
⑧ **발행인의 기명날인**: 신용장상의 수익자, 즉 수출업자

2. 무역결제서류(貿易決濟書類)

신용장거래에서 수출업자가 환어음을 결제받기 위해서는 수입업자가 계약에 일치하는 물품을 입수하는 데 필요하다고 생각하여 신용장에 명시한 서류들을 빠짐없이 갖추어 환어음과 함께 은행을 통해 수입업자에게 제시하여야만 한다. 이러한 서류들을 총칭하는 표현이 무역결제서류이다.[5] 대부분의 무역거래에서 공통적으로 요구되기 마련인 무역결제서류들을 중요하다고 생각되는 순서대로 정리하면 다음과 같다.

1) 상업송장(商業送狀; commercial invoice)

상업송장은 수출업자가 수입업자 앞으로 발행하는 물품매매(物品賣買)의 증거가 되는 가장 기본적인 서류이다. 여기에는 수출물품의 품명, 규격, 단가, 총금액 등이 기재되며, 선적화물의 대금청구서, 내용명세서(內容明細書), 계산서 등의 역할을 한다. 특히 수출업자가 직접 작성하는 상업송장상의 물품명세는 신용장상의 물품명세와 글자 하나 틀려서도 안될 만큼 정확히 작성되어야 한다.

[표 13-4] 송장의 종류

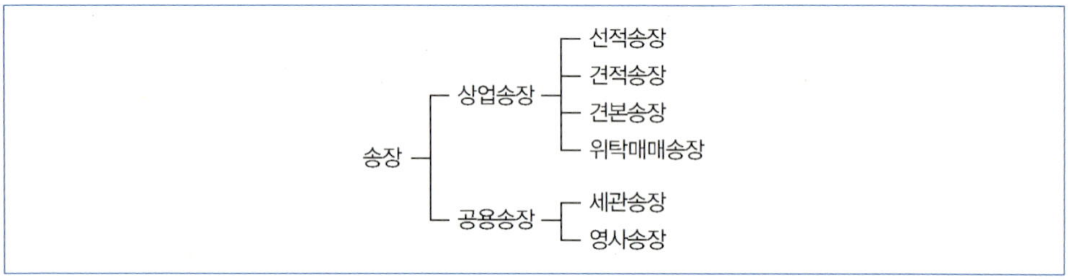

[표 13-4]와 같이 송장은 상업송장과 공용송장으로 구분되며, 이는 구체적 용도에 따라 다양한 종류가 있다. 대개 상업송장이라고 하면 실제로 선적될 상품의 명세를 적은 선적송장을 지칭하는 것이 보통이다. 그러나 경우에 따라서는 상업송장과는 별도로 세관송장(customs invoice)이나 영사송장(consular invoice) 등의 공용송장을 요구하는 경우도 있다.

세관송장은 수입품에 부과될 과세가격(課稅價格)의 결정과 수입통계의 작성 및 덤핑 여부를 확인하기 위해서 미국·캐나다를 비롯한 많은 나라의 세관에서 요구하는 특별한 양식의 송장이다. 영사송장은 매매당사자 간에 공모하여 상업송장상의 금액을 사실보다 낮게 또는 높게 기재하여 관세를 포탈하거나 외화를 도피하는 것을 막기 위해 수출국 주재 수입국 영사의 확인을 받도록 한 송장이다.

---

5) 통상 무역결제서류는 선적서류 또는 운송서류라고도 불리고 있다. 그러나 선적서류나 운송서류의 경우 무역결제와 관련하여 요구되는 다양한 서류들을 포괄적으로 표현하는 데는 미흡한 면이 있다.

2) 운송서류(運送書類)

운송서류는 수출물품이 목적지까지 운송되기 위해 수탁, 발송 또는 적재되었다는 사실을 증명하는 서류로서 구체적인 운송수단과 방법에 따라 선하증권(Bill of Lading: B/L), 해상화물운송장(sea waybill), 항공화물운송장(air waybill), 복합운송증권, 철도화물수탁증 또는 도로화물수탁증, 우송증명서 등 다양한 종류가 있다. 그러나 가장 대표적인 운송서류는 역시 선하증권이라고 할 수 있다.

선하증권은 화물을 선적했다는 사실을 증명하는 가장 중요한 증거서류로서 유통이 가능한 유가증권이다. 따라서 선하증권이 없으면 아무리 좋은 물품을 선적하고 다른 서류가 아무리 많고 잘 되어 있다고 해도 어음을 결제받을 수 없다.

3) 보험서류(保險書類; insurance document)

CIF나 CIP 조건과 같이 매도인에게 보험계약 체결의무가 부과되는 가격조건으로 거래를 할 경우에는 보험서류 역시 수출업자가 환어음의 결제를 위해 필수적으로 구비해야 할 서류의 하나가 된다. 보험서류에는 보험증권(insurance policy), 보험증명서(insurance certificate) 및 부보각서(cover note) 등이 있다.

보험회사가 발행하는 보험증권이나 포괄보험증권의 원본에 의해 개개 선적품이 부보되어 있음을 증명하는 보험증명서는 통상 정규적인 보험서류로서 은행에서 수리가 가능하다. 그러나 보험중개업자가 피보험자로부터 보험료를 받고 보험자와 보험계약을 체결하겠다는 약속의 표시로 발행하는 부보각서는 별도의 명시가 없는 한 수리되지 않는다.

4) 포장명세서(包裝明細書; packing list)

상업송장, 선하증권 다음으로 많이 요구되는 서류가 포장명세서(packing list)이다. 상업송장과 내용은 거의 유사하나 쉽게 찾을 수 있도록 하기 위해서 보통 연한 푸른색 계통의 용지를 많이 사용한다. 포장명세서에는 화인, 선적화물의 포장단위별 명세, 총중량, 순중량 및 용적 등이 기재되어 수입업자와 운송업자, 그리고 세관 등에서 수입화물을 쉽게 식별하고 취급하는 데 이용된다.

5) 원산지증명서(原産地證明書; certificate of origin)

오늘날 대부분의 국가들은 관세특혜의 부여 또는 공정한 무역거래질서의 확립을 위해 수입통관 시 원산지증명서(certificate of origin)를 요구하고 있다. 이러한 경우 수입업자는 신용장에 반드시 원산지증명을 첨부할 것을 요구하게 된다. 이러한 원산지증명서는 구체적 용도에 따라 다음과 같이 구분된다.

(1) Certificate of Origin(C/O)

일반 원산지증명서로 가장 많이 쓰이는 양식이다. 특정국으로부터의 수입을 제한하거나 국별 수출입통계를 작성하는 데 이용되며, 일정한 인쇄양식에다가 해당되는 내용만 기재 · 서명하여 각지의 상공회의소에 제출하면 곧 발급받을 수 있다.

(2) Generalized System of Preferences Certificate of Origin(GSPCO)

이는 UNCTAD의 일반특혜관세제도 하에서 특혜관세의 적용을 받기 위해서 이용된다. 일반특혜관세제도란 선진국들이 개발도상국의 경제발전을 위하여 개발도상국으로부터 수입되는 공산품에 대해서는 일반적인 관세율보다 낮은 관세를 적용하는 특혜를 부여하는 제도이다. 우리나라의 경우 이러한 관세혜택은 과거보다는 많이 축소되었으나, 아직도 일부 국가가 몇몇 제품에 대해서 이러한 특혜관세를 적용하고 있다.

(3) 범개도국 간 무역특혜용 원산지증명서(GSTPCO)

GSTPCO(Global System of Trade Preferences Among Developing Countries Certificate of Origin)는 일부 개도국들이 개도국 상호 간의 관세 및 비관세장벽을 완화하여 무역, 생산 및 고용증진을 도모하기 위하여 G.S.T.P. 협정을 체결하고 여기에 가입한 개도국 간에 수출입되는 관세양허품목들에 대해 관세상의 특혜를 부여하는 데 이용되는 일종의 특혜관세용 원산지증명서이다.

6) 기타 증명서

이 밖에 수입업자가 계약에 일치하는 물품의 입수를 위해 신용장에서 자주 요구하고 있는 서류에는 ① 품질증명서(certificate of quality), ② 성분분석증명서(certificate of analysis), ③ 검사증(certificate of inspection), ④ 검역증(certificate of quarantine), ⑤ 용적중량증명서(certificate of measurement and/or weight) 등이 있다.

4절 무역금융

1. 무역금융(貿易金融)의 의의

무역금융이란 다양한 국제무역거래에 따른 소요자금의 조달 또는 대금결제와 관련하여 무역당사자, 금융기관 또는 국가가 제공하는 수출 또는 수입과 관련된 금융을 말한다.

국제무역에 있어서 수출업자의 최대 관심사는 가급적 저렴한 비용으로 수출물품을 확보하여 조기에 수출대금을 회수하는 것이며, 이와 반대로 수입업자는 가능하면 수입대금의 결제를 늦추기를 원할 것이다.

이와 같이 상반되는 수출업자와 수입업자의 요구에 부응하여 대금결제의 시기를 조절하는 수단을 제공하는 것이 무역금융이다. 따라서 무역금융은 무역대금결제의 시기 및 수단 등 무역대금 결제 형태와 밀접한 관련이 있으며, 통상 수출업자와 수입업자는 무역계약의 체결과 동시에 다양한 형태로 무역금융의 활용가능성을 모색하게 된다.

이러한 무역금융은 순수한 상업적 견지에서 이루어지는 것과 정책적인 차원에서 이루어지는 특혜적인 무역금융이 있다. 상업적 무역금융은 융자기관이 허용하는 한 원칙적으로 융자자격의 제한이 없는 반면, 정책적 무역금융은 일정한 자격과 요건을 갖춘 경우에만 제한적으로 허용되고 있다.

그런데 우리나라에서는 금리 및 자금규모 면에서의 우대 때문에 무역금융하면 통상 정책적 무역금융을 지칭하는 것으로 인식되고 있다. 그러나 그동안 수출지원제도의 하나로서 우리나라의 수출증진에 결정적인 역할을 수행했던 정책적 무역금융은 주요 교역상대국에 의해 수출보조금으로 인식되어 통상마찰의 요인이 되어 왔고, 이에 따라 수혜대상, 금리, 융자단가 등이 대폭 축소되는 등의 우여곡절을 겪어 왔다.

2. 무역금융의 특징

무역금융은 일반금융과는 달리 다음과 같은 특성을 지니고 있다.

1) 자동결제기능

무역금융의 자동결제기능이란 수출을 통해 회수된 판매대금으로 원자재구매 · 제조 · 판매기간 중에 사용한 금융을 즉시 상환할 수 있다는 것을 말한다. 또한 무역금융의 경우에는 운송 중의 화물 자체가 담보의 구실을 하므로 상환불능의 위험이 적다.

2) 다양한 자금공급원

무역금융의 경우에는 은행, 팩토링회사, 리스회사, 종금사(綜金社) 등의 국내금융 기관은 물론 국외금융기관, 수출업자나 수입업자 자신, 보험회사, 수출지원기관 등 다양한 원천에서 자금을 조달할 수 있다. 따라서 보다 유리한 조건에 금융을 얻어쓸 수 있다.

3) 높은 신용위험

무역금융의 경우에는 거래당사자가 서로 멀리 떨어져 있고, 자금조달의 시간적 차이 때문에 수입업자의 대금지급불능과 수출업자의 수출이행불능 등의 신용위험이 국내금융과는 비교할 수 없을 정도로 높다. 따라서 철저한 신용조사와 수출보험 등을 통해 이러한 신용위험을 완화할 필요가 있다.

4) 환위험

무역금융에 수반되는 또다른 위험은 바로 환위험이다. 무역금융은 통상 그 기초가 되는 무역거래의 가격조건과 일치하는 국제통화로 표시되는바, 자연히 환율변동에 따른 환차익이나 환차손이 발생하게 된다. 특히 결제통화와 무역금융통화가 자국통화와 각각 다른 경우에 무역업자는 세심한 주의를 기울여 환위험에 대처할 필요가 있다.

3. 무역금융의 종류

국제무역의 확대로 국제거래 형태와 대금결제 방식이 다양해짐에 따라 무역금융의 종류와 내용도 복잡하고 다양하다. 무역금융의 종류를 융자시기 및 기간, 융자기준, 표시통화, 신용공여자의 소재지 등을 기준으로 구분하면 다음과 같다.

1) 수출금융과 수입금융

무역금융은 융자시기에 따라 수출금융과 수입금융으로 나눌 수 있다. 수출금융은 수출상품에 필요한 원자재 발주에서 대금결제에 이르기까지 여러 단계에서 필요한 자금을 융통해 주는 것을 말한다.

이러한 수출금융은 구체적인 융자시점을 기준으로 선적 전 금융과 선적 후 금융으로 구분된다. 수입금융은 신용장의 개설 및 수입어음의 결제를 위한 자금의 융통과 수입물품을 실수요자에게 판매하여 대금을 회수할 때까지의 재고금융 등을 가리킨다.

2) 단기무역금융과 중 · 장기무역금융

통상 단기와 중 · 장기를 구분하는 기준은 1년이나, 우리나라에서 단기금융하면 융자기간이 180일 이내에서 무역업체에 제공되는 단기운영자금을 뜻한다. 중 · 장기무역금융에는 수출업체에 대한 각종 시설자금대출이나 중 · 장기연불 방식의 수출에 지원되는 수출입은행자금 등이 있다.

3) 신용장기준금융과 실적기준금융

이는 융자 방법 내지 융자기준에 따른 구분이다. 수출신용장금액을 기준으로 융자받는 방법과 과거 수출실적을 기준으로 지원받는 방법이 있다.

4) 원화표시금융과 외화표시금융

융자금의 표시통화에 따른 구분이다. 대체로 단기금융은 원화금융에 속하고, 외화대출이나 해외에서 자금을 조달할 경우에는 외화표시금융이 된다.

5) 국내금융과 국제금융

신용공여자의 소재지에 따른 구분이다. 우리나라의 외국환은행 및 수출입은행이 국내 무역업체에 융자하는 자금은 국내금융에 속하고, 기한부신용장이나 D/A 등의 후불결제조건 및 현지금융은 국제금융으로 분류할 수 있다.

4. 정책적 무역금융

1) 일반수출입금융

일반수출입금융은 물품의 수출과 관련하여 원자재의 확보에서 물품의 선적에 이르기까지 소요되는 제반 자금을 지원해 주는 제도이다. 일반수출입금융은 적격요건을 갖출 경우 총융자한도에 제한이 없으며, 저리융자에 따른 융자취급은행의 이윤손실은 한은재할(韓銀再割)로 보전된다.

일반수출입금융은 융자금을 용도에 따라 원자재수입자금, 원자재구매자금, 생산자금으로 나누어 지원되고 있다. 융자대상은 중소기업 또는 비계열 대기업으로서 일정한 요건을 갖춘 경우에 한정되며, 대상업체는 자사의 실정에 따라 신용장기준금융과 실적기준금융 중 택일하여 필요한 자금을 융자를 받을 수 있다.

융자금액은 융자기준의 미달러화당 일정액의 원화금액, 즉 융자단가를 곱하여 원화로 계산된다. 이러한 융자단가는 자금별 및 업체규모별로 차등을 두어 운영되고 있으며, 환율변동 및 정책목표에 따라 수시로 조정되고 있다.

그러나 주로 자가생산품을 수출하는 중소기업의 경우에는 금융절차의 간소화 차원에서 자금의 용도를 구분하지 않고 수출신용장이나 과거 수출실적에 비하여 일시에 현금으로 대출받을 수 있는데 이를 포괄금융(包括金融)이라고 한다. 이러한 일반수출입금융을 간단히 정리하면 [그림 13-2]와 같다.

그림 13-2 일반수출입금융제도

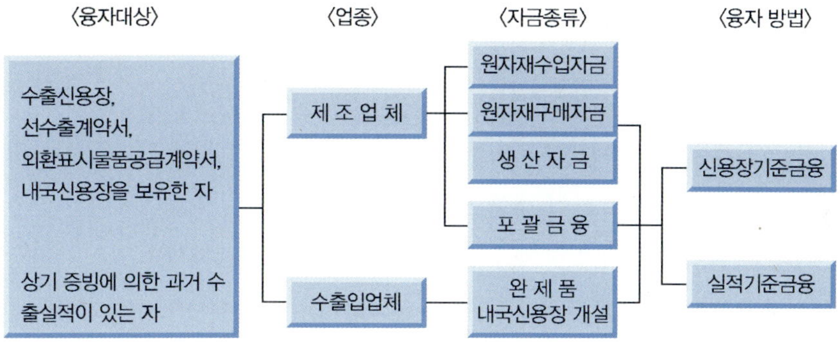

2) 건설 · 용역수출금융과 농수산물 수출준비자금 대출

건설 · 용역수출금융은 국내 · 외에서 외화로 대금을 결제하는 방식에 의하여 공사를 수주 · 시공하거나 용역을 제공하는 자에게 외화획득을 원활히 할 수 있도록 지원하는 금융이다. 농수산물 수출준비자금 대출은 농수산물의 수집 및 비축자금을 원활히 공급함으로써 농수산물의 가격안정과 수출신장에 기여할 목적으로 지원되는 것이다.

이들은 융자조건, 융자절차 및 사후관리 등에 있어서 일반수출입금융과 거의 유사하게 취급되고 있다.

3) 수출입은행자금

수출입은행자금은 중장기연불 방식에 의한 중화학공업제품의 수출을 촉진하기 위한 자금을 지원하기 위한 금융이다. 일반 외국환은행의 단기수출지원금융과는 별도로 한국수출입은행이 전담하여 취급하고 있다. 이러한 수출입은행자금은 융자대상에 따라 공급자금융(supplier's credit)과 구매자금융(buyer's credit)으로 구분된다.

5. 상업적 무역금융

1) 내국신용장제도

원신용장을 견질로 수출업자의 거래은행인 국내은행에 의해 국내의 완제품 또는 원자재 생산업자를 수익자로 하여 개설되는 내국신용장제도는 가장 대표적인 상업적 무역금융이다. 이는 수출업자로 하여금 수출물품 또는 수출용 원자재를 별도의 자금 부담없이 간편히 구매할 수 있게 할 뿐만 아니라 공급업자의 입장에서도 수출업자와 똑같이 수출실적 인정과 무역금융 혜택을 누릴 수 있어 국산원자재의 사용 촉진과 외화가득률 제고에 기여하고 있다.

2) 무역어음제도

수출업체가 수출신용장, 선수출계약서, 외화표시 물품공급계약서, 내국신용장 등 무역어음 발행대상이 되는 증거서류를 근거로 무역어음을 발행하여 이를 인수기관에서 인수받아 중개기관(할인기관)을 통하여 할인매각하는 방식으로 수출에 소요되는 자금을 조달하고 어음의 결제는 만기일에 Nego대전으로 상환하는 제도이다. 이 제도는 정책적인 무역금융의 축소로 자금사정이 어려워진 수출업체들을 도와주기 위해 1989년 이후부터 도입되었다.

그러나 이 제도는 정책적인 무역금융과는 달리 한은재할(韓銀再割)로 소요자금의 융자를 뒷받침하는 것이 아니고, 금리상의 우대가 있는 것도 아니다. 또한 해당 금융기관이 어음의 인수나 할인에 반드시 응해야 할 의무를 부담하는 것도 아니다. 즉, 무역어음은 금융기관이 자체 자금이나 할인매입한 무역어음을 일반투자자에게 재매각하여 조달한 자금으로 운영되는 순수한 무역금융이다.

이러한 무역어음의 거래절차를 보면 [그림 13-3]과 같다.

그림 13-3 무역어음의 거래절차

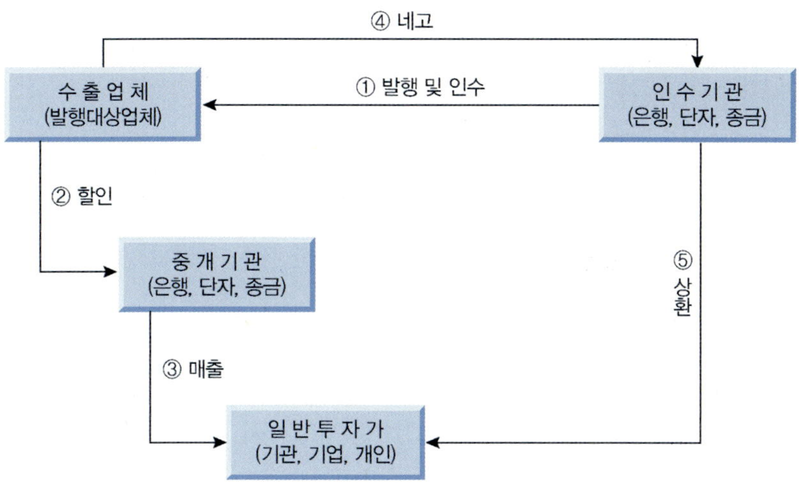

3) 인수금융(引受金融)

수입업자가 기한부어음(usance draft)에 의하여 대금의 결제를 수입 후 일정 기간 후에 할 수 있도록 함으로써 기간이익을 향유할 수 있는 금융을 인수금융(accep-tance financing)이라고 한다. 인수금융에는 수출업자가 신용을 공여하는 무역인수와 제3자인 은행이 신용을 공여하는 은행인수가 있다. 은행인수인 경우 수출업자의 입장에서는 일람출급거래와 마찬가지로 어음을 은행에 제시하고 즉시 수출대금을 지급받을 수 있다. 무역인수의 경우에도 필요할 경우 만기일까지의 이자를 공제하는 할인매각 방식으로 수출대금을 즉시 회수할 수 있다.

4) 국제팩토링(international factoring)

국제팩토링은 수출환어음의 매입과 유사한 제도로서 수출업자가 발행한 기한부어음 등 외상매출채권을 단자회사 등 금융기관이 매입하여 대금을 지급하고 이들 금융기관은 다시 기한부어음을 외국의 금융기관에 매도하는 방식으로 수출업자에게 금융을 제공하게 된다. 이와 같은 금융을 제공하는 금융기관을 팩터(factor)라고 한다. 이때 수출국의 팩터를 수출팩터라 하고 수입국에 있는 팩터를 수입팩터라고 구분하기도 한다. 이들은 통상 FCI(Factors Chain International)이나 IFG(International Factors Group) 등과 같이 국제적인 체인망을 구성하여 영업을 하고 있다.

이러한 국제팩토링 거래절차를 [그림 13-4]와 같이 나타낼 수 있다.

그림 13-4 국제팩토링 거래절차

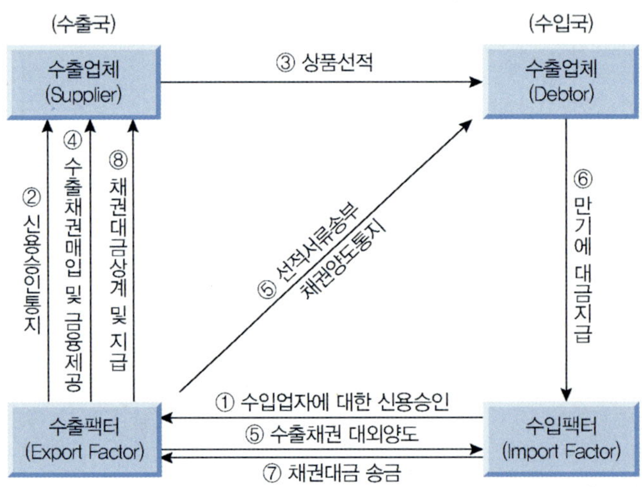

5) 포페이팅(forfaiting)

채권을 포기하거나 양도하고 현금을 받는 것을 말한다. 프랑스어 'forfait'에서 유래된 용어로, 무소구(無遡求: without recourse)조건 수출환어음 매입이라고도 한다. 수출의 대가로 받은 어음을 고정이자율로 할인하여 거래하는 무역금융기법으로 국가위험도가 높은 새로운 시장을 개척하려는 경우에 알맞다. 이때 이 방식을 사용하는 금융회사를 포페이터(forfaiter)라고 한다.

수출업자는 수출대금을 미리 받아 새로운 투자를 할 수 있으며, 차후 발생하는 수입자의 대금 지급 거절이나 연기에서 오는 손해는 일체 부담하지 않아도 되는 장점이 있다. 그러나 지급보증서 발급비용 등이 포함된 수수료를 비교적 높게 부담해야 하며, 금융비용의 증가로 수입물품의 가격을 상승시키는 단점이 있다.

주요용어

CWO, CAD, COD, Inkasso, T/T, M/T, D/P, D/A, 분할불, 신용장(L/C), 개설의뢰인, 개설은행, 수익자, 통지은행, 매입은행, 확인은행, 상환은행, 화환신용장, 확인신용장, 상환청구가능신용장, 일람불신용장, 기한부신용장, 제한신용장, 양도가능신용장, 회전신용장, 전대신용장, 보증신용장, 내국신용장, 신용장통일규칙, eUcP, 환어음, 상업송장, 부보각서, 원산지증명서, GSPCO, GSTPCO, 무역금융, 무역어음, 인수금융, 국제팩토링, 포페이팅

연습문제

1. D/P와 D/A의 차이점을 설명하시오.
2. 무역대금결제 방법을 결제시기에 따라 구분하여 설명하시오.
3. 신용장의 효용을 수출업자의 입장과 수입업자의 입장으로 나누어 설명하시오.
4. 신용장의 가장 중요한 특성인 독립성·추상성과 한계를 설명하시오.
5. 신용장의 주요 당사자와 이들의 거래관계를 그림과 함께 설명하시오.
6. 구상무역에서 쓰이는 신용장의 종류를 알아보시오.
7. 보증신용장의 개념과 용도를 설명하시오.
8. 신용장통일규칙이 처음 제정된 이후 이제까지의 개정 과정과 배경에 대해 알아보시오.
9. 요식유가증권인 환어음에 필수적으로 기재되어야 하는 사항에는 어떠한 것들이 있는가?
10. 송장의 종류에 대해 설명하시오.
11. 무역금융이 일반금융과 구분되는 특징을 설명하시오.

12. 국제팩토링의 주요 당사자와 이들의 거래관계를 통해 국제팩토링 거래절차를 설명하시오.

13. 하나의 신용장은 분류기준에 따라 여러 가지 종류로 구분된다. 그룹별로 서로 다른 외국환은행을 선정하여 당해 은행이 개설 또는 통지한 신용장을 10개 이상씩 수집하여 거래내용을 추적하고, 그 신용장이 어떠한 종류의 신용장인가를 조사하여 보고서로 제출하시오(그룹과제).

무역대금결제 및 무역금융 관련 인터넷 사이트

이 름	홈페이지	내 용
한국은행	www.bok.or.kr	최신의 금융경제정보와 함께 공개자료실에선 한국은행의 각종 정기간행물, 조사연구자료, 통화신용정책 관련 규정 등의 자료 제공
한국수출입은행	www.koreaexim.go.kr	우리나라 기업의 자본재 등의 수출, 해외투자, 주요 자원개발 및 주요 자원 수입에 필요한 장기 · 저리의 각종 금융을 제공하고 있는 수출입은행의 금융지원제도 및 해외투자정보(OIIS) 제공
신용보증기금	www.kodit.co.kr	금융기관으로부터 자금을 조달하기 어려운 기업에게 신용보증 및 신용정보 확장, 신용조사 서비스, 창업 및 경영지원 서비스 등을 제공
세계은행	www.worldbank.org	국제경제연구논문과 보고서, 세계은행과 금융에 관한 사업, 소식, 화제, 간행물, 투자 등의 정보
외환은행	www.kebhana.com	환율, 외환시장정보, 외환시장동향 등의 정보
Security First Network Bank	www.sfnb.com	미국의 저축감독국(OTS: Office of Thrift Supervision)으로부터 온라인 뱅킹 업무수행을 인가받아, 1995년 10월 18일 적십자사에 기부거래를 시작으로 인터넷 뱅킹 업무를 개시한 세계 최초의 인터넷 은행
국제통화기금 (IMF)	www.imf.org	국제 단기자금을 제공하고 있는 국제통화기금으로, 외환위기에 대한 다양한 정보를 제공. 간행물, 세계 각국들의 외채현황, 세계경제전망 등 국제무역에 대한 정보
국제결제은행 (BIS)	www.bis.org	BIS는 통화와 재정안정을 위하여 중앙은행이 협력한 국제기구. 국제기구와 중앙은행에게만 은행서비스를 제공하고 있음.
기획재정부	www.moef.go.kr	기획재정부의 경제정책/법령 해설, 주요 경제지표/통계 및 관련 사이트
국제투자분쟁해결센터 (ICDR)	www.icdr.org	특정 국가와 다른 국가의 국민 간의 투자분쟁
국제상업회의소 (ICC)	iccwbo.org	정형거래조건의 해석에 관한 규칙, 화환신용장통일규칙 및 관례, 추심에 관한 통일규칙, 조정 · 중재규칙, 국제투자에 관한 지침, 국제투자와 다국적기업에 관한 선언 등 자율적인 국제무역규칙 제정

14장

무역분쟁해결

학습목표

국제무역은 본질적으로 언어·관습·법률·통화 등이 다른 나라의 계약상대방과의 거래를 의미하므로 국내거래에 비해 상대적으로 계약불이행 또는 사기 등으로 인한 분쟁이 발생할 가능성이 높다. 이러한 무역분쟁은 상대방의 계약위반으로 피해를 입은 당사자가 클레임을 제기하는 과정으로 이어지게 된다. 국제교역의 확대와 무역건수의 증가로 인하여 클레임건수 역시 매년 증가일로에 있다. 따라서 본 장에서는 이러한 무역클레임의 정의와 종류 및 해결 방법 등에 대해 알아보기로 한다.

1절 무역클레임

2절 중 재

세계무역이야기

중국 최고인민법원의 국제상사법정 신설

중국 최고인민법원은 2018년 6월 "국제상사법정 설립에 관한 최고인민법원의 규정(약칭 국제상사법정 규정)"을 공포하였고, 이는 2018년 7월 1일 시행되었다. 최고인민법원 제1 국제상사법정과 제2 국제상사법정은 각각 광동성 심천시와 섬서성 서안시에 설립되어 국제상사 사건에 대한 심리를 진행하고 있다.

중국이 2013년 "일대일로"사업에 착수한 이래 중국 각급 인민법원이 심리 · 판결한 국제무역, 국제공사수주, 국제물류 등 국제상사분쟁 사건 수는 지속적으로 증가하고 있다. 통계에 따르면 중국 각급 인민법원은 2013년부터 2017년까지 5년간 약 20만 건의 국제 민 · 상사 사건을 심리 · 판결 하였는데, 이는 중국 각급 인민법원이 그 전 5년간 심리 · 판결한 국제 민 · 상사사건 수의 2배에 해당하는 수치이다.

국제상사소송이 증가함에 따라 중국 법원이 국제상사사건을 처리하는 능력도 전반적으로 제고되었으나, 국제상사소송은 여전히 문서송달 기간이 길고 해외에서의 증거 조사 · 수집이 어려우며, 해외 증거에 대한 공증 · 인증절차가 복잡한 문제점이 있다. 그리고 일부 판사의 전문성이 부족하고 재판수준에 차이가 있다는 문제점도 존재하였다. 최고인민법원은 이와 같은 문제점을 개선하고 공정성과 전문성이 한층 강화된 효율적인 국제상사분쟁 체계를 갖추기 위하여 국제상사 법정을 신설하기로 결정한 것이다.

기존 관련 규정에 의하면 국제상사사건의 당사자는 계약에서 1심 국제상사건의 관할을 최고인민법원으로는 정할 수 없었는데, 〈국제상사법정 규정〉시행으로 인하여 소가가 3억 위안 이상인 1심 국제상사사건 등의 경우 최고인민법원을 관할법원으로 약정할 수 있게 되었다. 이 경우 최고인민법원의 1심 판결이 종국판결이 되고, 2심제 적용의 예외에 해당하게 된다.

이 규정의 또 다른 중요한 특징은 "원스톱 국제상사분쟁해결 시스템 및 조정"에 관한 내용이다. 즉, 이 규정에 따라 최고인민법원은 국제상사전문가위원회를 설립하고 조건에 부합되는 국제상사 조정기구, 국제상사 중재기구를 선정하여 국제상사법정과 공동으로 조정, 중재, 소송이 유기적으로 결합된 분쟁해결 플랫폼을 구축함으로써 원스톱 국제상사분쟁해결

시스템을 구축해야 한다. (제11조).

원스톱 국제상사분쟁해결 시스템이 정상적으로 운영되기 시작한 후, 조정제도의 이점을 이용하고자 하는 당사자는 국제상사계약에서 분쟁이 발생할 경우 우선 국제상사전문가위원회 또는 원스톱 국제상사분쟁해결 시스템상 국제상사조정기구에 조정을 제기하고, 합의에 이르지 못할 경우 중재를 제기한다고 약정하거나 최고인민법원에 소송을 제기한다고 약정할 수 있다.

한국과 중국 간 비교적 규모가 큰 합자, 투자, 매매 등 거래를 진행하는 경우 해당 계약에서 홍콩국제중재센터, 싱가포르국제중재센터 등 제3지역의 중재기구를 분쟁해결기구로 정하는 경우가 많다. 그러나 중국 측 당사자의 요구나 기타 사유로 인하여 부득이하게 중국 내 중재 기구에서의 중재나 중국 법원에서의 소송을 분쟁해결 방식으로 해야 하는 경우도 종종 있다. 이때, 국제상사법정에서 분쟁해결을 진행하는 경우 일반 법정에 비해 전문성 있는 판사가 배정되고, 상대방 당사자가 동의하는 경우 영문 자료의 중문번역본 제출이 불필요하며, 보전처분 신청절차가 간소화된다는 등의 장점이 있다. 따라서 향후 소가가 3억 위안 이상인 분쟁에 대해서는 중국 최고인민법원을 합의관할로 약정하는 것도 고려할 필요가 있다.

다만, "국제상사법정 규정"은 최근 시행된 규정으로 아직 하부 규정이 완비되지 않아 추후 관련 입법 동향을 주시할 필요가 있고, 또한 국제상사법정은 설립된 지 얼마 되지 않은 신설 법정이기 때문에, 안정적으로 운영되고 예기한 효과를 거둘 수 있는지를 검증할 수 있기까지는 일정한 시간이 필요할 것으로 보인다.

〈법률신문 2018/9/14〉

1절 무역클레임

1. 무역클레임의 정의

무역거래에서 클레임은 대개 2가지로 분류된다. 하나는 운송 중의 화물이 각종 사고로 인하여 멸실 또는 손상된 경우 하주가 선박회사 또는 보험회사에 대하여 손해배상을 청구하는 운송 또는 보험클레임이다. 다른 하나는 매매계약의 한 당사자가 계약을 위반함으로써 피해를 입은 당사자가 그러한 손해의 배상을 청구하는 무역클레임이다. 그러나 일반적으로 클레임이라고 하면 후자의 무역클레임을 의미하는 것이 보통이다.

이러한 무역클레임을 넓은 의미로 해석하면 단순한 불평(complaint)이나 경고(warning)도 포함시킬 수 있으나, 대개는 좁은 의미로 해석해서 적극적으로 손해의 배상을 요구하는 것을 말한다. 이때 손해배상을 청구하는 당사자를 제기자(claimant), 청구당하는 당사자를 피제기자(claimee)라고 한다.

2. 무역클레임의 종류

무역클레임은 제기자, 원인, 청구내용 등에 따라 여러 가지 종류로 구분할 수 있다.

1) 제기자에 따른 분류

클레임은 제기자가 누구냐에 따라 수출업자가 제기하는 매도클레임(seller's claim)과 수입업자의 매수클레임(buyer's claim)으로 구분된다. 그러나 수출업자가 수입업자에게 클레임을 제기하는 경우는 대개 신용장 개설지연, 어음의 부도 등 대금결제와 관계되는 것 외에는 거의 없으며, 클레임의 거의 90% 이상은 수입업자가 수출업자에 대하여 제기하는 매수클레임이다.

2) 원인에 따른 분류

무역클레임의 원인에는 직접적 원인과 간접적 원인이 있다. 직접적 원인에는 상담이나 계약체결 과정에서 무역계약의 제조건에 대해 충분한 합의가 이루어지지 못한 채 계약이 이행됨으로써 클레임으로 이어지는 경우와 어느 한 당사자가 계약조건을 제대로 지키지 못함으로써 클레임이 제기되는 경우가 많다.

그러나 의외로 무역클레임에는 언어, 관습, 법률 및 문화배경의 차이에서 야기되는 불명확한 의사소통, 불충분한 신용조사, 무역실무와 국제상관습에 대한 무지, 시황의 변동, 불가항력 등 간접적 원인에 기인하는 것도 많다.

무역클레임의 직접적 원인을 중심으로 클레임의 종류를 살펴보면 다음과 같다.

(1) 상품에 관한 클레임

클레임 중에 제일 많이 일어나는 것으로 품질불량, 품질상위, 규격상위, 변색, 색상상위, 내용상위, 운송 도중의 멸실이나 손상 등 구체적 원인도 다양하다. 가장 빈번히 일어나는 클레임인 만큼 해결하기도 까다롭다.

(2) 수량과부족

계약한 상품의 수량과 실제로 도착한 수량과의 차이로 야기되는 클레임 건수도 상당수에 달한다. 상품에 따라서는 수송 도중에 감량이 되는 것도 있고, 또 증량되는 것도 있어 문제를 더욱 복잡하게 한다. 그러므로 선적서류에 나타나는 상품의 수량이나 중량의 표시는 정확해야 한다.

(3) 포장에 관한 클레임

포장불량, 부정포장, 포장파손 등으로 인한 상품의 멸실이나 손상이 포장에 관한 클레임의 원인이 되며, 화인누락, 화인상이, 화인소멸 등도 포장에 관한 클레임에 포함되어야 한다. 장거리 운송이 필연적인 국제무역에서는 운송 도중 상품을 안전하게 보호하기 위해 방수가 되는 견고한 자재로 상품을 포장해야 한다.

(4) 운송에 관한 클레임

상품의 운송 도중에 발생하는 멸실이나 손상에 대한 클레임도 의외로 빈번하게 발생한다. 항해 중에 일어날 수 있는 위험은 누손, 증발, 혼합, 기름, 빗물 및 담수, 땀과 열, 곰팡이, 투하, 굴곡 등 실로 다양하기 그지 없다. 이러한 모든 위험을 수출업자나 선박회사가 부담한다는 것은 사실상 불가능하다. 따라서 이러한 위험에 대해서는 대개 해상보험에 부보함으로써 해결하고 있다.

(5) 선적에 관한 클레임

선적과 관련된 클레임은 크게 선적지연과 선적불이행으로 구분된다. 이러한 선적지연이나 선적불이행이 수출업자의 사정으로 인한 것일 경우에는 당연히 적절한 손해배상을 해야 하지만, 수출업자가 책임질 수 없는 불가항력에 기인한 것일 경우에는 대개 계약서의 이면에 삽입된 불가항력조항에 의거하여 면책이 된다.

(6) 보험에 관한 클레임

수출업자가 체결한 보험계약이 계약에서 합의된 보험조건과 일치하지 않아 보험회사로부터 보상을 받을 수 없는 경우에 제기되는 클레임이다. 예를 들어, ICC(A)조건으로 해야 할 것을 ICC(B) 또는 ICC(C) 조건으로 부보했다든지, 전쟁위험이나 동맹파업을 담보하기 위한 약관을 첨부하지 않은 경우이다. 약간의 보험료를 절감하기 위해 꾀를 부리다가는 낭패를 당하기 쉽다.

(7) 결제에 관한 클레임

주로 수출업자가 제기하는 클레임으로 대금미지급, 신용장의 개설지연 또는 개설불이행, 계약조건과 다른 신용장의 개설 등이 있다. 특히 신용장은 서류에 의한 거래이므로 상품과는 독립적으로 선적서류상에 조그마한 하자가 발견되어도 수입업자가 환어음의 지급 또는 인수를 거절하는 경우도 있으므로 주의해야 한다.

(8) 마켓 클레임(market claim)

마켓 클레임이란 계약체결 후 상품의 시세하락으로 매수인이 손실을 입게 되는 경우 매도인의 사소한 실수 등 여러 가지 이유를 들어 가격인하를 요구하거나 계약상품의 인수를 거부하는 행위이다. 특히 국제무역을 하다보면 Claim Merchant라고 하여 교묘한 방법으로 매도인으로 하여금 정상적인 계약이행에 차질을 빚게 한 후 계획적이고 고의적으로 클레임을 제기하는 악질 수입업자들도 많다.

따라서 수출업자는 수입업자에 대한 철저한 신용조사와 함께 시황이 불리해질 경우에는 한치의 빈틈도 없이 철저히 계약을 이행하여 마켓 클레임에 대비해야 한다.

3) 청구내용에 따른 분류

(1) 금전적 클레임(pecuniary claim)

금전적 클레임이란 대금지급 거절, 손해배상금의 청구, 대금감액 요구 등 클레임을 돈으로 해결하고자 하는 경우이다. 특히 국제무역에서는 손해배상이 단순히 상품대금의 변제에 그치는 것이 아니라 당해 수입품이 정상적으로 수입되어 판매되었을 경우 얻을 수 있었던 예상이익(expected profit)의 상실에 따른 기회비용과 함께 신용장 개설비용, 통신료, 운임, 보험료, 클레임제기비용 등 제반 지출비용과 그에 대한 이자까지도 배상해야 하는 경우도 있다.

(2) 비금전적 클레임(non-pecuniary claim)

비금전적 클레임에는 계약의 해약, 물품의 인수거절, 대체물품의 청구 등이 있다.

비금전적 클레임만으로 만족할 수 없는 경우 금전적 클레임이 병행될 수도 있음은 물론이다.

3. 무역클레임의 제기

상대방의 계약위반으로 손해를 입은 무역업자는 우선 어떤 이유로 클레임을 제기하는 것인지 구체적인 클레임제기 의사를 상대방에게 통지하여야 한다. 물품의 종류, 클레임의 원인, 거래의 형태 및 상관습에 따라 통지해야 할 기간의 차이가 있을수 있으나, 클레임을 제기하려면 그러한 의사표시는 빠를수록 좋다.

실제로 나라마다 이러한 통지기간의 법적 효력은 통일되어 있지도 않고 명확하지도 않다. 따라서 일반적으로 무역계약서에는 클레임의 통지기간을 명시하고 있는 경우가 많은데, 대개는 상품이 목적지에 도착후 3~10일 이내에 서면으로 클레임을 통보하도록 규정하고 있다.

클레임을 제기하고자 할 경우에는 또 다른 분쟁을 피하기 위해서 도착한 상품을 다른 지역으로 옮기기 전에 부두의 보세창고에서 공인검정기관(public surveyor)에 검정을 의뢰하는 것이 현명하다. 클레임제기에 필요한 서류로는 클레임진술서, 손실명세서, 검사감정보고서, 청구서 및 기타 증빙서류 등이 있다. 클레임제기 절차는 [그림 14-1]과 같다.

그림 14-1 클레임제기 절차

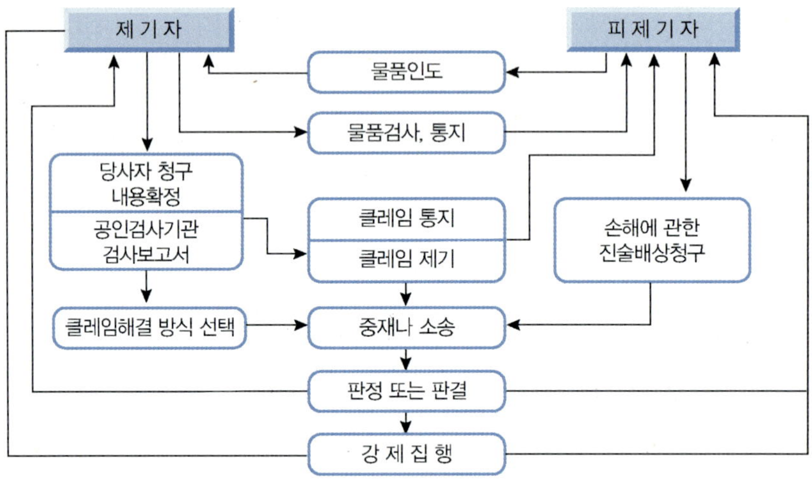

4. 무역클레임의 해결 방법

클레임을 해결하고자 하는 경우 우선 떠올리게 되는 것은 소송이다. 그러나 최근에는 복잡한 재판절차 및 이에 따른 많은 시간과 경비 등 소송의 문제점 때문에 조정 및 알선, 중재 등 소송 이외의 대안적 분쟁해결수단(Alternative Dispute Resolution: ADR)에 의해 클레임을 해결하는 사례가 늘어나고 있다. 무역클레임의 해결 방법은 당사자 간의 해결과 제3자를 통한 해결로 구분할 수 있다.

1) 당사자 간 해결

(1) 단순경고(warning)

이는 클레임의 액수가 적을 때 지속적인 거래관계를 위해서 같은 실수를 되풀이하지 않도록 하는 선에서 단순히 주의를 주는 정도로 클레임 청구권을 포기하는 경우이다.

(2) 타협(compromise)

일단 클레임이 제기된 후에도 적당한 수준의 금전적인 보상이나 대체상품(代替商品)의 송부 등 당사자 간에 가장 합리적인 방법으로 합의안을 도출하여 제3자의 개입 없이 클레임을 우호적으로 해결하는 것이다.

2) 제3자를 통한 해결

(1) 조정 또는 알선

조정 또는 알선(conciliation or mediation)은 당사자에 대한 법적 구속력을 갖는 중재나 소송 등 최종적인 분쟁해결에 앞서 상공회의소, 상사중재원, 대사관, 영사관 등 공정한 입장에 있는 제3자의 의견에 따라 분쟁을 해결하는 것이다. 특히 조정의 경우 분쟁의 당사자는 제3자의 조정안을 수락할 의무는 없으나, 일단 수락하면 조정안도 구속력을 갖게 된다.

(2) 중재(仲裁; arbitration)

중재란 당사자가 공정한 제3자를 중재인(arbitrator)으로 선정하여 그의 판정에 복종함으로써 최종적으로 분쟁을 해결하는 민간인에 의한 자주적 분쟁해결 방법이다. 국제무역에 있어서 가장 대표적인 분쟁해결 방법으로 그 중요성을 감안하여 절을 달리하여 좀더 상세히 설명하고자 한다.

(3) 소송(訴訟; litigation)

국가기관인 법원의 판결에 따라 분쟁을 공권력에 의해 강제적으로 해결하는 그야말로 최후의 분쟁해결 방법이다. 당사자 간에 중재에 대한 합의가 있는 경우에는 직접소송을 제기할 수 없으나, 중재판정취소소송 등으로 중재판정의 효력이 소멸된 경우에는 소송을 제기할 수 있다.

그러나 소송에 소요되는 시간과 비용은 차치하더라도 일국의 법원에서 내려진 판결을 재판관할권이 다른 외국에서 강제집행하는 데는 많은 어려움이 있다. 따라서 실질적인 효력을 보장받기 위해서는 상대방 나라의 법원에 제소해야 한다는 문제점이 있다.

소송과 중재를 비교하면 [표 14-1]과 같다.

[표 14-1] 소송과 중재의 비교

소 송	중 재
일방적으로 상대편의 합의없이 제소 가능	계약당사자의 중재에 관한 합의가 필요
2심 · 3심에 항소 · 상고가 가능	단심제
분쟁해결에 많은 비용과 시간소요	분쟁이 신속 · 경제적으로 해결 가능
공권력에 의한 해결	공정한 제3자(중재인)에 의한 사적 분쟁 해결
원칙적으로 공개리에 진행되어 비밀유지가 불가능	원칙적으로 비공개이므로 비밀유지가 가능

2절 중재(仲裁; arbitration)

1. 중재의 의의

중재란 중재 가능한 일정한 법률관계의 분쟁을 당사자 간의 합의로 법원의 판결에 의하지 아니하고 제3자의 입장에 있는 중재인의 판정에 의해 최종적으로 해결하는 방법이다. 이러한 중재판정은 법원의 확정판결과 동일한 효력을 인정받게 된다.

중재의 요건은 ① 당사자의 계약에 의하여 성립하고, ② 재판을 받을 수 있는 권리를 포기하여야 하며, ③ 제3자의 판정은 최종적인 것이고 당사자는 그 판정에 복종해야 한다는 것이다. 중재가 원활히 진행되기 위해서는 당사자의 계약에 의해 중재지, 중재기관, 중재법규 등 이른바 중재의 3요소가 합의되어야 한다.

중재는 일반적으로 중재절차를 관리하는 중재기관에 의하여 수행하게 되는데, 이러한 중재기관으로는 상설중재기관(institutional arbitration)과 임시중재기관(ad hoc arbitration)이 있다. 이들 두 가지의 중재기관이 중재판정을 행한 경우에 그 집행에 관한 효과 면에서는 차이가 없다.

2. 중재의 장 · 단점

1) 중재의 장점

(1) 신속하고 경제적인 분쟁해결

2심 · 3심에 항소 · 상고가 가능한 소송과 달리 중재는 단심제(單審制)로 운영된다. 따라서 중재에 의할 경우 매우 짧은 기간에 분쟁을 신속하게 해결할 수 있다. 중재의 당사자들은 긴급성에 따라 중재계약으로 판정기간을 명시하여 단축시킬 수 있으며, 그렇지 아니한 경우에는 중재법에서는 3개월 이내에 중재판정이 내려지도록 규정하고 있다. 특히 국내중재규칙의 개정으로 당사자 간에 신속절차에 따르기로 하는 별도의 합의가 있는 국내 · 외 상사중재사건과 신청금액 1억 원 이하의 중재사건에 대해서는 1명의 중재인만으로 심문종결일로부터 100일 이내에 판정을 내리도록 하는 신속중재절차가 도입되어 운영되고 있다.

신속한 분쟁의 해결은 그만큼 분쟁해결에 소요되는 비용의 절감을 가져오게 한다. 특히 상사(商事)에 관한 전문적인 지식과 경험을 가진 중재인에 의한 분쟁해결은 새로운 설명이나 지식의 보완이 그다지 필요치 않음으로써 증인심문, 진술서 작성 등에 소요되는 시간이나 경비가 절약되게 된다.

(2) 전문성

현재 대한상사중재원이 보유하고 있는 중재인 명부를 보면 중재인단은 실업계, 각종 업계별 단체, 법조계, 학계, 공공단체 및 기타 단체의 조사기구의 대표자, 공인회계사, 주한외국인상사의 대표자 중에서 엄선된 다수의 인사들로 구성되어 있다. 따라서 법조문에만 매달려 경직적인 분쟁해결이 되기 쉬운 소송과는 달리 중재의 경우에는 중재인들의 전문성을 최대한 살려 분쟁을 해결할 수 있다.

(3) 비밀유지

법원의 소송절차는 공개주의원칙에 따라 진행되므로 재판 과정에서 회사의 중요한 영업비밀이 외부로 누설될 우려가 있다. 이에 비하여 중재는 비공개리에 진행되므로 설사 불리한 판정을 받게 되는 경우에도 영업비밀이나 회사의 명성을 그대로 유지할 수 있다.

(4) 국제적 효력

특정국의 법원에서 내려진 판결을 재판관할권이 다른 외국에서 강제집행하는 데는 많은 어려움이 있다. 그러나 중재판정의 경우에는 우리나라를 포함한 세계 주요 무역국들이 모두 회원국으로 가입되어 있는 뉴욕협약, 즉 '외국중재판정의 승인 및 집행에 관한 협약'(Convention on the Recognition and Enforcement of Foreign Arbitral Awards)에 의해 모든 가입국에서 강제집행이 가능하므로 국제적 효력이 실질적으로 보장되고 있는 셈이다. 또한 1980년 후반 이후 선진 각국들이 UNCITRAL의 "국제상사중재에 관한 모델법"을 경쟁적으로 수용하고 있고, 우리나라도 1999년 말 중재법 개정으로 이를 수용하면서 국제무역분쟁의 해결수단으로서 중재의 비중은 갈수록 증대되고 있다.

2) 중재의 단점

① 3심제를 채용하고 있는 소송의 경우와 달리 단심제로 운영되는 중재의 경우 상소수단이 없다는 것이 오히려 불안 요인이 된다.

② 법관은 법과 선례에 구속되므로 그것에 의해서 법적인 안정성이 확보되는 데 비하여 중재인은 스스로의 양식에 따라 판정한다지만 이러한 판정기준이 애매하여 종종 주관이 개입될 위험이 있다.

③ 중재인은 일단 선임되면 당사자의 의사와는 별개의 독립된 지위에서 판정을 해야 함에도 불구하고 자기를 선임한 당사자의 대리인과 같이 그의 이익을 보호하려는 경향이 있다.

④ 중재인은 강제처분권이 없고 판정기간이 짧은 관계로 흔히 양 당사자의 주장을 형식적으로 절충하여 판정을 내리는 경우가 많다.

3. 중재계약(仲裁契約)

중재의 가장 기본적 요건이 되는 중재계약은 성립시기에 따라 중재조항과 중재부탁계약으로 구분된다. 중재조항은 무역계약의 체결 시 장차 발생할지도 모르는 클레임에 대비하여 계약서상에 미리 중재에 관한 조항을 삽입시켜 둔 경우를 말한다. 이에 비해 중재부탁계약은 계약서 자체가 없거나 계약서에 중재조항이 없는 상태에서 당사자가 분쟁을 중재에 회부하여 해결하기로 사후적으로 합의하는 경우를 말한다.

무역거래에서 일단 분쟁이 발생하면 중재에 의하여 분쟁을 해결하기로 동의를 받아내기 어려운 경우가 많다. 따라서 중재부탁계약보다는 아예 중재조항을 계약서에 삽입시켜 두는 것이 바람직하다. 이와 관련하여 우리나라의 유일한 상설중재기관인 대한상사중재원에서는 다음과 같은 표준중재조항(standard arbitration clause)을 계약서에 삽입할 것을 권장하고 있다.

"All disputes, controversies, or differences which may arise between the parties, out of or in relation to or in connection with this contract, or for the breach thereof, shall be finally settled by arbitration in Seoul, Korea in accordance with the Commercial Arbitration Rules of the Korean Commercial Arbitration Board and under the Laws of Korea. The award rendered by the arbitrator(s) shall be final and binding upon both parties concerned."

4. 중재판정의 효력

중재판정(仲裁判定)은 분쟁의 해결 과정에서 중재인이 내리는 최종적인 결정이다. 따라서 중재계약에 의한 당사자들은 이 판정에 구속받게 되는 것이다.

그러나 중재인은 판정함에 있어서 중재계약의 범위 내에서 하여야 하므로 그 범위를 벗어난 판정은 효력이 인정되지 아니한다. 다만 그 범위 안에서는 계약의 현실적 이행뿐만 아니라 공정하고 정당한 배상이나 기타의 구제 등에 관하여 명할 수 있다. 또한 중재인은 판정에서 책임 있는 당사자에게 중재에 소요된 비용의 부담을 명하여야 한다.

중재판정은 중재계약에 따로 정함이 있는 경우를 제외하고는 중재인이 여러 명인 경우에는 그 과반수의 찬성으로써 판정하게 된다. 이때 중재자들의 결정이 가부동수인 때는 당해 중재판정은 그 효력을 상실하게 된다.

중재판정이 법원의 확정판결과 동일한 효력을 인정받고 있지만 강제집행을 위해서는 그 절차의 기본이 되는 채무명의(債務名義)를 얻어야 하며, 이를 위하여 따로 법원의 집행판결을 받아야 한다. 즉, 집행판결에 의한 중재판정의 적법성(適法性)이 선언되면 비로소 중재판정에 집행력이 발생하게 되는 것이다.

5. 중재절차

1) 중재계약의 체결

중재에 의하여 무역분쟁을 해결하고자 하는 경우에는 전술한 바와 같이 먼저 당사자간에 중재계약이 체결되어야 한다. 매매계약서 중에 중재조항이 있거나 서신 또는 전보에 중재조항이 있으면 되나, 이것이 없는 경우에는 별도의 서면계약을 체결하여야 한다.

2) 중재의 개시

중재는 당사자가 중재위원회 등에 청구함으로써 개시되는 경우와 당사자가 합의서를 작성하여 제출함으로써 개시되는 경우가 있다.

3) 심 문

중재가 개시되면 중재인은 당사자를 심문하게 된다. 이때 당사자들은 심문에 효과적으로 대처하기 위하여 전문적 법지식을 지닌 변호사를 대리인으로 선임할 수가 있다. 당사자가 합의할 경우 심문절차는 생략될 수도 있다.

4) 중재판정

중재판정은 중재인이 분쟁해결을 위해 내리는 최종결정으로 법원의 확정판결과 같이 양 당사자를 구속한다. 따라서 중재인은 공평하고 정당한 판정을 내리도록 해야 한다. 또한 중재판정의 승인 또는 집행의 청구인은 중재합의서의 원서와 중재판정의 판정문 원본을 집행을 구하는 해당 법원에 제출함으로써 집행청구측의 입증책임은 완료되며, 이를 거부할 수 있는 입증책임은 피청구인 측에 있도록 규정함으로써 집행판결 방해 요소를 제약하였다.

이상의 중재절차를 요약하면 [그림 14-2]와 같다.

그림 14-2 중재절차

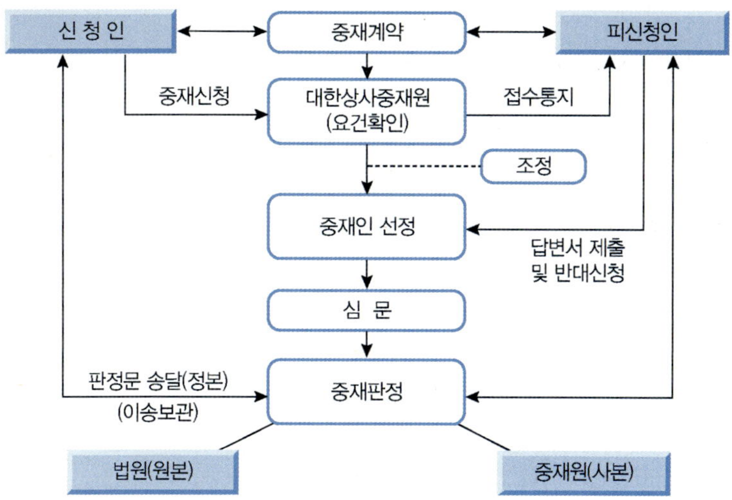

주요용어

무역클레임, 제기자, 피제기자, 마켓 클레임, ADR, 조정, 알선, 중재, 중재인, 중재판정, 소송, 상설중재기관, 임시중재기관, 뉴욕협약, 중재계약, 표준중재조항

연습문제

1. 무역클레임의 종류를 설명하시오.

2. 무역클레임의 제기절차를 설명하시오.

3. 클레임의 해결 방법을 간략히 설명하시오.

4. 중재의 요건과 중재의 3요소에 대해 설명하시오.

5. 중재의 장 · 단점을 소송과 비교하여 설명하시오.

6. 일반적인 중재절차를 간략히 설명하시오.

7. 최근의 무역클레임 실태를 조사하고, 이를 토대로 무역클레임을 예방하기 위한 대책에 대해 논하시오(그룹과제).

8. 클레임의 원인별로 5가지 이상의 중재사례를 수집하여 사건의 경위와 중재판정 및 판정 이유를 알아보고, 그러한 판정에 대한 학생들의 주관적인 견해나 평석(評釋)을 첨부하여 이를 보고서의 형태로 제출하시오(그룹과제).

9. 소송으로 해결된 최근의 무역분쟁과 관련된 법원의 판례를 하나만 수집하여, 사건경위와 당사자의 주장, 법원의 판결 및 판결 이유, 이에 대한 학생들의 주관적인 견해나 평석(評釋)을 첨부하여 이를 보고서의 형태로 제출하시오(그룹과제).

■ 무역분쟁해결 관련 인터넷 사이트

이 름	홈페이지	내 용
대법원	www.scourt.go.kr	우리나라 대법원의 홈페이지
대한상사중재원	www.kcab.or.kr	중재, 알선, 사이버 알선 및 사이버 상담, 중재활동 사례, 외국중재기관 관련 정보 제공
국가법령정보센터	www.law.go.kr	법제처에서 운영하는 우리나라의 모든 법령 및 자치법규 정보 제공
미국중재협회	www.adr.org	미국중재협회의 홈페이지
ARENT FOX	www.arentfox.com	미국 최대의 법률회사 홈페이지
FIND LAW	www.findlaw.com	인터넷상의 법률정보 데이터베이스, 인터넷법률 서비스
Property Casualty 360℃	www.property casualty360.com	클레임에 관한 인터넷 매거진
L.J. Shaw & Company	www.ljshaw.com	각종 클레임에 대한 자료와 사이트에 관한 자료 제공
코넬대학교	www.law.cornell.edu	코넬대학교의 법률정보기구, 미국의 법령과 국제 조약 등을 하이퍼텍스트로 제공
WorldTradeLaw.net	www.worldtradelaw.net	WTO 분쟁해결 및 국제무역법 관련 자료를 제공하고 있는 법률회사의 홈페이지
세계무역기구 분쟁해결기구	www.wto.org/english/tratop_e/dispu_e/dispu_e.htm	각종 국제무역 및 거래 분쟁해결 사례를 검색할 수 있고, 분쟁법률에 대한 정보를 제공
국제투자분쟁해결센터 (ICDR)	www.icdr.org	미국중재협회가 운영하는 국제투자분쟁해결센터의 홈페이지로 특정 국가와 다른 국가의 국민 간의 투자분쟁 해결에 필요한 정보 제공
대한무역투자 진흥공사	www.kotra.or.kr	KOTRA의 홈페이지로 세계의 무역사기사례 및 국제무역에 대한 다양한 정보를 제공하며, 무역정보, 거래선신용조사, 세계 시장정보, 국가별 지역정보, 투자정보 등도 제공

15장

전자무역

학습목표

정보통신기술의 발달 및 컴퓨터의 보급과 이에 따른 인터넷의 확산은 전세계적으로 전자상거래의 붐을 불러일으켰으며, 국제무역에도 일대 변혁이 일어나고 있다. 본 장에서는 인터넷을 이용한 국제무역과 서류없는 무역(paperless trade)이라고도 불리는 무역자동화를 총칭하는 전자무역에 대해 살펴보기로 한다.

1절 전자무역의 이해

2절 전자무역 실무절차

3절 무역자동화와 ED

세계무역이야기

디지털 무역 시장 선점할 '골든타임' 놓치지 말아야

코로나19와 산업의 디지털화로 글로벌 디지털 무역 시장이 급속히 확대되는 가운데 디지털 인프라 구축 및 국제 규범 논의 대응의 골든타임을 놓치지 말아야 한다는 주장이 나왔다. 디지털 무역이란 디지털 서비스 무역과 국가 간 전자상거래를 합쳐 이르는 말이다.

한국무역협회 국제무역통상연구원이 10월 26일 발표한 '디지털 무역의 한중 비교와 무역 규범의 글로벌 쟁점'에 따르면 지난해 한국과 중국의 디지털 서비스 수출액은 각각 414억 달러, 1,435억 달러였고 전자상거래 수출액은 한국이 52억 달러, 중국은 141억 달러를 기록하면서 한국의 디지털 무역의 수출 부문은 중국의 약 3분의 1 정도의 규모인 것으로 나타났다.

양국의 디지털 서비스 수출과 전자상거래 수출은 성장률에서도 차이를 보였다. 2015~2019년 중국의 디지털 서비스 수출은 연평균 11.4%씩 성장했으나 한국은 연평균 6.6% 성장하는 데 그쳤다. 또한 2016~2019년 중국 전자상거래 수출의 연평균 성장률은 58.8%를 기록한 반면 한국은 38.2%로 나타났다.

또한 보고서에 따르면 최근 중국은 디지털 인프라 등 신 사회간접자본(SOC) 구축에 향후 5년간 10조 위안을 투자함과 동시에 디지털 무역 시범지구, 국제 빅데이터 거래소 설치 등을 추진하며 디지털 무역 지원 확대에 본격 돌입한 것으로 알려지고 있다. 급속히 확산되는 디지털 무역 시장 선점을 위해 중국은 물론 미국과 유럽연합(EU)도 대대적인 투자와 전문가 육성 등에 나서고 있는 만큼 우리나라도 디지털 뉴딜 정책, 데이터 3법 도입 등에서 나아가 디지털 무역특구 설치, 디지털 무역 전문 인력 양성 등 더욱 구체적인 후속 투자를 서둘러야 할 것으로 보인다.

〈한국무역신문, 2020.10.26.〉

1절 전자무역의 이해

1. 전자무역의 개념과 특징

1) 전자무역의 개념

최근 전세계적으로 전자상거래 시대의 무역을 지칭하는 신조어로 "전자무역(e-Trade)"에 대한 관심이 고조되고 있다. 전자무역이란 마케팅 · 상담 · 계약 · 원자재 조달 · 운송 · 대금결제 등 제반 무역업무를 가상공간(cyber space)을 통해 시간과 공간의 제약 없이 처리하는 새로운 무역거래 형태를 말한다. 우리나라에서는 전자무역이라는 용어가 한때 사이버무역, 인터넷무역 등과 혼용되기도 하였다. 그러나 2000년 말 대외무역법의 개정과 함께 법률적 용어로 전자무역이 사용되고 있다. 대외무역법에서는 전자무역을 "무역의 전부 또는 일부가 컴퓨터 등 정보처리능력을 가진 장치와 정보통신망을 통해 이루어지는 거래"라고 정의하기도 하였다.

아직까지 전자무역의 활성화에는 여러 가지 기술적 · 제도적 · 물리적 장애 요인이 상존하고 있다. 그럼에도 불구하고 무역비용의 획기적인 절감을 가져올 것으로 기대되는 전자무역은 거래규모 측면에서도 향후 10년 내에 전세계 무역의 30%를 점유하게 될 것으로 예측될 만큼 잠재력을 가진 새로운 흐름으로 평가되고 있다.

한국의 경우 해외시장정보와 영업망이 취약한 중소기업들이 이러한 전자무역의 활용에 적극적인 관심을 기울이고 있다. 또한 산업통상자원부 등 정부 유관 부처와 지방정부, 그리고 대한무역투자진흥공사(KOTRA), 한국무역협회(KITA), 한국무역정보통신(KTNET) 등의 관련 기관들도 이들의 수출활동을 지원하기 위해 다양한 정책적 노력을 기울이고 있다.

2) 전자무역의 배경

전자무역은 기존의 전통적인 무역을 완전히 배제하고 있는 것이 아니라 무역업무 처

[표 15-1] 무역업무 처리 방식의 변화

구분	주요내용
무역서식의 표준화(1960년대)	• 신용장통일규칙(UCP) • 무역조건의 해석에 관한 국제규칙(Incoterms)
무역절차의 간소화(1970~80년대)	• 국가별 무역절차 간소화 위원회 • WP4, CEFACT의 활동
무역업무의 자동화(1980~90년대)	• EDI국제표준(UN/EDIFACT)
무역기반의 네트워크화(2000년대)	• E-마켓플레이스, 인터넷EDI • BOLERO, TradeCard, uTradeHub

리 방식을 전환하는 도구라 할 수 있다. 무역업무 처리 방식은 1960년대 신용장통일규칙과 Incoterms의 제정으로 대표되는 무역서식의 표준화로 간소화되기 시작했다.

그 이후 1970~80년대에는 가능한 현존의 무역절차를 간소화하기 위하여 각국의 대표가 참석하는 국가별 무역절차 간소화위원회를 구성한 바 있다. 이러한 위원회를 통하여 무역 업무에서 사용되는 각종 무역서식의 표준을 바탕으로 규제완화를 통한 무역절차의 간소화를 도모하였다. 이러한 EDI 기반이 2000년대 새로운 정보통신기술인 인터넷과 접목하면서 무역기반의 네트워크화 등으로 단계적으로 변화하여 왔다. 전자무역의 배경은 근본적으로 이러한 무역업무 처리방식의 변화에서 찾을 수 있다.

3) 전자무역의 특징

기존의 무역과 비교할 때 전자무역은 무역거래의 진행순서에는 큰 차이가 없다. 그러나 무역거래의 구체적 수단과 방법에는 상당한 차이가 있다. 일반적으로 전자무역은 ① 제품, 시장, 거래업체에 대한 정보수집과 홍보를 위한 [정보수집과 마케팅], ② 거래당사자 간에 거래조건에 대한 의견을 교환하고 매매계약의 법률적 근거를 마련하게 되는 [거래협상 및 계약체결], ③ 거래와 관련한 [대금결제], ④ 상품의 운송과 유통과 관련한 [물류 과정], 그리고 ⑤ 지속적인 거래관계의 구축을 위한 [고객서비스와 분쟁해결] 등의 다섯 단계로 구분할 수 있다. 이들 단계별 구분을 중심으로 전자무역과 기존 무역거래와의 차이를 분석해보면 다음과 같다.

첫째, 전자무역의 가장 큰 특징은 글로벌 마케팅(global marketing)과 정보수집이다. 기존의 무역에 있어 거래선에 대한 정보수집과 마케팅을 위해서는 직접 해외출장을 가거나 카탈로그, 홍보매체 등을 이용하였다. 그러나 전자무역에서는 중소기업도 인터넷 홈페이지 개설, 외국 웹사이트 검색, 배너광고 등을 통해 손쉽게 글로벌 마케팅을 할 수 있다. 이는 해외정보의 수집이나 마케팅능력이 없어 무역을 할 수 없었던 중소업체에게는 획기적인 무역기회의 확대이며, 사실상 내수기업과 수출기업 간의 장벽이 무너져 가고 있다.

둘째, 효율적인 커뮤니케이션 수단으로서 인터넷을 이용한 사이버 협상(cyber negotiation)이 전자무역에서 점차 큰 비중을 차지하게 될 것이다. 지금도 전화, 팩스 등을 통해 무역협상을 하기도 하지만, 가장 일반적인 방법은 역시 해외출장이었다. 그러나 인터넷의 발달로 인터넷을 이용한 무료국제전화와 인터넷팩스 서비스는 물론 거래 관련 자료나 화상을 전자우편으로 전송하거나 채팅 방식으로 사이버공간에서 직접 얼굴을 맞대고 무역상담을 하는 것도 가능해졌다.

셋째, 대금결제 분야에도 커다란 변화가 일어나고 있다. 즉, 전자화폐와 무역카드(TradeCard), BOLERO, Identrust, SWIFTNet 등을 이용한 새로운 대금결제 방식과 물류 관련 서류처리 방식의 출현으로 앞으로 은행을 통한 신용장(L/C)이나 D/P, D/A 방식의 거래비중은 점차 감소할 것이다.

넷째, 물류운송 분야에 있어서도 물류 e－Marketplace의 개설로 온라인 선복수배와 함께 경매 또는 역경매 방식의 운임협상이 가능해졌다. 또한 전세계적인 종합물류정보 네트워크의 구성을 통해 화물의 이동을 항상 확인할 수 있게 되면서 기업은 효율적인 재고관리는 물론 물류비용을 대폭 절감할 수 있게 되었다.

마지막으로, 고객서비스와 분쟁해결 측면에서도 전통적인 클레임서한 대신에 온라인 콜센터 또는 온라인 고객지원서비스가 보편화되고 있다. 또한 기본 무역계약 외에 전자무역에 따른 새로운 분쟁에 대비하여 전자거래약정을 추가적으로 체결하는 것이 보편화되고 있으며, 신속한 분쟁해결을 위하여 인터넷을 이용한 상사중재 신청 및 화상회의 시스템을 이용한 사이버알선과 원격중재제도도 활용되고 있다.

그림 15-1 전자무역의 특징

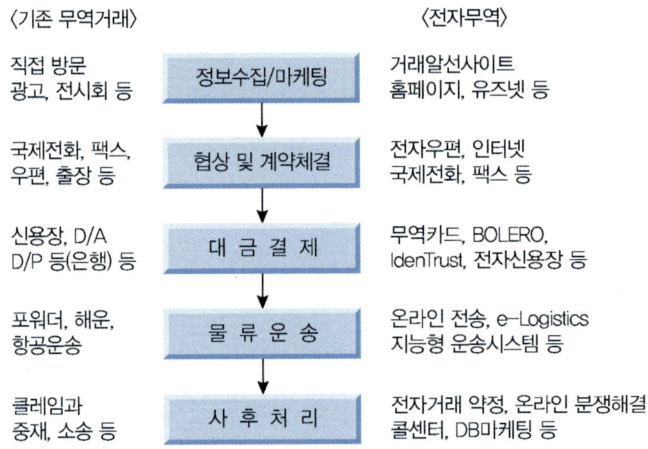

2. 전자무역의 기대효과

전자무역은 우리 경제가 성장하기 위한 핵심 성장동력인 무역의 구조적 혁신을 통해 우리 무역이 갖고 있는 여러 문제를 근본적으로 해소하고 무역 부대비용의 절감 및 수출 기반 확대 등 국가경쟁력을 획기적으로 증대시킬 수 있을 것으로 기대된다.

1) 무역 부대비용의 획기적 절감

우리나라는 세계 8위권을 넘보는 무역대국이라는 양적 성장에도 불구하고 무역구조에 있어서 고비용구조에 따른 부가가치 저하라는 근본적인 문제에 직면하고 있다. 무역 부대비용만 하더라도 총수출입금액의 평균 12%에 이르러 수출제품의 가격경쟁력 약화, 수입원자재의 원가상승 등을 초래하고 있는 것으로 분석되고 있다. 이러한 문제와 관련하여 전자무역은 무역 프로세스의 혁신을 통해 무역 부대비용을 획기적으로 절감함으로써 우리나라 무역의 고비용구조를 근본적으로 개선할 수 있을 것으로 기대된다. 사실 현재 운영 중인 단일창구(single window) 방식의 전자무역인프라인 uTradeHub만으로도 국가 전체적으로 연간 5조 원 이상의 무역 부대비용 절감효과가 있음을 감안할 때, 향후 전자무역이 본격화될 경우 엄청난 비용절감 효과를 기대할 수 있다.

2) 수출기반 확대 제공

전자무역은 기존 전통무역과는 다른 새로운 수출상품과 시장창출을 통해 우리의 수출경쟁력을 제고하고 수출기반 확대를 제공할 수 있다. 즉, 전자무역은 21세기 핵심 수출산업으로 주목받고 있는 디지털 재화를 포함한 지식서비스 등의 수출증대에 핵심적 역할을 수행할 것이며, 전자장터(e-Marketplace) 등을 통해 세계의 모든 바이어를 대상으로 24시간 무역거래를 할 수 있는 기반을 제공한다. 결국 전자무역을 통해 창출되는 새로운 사업 모델과 신시장 개척은 우리 무역이 제2의 도약을 이루는 전기를 마련해 줄 수 있을 것이다.

3) 국가경쟁력 제고

수출중심형 경제구조인 우리나라의 특성을 감안할 때, 개별기업과 산업의 IT, e-비즈니스 시스템은 전자무역과 연계될 때 비로소 전체 프로세스의 IT화, e-비즈니스화가 달성될 수 있을 것이다. 즉, 기업과 산업의 e-비즈니스화 노력이 전자무역이라는 연결고리(link)를 통해 수출의 양적 증대와 고부가가치화로 이어지고 이로 인해 실질적인 국가경쟁력 제고로 직결된다.

3. 전자무역 관련 동향

1) 주요국의 전자무역 추진현황

전세계적인 전자무역의 확산은 GE, CISCO 등 선진국의 초일류 기업들이 과감한 e-비즈니스 전략을 통해 새로운 무역 패러다임의 형성을 주도한데서 촉발되었다고 볼 수 있다. 이에 따라 각국 정부도 전자무역 발전전략 수립과 인프라 구축에 범국가적 역량을 집중시키고 있다. 이러한 가운데 미국, 영국, 일본, 싱가포르 등 선진국 또는 경쟁국들은 전자무역 분야에서의 우위를 선점하기 위한 국가적 차원의 노력을 기울이고 있다. 주요 내용을 살펴보면 [표 15-2]와 같다.

[표 15-2] 주요국의 전자무역 선점 전략

국가	추진현황	비고
미국	• 디지털 콘텐츠 무관세 정책 • 소비세 이중과세 방지 조치 • OASIS 주도의 국제전자상거래 표준 ebXML 제정 • 상하 양원 공동의 "전자무역 확대 결의안 제출" • USATrade.gov를 통한 인터넷무역정보 공급 서비스 • 상무부와 IBM 공동의 아시아 수출포털사이트 BuyUSA.com 개설	세계 전자무역 석권 전략
영국	• 서류 없는 무역환경 구축 • 모든 정부기관의 EDI연결 • 인터넷 기반 무역포털 서비스	내각 내에 특별 전담기구인 e-Envoy 설치 운영
일본	• e－Japan Plan 전면 수정보완 • 국제특허 취득전략 • IPv6 등 차세대 인터넷 분야 선점전략 • TEDI 중심 무역절차표준화 • 전자무역 집적화 • 국제S/W 수출보안기준 제정 관련 Security Round 조기 가입	차세대 기술 선점 및 전자 무역 집적화
싱가포르	• 전자상거래 온실 프로그램 • 전자상거래 종합계획 • eBizAsiaLink.com 및 EIMSingapore.com 사이트 운영 • TradeNet Plus 프로젝트 수행 • 인터넷 기반 무역포털 서비스 • 수출입허가, 신고 등 EDI화 • 업종별 전용EDI네트워크 서비스 • Approved Cyber Trader(ACT) 인센티브제 실시	싱가포르를 세계 전자무역 Hub로 육성

2) 국제기구의 전자무역 논의 동향

WTO, OECD, APEC, UN 등 국제기구는 세계 전자상거래 활성화를 위한 법 · 조세제도 및 표준 마련 등 관련 논의를 활발히 진행하고 있다. 국제상업회의소(ICC)도 신용장통일규칙의 추록으로 전자신용장 통일규칙(eUCP)을 도입한데 이어 2007년에는 최근의 무역관습의 변화를 반영하여 제6차 개정 신용장통일규칙을 제정하여 신용장의 전자화 기반을 마련한 바 있다. [표 15-3]의 국제기구들의 전자무역과 관련된 동향을 살펴보면 범세계적인 전자상거래 확대를 위한 장애 요인의 제거와 전자상거래에 적합한 국제적인 규범제정 논의로 귀결된다.

[표 15-3] 국제기구의 전자무역 관련 논의 동향

국제기구	내 용
WTO	전자상거래를 통한 국가 간 무역과 관세 • 전자상거래 무관세화 • 소프트웨어에 대한 무역대우(trade treatment)
OECD	디지털 제품의 온라인 거래에 대한 소비세, 소득세 부과 논의 • 2001년 1월 전자상거래 과세기준 발표
APEC	역내 서류 없는 무역(Paperless Trade) 구현을 위한 협력 방안 • 선진국은 2005년, 개도국은 2010년까지 구현 • 각국별 서류 없는 무역을 위한 개별행동계획(IAP) 마련
UN	ebXML기반의 국제전자상거래 표준안 마련 전자계약 국제협약 초안 마련
ICC	eUCP 제정 • UCP 600 개정

3) 한국의 전자무역 관련 동향

한국은 21세기 새로운 수출동력으로서 전자무역을 활성화하기 위해 일찍부터 다양한 정책적인 노력을 기울여 왔다. 특히 1999년 말 무역의 날 김대중 대통령이 '사이버 무역의 새천년'을 선언한 이후 전자상거래를 촉진하기 위한 정책을 적극 추진하고 있으며, 부처 간의 정책조율을 위해 '전자상거래 각료회의'를 구성하고, 2000년 2월 범정부 차원의 전자상거래 종합대책을 마련하여 발표하였다. 이어 2001년 5월에는 산업자원부(현 산업통상자원부의 전신)가 '전자무역(e-Trade) 종합육성시책'을 발표하였으며, 2002년 8월에는 다시 '전자무역 확산전략'을 발표한 바 있다.

2003년 7월에는 국가 전자무역의 효율적 추진을 위한 범국가적 협의체로써 국무총리를 위원장으로 하는 민 · 관 합동 국가전자무역위원회를 구성하였으며, 2003년 12월 전자무역 추진을 위한 '전자무역촉진 3개년(2004~2006)계획'을 수립하여 전자무역 BPR/ISP 결과를 토대로 2004년 12월부터 2008년 3월까지 3차에 걸친 단계별 구축계획에 따라 마케팅에서 결제에 이르기까지 모든 무역업무를 단일창구(single window)에서 처리 가능한 국가전자무역 플랫폼인 uTradeHub시스템을 구축하여 2008년 7월 개통식을 가진 바 있다. 3차에 걸친 전자무역서비스 구축사업의 구체적 내용은 [표 15-4]와 같다.

[표 15-4] 전자무역 서비스 구축사업의 주요 내용

구 분	1차	2차	3차
사업 목표	• 단절 없는 무역 서비스실현 • 마케팅에서 결제까지 전체 무역절차를 각 기업규모에 맞는 단일 시스템 환경에서 제공 • 전자무역문서보관소를 기반으로 기 생성된 전자무역 문서의 유통성을 보장하여, 반복 제출업무 생략, 문서의 신뢰성 확보로 무역 프로세스 간소화 및 단절 개선	• 무역업체를 위한 전자무역 포털 서비스 제공 • 전자무역 서비스 개선 • 전자무역문서 유통체계수립 및 업무프로세스 표준화	• '21세기 무역부국 e-Trade Korea' 실현 • 국가 전자무역의 미래 모형
사업 범위	• 전자무역 문서보관소 핵심 기능 구현 • e-L/C 유통관리시스템 구축 1차 • 후속 추진 계획 수립	• 응용 소프트웨어 개발 • 전자무역 서비스 개선 • 전자무역 핵심 인프라 확충	• eTradeHub 통합 포털 구축 • 물류 포털 서비스 구축 • e-L/C 서비스 고도화 • e-Nego 시스템 시범구축(e-B/L 유통관리 시스템 포함) • 은행 포털 서비스 구축(외국계 은행용) • 마케팅 포털 서비스 구축
사업 기간	2004.12.20~2005.6.20	2005.11.30~2006.12.14	2007.7.16~2008.3.3
사업 의의	• 세계 최초 전자신용장(e-L/C) 서비스 개발	• 무역업체용 포털 구축 및 전자무역 웹 서비스 기반 구축	• 세계 최초 전자선하증권(e-B/L) 시스템 및 전자매입(e-Nego) 시스템 구축 • 무역 전 과정을 전자무역으로 완결(마케팅, 물류, 상역, 통관, 금융, 결제 등)

자료: 전자무역추진센터

정부에서는 사용자 확산과 전자무역 해외연계라는 목표 아래 차세대 전자무역 구축사업을 2012년까지 완료한 바 있다. 차세대 전자무역 구축사업의 주요 내용은 [표 15-5]와 같다.

[표 15-5] 차세대 전자무역서비스 구축사업의 주요 내용

사 업 명	일 정
차세대 전자무역 1차년도(2009년) 사업	2009. 7.~2009. 12.
• e-Nego 시범연계 • 수출입 부대비용결제시스템 구축 • 항공화물운송장 유통관리시스템 구축	
차세대 전자무역 2차년도(2010년) 사업	2010. 4.~2010. 12.
• 전자선하증권 권리등록부 이중화 및 시스템 아키텍쳐 개선 • 전자대금결제(e-Nego) 적용서류의 전자화 확대 • 사용자 연계시스템 및 솔루션 고도화 • 전자무역 온라인 교육시스템 구축	
차세대 전자무역 3차년도(2011년) 사업	2011. 4.~2011. 12.
• 전자지불결제시스템 도입을 통한 부대비용결제시스템 고도화 • FTA 원산지증명 관리시스템 구축 • 글로벌 전자무역 대금결제를 위한 시범사업	
차세대 전자무역 4차년도(2012년) 사업	2012. 4.~2012. 12.
• 해외수출을 위한 서비스별 모듈화/솔루션화 • 동아시아 국가와의 글로벌 전자무역망 시범서비스 연계 • 전자무역 물류시스템 고도화 • 구매확인시스템 기능 고도화	

2절 전자무역 실무절차

1. 전자무역 창업절차

1) 전자무역의 창업의 기초

인터넷을 이용한 전자무역과 관련하여 먼저 수출(export)을 할 것이냐 수입(import)을 할 것이냐를 결정하는 것이 중요하다. 수출은 해외영업을, 수입은 국내영업을 위주로 한다는 전제 하에 현실적인 시장구조를 냉철하게 파악하여야 한다.

일반적으로 수입의 경우 우리나라 시장은 상대적으로 규모가 작고 배타적이며, 산업 내에 품목별로 시장지배자가 존재하여 신생기업이 시장에 진입하는 것이 쉽지 않다. 반면 수출에 대해서는 아직까지도 무역금융, 관세환급 등 각종 수출지원제도가 존재하고 있어 자금부담이 적고 경쟁력만 있다면 전 세계를 대상으로 시장을 확보할 수 있다. 또한 거의 대부분 수출과 동시에 물품대금을 회수할 수 있다.

또한 전자무역의 거래상품과 관련하여 현재 인터넷상에서 웹사이트를 통해 전 세계 소비자를 대상으로 직접 거래가 이루어지는 상품들은 비교적 소형 · 소액의 표준화된 상품이나 무형의 디지털상품이 대부분이다. 책, 컴퓨터 소프트웨어, 음악, 영화, 예약, 온라인 정보 제공 등이 대표적인 예이다. 반면 현재 국제무역에서 거래되고 있는 대부분의 일반 교역상품의 경우 인터넷상에서 모든 무역절차를 온라인으로 처리하는 것은 현실적으로 어려운 상황이다.

따라서 최종 소비자 대상의 직접거래 대신 기업 및 제품의 해외홍보, 해외시장조사, 잠재적 거래처의 발굴, 거래조건 협상 등 무역계약 체결 이전까지의 정보수집 및 거래처와의 커뮤니케이션에 인터넷을 전략적으로 활용하는데 초점을 맞춘다면 전자무역 창업은 쉽게 접근할 수가 있다.

2) 전자무역의 창업 과정

(1) 창업 예비절차

전자무역 창업을 위해서는 먼저 무역업을 할 수 있는 외국어, 무역실무능력 등을 갖추었는지와 함께 인터넷의 기술적 · 비즈니스적 특성 및 활용 방안에 대해 기본지식이 있는지를 검토하여 무역업 창업 아이템과 규모, 기업 형태, 구성원 및 조직을 결정하여야 한다. 따라서 전자무역 창업은 일반 창업에 비해 국내에서의 도 · 소매업, 서비스업에 비해 창업준비에 다소 많은 시간이 소요되고 수익창출기간도 마케팅에 따라 많은 차이가 나게 되며, 특히 웹사이트의 구축에 신경을 써야 한다.

그림 15-2 인터넷 기반 창업의 기본 절차도

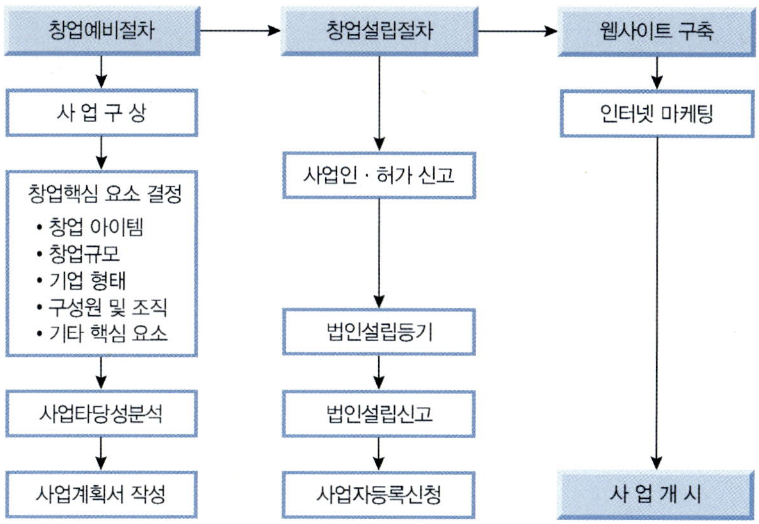

자료: 남경두 · 김대중, 『인터넷 창업 길라잡이』, 정보문화사, 1998, p.33.

따라서 창업자 자신이 감당할 수 있는 범위 내에서 창업규모, 기업 형태, 창업멤버 등을 결정하고, 구체적인 사업추진 방법, 추정 손익계산서, 소요자금 조달 방법 등과 관련한 사업계획서 작성을 통해 꼼꼼히 준비해야 한다. 이러한 창업과 관련한 상세한 절차와 준비사항은 중소벤처기업부와 창업진흥원이 운영하는 창업지원 웹사이트(www.k-startup.go.kr)에서 손쉽게 찾아볼 수 있다([표 15-6] 참조).

[표 15-6] 창업 관련 정보 제공 사이트

기관명	웹사이트 주소
중소벤처기업부 창업진흥원	www.k-stratup.go.kr
기업지원플러스	www.g4b.go.kr
기술보증기금	www.kibo.or.kr
신용보증기금(KODIT)	www.kodit.co.kr
한국무역협회	www.kita.net

(2) 회사 설립, 사업자등록 및 무역업고유번호 신청

사업구상, 창업 핵심 요소 결정, 사업타당성분석 및 사업계획서 작성 등의 창업예비 절차가 끝나면 사업자등록 및 무역업고유번호신청 등 본격적인 전자무역 창업설립절차를 밟게 된다. 창업의 규모나 업종에 관계 없이 모든 창업자는 사업을 시작한 날로부터 20일 안에 구비서류를 갖추어 관할 세무서의 민원봉사실에 사업자등록을 신청하여 사업자등록증을 교부받아야 한다.

한편 무역업고유번호를 부여받기 위해서는 한국무역협회(www.kita.net) 본부 또는 지부에 무역업고유번호신청서와 사업자등록증 사본을 직접 또는 팩스로 제출하면 즉시 처리된다. 이때 품목에 따라서는 특수한 자격요건을 요구하는 경우가 있다.

수출입 자격요건을 확인하기 위해서는 각종 무역 관련 법령 및 고시, 공고 등을 확인하거나 시중에 나와 있는 품목별 수출입요령 등을 찾아보면 확인이 가능하다. 그러나 초보자의 경우에는 관세청(www.customs.go.kr) 민원실 또는 한국무역협회 무역상담실 등에 전화하여 문의하는 것이 좋다.

(3) 거래은행의 선정 및 환거래 약정체결

무역거래는 반드시 외환거래를 수반하게 되므로 은행과의 업무협조체제를 갖추는 것은 매우 중요한 일이다. 따라서 무역업 시작과 동시에 신용 있는 은행을 선정하여 환거래 약정을 체결하여야 한다. 이것은 대외무역법, 외국환거래법 등에서 수출입대금을 외국환은행을 통해 송금 또는 추심의 방법으로 하도록 규정하고 있기 때문이다. 단, 우편환, 송금수표, 1천 달러 이하의 현금지급 등은 예외이다.

3) 웹사이트 구축

(1) 홈페이지 제작

웹사이트 구축은 먼저 홈페이지의 주소라고 할 수 있는 도메인 네임(domain name)을 결정한 후 마케팅전략과 정보기술이 효율적으로 조화를 이루는 홈페이지의 내용을 작성하고 실제로 제작하는 과정을 밟게 된다. 도메인 네임은 국제도메인등록 기관인 ICANN의 공인을 받은 도메인등록업체인 가비아(domain.gabia.com)나 도메인등록센터(www.domainkorea.org) 등에 인터넷상에서 온라인으로 등록신청을 하고 인터넷 주소를 부여받는다.

미국 등 외국기업의 경우 기업명 뒤에 .com을 붙이고 한국기업의 경우 .co.kr이 된다. 도메인 네임을 정할 때 .com을 쓸 것인지 .co.kr을 쓸 것인지를 결정하는 것도 중요하다. 한국을 상대로만 마케팅을 한다든지, 가장 한국적인 상품만을 파는 등의 특별한 이유가 없는 한 글로벌 시대를 맞아 com의 사용 내지 co.kr과의 복수 등록도 고려할 필요가 있다.

한편 웹사이트의 제작은 창업자 스스로 만드는 방법과 외부 아웃소싱으로 만드는 방법으로 나누어 볼 수 있다. 적은 비용으로 홈페이지를 제작하기 위해서는 창업자나 파트너가 직접 만드는 것이 좋겠지만, 이것은 웹 디자이너, 웹 프로그래머, 웹 마케터 등의 능력을 모두 갖추고 있을 때 가능하다는 점에서 쉬운 일이 아니다. 따라서 독자적인 능력이 부족한 중소기업의 경우에는 EC21(www.ec21.com), ECPlaza(www.ecplaza.net), 중소기업진흥공단(hp.sbc.or.kr) 등의 무역유관기관이나 지방자치단체에서 중소기업의 수출지원을 위해 무료로 만들어주는 약식 홈페이지를 이용하는 것도 한 가지 방법이다.

(2) 네트워크 구축

인터넷에 웹사이트를 갖기 위한 네트워크의 구축에는 ① 자체 서버(server)를 갖거나, ② 인터넷 서비스업체의 웹호스팅(web hosting) 서비스를 이용하는 두 가지 방법이 있다. 자체 서버를 가진다는 것은 자기 집을 갖는다는 것인데, 서버 컴퓨터와 소프트웨어, 전용선 및 이를 운용하고 관리할 전문인력이 필요하다. 따라서 인터넷 시스템에 대해 잘 모르거나 대규모 사업이 아닌 경우 자신의 독립적인 서버를 비싼 비용을 들여 구축하기보다는 웹호스팅 서비스를 이용하는 것이 웹사이트 관리의 부담이나 초기 창업 비용에 대한 부담을 줄일 수 있다.

네트워크 구축 방법이 결정되면 제작 완료된 서버에 홈페이지를 올리고 이를 활용하기 위한 인터넷 접속을 해야 한다. 인터넷에 접속하기 위해서는 인터넷 서비스 제공업체(Internet Service Provider: ISP)에 가입하여야 하는데, 이러한 ISP의 선택은 비용, 속도, 보안, 기타 부가 서비스 등을 고려하여 신중히 결정하여야 한다. 국내에는 한국통신, SK브로드밴드, LG U^{+} 등 많은 유료 인터넷 서비스 제공업체(ISP)가 있으며, 각 업체 및 서비스에 대한 정보는 각사의 홈페이지를 참조하면 된다.

(3) 웹사이트의 홍보

홈페이지 제작을 끝내고 자신의 인터넷 접속 및 네트워크 구축이 완료되면 자신의 웹사이트를 널리 홍보하는 것이 중요하다. 이러한 홍보 방법에는 온라인 방법과 오프라인 방법이 있다.

먼저 온라인 방법은 ① 야후와 같은 검색엔진 및 웹디렉토리에 자신의 웹사이트 주소를 등록, ② 국내 · 외의 관련 뉴스그룹 및 메일링리스트에 게재, ③ 해외 무역업체 등에 전자우편을 통해 홍보, ④ 동종 업종의 관련 웹사이트에 하이퍼링크, ⑤ 유명 웹사이트에 배너광고, ⑥ 해외 온라인 홍보매체를 이용한 홍보 등이 있다.

오프라인 방법으로는 ① 회사로고, 편지머리, 명함에 웹사이트 주소를 기재하여 거래처 등에 홍보, ② 해외 전시회에서의 웹사이트 홍보, ③ 신문 등 일반 대중매체를 이용하여 홍보하는 방법 등이 있다.

한편 웹사이트와 네트워크의 안정된 유지와 함께 웹사이트의 갱신 방법, 갱신주기와 갱신범위 등에 대해 일정한 방침을 정해 놓고 지속적으로 웹사이트의 내용이나 디자인을 갱신하는 노력을 기울여야 한다.

2. 계약체결까지의 전자무역 실무절차

1) 아이템 선정과 시장조사

(1) 아이템 선정과 무역통계

수출업체가 해외에 상품을 수출하기 위해서는 자신이 취급하는 상품이 세계의 어느 시장에서 가장 많이 수입되며, 어떤 경로를 통해 공급하는 것이 가장 유리한지 등을 조사해야 한다. 즉, 어떤 상품(what)을 어느 시장(where)에 어떠한 방법(how)으로 누구(who)를 통해 언제(when) 수출하는 것이 좋은지를 치밀하게 분석하지 않으면 안 된다.

따라서 성공적인 수출을 위해서는 먼저 취급하고자 하는 상품에 대한 국내 및 해외에서의 품목별 · 국가별 · 수출입업체별 무역통계분석을 통해 해당 품목의 수출가능성과 마케팅전략 등을 수립해야 한다. 또한 이러한 무역통계분석을 통해 찾아낸 잠재적인 수출대상지역에 대한 국가위험도, 무역관습, 수출입통관절차, 문화 및 지리적 특성, 최근의 경제 및 무역동향, 소득 수준 및 소비자 성향, 경쟁업체 동향 등의 각종 정보를 인터넷상에서 수집 · 분석하여 효과적인 수출마케팅 계획을 수립해야 한다.

이와 함께 직접 생산하지 않는 순수 수출업체의 경우 해당 수출대상품목을 가장 저렴한 가격에 좋은 품질로 제때에 공급해 줄 국내 제조 · 생산업체를 확보하지 않으면 안 된다. 이를 위해서는 국내 제조 · 생산업체 리스트를 확보하여 생산시설 등을 직접 둘러보고 품질, 가격, 디자인, 납기 등에 대해 미리 정해 놓아야 마음 놓고 적극적인 해외수출 마케팅을 할 수 있다.

[표 15-7] 국내 및 해외의 무역통계 사이트

구분	운영기관	인터넷 주소
국내	관세청(KCA) 국가무역통계포털(KITA) 한국의류산업협회 한국전자산업협동조합 한국기계산업진흥회	www.customs.go.kr stat.kita.net www.kaia.or.kr www.keic.org www.koami.or.kr
해외	일본관세국 일본관세협회 EC조세 · 관세연맹	www.customs.go.jp www.kanzei.or.jp ec.europa.eu/taxation_customs/customs/

아이템 선정과 시장조사에 있어 가장 기본이라고 할 수 있는 국내 무역통계는 관세청(www.customs.go.kr/stats) 또는 한국무역협회의 국가무역통계포털서비스(stat.kita.net) 등을 통해 인터넷상에서 얻을 수 있다. 또한 업종별 · 품목별 세분화된 무역통계는 한국의류산업협회, 한국전자공업협동조합, 한국기계공업진흥회 등의 업종별 단체 홈페이지에서 대부분 무료로 얻을 수 있다.

일반적으로 무역통계는 관세부과를 위해 세계관세기구(WCO)에 의해 제정되어 전 세계적으로 공통적으로 활용되고 있는 HS(Harmonized System)품목분류에 의해 작성된다. 따라서 해당 품목의 HS코드를 모르면 무역통계를 얻을 수 없다. 이 밖에 해당 품목의 수출입요령과 절차, 관세율, 수출입통계, 국내 수출입업체, 관련 법규 등은 관세청 홈페이지나 통관정보시스템에서 손쉽게 조회해 볼 수 있다.

또한 각국의 무역통계는 해당 국가의 관세청, 상무성, 통계청 등과 같은 정부기관이나 전문 무역통계 서비스업체 등의 웹사이트에서 대부분 유료로 얻을 수 있다. 이러한 기관들의 인터넷 웹사이트는 야후와 같은 검색엔진에서 키워드 검색을 통해 찾아볼 수 있다. 미국 정부의 통계사이트(www.usa.gov/statistics)가 대표적인 예이다. 최근에는 미 관세청의 허가를 받은 Piers가 무역통계와 상품, 바이어 정보 등을 원하는 대로 유료로 CD-Rom으로 제작 · 배포하거나 인터넷상에서 유료로 정보를 볼 수 있도록 하고 있다.

(2) 시장조사와 뉴스/국가정보

무역과 관련한 각종 최신 뉴스와 정보 등은 1차적으로 주간무역, 한국경제, 매일경제, 일본경제신문, Journal of Commerce, Financial Times, Reuters, CNN, NewsPage 등과 같은 국내 · 외 무역 및 경제 관련 뉴스 사이트에서 키워드 기사 검색을 통해 관련 내용을 찾아볼 수 있다. 세계 각국에 대한 전반적인 개요와 무역 관련 정보는 미 중앙정보국, 미 국회도서관, 미 무역대표부, 미 상무성 국제무역관리국, 미 국무성, 국제무역기구, 세계은행 등의 웹사이트에서 입수할 수 있다. 아울러 한국무역협회, 한국무역정보통신, 대한무역투자진흥공사, 한국외국기업협회 등 무역진흥기관의 웹사이트에서 제공하는 국내 · 외 무역 관련 유용한 링크 사이트를 찾아가서 정보를 얻을 수 있다. 또한 자신이 직접 정보검색엔진 등을 이용하여 필요한 각종 정보를 수집할 수도 있다.

특정 시장정보, 마케팅조사 보고서, 상품정보 등은 전문 서비스업체에 의해 대부분이

[표 15-8] 무역/경제 뉴스 및 국가정보 사이트

구분	운영기관	인터넷 주소
무역/경제 뉴스	한국무역신문	www.weeklytrade.co.kr
	한국경제	www.hankyung.com
	매일경제	www.mk.co.kr
	일본경제신문	www.nikkei.co.jp/enews
	Journal of Commerce	www.joc.com
	Financial Times	www.ft.com
	Reuters	www.reuters.com
	CNN	edition.cnn.com
	NewsPage	www.newspage.com
국가 정보	미 중앙정보국	www.cia.gov
	미 국회도서관	www.loc.gov
	미 무역대표부	ustr.gov
	미 국무성	www.state.gov
	세계무역기구	www.wto.org
	외교부	www.mofa.go.kr
	KOTRA	news.kotra.or.kr
	한국무역협회	www.kita.net

[표 15-9] 해외 마케팅 및 시장조사 사이트

구분	운영기관	인터넷 주소
상품/마케팅 조사	DataQuest	www.dataquest.io
	Profound	www.profound.com
시장조사	대외경제정책연구원	www.kiep.go.kr
	산업연구원	www.kiet.re.kr
	삼성경제연구소	www.seri.org
	LG경제연구원	www.lgeri.com
	현대경제연구원	www.hri.co.kr
	POSCO경영연구원	www.posri.re.kr
전시회	글로벌전시포털	www.gep.or.kr
	Expoguide	www.expo-guide.com
	COEX	www.coex.co.kr
특허정보	미 특허청	www.uspto.gov
	특허청	www.kipo.go.kr

유료로 제공되고 있다. I-trade, DataQuest, Market Search, Profound 등이 대표적인 웹사이트이다.

최근에는 대외경제정책연구원, 산업연구원 등과 같은 국책연구기관은 물론 삼성경제연구소, 현대경제연구원, LG경제연구원, POSCO경영연구원 등과 같은 그룹사 계열의 민간 경제연구소에서도 각국의 경제 및 시장동향 관련 통계와 보고서 등을 회원제 운영을 통해 제공하고 있다.

또한 국제박람회와 전시회에 관한 정보는 Expoguide, Tscentral, COEX 등에서 얻을 수 있고, 특허정보는 US Patent and Trademark Office, 특허청 등에서 찾아볼 수 있다. 그리고 환율정보는 Oanda(www.oanda.com), 여행정보는 Travelocity(www.travelocity.com), 법률정보는 Netlaw(www.netlaw.com) 등 무역과 관련된 각종 정보들도 인터넷상에서 손쉽게 찾아볼 수가 있다.

이제 인터넷을 통해 무역에 필요한 정보를 검색하고 적극적으로 거래알선 사이트를 활용할 수 있는 능력과 함께 자신의 사업목적에 적합하게 정보를 가공하여 전략정보를 창출하는 능력이 보다 중요한 시대가 되었다.

(3) 공급업체 연락처(contact point)와 전화번호부

시장조사 등을 통해 수출대상품목과 대상국가가 선정되고 기본적인 마케팅전략이 수립되었다고 할지라도 수출상품을 저렴하게 안정적으로 공급해 줄 국내 제조 · 생산업체를 확보하지 않으면 안 된다. 국내 제조 · 생산업체는 앞에서 열거된 업종별 단체 외에 대한상공회의소, ECPlaza, EC21, 중소기업진흥공단 등의 인터넷 무역거래알선 사이트에서 상품별 · 상호명별 · 주제어 검색 등을 통해 찾아 볼 수 있다.

또한 KT의 인터넷 전화번호부(www.114.co.kr), 한국전화번호부(isuperpage) 등에서 업종별 · 상호별 · 인명별 · 지역별로 찾아보고자 하는 기업이나 사람의 최신 전화번호와 주소를 편리하게 얻을 수 있다. 또한 일부 웹사이트의 경우 해당 기업의 주소를 마우스로 누르면 그 기업이 위치한 지도도 얻을 수 있어 국내 제조 · 생산업체와의 접촉이 한결 손쉬워졌다. 이렇게 무료로 제공되는 인터넷 전화번호부 서비스를 이용하면 인터넷상에서 업종별 · 상호별 · 지역별 검색을 통해 국내 및 외국기업의 연락처를 손쉽게 알 수 있다.

[표 15-10] 국내 및 해외의 주요 인터넷 전화번호부 서비스

구분	인터넷 주소
한국	www.114.co.kr www.isuperpage.co.kr
해외	www.superpages.com(미국) www.yellowpages－china.com(중국) www.chinapages.com(중국) www.wayp.com/eng/europa3.shtml(유럽) yellowpagesworld.com/france.htm(프랑스) www.yell.com(영국) www.japanpages.com(일본) www.newasia－singapore.com/yellowpages.html(싱가포르) www.yp.ru/eng(러시아)

2) 해외홍보 · 마케팅 및 거래선 발굴

(1) 홈페이지 및 전자카탈로그 제작

수출업체의 경우 인터넷상의 자사 홈페이지나 거래알선 사이트, 유즈넷, 메일링리스트 등을 통해 자사 제품과 서비스에 대한 홍보를 할 수 있다. 또한 정보검색을 통해 국내 및 해외의 신제품이나 거래선에 대한 정보를 신속하게 입수할 수 있다.

인터넷을 통한 해외홍보와 마케팅에 있어 가장 기본이 되는 것은 명확한 목표에 의한 자사 홈페이지와 전자카탈로그의 제작이다. 홈페이지가 단순히 기업을 홍보하기 위한 것인지, 소비자와의 쌍방 교류를 위한 상품정보 사이트인지, 제품의 구매와 결제가 가능한 쇼핑몰의 성격을 띠는지를 결정하여야 한다.

만약 홈페이지를 인터넷 무역의 장으로 활용하고 싶다면 제품정보를 최우선으로 제공하는 상품정보 사이트로 꾸며야 한다. 즉, 홈페이지에는 항상 바이어가 원하는 최신 정보를 올려둔다. 홈페이지의 첫 화면에는 꼭 상품정보를 게재해야 한다. 바이어들이 잘 클릭하지 않는 상품에 대해서는 가격과 디자인 등 문제점을 파악하고 이를 보완하거나 다른 제품을 등록해야 한다.

또한 홈페이지는 인터넷상에서의 회사 브로슈어 내지 상품카탈로그의 역할을 하고 있기 때문에 한글 홈페이지와 영문 홈페이지를 신경을 써서 만들 필요가 있다. 그러나

중소 무역업체의 경우 홈페이지를 만들고 업데이트할 수 있는 예산이나 전문인력의 확보가 쉽지 않다.

최근 이러한 중소 무역업체들을 위해 인터넷상에서 회사 개요, 취급상품, 연락처 등의 기본적인 내용을 입력하면 프린터로 출력 시 A4 용지 1~2장 정도 분량의 약식 무료 홈페이지를 쉽게 만들고 그 내용을 자기가 수정 · 편집할 수 있는 서비스를 제공하고 있는 곳이 많아졌다. ECplaza, EC21, 중소기업진흥공단 등이 대표적이다.

[표 15-11] 무료 홈페이지 제공 사이트

구분	운영기관	인터넷 주소
국내	EC21 ECPlaza 중소기업진흥공단	www.ec21.com www.ecplaza.net www.sbc.or.kr
해외	Google Webs Wix	www.google.com www.webs.com www.wix.com

(2) 무역거래알선 사이트

웹 프로모션과 관련하여 국내 및 해외의 무역유관기관과 민간기업들이 무료 또는 유료로 운영하는 무역거래알선 사이트를 이용하는 것이 비용과 시간면에서 더 효과적인 경우가 많다.

이러한 무역거래알선 사이트를 이용하여 전세계를 대상으로 기업 및 상품정보를 등록 · 조회하고 사거나 팔고자 하는 상품에 대한 오퍼를 등록 · 조회함으로써 보다 손쉽고 저렴하게 해외홍보 · 마케팅 및 거래선 발굴을 할 수 있다.

현재 KOTRA, 중소기업진흥공단(SBC), 한국무역협회(KITA) 등 무역유관기관과 EC21, ECPlaza, Tpage 등 e－무역상사, SurplusGlobal 등과 같은 민간전문업체에서 전자카탈로그와 거래알선 등을 지원하는 사이트를 개설하여 서비스를 하고 있다.

아울러 세계상의네트워크(Global Chambers Network), 세계무역센터협회(WTCA) 등과 같은 국제무역 관련 기관은 물론 Alibaba, Global Sources, Kompass, TradeLead, CommerceNet 등의 외국기업들도 국제적인 거래알선 서비스를 제공하고 있다.

(3) 유즈넷과 메일링리스트 활용

웹프로모션과 관련하여 유즈넷과 메일링리스트의 활용도 적극 검토해야 한다. 인터넷의 월드와이드웹(WWW)이 네트워크로 연결된 컴퓨터들의 연결망이라고 한다면 유즈넷(Usenet)은 이러한 컴퓨터를 사용하는 사람들의 연결망이라고 할 수 있다. 따라서 웹이 이미 문서(일반적으로 html)상으로 존재하는 자료나 프로그램을 이용하는 것이라고 한다면, 유즈넷은 전 세계의 사람들로부터 필요한 정보를 얻을 수 있는 공간이라고 말할 수 있다. 다시 말해 유즈넷은 인터넷을 통해 알리고 싶은 텍스트 형태의 소식(뉴스 아티클)을 주제에 맞게 특정 그룹(뉴스그룹)에 글을 올리면(포스팅)이 기사를 전 세계 이용자들이 열람할 수 있도록 설계된 일종의 인터넷 게시판(BBS)이다.

[표 15-12] 국내 및 해외의 주요 무역거래알선 사이트

구분	운영기관	인터넷 주소
국내	EC21	www.ec21.com
	ECPlaza	www.ecplaza.net
	Tpage	www.tpage.com
	대한무역투자진흥공사(KOTRA)	www.buykorea.org
	한국무역협회	www.tradekorea.com
	중소기업진흥공단(SBC)	www.sbc.or.kr
	대한상공회의소(KCCI)	www.korcham.net
	한국수입업협회(KOIMA)	www.koima.or.kr
	서플러스 글로벌	www.surplusglobal.com
해외	세계상의네트워크	gbx.worldchambers.com
	세계무역센터협회(WTCA)	www.wtca.org
	알리바바(Alibaba)	www.alibaba.com
	글로벌소시스(Global Sources)	www.globalsources.com
	콤파스(Kompass)	www.kompass.com
	트레이드리드(TradeLead)	www.tradelead.com
	트레이드존(TradeZone)	www.tradezone.com
	커머스넷(CommerceNet)	www.commerce.net

유즈넷을 무역에 이용하기 위해서는 먼저 Binsearch(binsearch.info)와 같은 검색엔진을 이용하여 적절한 뉴스그룹을 선정하는 것이 중요하다. 예를 들어, "trade"와 관련한 뉴스그룹을 찾아서 이중 적절한 뉴스그룹명을 골라 자신이 사거나 팔고자 하는 오퍼

내용을 영문으로 작성하여 전자우편을 보내는 것과 마찬가지의 방법으로 해당 뉴스그룹에 올리면 된다. 또한 자신의 오퍼내용이 유즈넷에 제대로 올려져 있는가는 구글(group.google.com), 기가뉴스(www.giganews.com) 등과 같은 유즈넷기사 검색엔진을 이용하여 키워드 검색을 통해 확인할 수 있다.

한편 메일링리스트(Mailing List)는 흔히 인터넷 동호회 또는 토론그룹으로 일컬어지며, 전자우편을 이용한 분야별 정보교환 주소록이라고 말할 수 있다. 유즈넷이 주제별로 분류된 기사를 갖고 있는 특정 서버로 접속해서 글을 읽거나 올리는 것이라면, 메일링리스트는 동일 주제에 관심이 있는 사용자들이 전자우편을 전달해 주는 특정 서버를 통해 직접 자신의 전자우편함으로 다른 가입자들의 메시지를 수신하는 형태로 읽게 된다. 따라서 최종 사용자는 별도의 프로그램 없이 단지 전자우편을 읽을 수만 있으면 된다.

[표 15-13] 무역과 관련한 유즈넷 뉴스그룹명

alt.business.import-export	phx.buy-sell-trade
clari.biz.world_trade	slo.for-sale
cmh.forsale	triangle.wanted
gov.us.topic.foreign.trade.leads	

3) 거래처 신용조사

거래알선 사이트 등에 자사의 홈페이지나 상품정보, 오퍼 등을 등록하거나 조회하여 잠재적인 거래선에게 전자우편 등을 이용하여 인콰이어리를 보내거나 받았을 경우 해당 거래선에 대한 신용조사가 반드시 필요하다. 이는 인터넷이 차세대 무역수단으로 각광을 받고 있는 가운데 인터넷의 익명성을 이용한 사기가 잇달아 발생하고 있기 때문이다.

인터넷 무역을 빙자한 사기수법은 대체로 샘플비 요구, 대금선납 독촉, 견본 선발송 요청 등 주로 거래초기에 집중적으로 행해지고 있다. 따라서 상대방으로부터 온 인콰이어리가 진정 거래를 위한 것인지, 아니면 사기나 가격정보만을 얻기 위한 위장 인콰이어리인지를 다음과 같은 방법으로 신중하게 검토해야 한다.

첫째, 회사 프로필에 대해 문의를 해야 한다. 바이어의 자금능력, 거래은행, 영업조직 등을 파악함으로써 기본적인 신용조사를 실시해야 한다.

둘째, 구매의지를 확인해야 한다. 자기 회사를 알게 된 경위, 발주수량, 납기, 결제 방법 등을 파악하여 위장 인콰이어리를 골라내야 한다.

셋째, 각 나라에서 제공하는 인터넷 디렉토리에서 기업명단 및 기업 관련 정보를 확인한다.

넷째, D&B, 한국신용정보, 무역보험공사 등 신용정보 전문기관의 서비스를 이용한다.

해외 거래선에 대한 일반적인 기업 현황에서부터 재무 · 금융정보 등 신용조사는 지금까지는 무역보험공사, 대한무역투자진흥공사, 거래은행 등에 일정한 비용을 주고 의뢰하여 1개월 정도 걸려서 이루어졌다. 그러나 이제 인터넷상에서 해외 거래선은 물론 국내 기업에 대한 신용조사를 인터넷으로 할 수 있게 되었다.

국내 최대의 신용평가기관이자 종합신용정보 제공업체인 한국신용정보(NICE)의 경우 Dun & Bradstreet과 제휴를 통해 설립한 자회사인 나이스디앤비(www.nicednb.com)를 통해 국내 및 해외의 기업에 대한 다양한 신용조사보고서를 회원제서비스로 제공하고 있다. 또한 한국증권전산(KOSCOM)을 비롯한 국내 증권회사들이 인터넷상에서 상장회사에 대한 정보를 제공하고 있다.

최근 전세계적으로 유명한 Thomas Register, Kompass, Company Lookup, Companies On-line, Hoover's Company Directory, Asia Business Connection 등에서도 미국 및 전세계 기업의 일반현황에 대한 정보를 인터넷상에서 유료 또는 무료로 제공하고 있다. 또한 Edgar Database, Dun & Bradstreet, StockSmart 등에서 미국 상장기업의 재무정보를 유료로 제공하고 있다.

반면 비상장기업에 대한 재무정보는 미국을 비롯한 세계 어느 국가의 경우에도 인터넷을 통해 무료로 얻을 수 있는 정보원을 찾는 것이 쉽지 않다. 상용 데이터베이스에서도 비상장기업에 대한 분석자료가 비싼 이유가 바로 이 때문이다. 그러나 최근 인터넷상에서 미국의 비상장기업에 대한 재무정보를 검색할 수 있는 사이트가 늘고 있다. CorpTech, CompanyLink, Companies On-line 등이 대표적인 예이다. 한편 미국 이외 국가의 재무정보 제공 사이트는 많지 않은 편이며, 그나마도 상장기업 중심으로 되어 있다. 따라서 비상장기업에 대한 정보는 별도의 채널을 이용하여 얻지 않으면 안되는 상황이다.

[표 15-14] 국내 및 해외의 기업 일반현황 및 신용정보 사이트

구분	운영기관	인터넷 주소
국내	한국신용정보 한국신용평가 대한무역투자진흥공사(KOTRA) 한국무역보험공사(KTIC) 신용보증기금 코스콤(KOSCOM)	www.nice.co.kr www.kisrating.com www.kotra.or.kr www.ksure.or.kr www.kodit.co.kr www.koscom.co.kr
해외	ThomasNet Kompass Company Lookup InsiderInfo Hoover's Company Directory Asia Business Connection Dun & Bradstreet EDGAR DB CorpTech CompanyLink	www.thomasnet.com www.kompass.com www.companylookup.com www.insiderinfo.com www.hoovers.com www.asiabiz.com www.dnb.com www.sec.gov/edgar.shtml www.corptech.com www.companylink.com

4) 거래협상과 계약체결

(1) 전자우편 활용 및 메신저 프로그램의 활용

종전에는 해외 거래처와 정식으로 무역계약을 체결하기 전까지 직접 해외출장을 가거나 국제우편, 국제팩스, 국제전화 등을 이용하여 거래협상 및 의사소통을 해 왔다. 이러한 전통적인 방식은 당연히 많은 비용과 시간이 들고, 또 시차가 존재함에 따라 밤늦게까지 사무실에 남아 있거나 아침 일찍 사무실에 나와야 하는 어려움이 있었다. 그러나 앞으로는 전자우편, 인터넷 메신저, 인터넷팩스 및 인터넷폰 등을 이용하여 훨씬 저렴하고 효율적으로 거래상담과 계약체결을 할 수 있다.

형태가 일정하지 않은 비정형화된 정보 내지 의사표시는 인터넷 전자우편(E-mail)에 의해, 정형화된 형태의 정보 내지 서류는 전자문서교환(EDI)에 의해 처리할 수 있다. 또한 전화와 같은 음성정보는 인터넷폰에 의해, 팩스와 같은 이미지정보는 인터넷팩스에 의해, 그리고 화상회의와 같은 영상정보도 인터넷 화상회의시스템에 의해 처리할 수

있다.

국외에도 널리 알려져 있는 마이크로소프트(Microsoft)의 인터넷메신저 프로그램은 이러한 인터넷 서비스를 통합한 UMS(Universal Message Service)라고 할 수 있다. 이러한 인터넷 서비스의 가장 큰 장점은 국제통신비용을 획기적으로 절감할 수 있다는 것이다. 특히 전자우편의 경우 별도의 비용부담이 없이 문자뿐만 아니라 그림, 음성, 동화상 등 거래와 관련한 각종 멀티미디어 자료를 동시에 여러 사람에게 동보전송할 수 있을 뿐만 아니라 주고받은 메시지가 컴퓨터에 보관이 된다.

따라서 인터넷이 연결되는 곳이라면 전 세계 어디에서나 전자우편을 이용하여 거래상대방은 물론 기업 내부의 관련된 사람들과 원활한 의사소통을 할 수 있다. 그야말로 글로벌 비즈니스(global business) 내지 움직이는 사무실(mobile office) 구현의 필수조건이라고 할 수 있다. 이러한 전자우편주소는 인터넷서비스업체(ISP)에 가입하면 자동적으로 얻을 수 있고, 자체적으로 메일서버를 운영하는 기업의 경우 독자적인 도메인네임의 전자우편주소를 가질 수도 있다.

그러나 어느 경우든 자신의 사무실 컴퓨터를 이용하지 않고 다른 사람의 컴퓨터를 이용할 때에는 환경설정에서 사용자 신원과 메일서버 등을 자신의 것으로 고쳐야만 전자우편을 이용할 수 있다. 따라서 최근에는 자신의 전자우편 주소가 있다고 할지라도 별도로 인터넷상에서 무료로 전자우편주소를 제공하는 웹메일(Web Mail) 서비스를 이용하는 사람들이 늘고 있다. 이 경우 종전처럼 환경설정을 고칠 필요 없이 무료 전자우편주소를 제공하는 웹메일 서비스업체의 홈페이지에 들어가 자신의 사용자 ID와 비밀번호를 입력하면 언제 어디서나 편리하게 전자우편을 보내거나 받을 수 있다. 현재 Google의 Gmail, 한메일, MS의 라이브메일 등이 넉넉한 공간의 무료 웹메일 서비스를 제공하고 있다.

[표 15-15] 무료 전자우편 서비스 제공업체

운영업체	인터넷 주소
다음커뮤니케이션	www.daum.net(www.hanmail.net)
코리아닷컴(웹메일)	www.korea.com
MS핫메일(라이브메일)	www.hotmail.com
Google지메일(Gmail)	www.gmail.com

(2) 인터넷폰 및 인터넷팩스 활용

인터넷폰이나 인터넷팩스를 이용할 경우 국가에 따라 다소 차이가 나기는 하나 평균해서 볼 때 국제통신비용을 절반 이하로 줄일 수 있다. 게다가 인터넷 접속속도가 충분히 빠르다면 직접 만날 필요 없이 화상회의를 통해 거래협상을 마무리 지을 수 있다. 이러한 인터넷폰 및 인터넷팩스 서비스업체는 검색엔진에서 '인터넷폰 서비스' 내지 '인터넷팩스 서비스'라는 키워드 검색을 통해 찾아볼 수 있다.

[표 15-16] 인터넷폰 및 인터넷팩스 서비스 제공업체

운영업체	인터넷 주소
티브로드	www.tbroad.com
LG 유플러스	www.lgmy070.net
스카이070	www.sky070.com
삼성와이즈070	www.samsung070.com
KT	www.kt.com

3. 전자무역결제시스템

1) 전자무역결제시스템의 의의와 접근 방법

전자무역의 완성을 위해서는 무엇보다 안정적이고 신뢰할 수 있는 전자무역결제시스템의 개발과 정착이 요구된다. 현재 가시화되고 있는 전자무역결제시스템은 크게 3가지 방향에서 접근해 볼 수 있다.

첫째는, 기존의 모든 절차를 유지하면서 단지 종이서류를 전자서류로 대체하고자 하는 실질적인 접근 방식(substantial approach)이다. BOLERO가 여기에 해당된다. 1994년 6월 홍콩, 네덜란드, 스웨덴, 영국, 미국의 해상운송회사, 은행, 통신회사 등이 참여하여 컨소시엄 형태로 시작된 Bolero Project(Bill of Lading for Europe, Bill of Lading Electronic Registry Organization)는 현재는 SWIFT와 TT Club에 의해 주도되고 있으며, 이들이 합작으로 설립한 Bolero International은 사용자그룹인 Bolero협회와 함께 범세

계적으로 무역서류의 전자화를 통한 상업적 서비스를 제공하는 것을 목표로 하고 있다.

둘째는, 컴퓨터의 도입으로 필요없게 되거나 중복되는 절차를 생략하고 업무효율성을 최대한으로 발휘할 수 있는 체제로 바꾸는 기능적 접근 방법(functional approach)이다. 세계무역센터협회(WTCA)와 GEIS를 비롯한 미국의 몇몇 기업들이 주도가 되어 추진하고 있는 TradeCard Project가 여기에 해당된다. 이는 전통적인 신용장을 대체하여 수출입서류의 전송과 대금결제 방법을 전자화하려는 사업이다.

마지막으로, 무역대금결제는 물론 당사자 인증, 무역거래알선, 무역정보제공, 무역서류 전송까지 원스탑 서비스를 제공하는 형태의 통합적 접근 방법(integrative approach)이다. SWIFT와 전세계 초우량은행들이 주도하고 있는 Identrust나 BeXcom의 솔루션을 이용한 ABN/Amro의 서비스가 대표적인 예이다.

그러나 관련 업계의 기대와는 달리 아직 대부분의 전자무역결제시스템들은 시범사업단계에 머무르고 있을 뿐 아직 정착단계에까지는 이르지 못하고 있다. 이처럼 무역결제 분야의 전자화가 진전되지 못하고 있는 이유는 무역결제가 여러 나라에 걸쳐 다수의 관련 당사자가 법령이 개재되는 특성이 있어 당사자 전원이 전자화에 따른 준비를 갖추어야만 한다는 문제를 안고 있기 때문이다. 또한 거액의 자금이 이전되는 무역거래를 전자적인 시스템을 통하여 결제할 때 당사자들이 부담하게 되는 높은 비용, 위험의 관리방안 부재, 문제 발생 시 해결 방안 미흡도 주요한 원인이 되고 있다.

실제로 이미 출현한지 수년이 경과한 트레이드카드의 경우, 은행의 개입이 배제된 상태에서 단순히 신용보증기관의 신용만으로 결제와 거래이행이 이루어질 것인지에 대한 무역업계의 신뢰가 확립되지 못한 상황이다. BOLERO의 SURF의 경우에도 기존의 신용장거래 혹은 추심거래를 인터넷 기반으로 전자화하는데 그치고 있다는 지적도 있다. 상대적으로 출발이 늦은 IdenTrust의 Eleanor의 경우 전통적인 무역결제 방식인 신용장 방식 혹은 추심 방식 등에서 수행되는 제반 기능을 유사하게 수행할 뿐만 아니라, 나아가 전자적 방법에 의한 거래의 특성상 나타나는 문제점들에 대처하는 기능을 추가되기는 하였으나, 아직 국내 일부 금융기관들에 의해 도입되어 상용화를 시도하고 있는 정도이다.

2) 전자무역결제시스템 현황

(1) BOLERO

BOLERO(Bill of Lading Europe, Bill of Lading Electronic Registry Organization)는 SWIFT와 TT클럽이 각각 절반씩 출자하고 전세계 80여 개 은행 · 선사 · 무역업체가 회원사로 참가하여 운영되고 있는 전자무역시스템이다. 주요 기능은 선하증권(B/L)의 전자문서화를 기본으로 신용장 · 송장 등 각종 무역 관련 서류와 자료를 인터넷으로 제공하는 것이다.

선적서류의 정확성을 높이고 서류취급비용을 절감하기 위해 1994년 태동한 볼레로 프로젝트는 1998년 영국에 본사를 설립함으로써 본격화됐다. 볼레로는 1999년 말 글로벌 시범서비스를 실시한 바 있으며, 최근에는 "SURF(Settlement Utility for managing Risk and Finance)"라는 새로운 결제솔루션을 개발함으로써 상용화에 박차를 가하고 있다.

(2) TradeCard

TradeCard는 무신용장 방식의 전자적인 무역결제시스템의 일종으로 수입업체와 수출업체, 금융기관, 보험회사 및 화물운송업체를 연결, 수출입계약에서 무역금융, 선적 및 대금결제의 전과정을 전자적으로 처리할 수 있게 하는 전자무역거래 및 금융서비스이다. 세계무역센터협회(World Trade Center Association)가 1996년 1월부터 본격 추진하여 1998년 TradeCard 시스템이 미국 특허청의 특허를 획득하였고, 1999년 2월 E.M. Warburg Pincus사의 지분참여로 TradeCard, Inc.라는 독립회사를 설립하여 2000년부터 상용서비스를 개시하였다.

TradeCard 회원은 소정의 연회비 외에 거래건당 수수료를 추가로 지불하여야 하며, 한국, 대만, 홍콩, 미국, 일본 등 서비스제공 가능 국가 내의 기업이어야 한다. 국제금융서비스 제공자로서 Thomas Cook이 참여하여 은행계좌, 돈세탁 여부 등의 검사를 실시하고 있으며, 프랑스에 본부를 둔 수출신용보험회사인 Coface가 부여하는 Buyer의 신용등급결정에 따라 거래규모가 제한된다.

TradeCard는 자사의 무역결제서비스의 목표를 제조 · 유통 · 물류기업 간 B2B 솔루션인 공급사슬관리(SCM)에 비유하여 '금융공급체인(Financial Supply Chain)'의 효율화에 있다고 표명하고 있다. TradeCard의 장점은 주문서 · 적하보험 · 물류 · 송장 등 서류

위주의 무역업무를 완전히 없애고 온라인으로 일괄 제공한다는 점에 있으며, 이를 통한 비용절감 · 업무효율화효과가 뛰어나다. 다만 종전 무역업무에서 은행의 역할을 배제하게 됨으로써 전통적인 주도세력의 견제를 받고 있다.

(3) IdenTrust

IdenTrust는 원래 Identrus라는 이름으로 1999년 미국 · 유럽의 8개 다국적은행들이 설립한 국제적인 결제시스템으로 표면적으로는 전자서명의 인증기관으로 알려져 있으나, 그에 덧붙여 거래의 이행 및 대금의 지급을 보증함으로써 회원 간의 거래에서 결제가 신속하고 원활하게 이루어질 수 있도록 서비스하는 조직으로 출발하였다. BOLERO, TradeCard 등 은행의 업무영역을 위협하는 새로운 전자무역결제시스템의 등장에 대응하여 전통적인 TTP(Trusted Third Party) 역할을 담당해 온 금융기관 들이 인증기관의 역할을 수행하여 거래의 안전성과 신뢰성을 보장하고 있다는 것이 특징이다.

IdenTrust는 과거 회원사들 간의 B2B결제를 위해 Eleanor라는 이름의 대금결제시스템을 개발하여 운용한 바 있다. Eleanor는 프로젝트의 목표는 Identrus 참여은행들을 이용하여 회원 간에 안전한 국내외 인터넷 대금결제서비스를 제공하는 것이었다. 그러나 2006년 3월 IdenTrust로 이름을 바꾸면서 현재는 은행 간 또는 은행과 업체 간의 글로벌 인증서비스에 주력하고 있다.

IdenTrust의 강점은 철저한 신용조사를 거쳐 거래 한도를 부여받은 기업들 간에 한도 이내의 거래에 대하여 불필요한 절차를 생략하고 전자적 방법을 이용하여 빠른 속도로 대금결제를 가능하게 해주며, 문제가 발생할 경우 이를 배상해주는 시스템을 갖고 있다는 것이다.

(4) SWIFTNet

스위프트(SWIFT: Society for Worldwide Interbank Financial Telecommunication)는 '세계은행간 금융데이터통신협회'로 국제간의 대금결제 등에 관한 데이터 통신의 연결망(network)을 기획하고 운영하는 것을 목적으로 1973년 벨기에법에 의하여 설립되었다. SWIFT는 은행간 금융데이터 전산망이어서 고객과 직접 연결되지는 않는다. 따라서 은행외 증권, 보험, 카드, 일반기업 등은 은행에 메시지를 보낼 때 오프라인 종이로 된 문서를 보내야 한다.

SWIFT사는 기존의 은행 간 폐쇄형 전용선 방식(X.25 Protocol)의 자금결제 네트워크(Clearing System)를 확대하여 은행뿐만 아니라 기업고객이 직접 인터넷을 통해 접속할 수 있도록 웹기반의 보안성과 신뢰성이 뛰어난 차세대 네트워크인 SIPN(Secure Internet Protocol Network)으로 교체함으로써 실시간 상호교환 방식의 통신서비스를 제공할 수 있도록 하는 메시지처리 솔루션인 SWIFTNet를 개발하였다. 이와 같이 SWIFT가 SWIFTNet으로 전환하면서 은행 이외의 금융기관(증권, 보험, 카드 등)과 기업들도 은행과 온라인으로 외환메시지를 처리할 수 있게 되었다. SWIFT의 이러한 변화는 User Group을 은행뿐만 아니라 여타 금융기관과 일반기업까지 확대함으로써 국제결제네트워크로서의 주도권을 확보함으로써 전자무역 거래와 관련된 다양한 사업을 벌이기 위한 전략으로 보인다.

SWIFTNet은 XML을 기반으로 하며 PKI(Public Key Infrastructure)를 보안툴로 적용해 어떤 문서 양식이든 자유롭게 주고 받을 수 있도록 하고 있다. 시스템 내에는 IdenTrust 인증이 탑재된 “TrustAct”가 있어 은행과 은행 이외 기업들의 온라인 메시지를 인증하게 되며, 또한 TrustAct 기반의 대금결제 솔루션인 ePaymentPlus를 중심으로 e－Trade 결제 솔루션을 지원하고 있다.

(5) 전자신용장

신용장은 무역거래에서 대금결제를 원활하게 하기 위해 수입업체의 요청에 따라 수입업체의 거래은행이 개설하는 것으로, 수입업체 거래은행이 수출대금의 지급을 확약하는 증서를 말한다. 수입업체가 신용장을 개설하게 되면 수출업체의 국가에 있는 거래은행에서 신용장 개설 사실을 통지하게 된다. 이러한 통지를 받은 수출업체는 신용장 내용에 이상이 없다고 판단되면 물품 선적하고, 거래은행으로부터 수출대금을 받게 된다.

그런데 이제 수출업체들은 신용장을 받거나 네고(Negotiation: 수출대금인수)를 하기 위해 은행을 직접 찾아갈 필요가 없다. 신용장 거래와 관련한 업무를 온라인에서 처리하는 전자신용장(e－L/C) 시스템이 세계 최초로 국내에서 구축되었기 때문이다.

정부는 전자무역서비스 1차사업(2004년 12월~2005년 6월)의 일환으로 인터넷에서 모든 신용장 거래업무를 처리하는 ‘전자신용장(e-L/C)유통관리시스템’ 시범 구축을 마무리하고 2005년 9월부터 이를 운영 중이다. 우리나라가 세계 최초로 신용장전자화에 성공, 종이 없이 전자적으로 수출신용장을 유통할 수 있는 시대를 연 것이다. 이 시스템을 통해 은행들은 무역업체를 대상으로 △전자신용장의 통지 · 조회 · 갱신 · 양도 등 이력관리 △매입신청 △원본 보관 · 증명 △잔여한도 관리 등 신용장의 전자적 유통서비스를 제공한다. 특히, 이 시스템은 금융결제원과도 연결돼 있어 수출업체의 신용장 결제한도를 안전하게 점검 · 관리할 수 있다.

2005년 9월 기업 · 대구 · 외환 · 하나 · SC제일은행 등 5개 시중은행이 이를 먼저 도입했고, 뒤를 이어 신한 · 산업 · 조흥 · 우리 · 국민 · 농협 · 부산 · 수협 등이 서비스를 제공하게 되어 현재는 외환업무를 취급하는 대부분의 은행이 이 시스템과 연결되어 있다.

현재 국내에서 유통되는 수출신용장은 연간 약 60만 건으로 전체 수출대금 결제 방식의 20% 정도를 차지하고 있는데, 그동안 수출업체는 수입업체의 거래은행이 발급한 신용장을 들고 은행에 직접 방문해 수출대금을 미리 받을 수 있었다. 이때 은행은 대금 지급내역을 신용장 뒷면에 수기로 작성했기 때문에 신용장의 분실 및 위 · 변조, 훼손, 이중 대금 지급 시비 등의 우려가 적지 않았던 게 사실이다.

그림 15-3 전자신용장 업무흐름도

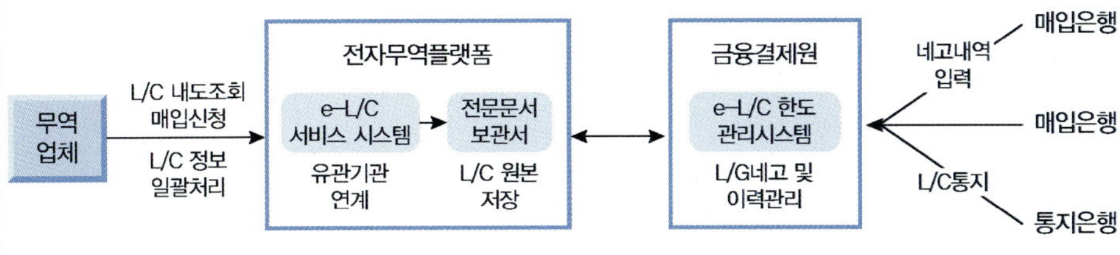

그러나 전자신용장(e-L/C) 서비스의 도입으로 종이신용장의 내용이 모두 전산화됨으로써 수출업체들은 인터넷에서 신용장 현황과 거래내역 등을 한눈에 파악, 거래의 투명성이 보장되고 위 · 변조 및 분실의 위험이 사라지게 되었다. 또한 언제 어디서나 인터넷에 접속해 신용장의 수령 · 통지 · 양도 및 보관이 가능해짐에 따라 종전에 4시간이나 걸리던 신용장 업무 처리시간이 30분 이내로 단축되는 등 처리시간 · 교통비 · 소요인력 등 업무 프로세스의 대대적인 혁신이 이루어지게 되었다.

3) 주요 전자무역결제시스템의 비교 및 전망

이상에서 살펴본 전자무역결제스템들은 근본적으로 기존의 무역절차를 가능한 한 인터넷상에서 수행하고 궁극적으로는 서류 없는 전자무역을 구현하기 위한 것이라는 점에서 공통점을 지니고 있다. 그러나 구체적인 접근 방법이나 서비스의 특징 등에 있어서는 상당한 차이가 있다. [표 15-17]은 추진주체나 참여범위에 있어서 향후 전자무역의 구현과 확산에 있어서 상당한 역할을 수행하게 될 것으로 판단되는 주요 전자무역결제시스템의 특징을 비교하여 정리한 것이다.

[표 15-17] 주요 전자무역결제시스템의 특징 비교

구분	Trade Card	BOLERO	IdenTrust
메시지 표준	UN/EDIFACT	좌동	XML
메시지 보안	RSA 방식의 디지털 서명	좌동	좌동
상업화 목표	신용장 등 기존 결제 방식을 대체하는 신 결제 방식 제공	전자식 선하증권의 구현 및 무역서류의 전자적 유통	무신용장 방식을 통한 무역 거래의 전자화
주 서비스 대상	중소 무역업자	선하증권 관련 당사자	무역업자, 금융기관
주요 기능	계약체결 및 이행확인 대금지급 대금지급 보증	전자서명의 인증 무역서류의 관리 통신 방법의 제공	전자서명의 인증 대금지급 보증 이행 보증
주요 추진 주체	Warburg, WTCA, GE Information, Marsh & McLennan	SWIFT, TT Club	SWIFT & 세계초우량은행(Citi group, ABN AMRO, Bankers Trust)
서류 점검 방법	TradeCard SA의 컴퓨터에 의해 자동 수행	종이 출력 후 또는 모니터 점검, 전산 개발 후 자동 점검 선택	컴퓨터에 의한 자동수행
비용절감	신용장 관련 비용절감	선하증권 지연과 관련된 비용절감	신용장 관련 비용절감
서비스의 특징	무신용장 무역거래 수행	선하증권의 전자화	무신용장 무역거래 서비스

향후 어떠한 형태가 가장 보편적인 전자무역결제시스템으로 자리를 잡게 될 것인가는 서비스의 경제성, 기술적인 안정성, 거래신뢰도, 다수이용자(critical mass)의 확보 등

여러 가지 요인에 의해 좌우될 것이다. 그러나 어떠한 경우에도 실질적인 국제표준(de facto international standard)이 되기 위한 제도적 뒷받침과 국제적인 상관습이 정착되기까지 시스템 사용상의 예기치 못한 오류에 따른 피해를 예방하고 최소화하기 위한 정교한 거래약정 제정 등이 필요할 것으로 판단된다.

4. 전자무역과 국제물류

1) 국제물류환경의 변화

최근의 물류환경을 보면 국내적으로는 소비자 수요의 다양화, 시장세분화, 수요주기 단축 등으로 소량 다빈도 배송이 늘어나는 추세에 있으며, 국제적으로는 전자무역의 확산, 글로벌 소싱의 증대, 국내외 기업의 제휴가 확산되는 가운데 물류아웃소싱에 대한 관심이 높아지고 있다. 이와 함께 물류산업 역시 저원가를 지향하고 물류서비스를 향상시키는 방향으로 재편되어 SCM의 확산과 IT기술의 활용으로 사업영역이 확대됨은 물론 신규업체의 진입이 빠른 속도로 진전되고 있다.

이에 따라 21세기 물류산업의 패러다임도 변화하고 있다. 즉, 현재의 공급자중심물류, 기능별 물류, 실물기반물류, 인력중심물류, 소품종 대량물류, 보관중심물류에서 고객중심의 맞춤물류, 통합형물류, 인터넷기반물류, 기술중심물류, 다품종 소량물류, 무재고물류로 바뀌어 비용경쟁적인 측면에서 서비스 경쟁의 양상으로 변해가고 있다. 이러한 물류패러다임의 변화는 물류시장의 서비스구조인 고가격 개별서비스를 육로운송 · 해상운송 · 항공운송 · 창고보관 · 하역 · 포장을 저가격으로 통합하는 물류서비스 형태로 변모시키고 있으며, 경쟁양상도 기업 대 기업이 아니라 공급사슬 대 공급사슬의 형태로 바뀌어가고 있다.

결국 21세기 전자무역시대에는 국제적인 상품 · 정보 · 지식의 효율적 흐름을 가능하게 하는 국제물류시스템 구축이 국가 및 기업경쟁력의 관건이 될 것으로 보인다. 이에 따라 세계 각국은 물류인프라 확충을 위한 지속적인 투자확대와 더불어 물류표준화 · 정보화 등 소프트 물류인프라 혁신을 위한 시책을 경쟁적으로 추진 중에 있다.

한편 기업의 물류관리전략을 보면 1990년대 이전에는 개별물류기능의 효율화체제,

1990년대 중반까지는 기업내부물류의 통합관리체제, 1990년대 후반에는 물류아웃소싱, 공급사슬관리(SCM) 개념의 보급단계 등을 거쳐 2000년대 이후에는 e-Logistics라고 하여 첨단 IT를 활용하여 글로벌 B2B에 적합한 물류 서비스제공에 전사적인 노력을 기울이고 있다. 최근에는 이러한 e-Logistics의 구현을 위해 전세계적으로 물류 e-Marketplace의 구축이나 물류업체 · 정보통신업체 · 물류 부문 솔루션 제공업체 간의 전략적 제휴가 확산되면서 제3자물류에 이은 제4자물류의 시대가 도래하고 있다.

2) 전자무역과 물류

생산자와 소비자 간의 직거래인 무역의 소매화, 즉 "Point to Point Sale"의 형태가 국제거래의 주축으로 자리 잡아감에 따라 물류 분야에서도 이에 부합되는 새로운 상품배송시스템이 구축되고 있다. 즉, 주문과 동시에 상품을 공급받고자 하는 소비자들의 욕구에 발맞춰 현지생산, 현지보관, 현지배달이라는 상품배송시스템과 함께 지능형 운송시스템(ITS: Intelligent Transport System)이 구축되고 있으며, 이를 위한 인터넷의 활용도 활성화될 것으로 전망되고 있다.

당초 팩스와 인터넷과 같은 컴퓨터 통신망의 등장으로 기존 국제특송시장의 큰 비중을 차지해 왔던 서류송달물량이 줄어들면서 국제특송시장이 위축될 것이라고 예상됐었다. 그러나 인터넷을 통한 소액물품거래의 활성화에 따른 상품배송의 확대로 인하여 오히려 국제특송시장은 상대적으로 부상하는 조짐을 보이고 있으며, 탁송 부문과 보관 · 저장하는 창고 부문의 결합이 가속화될 것으로 전망된다.

한편 무역업체들은 해외 거래처에게 긴급한 서류나 상품견본을 보낼 경우 국제특송서비스를 이용하고 있다. 그러나 정작 상대방이 서류나 상품견본을 제대로 받았는지를 확인하기 위해서는 국제전화를 걸거나 상대방으로부터 잘 받았다는 통지가 올때까지 기다려야 했다. 이에 따른 국제통신비용의 추가나 불확실성 등이 문제로 지적되었다.

그러나 이제 무역업체들은 인터넷상에서 자신이 보낸 서류나 상품견본이 상대방에게 전달되기까지의 전 과정을 인터넷상에서 추적해 볼 수 있다. 즉, Federal Express (www.fedex.com), UPS(www.ups.com), DHL (www.dhl.com) 등 국제특송 서비스업체의 인터넷 홈페이지에 들어가서 접수번호를 입력하면 현재 어떠한 배달상태에 있는지를 즉시 알 수가 있다.

이러한 화물추적시스템은 국제특송에만 가능한 것이 아니다. 우리나라의 경우 1997년 10월 이후 세관에 대한 모든 수출입신고와 보세화물 반출입신고를 전자문서교환(EDI) 방식으로 처리하고 있다. 이에 따라 현재 무역업체들은 유니패스(UNI－PASS)라는 이름의 관세청(KCS)의 전자통관포털(unipass.cusoms.go.kr)을 통해 인터넷상에서 품목별 · 국가별 · 업체별 무역통계는 물론 수출입신고 수리 여부 확인, 수입화물추적 등을 할 수가 있다.

또한 한진해운(www.hanjin.com), 현대상선(www.hmm.co.kr)을 비롯한 컨테이너 운송업체에 화물을 맡긴 화주들도 인터넷상의 홈페이지에서 컨테이너 접수번호입력 등을 통해 손쉽게 화물의 운송상태를 파악할 수 있다. 따라서 이제 무역업체들은 통관이나 화물운송과 관련한 업무의 불확실성을 줄이고 보다 신속하게 업무를 처리할 수 있게 되었다.

3절 무역자동화와 EDI

1. 무역자동화의 개념과 필요성

1) 무역자동화의 개념

무역자동화(trade automation)란 종전처럼 사람이 서류를 직접 들고 은행, 수출입단체, 세관 등을 일일이 다니거나 우편, FAX 등을 통해 무역업무를 처리하는 대신에 전자문서교환(Electronic Data Interchange: EDI) 방식에 의해 컴퓨터로 사무실에서 빠르고 간편하게 무역업무를 처리하는 것을 말한다. 다시 말해 수출입에 관련된 각종 행정 및 상거래서식을 컴퓨터가 읽을 수 있는 표준화된 전자문서의 형태로 바꾸어 컴퓨터로 주고 받음으로써 궁극적으로는 종이서류 없는 무역(paperless trade)을 실현하는 것을 의미한다.

그림 15-4 무역자동화란?

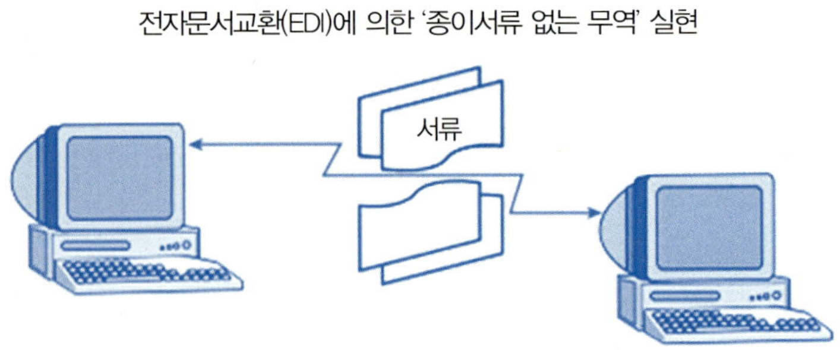

2) 무역자동화의 필요성

(1) 수작업에 의한 무역업무처리의 한계

무역규모 확대에 따라 기존의 수작업에 의한 무역업무 처리는 소요인원 증가, 처리시간 지연, 관련 비용 급증 등 많은 한계를 노출시키고 있다. 현재 전세계적으로 무역관련 서류의 작성비용만도 연간 1,400억 달러 정도가 소요되는 것으로 추정되고 있으며, 이러한 정도의 서류작성비용이면 5년 내에 전세계적인 EDI 네트워크를 구축할 수 있을 것으로 추정되고 있다.

(2) 국제경쟁력의 유지 및 강화

1980년대 중반 이후 우리나라는 급격한 원화절상과 높은 임금상승으로 인하여 기업의 수지 채산성은 악화되고 수출상품의 대외경쟁력이 크게 저하되었다. 따라서 이러한 국제경쟁력상의 열세를 만회하기 위해서는 공장자동화를 통한 생산성의 향상과 함께 무역자동화에 의한 무역업무 처리시간의 단축과 부대경비의 절감을 기할 필요가 있다.

(3) 세계적인 무역업무자동화 추세에 부응

무역자동화는 1970년대 스웨덴에서 처음 논의된 이래 미국, 일본, EU 등 주요 선진국은 물론 싱가포르, 대만 등 우리나라의 주요 경쟁국이나 교역상대국에서도 폭넓게 진행되고 있으며, 가까운 장래에 모든 무역업무가 EDI 방식에 의해 자동화될 것으로 예상되고 있다. 특히 미국은 이미 1990년대 초부터 세관신고를 EDI로 제출할 것을 요구하고 있다. 따라서 이러한 세계적인 무역업무자동화 추세에 부응하지 않고는 더 이상의 수출확대를 기대할 수 없다.

2. 무역업무 처리 방식 비교

1) 전통적인 무역업무 처리체계

지금까지의 전통적인 무역업무 처리체계는 무역업계와 세관, 은행, 조합, 항만, 선사 등 무역유관기관이 마치 거미줄과 같이 복잡하게 얽혀 있어서 인력과 시간의 낭비가 많았다. 따라서 거래당사자들은 독자적인 전산망을 구축하거나 사람이 서류를 가지고 일일이 돌아다니면서 무역절차를 밟아야만 했었다.

그림 15-5 전통적인 무역업무 처리체계

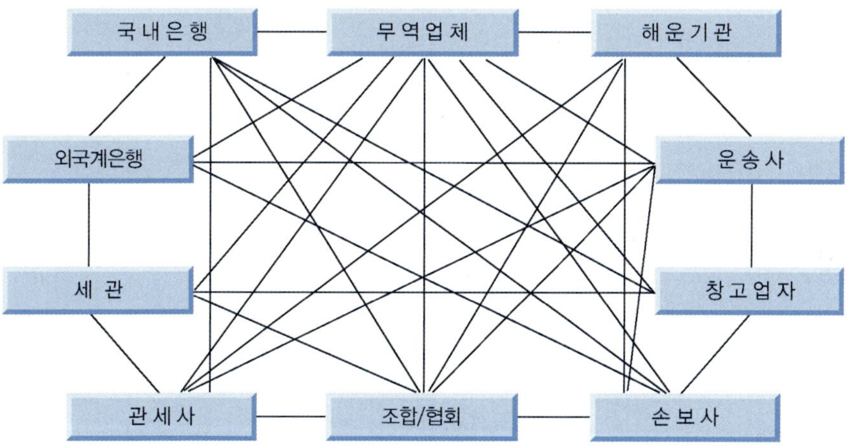

2) EDI에 의한 무역자동화

무역자동화시스템은 지정된 전자무역전담사업자(KTNET)가 수출입절차 전반에 걸쳐 중앙에서 무역업체와 무역유관기관을 유기적으로 연결하여 무역 관련 각종 전자문서와 무역정보를 24시간 Non-Stop으로 중계 · 전송하게 된다. 따라서 무역업체와 무역유관기관은 지역이나 시간에 제약을 받지 않고 국내는 물론 외국과의 무역업무를 컴퓨터에 의해 신속 · 정확하게 처리하는 것이 가능하게 된다. 이러한 무역자동화시스템은 전자문서와 통신 방법에 관한 국제표준을 따르고 있기 때문에 컴퓨터 기종에 관계없이 거래상대방과 정보교환이 가능할 뿐만 아니라 국제무역망과도 연결이 용이하며, 전자서명 등 각종 안전대책이 마련되어 있어 정보의 보안 역시 완벽하게 된다.

3) 무역업무 처리 방식의 비교

EDI 방식의 무역자동화는 [표 15-18]에서 보듯이 기존의 전통적인 무역업무 처리 방식과 여러 가지 면에서 상당한 차이를 보이고 있다.

그림 15-6 EDI에 의한 무역자동화

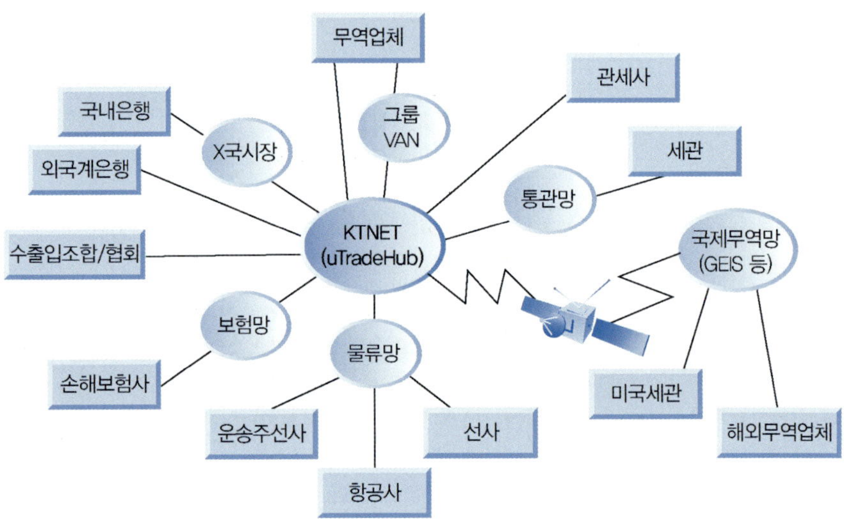

[표 15-18] 무역업무 처리 방식의 비교

구 분	기 존	무역자동화
업무수단	종이서류	전자문서
서류작성	수작업 재입력	컴퓨터 자동입력
전달 방법	인편, 우편, Fax	컴퓨터 통신망
매개자	우체국	인터넷/전자무역기반사업자
법적 효력	서명, 날인	전자서명
보안대책	위조 · 변조의 가능성	비밀번호 등 보안장치
관련 서류	첨부	생략 또는 전자화

3. EDI의 개념 및 구성 요소

1) EDI의 개념

EDI(Electronic Data Interchange)는 전자문서교환 또는 전자자료교환으로 해석되며, 서로 다른 기업 또는 조직 간에 표준화된 상거래서식 또는 공공서식, 즉 표준전자문서를 서로 합의된 통신표준에 따라 컴퓨터 간에 교환하여 재입력 과정 없이 즉시 업무에 활용할 수 있도록 하는 새로운 정보전달 방식이다. EDI를 이용하게 되면 견적요청서, 견적서, 주문서, 운송지시서, 송장 및 지급요청서 및 각종 행정서식 등의 일상적 종이문서의 물리적 교환이 없어진다.

이와 같이 국내영업은 물론 무역업무 전반에 걸쳐 EDI의 활용이 늘어감에 따라 이미 선진국 업계에서는 "No EDI, No Business"라는 말이 널리 회자되고 있다. 오늘날 기업들은 EDI를 비용절감, 업무처리의 개선을 통해 경쟁우위를 창출하기 위한 중요한 전략도구의 하나로 인식하고 있다.

2) EDI의 구성 요소

일반적으로 EDI의 구성 요소라 하면 ① 전자문서와 통신 방법의 표준화에 관한 EDI

표준(standard), ② 전자문서를 전송하거나 수신하기 위한 사용자시스템(user system), ③ 복수의 사용자를 통신망으로 연결해 주는 EDI 네트워크, 즉 제3자 네트워크인 VAN(Value Added Network) 사업자 또는 인터넷을 말한다. 이러한 EDI의 구성요소들의 역할은 [표 15-19]의 전통적인 종이문서 송신 방식과 비교하면 쉽게 알 수 있다.

[표 15-19] 전통적인 방식과 EDI 방식의 비교

전통적인 방식	EDI 방식
• 통상적인 양식의 종이문서 • 외국어 번역 • 우편 및 기타 전송 방법	• EDI 표준 • EDI 소프트웨어 • 인터넷/전자무역기반사업자

그러나 EDI는 단순한 기업 내부의 업무처리의 전산화 내지는 자동화가 아니라 전혀 다른 업무처리시스템을 가진 거래상대방과의 데이터통신(data communication)이다. 따라서 EDI가 제 기능을 다하기 위해서는 EDI로 처리할 전자문서 및 적용표준, 시스템 운영, 오류 또는 분쟁발생 시 해결절차 등을 규정한 EDI 거래당사자 간의 교환약정(I/A: Interchange Agreement)도 EDI의 중요한 구성요소로 포함되어야 할 것이다. 이러한 EDI 거래구조와 구성요소들이 [그림 15-7]에 나타나 있다.

그림 15-7 EDI의 거래구조와 구성요소

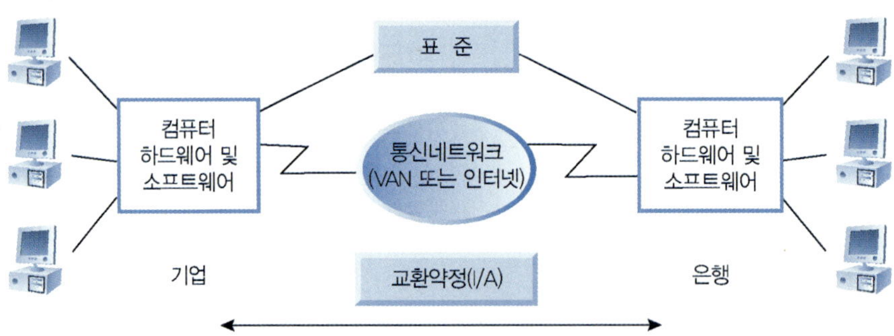

* I/A : Interchange Agreement

3) EDI의 문제점과 전망

전통적 EDI는 문자(text) 중심의 비즈니스 데이터를 표준에 따라 전자문서의 형태로 변환하여 당사자 간의 거래약정을 바탕으로 부가통신사업자(VAN)을 통해 컴퓨터로 주고받는 형태를 띠고 있다. 즉, 문자데이터, 별도의 EDI 전용 소프트웨어, VAN 업체의 전자사서함(mailbox)을 이용한 일괄처리(batch processing) 및 축적전송(store and forward) 방식 등의 특징을 지니고 있다.

따라서 전통적 EDI는 다음과 같은 몇 가지 문제점을 지니고 있다. 우선 전통적 EDI는 어느 정도 규모가 있고 거래빈도가 많은 중대형 기업이나 기관 등이 중심이 된 폐쇄적 시스템(closed system)의 형태를 띠게 되며, EDI 구현에 상당한 비용과 노력이 요구된다. 다음으로 일괄처리, 축적전송 방식이므로 실시간 업무처리가 곤란하며, 문자 중심이기 때문에 멀티미디어 데이터의 교환이 어렵다. 또한 주로 국내 중심이고 해외에서의 자유로운 접속이 어렵다는 것이다. 이 밖에도 전통적 EDI에는 기술적 · 실무적 · 법률적으로 많은 어려움이 수반된다.

그러나 최근 인터넷과 정보통신 관련 기술이 발전하면서 EDI의 경우에도 문자는 물론 멀티미디어 데이터를 보다 저렴한 비용으로 개방형 시스템을 통해 전세계 어디에서나 거래상대방과 실시간으로 주고받도록 하는 움직임이 나타나고 있다. 전통적 EDI의 문제점을 해결하기 위한 새로운 형태의 EDI는 ① 개방형 EDI, ② 실시간 또는 대화형 EDI, ③ 인터넷 EDI 등 크게 세 가지 방향에서 검토되어 왔으며, 이중에서 최근에 가장 각광을 받고 있는 것이 XML(eXtensible Markup Language) 기반의 인터넷 EDI 내지 웹 EDI이다.

물론 인터넷 EDI에도 개방성 · 공중성 등으로 인한 보안상의 위험 및 관리의 분권화로 인한 관리책임상의 불명확 등 해결해야 할 문제점이 없는 것은 아니다. 그럼에도 불구하고 현재 대부분의 EDI 소프트웨어들은 XML 기반으로 만들어지고 있으며, 기업에 사용되는 업무 프로그램들이 대부분 XML을 지원하고 있기 때문에 XML/EDI는 기업들이 받아들일 수밖에 없는 대세로 인정되고 있다.

실제로 최근 전세계적으로 글로벌 e-마켓플레이스가 활발히 구축되고 있는 가운데 다수의 전자상거래 솔루션업체들이 기업 간 전자상거래 표준으로 XML 기반의 솔루션을 많이 개발하고 있다. 이러한 솔루션들 중에서 전자상거래의 기본틀을 구성하는 프레임워크 표준으로 널리 알려진 것이 CommerceNet의 eCo 프레임워크, Microsoft사가 주도하고 있는 Biztalk, 정보기술 및 전자부품산업 분야의 XML 기반 비즈니스 표준인 RosettaNet, 그리고 UN/CEFACT와 OASIS의 ebXML(electronic business XML) 등이다.

이 중에서 ebXML은 1999년 11월 "Creating A Single Global Market" 이라는 기치 아래 지금까지 국제 EDI 표준을 추진해 왔던 UN/CEFACT와 OASIS가 주축이 되어, XML을 이용한 인터넷 기반의 글로벌 전자상거래를 가능하도록 하기 위한 표준이다. 2001년 5월 오스트리아 비엔나에서 열린 UN/CEFACT-OASIS 총회에서는 ebXML의 기술적 구조 등 7개항을 국제표준으로 채택한 이후 계속 새로운 버전을 발표하고 있다.

4. 우리나라의 전자무역 인프라

1) 전자무역 인프라의 개념과 기능

무역자동화시스템으로 대표되는 기존의 전자무역 인프라는 VAN/EDI 방식에 의해 구축되어 왔다. 이 방식은 보안성 등의 측면에서 장점이 있는 반면, 구축 및 유지비용이 많이 소요되는 단점을 안고 있다. 또한 네트워크의 폐쇄성으로 전자무역의 다양한 기능을 제공하기에는 한계가 있다.

인터넷 보급과 사용은 전자무역에 새로운 가능성을 제공하여 경제적으로 저렴할 뿐만 아니라, 다양한 전자무역의 비즈니스 모델과 프로세스 개발을 가능케 할 수 있는 개방적 네트워크를 제공한다. 따라서 인터넷 기반의 전자무역 인프라는 기존의 무역자동화시스템을 인터넷에 적합토록 개편하고 인터넷이 제공하는 기능을 충분히 활용할 수 있는 진일보한 인프라를 제공해야 한다.

전자무역 인프라의 가장 기본적인 요건은 인터넷에서 무역절차를 일괄 처리하는 전자무역 플랫폼을 구축하는 것이다. 전자무역 플랫폼이 구축될 경우 무역업체는 인터넷상에서 시장조사, 계약, 운송, 통관, 결제 등 모든 무역업무를 내부업무와 연계하여 원스톱(one-stop)으로 처리할 수 있게 된다.

(1) 전자무역 플랫폼의 개념

전자무역 플랫폼(e-Trade platform)이란 인터넷 환경에서 무역업체가 언제 어디서나 인터넷을 통하여 시장조사에서 계약, 통관, 결제까지 모든 무역업무 프로세스를 단절 없이 일괄처리(one-stop)할 수 있는 단일창구(single window)를 제공하며, 특히 무역 프로세스에 간여하는 여러 기업들 상호간에 협업적 상거래(collaboration commerce)를 가능케 하는 인프라를 말한다.

(2) 전자무역 플랫폼의 기능

전자무역 플랫폼은 무역을 행하는 기업들이 전체 무역 프로세스를 원스톱(one-stop)으로 처리할 수 있는 싱글 윈도우(single window) 환경을 제공한다. 전자무역플랫폼의 구체적 기능은 다음과 같다.

첫째, 무역 프로세스에 관련된 다양한 기관과의 시스템 연계를 위해서는 다양한 인터페이스 방식의 통합이 필요한데, 자연스러운 업무 프로세스를 구현하기 위해서는 각 프로세스의 유기적 연계 및 통합기능을 제공한다. 특히, 사용자 기업은 하나의 아이디로 단 한번 전자무역 플랫폼에 로그인함으로써 전자무역의 모든 프로세스, 즉 통관, 물류, 결제 등을 유기적으로 처리할 수 있게 된다.

둘째, 전자무역 플랫폼은 전자문서보관소를 구축하여 제공한다. 즉, 전자문서보관소

그림 15-8 전자무역 플랫폼의 개념도

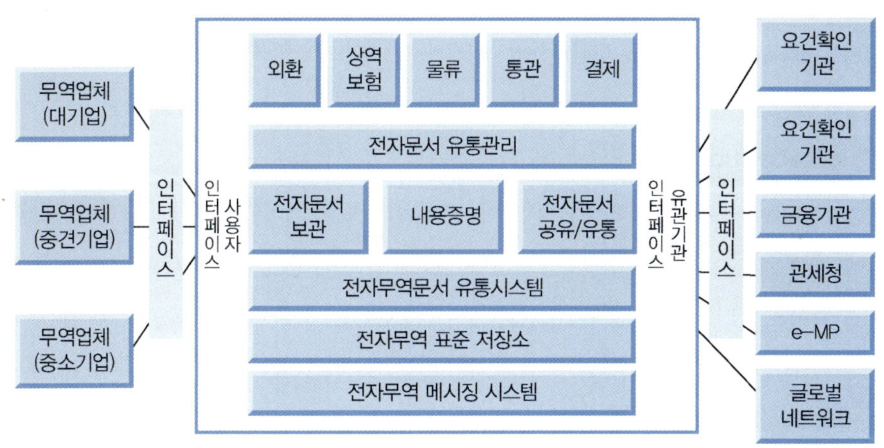

를 전자무역 플랫폼과 연계하여 구축하고 보안 및 장애관리 등을 포함한 운영자 역할을 수행한다. 우리나라는 2005년 3월 전자무역촉진법을 개정하여 공인전자문서보관소제도를 도입하였다.

셋째, 무역 관련 여러 기업들과의 협업 프로세스 제공을 위한 연계 솔루션을 개발하여 제공한다. 상역, 물류, 금융, 통관 서비스 제공 주체들, 즉 관세청, 수출입 유관기관, 은행, 보험사, 물류업체 등과의 연계 솔루션을 개발하고 연계시스템을 구축하여 운영함으로써 무역기업들이 전자무역 플랫폼 내에서 전체 무역 프로세스를 원스톱 처리할 수 있다.

넷째, 전자무역 플랫폼은 전자문서에 PKI 전자서명을 적용하여 거래의 신뢰성 및 안전성을 보장함은 물론, e-비즈니스의 국제표준인 ebXML을 채택하여 상호 일관된 거래 방식을 제공한다.

다섯째, 무역업체가 전자무역 플랫폼을 용이하게 이용할 수 있는 다양한 접근 방안 및 연계모듈의 개발 및 관련 서비스를 제공한다. 전자무역 플랫폼은 전용 S/W를 통한 접속과 웹 브라우저를 통한 접속 등 다양한 접속 방식을 제공하고, 개별기업의 기간시스템 또는 내부시스템과 연계함으로써 무역 프로세스를 마치 기업 내부의 업무프로세스와 마찬가지로 처리할 수 있음을 물론, 더 이상 국내시장과 해외시장의 구분이 없는 글로벌 무역환경이 가능하다. 또한, 무역 ASP 서비스 등 중소기업이 보다 손쉽고, 경제적으로 전자무역 인프라에 접근하고 활용할 수 있는 수단을 제공하는 것도 전자무역 인프라의 활용을 높일 수 있다.

2) 한국의 uTradeHub 구축현황

(1) uTradeHub의 개념

uTradeHub는 시장조사에서부터 계약, 수출입요건확인, 외환, 통관, 물류, 결제까지의 모든 무역업무 프로세스를 단일창구(single window)를 통해 단절없이 처리할 수 있도록 무역 유관망을 통합 연계하는 전자무역 플랫폼을 구축하기 위한 우리나라의 범국가적 전자무역 서비스 구축사업의 명칭이다. 즉, uTradeHub 포털사이트를 통해 전자문서의 유통 보장, 서류의 반복제출 제거 등을 도모하고, 그동안 민간 중심으로 운영되어온 VAN/EDI 기반의 무역자동화망을 단절 없는 초일류 국가 전자무역시스템으로 전환하기 위한 사업이다.

(2) uTradeHub의 특징

uTradeHub는 인터넷 방식의 원스톱 전자무역서비스, 편리한 문서유통, 안전한 거래 보장, 무역절차별 및 사용자별 맞춤서비스 제공, 업무시간 단축 및 비용절감, 유관기관과 연계된 무역서비스를 제공한다. 구체적인 특징은 다음과 같다.

① 인터넷 방식의 원스톱 전자무역서비스

마케팅에서부터 외환, 요건확인, 통관, 물류, 대금결제에 이르는 무역업무를 인터넷을 통해 처리하는 원스톱 전자무역서비스를 제공

② 편리한 문서유통

- EBXML 2.0표준을 적용, 전자문서의 상호연동성 제고
- uTradeHub에 저장된 문서를 클릭 한 번으로 은행, 물류업체, 수출입요건확인기관, 관세청 등에 신속, 정확하게 제출

③ 안전한 거래 보장

- 정보 및 문서 접근권한 철저한 관리로 위・변조로부터 안전성 확보
- 전자문서의 진정성 및 제3자 유통성 확보로 동일문서의 중복제출 및 종이본의 제출 불필요

④ 무역절차별, 사용자별 맞춤서비스 제공

- 전자무역 포털에서 모든 무역업무처리 흐름별로 업무를 모두 처리
- 무역업체 사용자에게 단일화된 Work-place 제공
- 'MY TRADE'를 통해 무역업체가 맞춤형 무역업무관리 가능

⑤ 업무시간 단축 및 비용절감

- uTradeHub 이용으로 업무시간과 비용 대폭 절감
- 사용자의 업무처리절차를 간소화하고 업무효율성을 높여 무역 활성화

• 전자문서 중복제출 방지 및 유통의 간소화로 편리성 확보

⑥ 유관기관 간 연계된 무역서비스 제공

• 유관기관 간 연계서비스 제공으로 협업강화 및 편리성을 높임.

(3) uTradeHub 제공 사용자 서비스 현황

uTradeHub에서 제공하고 있는 사용자서비스는 무역포털, 물류포털, 은행포털, 마케팅포털, 통관포털의 5가지 무역프로세스 처리를 위한 포털과 글로벌 연계를 위한 글로벌 포털, 그리고 해상화물 위치추적을 위한 uLogisView 서비스 등으로 구성되어 있다. 자세한 내용은 uTradeHub 웹사이트(https://www.utradehub.or.kr)를 참고하기 바란다.

그림 15-9

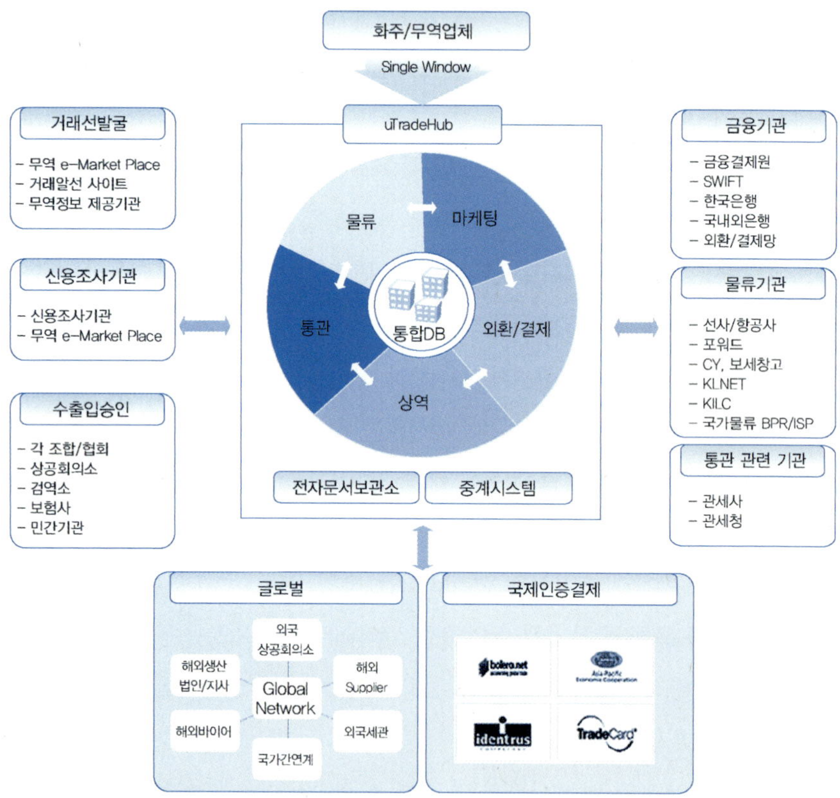

자료: uTradeHub 웹사이트, https://www.utradehub.or.kr/

주요용어

전자무역, BOLERO, TradeCard, BeXcom, IdenTrust, 무역자동화, EDI, EDI표준, 사용자시스템, EDI 네트워크, 교환약정, 전자무역인프라, uTradeHub

연습문제

1. 전자무역의 개념과 배경에 대해 설명하시오.

2. 국내 · 외의 전자무역의 최신 동향에 대해 알아보시오.

3. 전자무역의 특징을 전통적인 무역과 비교하여 설명하시오.

4. 무역자동화의 필요성과 기대효과에 대해 논하시오.

5. 전통적인 무역업무처리 방식과 무역자동화의 차이점에 대해 논하시오.

6. 우리나라의 전자무역인프라인 uTradeHub의 주요 서비스에 대해 조사하시오.

7. 인터넷을 이용한 무역에 도움을 줄 수 있는 사이트들을 국내 · 외 무역관리제도, 해외시장조사 및 무역계약, 국제운송 및 보험, 무역결제 및 금융, 클레임과 분쟁해결 등 주제별로 구분하여 정리하고, 사이트의 주요 내용에 대해 조사하시오(그룹과제).

8. 전자무역을 도입하여 성공한 기업의 사례를 조사하여 보고하시오(그룹과제).

전자무역 관련 인터넷 사이트

이 름	홈페이지	내 용
uTradeHub	www.utradehub.or.kr	KTNET이 운영하는 단일창구 방식의 국가전자무역 인프라
cTradeWorld	www.ctradeworld.com	KTNET이 운영하는 인터넷을 이용하여 모든 무역업무를 처리할 수 있는 무역포털사이트
ASIAN SOURCE ON-LINE	www.asiansources.com	제품과 공급자에 대한 다량의 정보 및 검색 제공, 국가탐색 가능.
BOLERO	www.bolero.net	국제은행간금융망인 SWIFT와 세계해운업계상호보험조합(TT-CLUB)이 설립한 회사로, 각종 무역 관련 서류를 전자적으로 제공하기 위하여 SURF라는 결제솔루션 등을 개발하여 서류의 전자화 및 전자결제화를 시행하고 있음. 전자무역결제 및 전자서류에 대한 각종 정보제공
TRADECARD	www.gtnexus.com	세계무역센터협회 등이 전자무역결제카드시스템으로 개발한 솔루션. 현재는 Supply Chain Solution 업체인 GTNexus와 합병되었다.
IdenTrust	www.identrust.com	IdenTrust는 통신과 전자 기술, 전자 서비스 등 글로벌 표준화 인증을 제공하고 있으며, 안전한 eTransactions의 완전한 범위를 다루고 있음.
SWIFT	www.swift.com	은행 및 금융기관, 일반기업에게 인터넷결제 솔루션 협력. 무역인터넷결제에 대한 기술 및 정보 안내
EC21	www.ec21.com	e-무역상사로 지정된 업체로서, 전자카탈로그, offer to sell, offer to buy, 무역뉴스, 무역정보, 거래 알선 등을 지원 및 제공하는 무역포털사이트(유료)
ECPLAZA	www.ecplaza.net	e-무역상사로 지정된 업체로서, 전자카탈로그, offer to sell, offer to buy, 무역뉴스, 무역정보, 무역알선, 신용정보, 국가정보 등을 제공하는 무역포털사이트(유료)
Buykorea	www.buykorea.org	KOTRA가 운영하는 대한민국 대표 무역포탈 사이트로서 오퍼정보, 기업정보, 해외정보, 수출지원, 무역지식, 기업 IT지원, 성공사례 등의 정보와 조사대행 서비스 제공

찾아보기

[ㄴ]

[ㄷ]

[ㄹ]

[ㅁ]

[ㅇ]

[ㅈ]

[A]

[B]

[C]

[E]

[F]

[G]

[저자 소개]

이 장 로

고려대학교 상과대학 및 경영대학원 졸업
미국 New York University 경영학박사
경희대학교 정경대학 전임강사
고려대학교 경영대학 조교수, 부교수, 교수
고려대학교 기업경영연구원 원장
고려대학교 경영대학장, 경영대학원장
한국국제경영학회 회장
한국무역학회 부회장
한국경영학회 부회장
기독경영연구원 원장
현, 고려대학교 명예교수
한국리더십학교 교장

[주요 저서]
한국자동차산업의 국제경쟁력분석과 국제화전략, 1990.
국제마케팅(공저), 1991, 2018(7판).
중소기업의 국제마케팅전략, 1993.
베트남의 사업기회분석과 한국기업의 진출전략, 1995.
무역개론, 1995, 1998, 2000, 2005, 2014, 2019(6판).
한국기업과 신흥해외시장(공저), 2000.
해외경영 성공 노하우, 2000.
국제경영(공저), 2003, 2018(7판).
현대 · 기아자동차 중국 마케팅 사례(공저), 2007.

이 춘 수

동국대학교 경상대학 무역학과 졸업(상학사)
성균관대학교 대학원 무역학과 졸업(경제학석사)
고려대학교 대학원 무역학과 졸업(경영학박사)
고려대학교 기업경영연구원 책임연구원
고려대 BK21 연구교수
고려대, 육사, 홍익대, 서울과기대 강사
부경대학교 경영대학 국제경영전공주임
부경대학교 경영대학원 국제통상물류학과 전공주임
부경대학교 경영대학 부학장
한국경영학회 Korea Business Review 편집위원
현, 부경대학교 경영대학 국제통상학부 교수
한국무역학회 Journal of Korea Trade 편집위원

[주요 저서]
국제마케팅(공저), 2018.
글로벌 FTA 비즈니스 쟁점과 활용(공저), 2019.

문 희 철

서강대학교 무역학과 졸업
고려대학교 대학원 무역학과 졸업(경영학박사)
서강대학교, 고려대학교, 연세대학교 강사
일본 나고야대학 객원연구원
미국 오하이오주립대학 풀브라이트 객원교수
미국 산호세주립대학 객원교수
한국인터넷전자상거래학회, 한국통상정보학회,
한국경영경제학회, 한국무역학회 회장
충남대학교 경상대학장, 경영대학원장
현, 충남대학교 무역학과 교수,
충남대학교 경영경제연구소 소장,
대한상사중재원 중재인,
중국 강소대학 겸직교수,
중국 서북대학 객좌교수
중국 남경심계대학 명예교수
베트남 투옹마이대학 명예교수

[주요 저서]
현대무역의 이해(공저).
전자무역의 이론과 실무(공저).
글로벌무역실무(공저)
국제마케팅(공저) 외 다수

세계화 4.0 시대의 **무역개론** 6판

초판 발행 1995년 8월 25일
6판 발행 2019년 3월 5일
2쇄 발행 2021년 8월 31일

지은이 이장로, 문희철, 이춘수 / **펴낸이** 전태호
펴낸곳 무역경영사 / **주소** 서울시 서대문구 연희로2길 62 한빛아카데미(주) 2층
전화 02-336-7112 / **팩스** 02-336-7199
등록 2021년 6월 28일 제2021-000062호 / ISBN 978-89-468-0688-7 93320

책임편집 김현용 / **편집** 권오상 / **제작** 박성우, 김정우
영업 이윤형, 길진철, 김태진, 김성삼, 이정훈, 임현기, 이성훈, 김주성 / **영업기획** 김호철, 주희

※ 2021년 7월 1일부로 한빛아카데미(주)가 무역경영사의 영업권을 인수하였습니다.

이 책에 대한 의견이나 오탈자 및 잘못된 내용에 대한 수정 정보는 아래 이메일로 알려주십시오.
잘못된 책은 구입하신 서점에서 교환해 드립니다. 책값은 뒤표지에 표시되어 있습니다.
홈페이지 www.hanbit.co.kr / **이메일** question@hanbit.co.kr